全訂3版

不動產登記法

鄭 愚 衡 著

법우사
BUBWOOSA

全訂 3版 머리말

전정2판을 출판한 후, 다시 5년이 지났다. 그동안 부동산등기법이나 등기규칙은 많이 개정되지 않았지만 등기예규나 관련 법령은 많은 변화가 있었다. 이런 변화에 따라 그동안 제정·개정된 법령의 내용을 수정하고, 학설·판례의 내용을 보완하여 다음과 같은 점에 초점을 맞추어 부동산등기법 전정 3판을 내놓게 되었다.

첫째, 이 책에서 다루고 있는 법률들은 2017년 2월 1일 현재 제정 또는 개정된 법률이다. 또한 제정·개정된 등기예규도 대법원 종합법률정보와 한국등기법학회의 자료를 최대한 반영하였다.

둘째, 부동산등기에서 연혁적으로 가치가 있다고 판단되는 종전의 법령이나 제도는 그대로 남겨두었다. 등기제도에 대한 폭넓은 이해와 향후 과제를 살펴보는데 도움이 될 것으로 생각하였기 때문이다.

셋째, 전정 2판에 수록하였던 60여면의 부록은 아쉽지만 과감히 삭제하였다.

전정 3판의 개정작업은 오류를 가능한한 줄이고자 하였으나, 저자의 부족한 능력으로 미흡한 부분이 적지 않을 것이다. 이 자리를 빌어 이해를 구하고자 한다.

어려운 출판계의 사정에도 저자보다 더욱 이 책에 애정을 갖고 기꺼이 출판을 해 주신 법우사 황영성 사장님께 깊은 존경과 감사를 드리고자 한다.

2017년 2월

저자

全訂 2版 머리말

이 책의 전정판을 출판한 후, 2009년 부동산등기법 개정의 움직임이 있어 전정판의 출판을 서두른 것을 후회하였다. 그렇지만 부동산등기법의 개정은 기본의 개정과는 달리 수작업 등기부에서 전산등기부를 기본으로 하는 전면적인 개정이어서, 곧바로 개정작업에 들어갈 수 없었다. 다행히(?) 부동산등기법은 2011년 4월 공포되었고, 6월의 유예기간을 거쳐 지난 해 10월에야 본격적인 시행에 들어갔다. 지난 2년 동안 개정부분에 대해 적지 않은 부담감을 가지고 있었다. 아직도 부족하고 미진하지만 전면 개정된 부동산등기법을 종전의 책으로 감당할 수 없어서 다음과 같은 점에 초점을 맞추어 부동산등기법 전정 2판을 내놓게 되었다.

첫째, 개정된 부동산등기법의 체계에 맞추기 위해서는 기존의 체계를 완전히 개편해야 하겠지만, 온라인보다는 오프라인에 의한 것이 원칙이 되어야 한다는 것이 평소 갖고 있는 생각이기에 기존 체계를 고수하고자 하였다. 그러한 틀안에서 개정된 부동산등기법, 부동산등기규칙, 등기예규의 내용을 최대한 반영하되, 전체 체계, 목차, 분량은 지난 전정판의 범위과 같이 하여 혼란을 최소화하였다.

둘째, 외국의 등기제도에 대한 변화를 보완하였다. 몇 차례의 논문을 통해 연구한 결과를 보완하여 수록하였다. 특히 영국, 프랑스, 일본의 등기부에 대한 실질적 심사주의를 중심으로 다루었다. 외국의 등기제도에 대한 이해는 우리나라 등기제도의 향후 과제를 살펴보는 데 도움이 될 것으로 생각한다.

셋째, 부동산등기법의 개정에 따라 전산등기부에 관한 규정은 전체 법률로 확대되었기 때문에 해당 부분을 과감히 삭제하였다. 반대로 등기관의 구분소유권에 대한 실질적 심사, 예고등기에 대한 부분은 현행 법령에서 폐지되었지만 그 의의가 적지 않다고 생각하여 그대로 두었다.

전정 2판의 개정작업은 부동산등기법 초판보다도 많은 시간이 소요되었지만 아직도 부족한 부분이 적지 않음을 이 자리를 빌어 다시

한 번 밝히고자 한다. 앞으로 개정 부동산등기법의 시행과정에서 나타나는 문제점과 보완점 등은 학계와 실무계의 의견을 관심있게 지켜보고 향후에 다루어 보고자 한다.

이 책의 처음부터 지금까지 출판계의 경제적인 상황에는 관계없이, 오히려 애정어린 믿음과 격려를 아끼지 않으시고 출판을 서둘러 주신 법우사 황영성 사장님께 깊은 감사를 드리고자 한다.

2012년 2월

저자

全訂版 머리말

이 책을 출판한 후 상당한 세월이 지났다. 그동안 두 번의 개정판을 내면서 부분적이고 전면적인 수정을 하였으나, 그래도 미진한 부분이 적지 않았다. 특히, 지난 2년 동안 전체 부동산등기법 및 등기예규 그리고 대법원의 등기전산화 변화과정은 종전의 책으로 감당할 수 없게 되었다. 이러한 전면개정의 필요성에 따라 다음과 같은 내용을 추가하고 개편·보완하여 전정판을 내놓게 되었다.

첫째, 최근까지 개정된 부동산등기법, 부동산등기규칙, 등기예규, 등기선례의 내용을 최대한 반영하고자 하였다. 지난 2008년 3월 21일 개정된 부동산등기법은 내용상으로는 많이 바뀌지는 않았지만 국민이 법 문장을 이해하기 쉽도록 부동산등기법 조문상의 용어와 문장이 많이 바뀌어서 이를 반영하였다. 이 책에서 다루고 있는 관련 법령들은 2009년 1월 16일 현재 제정 또는 개정된 법률이며, '측량, 수로조사 및 지적에 관한 법률'와 같이 부동산등기법과 많은 관련이 있는 법률이라고 하더라도 현재 국회에서 논의중에 있는 법률들은 반영하지 못하였다.

둘째, 종전 책에서 미진하였던 판례, 기재례, 사진 등을 가능한한 많이 보완하여 독자의 이해를 돕고자 하였다. 법학분야에서 부동산등기법은 다른 법률과는 달리 직접 기재례 등을 보는 것이 이해하는데 크게 도움이 될 것이라고 생각하였기 때문이다.

셋째, 대법원 인터넷등기소의 자료를 본문과 부록에 많이 소개함으로써 온·오프라인에서 부동산등기제도의 활용이 보다 용이하도록 하였다.

전정판을 통해서 많은 부분을 다듬었지만 아직도 부족한 부분이 적지 않다. 특히 부동산등기법 각론에 해당하는 등기절차에서는 소유권과 근저당권에 관한 등기절차이외에 다른 권리의 등기절차도 포함시켜야 한다는 조언도 있었지만, 저자의 능력부족으로 이번에 담지 못하였다. 이 부분은 대법원 인터넷등기소에서 충분한 자료를 제공하고 있으므로 이해가 될 것으로 생각한다.

우리는 '자유없는 소유는 가능하지만, 소유없는 자유는 상상할 수 없다'는 말속에서 자본주의 경제체제를 이끌어 가는 물권법과 부동산등기법의 중요성을 다시 깨닫게 된다. 물권법에 비해 부동산등기법은 등기전산화과정을 통해 많은 기술적 발전이 이루어졌지만, 학문적인 깊은 연구는 아직도 미흡한 상태이다. 전정판의 출판을 계기로 앞으로도 부동산등기법의 올바른 이해를 위해 열정을 갖고 시대변화에 따른 의미있는 연구를 계속하고자 다짐해 본다.

끝으로 세계적인 미증유의 불황속에서도 이 책의 전정판을 흔쾌히 승낙해 주신 법우사 황영성 사장님께 깊은 감사를 드린다.

2009년 2월

저자

全訂版 머리말

2004년 3월, 처음 이 책을 출판한 후 만 3년의 시간이 지났다. 당시 의욕과는 달리 미진한 부분이 적지 않아 2005년 부분적으로 손질을 하기는 하였지만 출판을 다시 하고 보니 미흡한 부분이 적지 않았다. 또한 부동산등기법의 두 차례 개정으로 부동산거래가액을 등기부에 기재하도록 하고, 전자신청에 의한 등기가 가능하게 되었고, 지난 40여년간 시행되어 온 부동산등기법시행규칙은 부동산등기규칙으로 법령명이 변경되었다.

부동산소유권을 보호하고 거래의 안전을 보장하고 자산을 재창출하는 중요한 기능을 하는 부동산등기제도는 일반인이 쉽게 이해하고 접근이 가능한 제도이어야 한다. 이런 측면에서 대법원의 등기전산화 작업과 인터넷등기소는 세계적인 자랑거리가 될 만하다. 특히 지난해 6월부터 시행되고 있는 전자신청제도는 등기제도의 발전 뿐만 아니라 국민생활에 많은 변화를 가져오게 될 것이다.

이와 같이 빠르게 변화하는 환경에 의해 떠밀리듯이 개정판을 준비하게 되었다. 개정판은 새로운 이론과 실무를 토대로 대폭적인 보완이 이루어져야 함에도 이 책은 부족한 부분이 적지 않을 것으로 생각한다. 그것은 저자의 능력과 등기제도에 대한 이해가 아직도 부족한 때문이다. 이러한 본질적인 한계 속에서 개정판은 구판의 잘못된 부분을 수정하고, 개정된 법령, 판례, 등기예규, 등기선례를 최대한 반영하는데 중점을 두었다. 개정판에 담고자 했던 많은 내용들은 다음 기회에 보완하고자 한다.

끝으로 출판계의 어려운 여건에 불구하고 이 책의 처음부터 따뜻한 배려를 해 주신 법우사 황영성 사장님께 감사를 드린다.

2007년 2월
저자

머 리 말

우리가 흔히 선진국이라고 하는 국가 대부분은 토지와 건물 등에 대해서는 체계적으로 정비된 공시제도를 갖추고 있다. 반면에 제3세계와 과거 사회주의국가와 같은 후진국은 그러한 제도가 없거나 제대로 운영이 되지 않고 있다. 이는 공시제도가 소유권과 거래의 안전을 보장하고 사산을 다시 재창출하는 중요한 기능을 갖고 있는 것을 의미한다. 따라서 서구 선진국과 같이 자산의 개인소유를 인정하여 소유권 체계를 갖추고 있더라도 공시제도가 이를 제대로 뒷받침하지 않으면 산업자본주의에서 성공할 수 없게 되는 것이다.

우리나라가 독자적인 부동산등기법을 갖춘 것도 40여년이 지났다. 부동산등기제도는 그동안 적지 않은 발전이 있었지만, 글로벌화와 네트워크화가 빠르게 진행되는 요즈음에 있어서는 다른 제도의 발전에 장애가 되는 경우도 적지 않다. 아직도 부동산등기제도는 등기와 대장이 이원화되어 있고, 부동산등기 자체도 토지와 건물로 이원화되어 있는 미완성의 상태로 남아 있다. 새로운 제도를 갖추면서 동시에 시스템을 정비해 나가는 보다 장기적인 안목이 필요하다.

부동산등기법은 매우 전문적인 실무분야이기 때문에 이를 단시일 내에 이해하는 것은 용이하지 않다. 아직 부동산법을 완전히 이해하지 못하고 등기실무에 대한 깊은 지식이 없이 부동산등기법에 관한 저서를 감히 내놓는 것은 무모할 지 모르지만, 부동산에 관하여 등기, 지적, 지가, 지형에 관한 공시가 제 각각 이루어지고 있는 현실에서 이를 체계적·종합적으로 다루어 보겠다는 의욕에서 출발하였다.

이 책은 지금까지의 강의교재와 논문을 모아 부동산등기법에 관한 기본이론을 체계적으로 기술하고, 등기실무의 내용을 개괄적으로 다루고자 하였다. 그러나 저자의 능력부족으로 깊은 연구를 하지 못한 부분과 다루지 못한 부분도 적지 않은 한계를 가지고 있어 앞으로 부족하고 미진한 부분에 대한 보완이 요구된다. 그리고 단기간에 책으로 엮으면서 다른 저서의 인용부분을 미처 확인하지 못한 부분도 적지 않을 것으로 생각된다. 이 자리를 빌어 용서를 구하고자 한다.

부동산은 모든 국민의 관심사이면서도, 부동산등기에 대하여는 지나칠 정도로 전문적인 실무분야로 이해되어 왔다. 거의 매일 접하는 부동산 뉴스에 대해서는 저마다 한마디씩 평가와 전망을 내리면서도 자신이 소유하고 있는 부동산에 관한 공시에 대해서는 거의 무관심하다. 그러나 오랜 시일에 걸친 관련 전문가들과 대법원 및 담당공무원들의 노력으로 부동산등기는 점차 우리가 쉽게 접할 수 있는 분야로 바뀌어 가고 있다.

이러한 흐름에 맞추어 이 책은 부동산등기법과 부동산등기를 보다 쉽게 이해할 수 있는데 주안점을 두었다. 아무쪼록 이 책을 통해 부동산등기에 대한 이해에 조금이라도 도움이 되었으면 하는 소박한 기대를 가져본다. 끝으로 이 책을 발간하는데 어려운 여건에도 불구하고 저자에게 과분한 믿음을 보여주시고, 좋은 책을 만들기 위해서 정성을 쏟으시는 법우사 황영성 사장님께 감사를 드린다.

2004년 3월
명지전문대학 연구실에서

저자

〈목 차〉

제 4 장 부동산 등기의 종류 및 등기사항

제 5 장 등기기관과 설비

제 6 장 등기의 신청

제 7 장 등기신청에 필요한 서면

제 8 장 등기신청에 대한 등기관의 처분

제 9 장 등기절차에 관한 특칙

제10장 소유권·근저당권에 관한 등기절차

〈표 목 차〉

〈그 림 목 차〉

〈사 진 목 차〉

제 1 장

부동산 등기의 의의 및 기능

1. 부동산 등기의 의의와 법원

(1) 의의

일반적으로 등기(登記)란 국가기관인 등기관이 법정절차에 따라서 등기부라는 공적 장부(公的 帳簿)에 부동산의 표시 및 부동산의 권리관계를 기재하는 것 또는 그 기재 자체를 가리킨다. 등기사무를 등기소의 업무중 등기관에 의하여 등기부에 등기사항을 기록하는 업무라고 할 때, 등기부는 전산정보처리조직에 의하여 입력·처리된 등기정보자료를 편성한 것이므로(부동산등기법 제2조 제1호), 이 경우에 부동산 등기란 등기관이 등기사무를 전산정보처리조직을 이용하여 등기부에 등기사항을 기록하는 것 또는 그러한 기록자체를 의미한다(부동산등기법 제11조제2항). 전자는 수작업등기부에서의 부동산등기를 의미하고, 후자는 전산정보처리방식[1]에서의 부동산등기를 의미한다고 할 수 있다.

---

1) 2011. 4. 12 전부개정하여 2011. 10. 13 시행하고 있는 부동산등기법(법률 제10580호)은 전산정보처리방식에 의한 등기사무처리를 원칙적인 사무처리방식으로 규정하고, 종이등기부를 전제로 한 규정은 모두 삭제하였다.

※ 국가기관 : 국가의 통치작용을 담당하는 기관
삼권분립주의하에서는 입법기관・사법기관・행정기관의 셋으로 대별된다. 국가기관의 설치・조직과 그 권한(직무범위)은 국민의 자유와 권리의무에 중대한 관계가 있고, 또한 예산을 필요로 하기 때문에 중요한 국가기관은 반드시 국회에서 제정하는 법률에 의하도록 하는 것이 입헌주의의 원칙이다. 국가기관은 그 기관을 구성하는 자연인(自然人)이 단수인지 복수인지에 따라 독임제 기관(獨任制 機關)과 합의제 기관(合議制 機關)으로 나누어지는데, 대체로 독임제 기관이 많다. 국가기관중, 특히 국가의사를 결정하고 외부에 표시할 수 있는 기관을 행정법상 행정관청(行政官廳)이라고 한다.

※ 등기관
등기관은 지방법원장(등기소의 사무를 지원장이 관장하는 경우에는 지원장)이 등기소에 근무하는 법원서기관·등기사무관·등기주사 또는 등기주사보(법원사무관·법원주사 또는 법원주사보 중 2001년 12월 31일 이전에 시행한 채용시험에 합격하여 임용된 사람을 포함한다) 중에서 지정하는 자를 말한다(부동산등기법 제11조제1항). 등기관이 등기소에 발령 받으면 해당 등기소에 약 1년 정도 근무한 후 다른 등기소나 또는 법원 소속 다른 부처에 순환 보직하게 된다. 등기관이 등기업무를 수행함에 있어서는 자신의 책임하에 자신의 판단으로 사건을 처리한다.[2] 등기소에서 하는 업무에는 등기관이 등기부에 등기사항을 기록하는 사무 이외에도 등기부등・초본 발급업무, 확정일자 부여 업무 등 등기관이 하지 않는 여러 가지가 있다. 등기사무는 위와 같은 등기소의 업무중 등기관에 의하여 등기부에 등기사항을 기록하는 업무만을 말한다.

부동산등기는 실체법상의 등기와 절차법상의 등기로 구분되는데, 전자는 부동산의 권리관계에 관한 등기만을 가르키고, 후자는 부동산의 표시등기(소재, 지번,[3] 지목, 면적, 구조 등)와 부동산의 권리관계(소유권, 지상권, 지역권, 전세권, 저당권, 권리질권, 채권담보권, 임차권)에 대한 등기전부(권리의 보존, 이전, 설정, 변경, 처분의 제한, 소멸 등),[4] 즉 모든 등기기록을 말하지만 부동산 등기기록에 관계되는

2) 법원사무직류의 일반직 공무원도 2002. 1. 1 이전에 채용시험에 합격하여 근무를 하는 경우에는 부칙 제3조제1항에 따라 등기관이 될 수 있다(법무부, 부동산등기법 전부개정안 설명자료, 2009. 5, 23면).

3) 2006. 10. 4 제정된 도로명주소법은 공법관계상 주소로 도로명주소를 반영하도록 함으로써 도로명주소법에 따른 부동산등기 사무처리지침이 제정되었다(2011. 10. 28 등기예규 제1436호). 이 예규는 건물등기기록 표제부의 건물표시 및 부동산등기기록의 각 등기명의인의 주소를 그 적용대상으로 한다.

것(예를 들어 등기관의 이름을 적는 것)은 부동산 등기가 아니다.

(2) 법원

부동산등기의 법원(法源)으로는 다음과 같은 것이 있다. 첫째, 민법[5]의 물권편이다. 민법의 물권은 특정의 물건을 직접 지배하여 그것으로부터 독점적·배타적으로 이익을 취득할 수 있는 권리로 부동산 등기와 같은 공시제도가 필요불가결하다. 따라서 민법의 물권편에는 부동산 등기와 직접 관련된 규정(제186조, 제187조, 제245조, 제317조, 제348조, 제482조, 575조, 제592조, 제621조, 제622조, 제829조, 제1049조 등)이 적지 않다.

둘째, 부동산등기법(不動産登記法)[6]과 구체적 시행을 위한 부동산등기규칙(不動産登記規則)[7]이 있다.

※ 부동산등기법의 최근 개정[8]

◇ 2013. 5. 28(2013. 8. 29 시행) 부동산등기법(제11826호)의 개정이유 및 주요 내용

신탁법이 전부개정(법률 제10924호, 2011. 7. 25 공포, 2012. 7. 26 시행)되어 재신탁, 수익증권발행신탁, 유한책임신탁, 신탁의 합병과 분할 제도 등이 새로 도입되고, 수탁자의 선임, 해임, 임무 종료의 사유 및 신탁재산관리인과 신탁관리인의 선임 사유와 권한이 정비됨에 따라 그와 관련된 등기사항을 신설·정비하려는 것임.

---

4) 2005. 12. 29 개정된 부동산등기법(법률 제7764호)부터는 계약을 등기원인으로 한 소유권이전등기를 하는 경우 거래가액을 갑구의 권리자 및 기타 사항란에 기재하도록 하고 있다(동법 제68조).

5) 제정 1958. 2. 22 법률 제471호, 시행 1960. 1. 1.

6) 제정 1960. 1. 1 법률 제536호, 시행 1960. 1. 1.

7) 2006. 6. 1 시행된 부동산등기규칙(대법원규칙 제2025호)이전까지는 부동산등기법시행규칙으로 쓰였으나, "법 시행규칙"이라는 표현은 법령 형식상 부령의 제목에 사용되는 용어이므로 "민사소송규칙", "민사집행규칙"의 용어 사용례와 같이 개정하였다(법원행정처, 개정 부동산등기법 해설, 2006, 22면).

8) 이하 부동산등기 관련법령의 주요 내용 및 연혁에 대하여는 법제처 홈페이지(http://www.moleg.go.kr)를 참조함.

◇ 2011. 4. 12(2011. 10. 13 시행) 부동산등기법(제10580호)의 개정이유 및 주요 내용

부동산등기부 전산화사업의 완료로 등기사무처리가 전산정보처리조직에 따라 수행되고 있고 전자신청이 전국적으로 시행되고 있으므로 종이등기부를 전제로 한 규정을 정비하고, 법률에 직접 규정하기에 적합하지 아니한 사항을 대법원규칙으로 위임하거나 삭제하여 탄력적인 등기절차를 운용하며, 악용의 소지가 있는 예고등기제도를 폐지하여 부동산에 관한 국민의 권리보전을 도모하고 거래의 안전성을 높이려는 것임.

◇ 2008. 3. 21 부동산등기법(제8922호)의 개정이유 및 주요 내용

부동산등기법 문장을 원칙적으로 한글로 적고, 어려운 용어를 쉬운 용어로 바꾸며, 길고 복잡한 문장은 체계 등을 정비하여 간결하게 하는 등 국민이 법 문장을 이해하기 쉽게 정비하려는 것임. 개정의 주요내용으로는 '본(本), 수 개(數 個), 과다(過多), 취지(趣旨), 완료(完了), 교부(交付), 통지(通知), 유루(遺漏), 흠결(欠缺), 신(新), 이기(移記), 기재(記載), 부(付)'등을 '이를, 여러 개, 많음, 뜻, 마침, 내줌, 알림, 빠짐, 잘못됨, 새, 옮겨적음, 적음, 덧붙임' 등으로 개정하였으며, 부연설명과 문장을 거의 모든 조문을 정비하였음.

◇ 2007. 5. 17 부동산등기법(제8435호)의 개정이유 및 주요 내용

민법이 개정(법률 제7427호 2005. 3. 31 공포·시행)되어 2008년 1월 1일부터 민법상 호주제가 폐지되고 가족관계의 등록 등에 관한 법률이 시행됨에 따라 등기관의 제척제도중 관련규정(부동산등기법 제13조제1항)을 개정함.

◇ 2006. 5. 10 부동산등기법(제7954호)의 개정이유 및 주요 내용

부동산등기사무처리의 효율화와 등기신청에 관한 국민의 편의증진을 위하여 전산정보처리조직을 이용하여 등기를 신청할 수 있는 근거를 마련하고, 중복등기, 구분건물의 대지사용권 이전등기 및 합필등기의 운용과정에서 발생하는 문제점을 개선하며, 그 밖에 현행규정의 운영과정에서 나타난 일부 미비점을 개선·보완하려는 것임. 개정의 주요내용은 중복등기의 정리(법 제15조의2 신설), 구분건물 대지사용권의 이전등기(법 제57조의3 신설), 합필등기에 관한 특례(법 제90조의4 신설), 전산정보처리조직을 이용한 등기신청(법 제177조의8 내지 제177조의10 신설), 등기의 정리에 관한 특별조치(법 부칙 제2조) 등이다.

◇ 2005. 12. 29 부동산등기법(제7764호)의 개정이유

부동산 거래의 투명성을 확보하기 위하여 매매를 원인으로 한 소유권이

전등기를 신청하는 경우에는 등기신청서에 거래신고필증에 기재된 거래가액을 기재하고, 신청서에 기재된 거래가액을 부동산등기부 갑구의 권리자 및 기타사항 란에 기재하도록 하려는 것임.

◇ 2003. 7. 18 부동산등기법(제6926호)의 개정이유
집합건물의 구분점포에 대하여 표시등기를 신청하는 경우 구분점포의 경계표시 등에 관한 명확성을 기하기 위하여 필요한 첨부서류를 보완하려는 것임.

셋째, 부동산 등기예규[9]가 있다. 부동산 등기절차는 아주 구체적이고 실무적인 부분이 너무나 다양하게 존재하기 때문에 부동산등기법과 부동산 등기규칙에서 그 내용을 모두 담기에는 불가능하다. 이에 따라 부동산 등기사무를 관장하는 대법원이 일정한 기준과 방법을 제정하고, 실무처리에 있어서는 이 예규를 따르도록 하고 있다.[10] 일련번호에 의하여 제정된 주요 사항별 예규는 법률과 경제적 사정의 변동에 따라 개정과 폐지 및 제정이 반복되며, 계속적·전문적으로 부동산 등기업무를 취급하는 등기관과 법무사[11]등에게 매우 중요하다. 대법원은 예규가 제정 또는 개정되는 경우에 대한법무사협회에

9) 예규는 행정규칙의 하나로서 행정사무의 통일을 기하기 위하여 상급관청이 하급관청에 대하여 감독권의 발동으로서 발하는, 반복적으로 행하는 행정사무의 기준을 제시하는 것을 말한다(법률신문사, 신법률학대사전, 1216면). 예규는 부동산 등기예규 뿐만 아니라 대법원규칙에 의한 각종 행정예규와 재판예규, 가족관계등록예규 등이 있다. 부동산 등기예규는 대법원 홈페이지(www.scourt.go.kr) 대국민서비스>종합법률정보>규칙/예규/선례에서 가능하다.

10) 부동산등기규칙 제113조 (대법원예규에의 위임) 이 법 시행에 필요한 사항은 대법원예규로 정한다.

11) 법무사는 등기사무에 관한 한 전문적인 식견을 가진 사람으로서, 일반인이 등기업무를 법무사에게 위임하는 것은 그러한 전문가인 법무사에 대한 기대와 신뢰를 바탕으로 하는 것이므로, 비록 등기업무와 관련된 법무사의 주된 직무 내용이 서류의 작성과 신청대리에 있다 하여도, 그 직무를 수행하는 과정에서 의뢰인의 지시에 따르는 것이 위임의 취지에 적합하지 않거나 오히려 의뢰인에게 불이익한 결과가 되는 것이 드러난 경우에는, 법무사법에 정한 직무의 처리와 관련되는 범위 안에서 그러한 내용을 의뢰인에게 알리고 의뢰인의 진정한 의사를 확인함과 아울러 적절한 방법으로 의뢰인이 진정으로 의도하는 등기가 적정하게 되도록 설명 내지 조언을 할 의무가 있다(대법원 2006. 9. 28, 2004다55162, 대법원 2011. 9. 29, 2010다5892, 대법원 2012. 12. 27, 2010다57473).

통고를 하고, 대한법무사협회는 신속하게 전국의 법무사들에게 알려주어 업무에 참고하도록 하고 있다.[12)]

넷째, 부동산 등기선례 및 질의에 대한 회신이 있다. 부동산등기법, 등기규칙, 등기예규에 의해서도 분명하지 않은 경우에 등기사무를 주관하는 대법원(법원행정처 사법등기국)에 서면으로 질의를 할 수 있고, 이 질의에 대하여 대답을 주게 되는데, 이 회답이 등기신청과 관련한 주요한 자료가 되기도 한다.

다섯째, 부동산 등기에 관한 특별법이 있다. 부동산 등기에 관한 일반법의 성격을 갖고 있는 부동산등기법의 예외적인 사항을 규정하고 있는 특별법으로 부동산거래질서의 확립을 위한 특별한 조치를 수반하고 있는 「부동산등기특별조치법」과 한시법(限時法)으로 이전등기와 보존등기를 용이하게 할 수 있는 여러 가지의 특별조치법이 있다.

※ 부동산등기특별조치법[13)]

◇ 제정이유

부동산소유권이전등기신청을 의무화하고, 부동산투기의 수단으로 이용되는 허위·부실등기신청행위와 부동산투기억제를 위한 거래제한법령을 회피하여 나가는 각종 편법·탈법행위를 직접적으로 규제함으로써, 등기부기재와 거래의 실제내용이 일치하도록 하여 건전한 부동산거래질서를 확립하려는 것임.

◇ 주요 내용

① 목적부동산의 소재지를 관할하는 시장등은 등기의무위반자를 내무부령으로 정하는 기준에 따라 목적부동산에 대한 등록세액의 5배이하에 상당하는 과태료에 처하도록 함.

② 소유권이전등기를 신청하여야 할 자가 등기원인을 허위로 기재하여 등기를 신청하거나 소유권이전등기 이외의 등기를 신청한 때에는 3년이하의 징역이나 1억원이하의 벌금에 처하도록 함.

③ 조세부과를 면하려 하거나, 다른 시점간의 가격변동에 따른 이득을 얻으려 하거나 소유권등 권리변동을 규제하는 법령의 제한을 회피할 목적으로, 타인의 명의를 빌려 등기를 신청하거나, 미등기전매한 때에는 3년이하

12) http://www.iros.go.kr. http://www.kjaa.or.kr.
13) 제정 1990. 8. 1 법률 제4244호.

의 징역이나 1억원이하의 벌금에 처하도록 함.

④ 타인의 명의를 빌려 소유권이전등기를 신청하는 것을 원칙적으로 금지하고, 조세부과를 면하려 하는 등의 목적이 없는 경우에는 등기신청시에 대법원규칙이 정하는 서면을 제출한 경우에만 예외적으로 허용하되, 서면의 제출없이 타인의 명의를 빌려 소유권이전등기를 신청한 때에는 1년이하의 징역이나 3천만원이하의 벌금에 처하도록 함.

⑤ 부동산의 소유권이전을 내용으로 하는 계약을 체결한 자는 거래사항을 기재한 계약서에 검인을 받아 등기신청시에 제출토록 함(검인계약서).

※ 소유권의 이전등기와 보존등기를 용이하게 하는 주요 특별조치법

◇ 임야소유권이전등기등에관한특별조치법[14)]

사유림의 소유권이전에 따른 등기가 이행되지 아니하여 공부상소유자가 분명하지 못하고 이로 인하여 산림정책에 막대한 지장을 초래하고 있으므로 간략한 등기절차 등을 마련하여 임야등기를 현실화함으로써 영림조성을 위한 산림행정수행의 실효를 기하려는 것임.

① 임야로서 1960년 1월 1일전에 매매·증여·교환등 기타 법률행위로 인하여 사실상 양도된 것중 이 법에 의한 이의신청이 없는 것은 민법 부칙 제10조의 규정에 불구하고 이 법에 의하여 소유권이전등기 또는 보존등기를 할 수 있도록 함.

② 이전등기는 등기명의인으로부터 임야의 권리를 이어 받은 등기하지 못한 취득자 또는 그로부터 다시 그 권리를 이어 받은 자 및 그 대리인이 등기소에 출석하여 단독으로 신청할 수 있도록 함.

③ 등기의 신청을 함에 있어서 필요한 등기원인서류는 임야소유지의 구·시·읍·면의 장이 위촉한 3인의 보증서 또는 구청장·시장 또는 군수가 발행한 확인서로 갈음할 수 있도록 함.

④ 소유권이전등기를 할 임야에 대하여 소유권 이외의 권리를 등기한 자는 이 법 시행일부터 50일내에 관할등기소에 문서로써 그 권리를 신고하여야 하고, 동기간중 신고가 없는 경우 등기부에 존속하던 소유권 이외의 권리는 소멸하며, 등기공무원은 이를 직권말소하도록 함.

⑤ 등기를 함에 있어서 임야의 분할·합병 등을 구청장·시장 또는 군수에게 신고할 필요가 있는 때에는 등기하지 못한 취득자는 구청장·시장 또는 군수가 발행하는 확인서를 첨부하여 임야대장에 의한 명의인에 갈음하여 이를 신청할 수 있도록 함.

⑥ 등기를 하지 아니한 임야로서 임야대장명의인으로부터 그 권리를 이어 받은 등기하지 못한 취득자 또는 그 대리인은 보증서 또는 확인서를 첨부

---

14) 제정 1969. 5. 21 법률 제2111호, 폐지 2008. 12. 19 법률 제9143호.

하여 임야대장의 명의변경을 신청할 수 있으며, 이 경우 임야대장의 명의인이 된 자 또는 그 대리인은 임야대장등본을 첨부하여 소유권보존등기를 신청할 수 있도록 함.
⑦ 이 법에 의한 등기는 이 법 시행일부터 1년내에 하도록 함.
⑧ 이 법에 의한 임야의 등기에 수반되는 대장등본청구 등에 수반되는 수수료는 이를 면제하도록 함.

◇ 부동산소유권이전등기등에관한특별조치법15)

미등기 및 불부합 부동산을 간략한 절차로 신속히 등기를 완료시킴으로써 소유권의 보호와 아울러 재산권으로서의 기능을 유지할 수 있도록 하려는 것임.
① 부동산의 표시 및 소유명의가 사실과 일치하지 아니하는 경우에 간이한 절차에 의하여 등록신청할 수 있게 함.
② 등록원인을 1974년 12월 31일 이전의 것으로 제한함.
③ 적용대상을 수복지구를 제외한 읍·면지역의 전토지 및 건물과 시지역(인구 50만이상의 시는 제외)의 농지·임야 및 시지역의 마을공동재산으로서 시·군·읍·면의 토지대장·임야대장·가옥대장에 등재되어 있는 재산으로 한정함.
④ 신고내용은 지적의 이동, 건물표시 변동을 사실상의 양수자가 할 수 있도록 함.
⑤ 소유권보존등기와 소유권이전등기를 확인서를 가지고 할 수 있도록 함.
⑥ 확인서는 대장소관청이 발급하여 시장 또는 읍·면장이 위촉한 3인 이상의 보증서를 첨부한 신청에 의하여 2월이상 공고후 이의신청이 없는 경우 발급키로 함.
⑦ 이의가 있는 자는 공고기간내에만 이의신청을 할 수 있도록 하였으며 이의는 공고만료일로부터 3월 이내에 처리하도록 함.
⑧ 사위의 방법으로 확인서를 발급받은 자등은 1년 이상 10년 이하의 유기징역이나 50만원 이상 500만원 이하의 벌금에 처하도록 함.
⑨ 이 법에 의한 등기신청은 시행일로부터 3년 내에 하도록 한시법으로 함.

◇ 수복지역내소유자미복구토지의복구등록과보존등기등에관한특별조치법16)

경기도와 강원도의 11개 시·군에 걸친 수복지역은 전란으로 지적공부와 등기부가 분·소실된 이래 실질적인 소유권자이면서도 소유권증빙서류를 갖추지 못하거나 소송을 제기할 재력이 없어서 동지역 전토지의 31퍼센트에 이르는 227천필지 709만평이 미복구인 상태로 남아 있고, 소유자가 복구된

---

15) 제정 1977. 12. 31 법률 제3094호.
16) 제정 1982. 12. 31 법률 제3627호(한시법으로 1988. 12. 31까지였으나, 그 후 1991. 12. 31까지 연장).

토지라도 접적지역이라는 특수상황하에서의 저위의 토지이용도와 권리의식의 미흡으로 매매·증여·교환·상속등 여러 차례에 걸친 실제상의 양도·양수가 이루어졌음에도 불구하고 원소유자 명의로 남아 있는 경우가 상당수에 이르고 있으며, 등기법상 소정의 절차에 의한 이전등기는 중간전매자등의 사망과 소재불명등으로 매우 어려운 실정에 있으므로 이와 같은 수복지역 주민의 고충을 해결하기 위하여 소유자미복구토지는 인우보증을 토대로 일종의 행정위원회에서 공적으로 확인한 후 복구등록하도록 하고, 불부합등기는 현재 수복지역이남에서 시행되고 있는 부동산소유권이전등기에관한특별조치법의 예에 따라 간이한 절차로 등기를 정리하게 하려는 것임.

① 이 법은 수복지역내 부동산에 적용하되, 정전협정상의 남경계선 이북과 민통선북방지역중 내무부장관이 국방부장관과 협의하여 고시하는 지역, 소송계속중인 부동산 및 지적미복구부동산은 제외함.

② 소유자 복구등록 및 보존등기 절차를 정함.

- 소유자가 소유권증빙서를 첨부하거나 3인 이상 보증인의 보증서를 첨부하여 소관청에 복구등록신청을 함.
- 소관청은 접수후 3월 이상 시·군·읍·면과 리·동사무소 게시판 공고와 1회 이상 일간신문 공고를 통하여 이해관계인의 이의신청기회를 주도록 함.
- 시·군 및 도위원회는 보증인의 심문, 검증·감정 기타 사실조사에 의하여 소유자여부를 심사·결정함.
- 위원회에서 소유자가 결정된 때에는 소관청은 직권으로 복구등록함.
- 복구등록후 3월이 경과하면 소유자로 복구등록된 자는 대장등본을 첨부하여 자기명의로 소유권보존등기신청을 함.

③ 사실상의 소유자가 자기명의로 토지의 이동 또는 건축물표시변경의 신고나 신청을 할 수 있게 하고, 사실상 양수자의 확인서에 의한 소유권이전절차, 귀속부동산 및 국공유부동산의 특례, 대위등기 그리고 확인서발급절차는 부동산소유권이전등기에관한특별조치법의 예에 의함.

④ 소유자복구등록신청이 없는 토지와 위원회 결정 또는 재심사결정시 기각된 토지는 무주토지로 보아 이 법의 유효기간만료후 국유재산법이 정하는 바에 의하여 국유재산으로 취득하되, 무주토지의 일부는 소유권을 주장하는 제소가 있을 수도 있으므로 10년간은 국가가 매각처분하지 못하도록 함.

◇ 부동산소유권이전등기등에관한특별조치법[17]

과거 일제시대이후 부동산을 매입 또는 상속하여 오랜 기간 실소유자로 있었으나 부동산등기에 대한 인식부족으로 매입 당시 소유권이전등기를 하지 아니하고, 1977년 제정된 부동산소유권이전등기등에관한특별조치법에 의하여서도 이전등기를 하지 아니한 결과, 그동안 전소유자가 사망하였거

---

17) 제정 1992. 11. 30 법률 제4502호(한시법 1994. 12. 31).

나 그 직계자손들이 다수이고 전국에 산재하여 있음으로 인하여, 현시점에서 정상적인 절차로는 이전등기를 하기 어려운 경우가 많으므로 이를 구제하기 위하여 간편한 절차로써 실질적인 소유자에게 소유권의 이전등기를 할 수 있도록 하는 특별조치법을 제정하려는 것임.

① 이 법의 적용대상 부동산을 이 법 시행일 현재 토지대장 또는 임야대장에 등록되어 있는 토지와 건축물대장에 등록되어 있는 건물로 함.

② 이 법의 적용범위를 부동산으로서 1985년 12월 31일 이전에 매매·증여·교환등 법률행위로 인하여 사실상 양도된 부동산, 상속받은 부동산과 소유권보존등기가 되어 있지 아니한 부동산에 대하여 적용하도록 함.

③ 이 법의 적용지역 및 대상을 수복지구를 제외한 읍·면지역의 전토지 및 건물과 시(인구 50만 이상의 시를 제외함)지역의 농지 및 임야로 함.

④ 미등기부동산을 사실상 양도받은 자등은 확인서를 첨부하여 해당 부동산의 대장소관청에 대장상의 소유명의인변경등록 또는 복구등록을 신청할 수 있도록 하고, 변경등록된 대장상의 소유명의인은 그 대장등본을 첨부하여 자기명의로 소유권보존등기를 신청할 수 있도록 함.

⑤ 이 법에 의한 등기를 신청하고자 하는 경우 당해 부동산의 대장소관청에서 발급하는 확인서를 첨부하도록 하고, 그 확인서는 시장 또는 읍·면장이 당해 부동산소재지 동·리에 대통령령이 정하는 기간이상 거주하고 있는 자중에서 위촉하는 3인 이상의 보증서를 첨부하여 서면으로 신청하도록 하며, 이를 접수한 대장소관청은 2월 이상 공고한 후 확인서를 발급하도록 하되, 그 기간중 이의신청이 있는 부동산에 대하여는 이의에 대한 처리가 완결되기 전에는 확인서를 발급하지 못하도록 함.

⑥ 허위의 방법으로 확인서를 발급받은 자, 행사할 목적으로 확인서등의 문서를 위조 또는 변조한 자, 허위의 보증서를 작성한 자는 1년이상 10년이하의 징역 또는 500만원 이상 5천만원 이하의 벌금에 처하도록 함.

⑦ 이 법은 1993년 1월 1일부터 시행하여 1994년 12월 31일까지 효력을 가지도록 하되, 이 법 시행중에 확인서의 발급을 신청한 부동산에 대하여는 유효기간 경과후 6월까지는 이 법에 의한 등기를 신청할 수 있도록 함.

◇ 부동산소유권 이전등기 등에 관한 특별조치법[18)19)20)]

이 법 시행 당시 「부동산등기법」에 의한 소유권보존등기가 되어 있지

18) 제정 2005. 5. 26 법률 제7500호(한시법 2007. 12. 31).

19) 종전까지는 법제처의 법령입안심사기준 및 국회의 국회법률안입안기준에 의해 법령의 제명을 붙여 썼으나, 2005. 1. 1부터 법령제명 띄어쓰기가 실시되었으므로(법제처 보도자료 2004. 12. 22), 본서에서는 이에 따라 본문중의 법률명은 다른 문장과 구분하기 위하여 법령명 앞 뒤에 낫표(「 」)를 사용하여 표시하고, 제목과 각주의 경우에는 낫표(「 」)없이 표시하고자 함.

20) 제정 2005. 12. 26 등기예규 제1117호(부동산소유권 이전등기 등에 관한 특별조치법 시행에 따른 등기업무처리지침). 2008. 6. 13 등기예규 제1252호(부

아니하거나 등기부기재가 실제 권리관계와 일치하지 아니하는 부동산에 대하여 한시적으로 간편한 절차에 의하여 등기할 수 있도록 함으로써 진정한 권리자의 소유권을 보호하고 재산권으로서의 기능을 할 수 있도록 하려는 것임.

① 적용대상 부동산(법 제2조제1호 및 제3조): 이 법 시행일 현재 토지대장 또는 임야대장에 등록되어 있는 토지 및 건축물대장에 기재되어 있는 건물로서 1995년 6월 30일 이전에 매매·증여·교환 등 법률행위로 인하여 사실상 양도된 토지·건물, 상속받은 토지·건물과 소유권보존등기가 되어 있지 아니한 토지·건물을 이 법의 적용대상으로 함.

② 적용지역 및 대상(법 제4조): 읍·면 지역의 토지·건물과 광역시·시 지역의 농지·임야 및 1제곱미터당 지가가 6만 5백원 이하의 모든 토지를 이 법의 적용지역 및 대상으로 하되, 광역시 및 인구 50만 이상의 시의 경우에는 1995년 1월 1일 이후 광역시 또는 그 시에 편입된 지역으로 함.

③ 대장의 명의변경·소유자복구와 소유권보존등기(법 제6조)

- 미등기부동산을 사실상 양도받은 자 등은 확인서를 첨부하여 대장소관청에 소유명의인의 변경등록 또는 복구등록을 신청할 수 있도록 함.
- 변경등록 또는 복구등록의 신청을 받은 대장소관청은 확인서에 의하여 대장상의 소유명의인의 변경등록 또는 복구등록을 하고, 변경등록 또는 복구등록된 대장상의 소유명의인은 대장등본을 첨부하여 등기소에 자기명의로 소유권보존등기를 신청할 수 있도록 함.

④ 소유권의 등기명의인에 갈음한 등기 등(법 제9조 및 제10조)

- 등기를 하기 위하여 필요한 때에는 사실상의 양수인은 소유권의 등기명의인 또는 그 상속인을 갈음하여 표시변경등기와 상속으로 인한 소유권이전등기를 신청할 수 있도록 함.
- 등기를 신청하고자 하는 경우에는 당해 부동산의 대장소관청에서 발급하는 확인서를 첨부하도록 하고, 동 확인서를 발급 받고자 하는 자는 시·구·읍·면장이 당해 부동산 소재지 동·리에 일정기간 이상 거주하고 있는 자중에서 보증인으로 위촉하는 3인 이상의 보증서를 첨부하여 서면으로 신청하도록 함.
- 확인서의 발급신청을 받은 대장소관청은 2월 이상 공고한 후 확인서를 발급하도록 하되, 그 기간중 이의신청이 있는 부동산에 대하여는 이의에 대한 처리가 완결되기 전에는 확인서를 발급하지 못하도록 함.

⑤ 유효기간(법 부칙 제2조): 이 법은 2007년 12월 31일까지 효력을 가지도록 하되, 이 법 시행중에 확인서의 발급을 신청한 부동산 및 확인서 발급

동산소유권 이전등기 등에 관한 특별조치법 시행에 따른 등기업무처리지침 폐지예규)에 의하여 폐지.

에 대한 이의신청이 제기된 부동산에 대하여는 유효기간 경과 후 6월까지는 이 법에 의한 등기를 신청할 수 있도록 함.

여섯째, 아파트 등의 집합건물에 대한 권리의무관계와 등기를 규율하기 위한 것으로 「집합건물의 소유 및 관리에 관한 법률」이 있다.

※ 집합건물의 소유 및 관리에 관한 법률[21)]

◇ 제정이유

1960년대 후반 이후의 경제발전과 인구의 도시집중으로 인하여 서울등 대도시에 아파트등 공동주택이 급격히 증가하여 1981년말 현재 전국의 주택 총호수의 11.7퍼센트인 65만3천호에 이르고 있고, 이와 같은 현상은 앞으로 더 확대될 추세이며,[22)] 이에 수반하여 고층건물의 소유와 이용의 형태는 종래와는 달라서 한 채의 건물을 수십 내지는 수백의 구분소유와 공동이용이라는 새로운 형태로 발전하고 있음에 반하여 이러한 새로운 생활관계를 규율할 민법 및 부동산등기법등 제규정은 불비하여 구분소유권의 대상과 한계, 구분소유자 상호간의 법률관계, 구분소유권과 그 공동이용부분 및 그 대지에 대한 소유이용관계가 불분명하고 구분건물 및 그 대지에 대한 현행 등기방법도 매우 복잡하여 이를 개선하여 고층건물 기타 집합건물내에서의 공동생활을 합리적으로 규율하고 그 권리관계를 간명히 공시할 수 있도록 단행법을 제정하여 일반국민에게 법적 안정성과 거래의 편익을 제공하려는 것임.

◇ 주요 내용

① 구분소유의 대상을 "1동의 건물중 구조상 구분된 수개의 부분이 독립한 건물로서의 사용목적을 달성할 수 있는 부분"에 한하도록 함.

② 구분소유자의 전원 또는 그 일부가 공동으로 사용하는 복도·계단등 구조상 공용부분과 구분소유자의 합의로서 공동으로 이용할 것으로 정하는 건물부분은 그 공유에 속하는 것으로 함.

③ 구분소유권과 그 대지에 대한 권리 및 공용부분의 지분과의 불가분성 내지 일체성을 인정함.

④ 구분소유자는 건물의 보존에 해로운 행위 및 공동생활의 이익에 반하는 행위를 하지 못하도록 함.

⑤ 전세자를 포함한 점유자도 구분소유건물의 공동생활에 있어 규율을 지

---

21) 제정 1984. 4. 10 법률 제3725호.

22) 2010년말 현재 전국 1,388만가구중 72.7%가 아파트, 연립주택, 다세대주택 등의 공동주택이다(졸저, 부동산 공법의 이해, 법원사, 2013, 364면(통계청 인구주택총조사자료와 e-나라지표를 재구성함)).

키도록 하는 등 의무조항을 두도록 함.
⑥ 구분소유자가 그 대지에 대한 권리를 상실한 때에는 구분소유자 또는 대지의 권리자에게 각 대지 또는 구분소유권의 매수청구권을 인정함으로써 구분건물의 철거라는 국민경제적 손실을 방지하고 건물입주자들의 주거생활을 보호함.
⑦ 아파트, 연립주택등 집합건물 분양자에게 민법상 도급에 관한 규정을 준용하여 건물의 기본구조에 관하여는 10년간의 하자담보책임을 부과, 견고한 건물을 짓도록 유도하기 위해 담보책임을 가중함.
⑧ 공동부분 및 대지의 유지·관리를 위하여 관리단, 관리인, 규약 및 집합에 관한 규정을 두고, 특히 구분소유자가 10인 이상일 때에는 관리인의 선임을 의무화함.
⑨ 건물이 노후화되어 그 건물을 철거하고 재건축 및 복구하는 경우에 대비, 재건축을 할 수 있게 하는 요건 및 재건축에 반대하는 구분소유자에 대한 조치사항과 재건축후의 이해조정의 방법등을 정함.
⑩ 집합건물의 가옥대장의 비치에 관하여 근거규정을 마련함.[23)]
- 대장은 한 채의 건물과 이에 속하는 전유부분을 표시할 용지를 구별하여 편성하도록 함.
- 등기법과의 통일을 기하기 위하여 대장의 등록방법에 관하여 한 채의 건물과 전유부분의 용지에 기재할 사항을 규정함.
- 대장의 등록신청방법, 의무, 기간과 구분건물의 요건, 심사기준 및 구분요건, 부적격시등의 조치규정을 두도록 함.
- 대장소관청에 대한 통지 및 대장의 등재절차규정을 두도록 함.
- 대장을 이중으로 작성하는 불편을 없애도록 하기 위하여 현재 건축법에 의한 건축물대장을 이 법에 의한 가옥대장으로 보고, 이를 이 법에 규정된 양식으로 개제하도록 함.
- 대장의 개제는 이 법 시행후 1년 이내에 하도록 함.

일곱째, 가등기와 이에 따른 등기절차를 규율하기 위한 「가등기담보 등에 관한 법률」이 있다.

※ 가등기담보 등에 관한 법률[24)]
우리나라의 사금융업자나 사인간의 금전소비대차는 저당권제도를 이용하는 대신 담보로 잡은 부동산을 미리 채권자명의로 등기이전하거나 대물반환의

23) 현재는 건축물대장의 기재 및 관리등에 관한 규칙 제4조에서 집합건축물대장으로 관리하고 있음.
24) 제정 1983. 12. 30 법률 제3681호.

예약, 매매예약등을 원인으로 한 소유권이전등기청구권보전의 가등기를 이용하는 방법을 택하는 경우가 많은 바, 이러한 가등기담보는 민법상 전형담보방식이 아니므로 그 법률관계가 불분명하여 채무자 또는 후순위권리자등 이해관계인에게 불리한 결과를 초래하게 되는 경우가 있고, 또한 민법 제607조, 제608조의 해석에 관한 판례이론이 형성되어 채무자 보호를 도모하고 있으나 청산금 지급과 가등기에 대한 본등기이행 및 목적물 인도간에 동시이행관계가 인정되지 아니하여 판례이론만으로는 채무자 보호에 미흡한 실정이므로, 가등기담보계약의 법률관계를 명확히 하여 채무자를 보호하고 후순위권리자등 이해관계인과의 법률관계를 합리적으로 조정하려는 것임.

여덟째, 부동산등기중 입목등기, 공장 및 광업재단에 관한 특별법으로 「입목에 관한 법률」, 「공장 및 광업재단저당법」 등이 있다.

※ 입목에 관한 법률[25]의 제정이유 및 주요 내용

산림개발을 촉진함에 있어서는 장기성 저리자금의 융자에 의존하지 아니할 수 없고 이러한 융자를 얻기 위한 담보물로서는 충분한 재산가치를 지닌 입목이 매우 적합한 것이나 현행 법체제하에 있어서는 입목을 그 지번인 토지로부터 분리시켜 이에 대한 권리의 변동을 공시하는 방법이 미흡하여 그 담보가치를 인정받지 못하고 있는 바, 이로 인하여 산주의 적극적인 개발의욕을 저하시키고 있으므로 입목에 대한 저당권인정을 가능하게 하여 조림 및 그 사후관리등 산림경영에 필요한 자금을 손쉽게 확보하게 함으로써 종합적이고 효율적인 산림개발을 뒷받침하려는 것임.

① 입목을 부동산으로 보고 토지와 분리하여 양도하거나 이를 저당권의 목적으로 할 수 있도록 함.

② 입목을 목적으로 하는 저당권의 효력은 입목을 벌채한 경우에 그 토지로부터 분리된 수목에도 미치도록 함.

③ 토지와 입목이 각각 다른 소유자에게 속하게 되는 경우에는 토지소유자는 입목소유자에 대하여 지상권을 설정한 것으로 보도록 함.

④ 소유권보존의 등기를 받을 수 있는 수목의 집단은 시·군에 비치하는 입목등록원부에 등록된 것에 한하도록 함.

⑤ 시장, 군수는 입목등록원부를 비치하고 정리하도록 함.

⑥ 입목등기부는 1개의 입목에 대하여 1용지를 사용하도록 하는 등 입목의 등기에 대한 사항을 정함.

⑦ 입목을 저당권의 목적으로 하는 경우에는 그 입목을 보험에 붙이도록 함.

---

25) 제정 1973. 2 .6 법률 제2484호.

※ 공장 및 광업재단저당법[26]의 제정이유 및 주요 내용
기업의 재산 일체를 하나의 담보물로 허용하는 공통의 목적을 가지고 있는 「공장저당법」[27]과 「광업재단저당법」[28]을 하나의 법률로 통합하여 기업 담보에 관한 기본법의 기틀을 마련하고, 공장재단 등을 구성하는 동산을 처분하는 행위에 대한 벌금형의 상한을 화폐단위의 변경, 물가 상승률, 채권자의 보호 필요성 및 「형법」상 권리행사방해죄와의 관계 등을 고려하여 상향 조정하는 한편, 그 밖에 현행 제도의 운영상 나타난 일부 미비점을 개선·보완하려는 것임.

아홉째, 부동산 등기와 관련한 법률로 「부동산 실권리자 명의등기에 관한 법률」, 「주택임대차보호법」, 「상가건물임대차보호법」, 「국토의 계획 및 이용에 관한법률」, 「농지법」, 「부동산거래신고 등에 관한 법률」, 「축사의 부동산등기에 관한 특례법」등이 있다.[29]

※ 부동산 실권리자 명의등기에 관한 법률[30]의 제정이유 및 주요 내용
부동산에 관한 소유권 기타 물권을 실체적 권리관계에 부합하도록 실권리자 명의로 등기하게 함으로써 부동산등기제도를 악용한 투기·탈세·탈법행위등 반사회적 행위를 방지하고 부동산거래의 정상화와 부동산가격의 안정을 도모하여 국민경제의 건전한 발전에 이바지하려는 것임.
① 1995년 7월 1일 이후에는 부동산의 물권변동등기는 실권리자 명의로 하

---

26) 제정 2009. 3. 25 법률 제9520호.
27) 공장저당법(제정 1961. 10. 17, 법률 제749호)의 제정이유 및 주요 내용: 공장에 속하는 토지 또는 건물에 대한 저당권의 설정, 공장재단의 구성과 이 재단에 대한 저당권의 설정 및 등기등의 제관계를 적절히 규율함으로써 생산공업의 제기업으로 하여금 자금을 확보하게 하여 기업의 유지와 그 건전한 발전을 도모하려는 것임.
28) 광업재단저당법(제정 1961. 10. 17, 법률 제750호)의 제정이유 및 주요 내용: 광업재단(광업권과 광업권자에 속하는 토지와 공작물, 토지사용권, 임차권, 기계, 기구, 차량, 선박 기타 부속물)의 구성과 그 재단에 대한 저당권의 설정 등의 제관계를 적절히 규율함으로써 광업권자로 하여금 자금을 확보하게 하며 지하자원의 개발과 산업의 발달을 도모하려는 것임.
29) 종전에는 산림법(제정 1961. 12. 27, 법률 제881호)에 의해 임야매매증명제도가 시행되어(1980. 1. 13 ~1997. 4. 10) 부동산 등기와 관련한 법률에 산림법을 포함하였으나 현재는 폐지되었고, 산림법도 산림자원의 조성 및 관리에 관한 법률(제정 2005. 8. 4, 법률 7678호)에 의해 폐지되어 제외하였다.
30) 제정 1995. 3. 30 법률 제4944호.

도록 하고 타인과 맺은 명의신탁약정은 무효로 하며, 계약명의신탁의 경우를 제외하고는 명의신탁약정에 의한 부동산의 물권변동은 무효로 하되, 등기부에 양도담보사실을 표시한 경우는 예외로 함.

② 타인명의로 등기를 한 명의신탁자에 대하여는 부동산가액의 30퍼센트를 과징금으로 부과하고, 과징금을 부과받은 자가 실권리자 명의로 등기를 하지 아니하는 경우에는 첫해에는 부동산가액의 10퍼센트, 둘째해에는 20퍼센트의 이행강제금을 부과하며, 양도담보사실기재의무를 위반한 채권자에 대하여는 과징금을 부과함.

③ 명의신탁약정에 의하여 타인명의로 등기를 한 명의신탁자와 양도담보사실기재의무를 위반한 채권자 및 그 교사자등에 대하여는 5년 이하의 징역 또는 2억원 이하의 벌금, 명의수탁자 및 그 교사자에 대하여는 3년 이하의 징역 또는 1억원 이하의 벌금, 방조자에 대하여는 1년 이하의 징역 또는 3천만원 이하의 벌금에 처함.

④ 종중이나 배우자간에 타인명의로 등기를 한 경우로서 조세포탈, 강제집행의 면탈 또는 법령상 제한의 회피등 위법을 목적으로 하지 아니하는 경우에는 그 등기를 유효한 것으로 하고, 과징금부과 및 처벌을 하지 아니함.

⑤ 부동산취득일부터 60일 이내에 소유권이전등기를 하지 아니하여 현행 부동산등기특별조치법에 의하여 과태료의 부과대상이 되는 자로서 3년이 지나도록 소유권이전등기를 하지 아니한 자에 대하여는 명의신탁약정이 있는 경우와 같이 과징금을 부과함.

⑥ 1995년 6월 30일 이전의 기존 명의신탁자는 1995년 7월 1일부터 1년 이내에 실명등기를 하거나 당해 부동산에 관한 물권을 매각처분하도록 하고, 실권리자의 귀책사유없이 다른 법률의 규정에 의하여 실명등기나 매각처분을 할 수 없는 경우에는 그 사유가 소멸한 후 1년 이내에 실명등기 또는 매각처분을 하도록 하며, 그 기간내에 실명등기 또는 매각처분을 하지 아니한 경우에는 그 명의신탁약정은 무효로 하고 과징금을 부과함.

⑦ 1995년 6월 30일 이전에 명의신탁약정에 의한 등기를 한 사실이 없으면서 실명등기를 가장하여 등기명의를 이전하는 경우에는 5년 이하의 징역 또는 2억원 이하의 벌금에 처함.

⑧ 기존의 명의신탁약정에 의한 등기를 실명등기함에 따라 종전에 조세를 누락한 사실이 밝혀지면 누락세액을 추징하되, 실명등기를 한 부동산이 1건이고, 그 가액이 5천만원이하인 경우에는 과거에 비과세된 1세대1주택 양도소득세 및 증여세 누락에 대하여는 추징하지 아니하고, 비업무용부동산이 유예기간중 업무용으로 전환된 경우에는 취득세를 중과하지 아니하도록 함.

⑨ 1995년 6월 30일이전의 기존의 양도담보권자는 1995년 7월 1일부터 1년 이내에 채무자·채권금액 및 채무변제를 위한 담보라는 뜻이 기재된 서면

을 등기관에게 제출하여야 하며, 이를 위반한 양도담보권자 등에 대하여는 당해 부동산가액의 30퍼센트의 과징금을 부과함.

※ 주택임대차보호법[31]의 제정이유 및 주요 내용
주택의 임대차에 관하여 민법에 대한 특례를 규정함으로써 무주택국민의 주거생활의 안정을 보장하고 임차인의 불편을 해소함은 물론 그 임차권을 보호하여 안정된 임차생활을 영위할 수 있도록 하려는 것임.
① 임차인이 주택의 인도를 받고 주민등록이 된 때로부터 임차권은 제3자에 대하여 효력이 생기도록 함.
② 임대차기간이 1년 미만인 임대차는 기간의 정함이 없는 임대차로 간주함.
③ 기간의 정함이 없는 임대차에 있어서 임대인은 계약체결일로부터 6월이 경과한 후에 계약의 해지통고를 할 수 있도록 함.
④ 선량한 임차인에 대하여는 임대차기간만료전 6월 내지 1월이내에 임대인의 갱신거절통지가 없으면 자동갱신된 것으로 간주함.
⑤ 이 법은 이 법 시행후 체결된 임대차에 관하여 적용함을 원칙으로 하고, 다만, 제3조의 대항력에 관한 규정은 이 법 시행당시 존속중인 임대차에도 이를 적용하되 이 법 시행전에 이미 물권을 취득한 제3자에 대하여는 대항할 수 없도록 함.
⑥ 이 법은 주택에 관한 등기없는 임대차 또는 채권적 전세권에 적용하고 임대권의 목적물이 1동건물의 전부 또는 일부의 경우도 모두 적용하도록 함.

※ 상가건물임대차보호법[32]의 제정이유 및 주요 내용
상가건물의 임대차에서 일반적으로 사회적·경제적 약자인 임차인을 보호함으로써 임차인들의 경제생활의 안정을 도모하기 위하여 민법에 대한 특례를 규정하려는 것임.
① 이 법은 상가건물의 임대차에 대하여 적용하되, 대통령령이 정하는 보증금액을 초과하는 임대차에 대하여는 적용하지 아니하기로 함(법 제2조).
② 임대차는 그 등기가 없는 경우에도 임차인이 건물의 인도와 부가가치세법 제5조, 소득세법 제168조 또는 법인세법 제111조의 규정에 의한 사업자등록을 신청한 때에는 그 다음 날부터 제3자에 대하여 효력이 생김(법 제3조).
③ 건물의 임대차에 이해관계가 있는 자는 건물의 소재지 관할 세무서장에게 일정한 자료의 열람 또는 제공을 요청할 수 있으며, 이때 관할 세무서

31) 제정 1981. 3. 5 법률 제3379호.
32) 제정 2001. 12. 29 법률 제6542호.

장은 정당한 사유없이 이를 거부할 수 없음(법 제4조).

④ 대항요건을 갖추고 관할 세무서장으로부터 임대차계약서상의 확정일자를 받은 임차인은 경매나 공매시 임차한 대지를 포함한 상가건물의 환가대금에서 후순위권리자 그 밖의 채권자보다 우선하여 변제받을 권리를 인정함(법 제5조).

⑤ 임대차가 종료된 후 보증금을 반환받지 못한 임차인은 임차건물의 소재지를 관할하는 지방법원·지방법원지원 또는 시·군법원에 임차권등기명령을 신청할 수 있음(법 제6조).

⑥ 기간의 정함이 없거나 기간을 1년 미만으로 정한 임대차는 그 기간을 1년으로 봄(법 제9조).

⑦ 임차인의 계약갱신요구에 대하여 임대인은 이 법에 규정된 정당한 사유없이는 이를 거절하지 못하게 하고, 임차인의 갱신요구권은 최초의 임대차기간을 포함한 전체 임대차기간이 5년을 초과하지 않는 범위내에서만 행사할 수 있음(법 제10조).

⑧ 차임 또는 보증금이 임차건물에 관한 조세, 공과금 그 밖에 부담의 증감이나 경제사정의 변동으로 인하여 상당하지 아니하게 된 때에는 당사자는 장래에 대하여 그 증감을 청구할 수 있음(법 제11조).

⑨ 계약갱신요구권, 차임 등의 증감청구권, 월차임 전환시 산정율의 제한규정은 전대인과 전차인의 전대차관계에 적용하고, 임대인의 동의를 받고 전대차계약을 체결한 전차인은 임차인의 계약갱신요구권 행사기간 범위내에서 임차인을 대위하여 임대인에게 계약갱신요구권을 행사할 수 있음(법 제13조).

⑩ 소액임차인들의 경우에는 임대건물가액의 3분의 1의 범위안에서 보증금중 일정액을 다른 담보물권자보다 우선하여 변제받을 권리를 인정함(법 제14조).

※ 국토의 계획 및 이용에 관한 법률[33)]

종전에는 국토를 도시지역과 비도시지역으로 구분하여 도시지역에는 도시계획법, 비도시지역에는 국토이용관리법으로 이원화하여 운용하였으나, 국토의 난개발(亂開發) 문제가 대두됨에 따라 2003년 1월 1일부터는 도시계획법과 국토이용관리법을 통합하여 비도시지역에도 도시계획법에 의한 도시계획기법을 도입할 수 있도록 국토의계획및이용에관한법률을 제정함으로써 국토의 계획적·체계적인 이용을 통한 난개발의 방지와 환경친화적인 국토이용체계를 구축하려는 것임.

---

33) 제정 2002. 2. 4 법률 제6655호. 종전의 국토이용관리법(國土利用管理法)(제정 1972. 12. 30 법률 제2408호를 폐지함.

※ 농지법[34)]

농업의 국제경쟁력을 확보하고 농촌의 활력을 증진하기 위하여 1949년 농지개혁법 제정이후 영세·생계농보호위주로 운용되어 온 농지제도를 개편하여 다양한 농업경영체의 육성을 지원하고 농지유동화를 촉진시킬 수 있도록 농지의 소유·거래 및 이용에 관한 각종 규제를 완화하는 등 농업 현실에 부응하고 그 구조개선을 효율적으로 뒷받침할 수 있는 농지제도로 발전시키는 한편, 농지개혁법·농지의보전및이용에관한법률·농지임대차관리법·농어촌발전특별조치법등 여러 법률에 복잡하게 분산 규정되어 있는 농지관련법률과 제도를 통합·정비함으로써 농지에 관한 종합적이고 기본적인 법률을 제정하려는 것임.

※ 축사의 부동산등기에 관한 특례법[35)]의 제정이유 및 주요 내용

축사는 토지에 견고하게 정착되어 소(牛)를 사육하는 용도로 계속 사용할 수 있고 건축물대장에도 등록되어 과세대상에 해당됨에도 불구하고 둘레에 벽을 갖추지 않았다는 이유로 건물로 소유권보존등기가 되지 않는 문제점이 있으므로, 축산농가의 재산권을 보장하고 민생안정에 기여하기 위해 소를 사육하는 용도로 계속 사용할 수 있는 개방형 축사 중 지붕 및 견고한 구조를 갖추고 건축물대장에 등록된 연면적이 200제곱미터를 초과하는 건축물을 「부동산등기법」 상 건물로 등기할 수 있도록 하려는 것임.

※ 부동산거래신고 등에 관한 법률[36)]

부동산 거래신고에 관한 법률상 부동산 거래신고, 외국인토지법상 외국인의 토지취득 신고·허가, 국토의 계획 및 이용에 관한 법률상 토지거래허가 등 부동산거래 관련 인·허가 제도의 근거 법률을 일원화하려는 것임.

① 토지·주택의 분양계약, 상가 및 토지의 분양권 매매 등을 포함한 부동산 거래 일반에 대하여 신고하도록 부동산 거래신고 대상을 확대함(제3조).

② 동일 시·도 내이나 둘 이상의 시·군·구에 걸친 토지거래허가구역의 지정권자를 국토교통부장관에서 시·도지사로 변경하되, 토지의 투기적 거래가 성행하거나 지가가 급격히 상승할 우려가 있는 경우에는 국토교통부장관이 이를 지정할 수 있도록 함(제10조).

---

34) 제정 1994. 12. 22 법률 제4817호. 종전의 농지개혁법(農地改革法)(제정 1949. 6. 21 법률 제31호)을 폐지함.

35) 제정 2009. 10. 21 법률 제9805호.

36) 제정 2016. 1. 19 법률 13797호(종전의 부동산거래신고에 관한 법률(제정 2014. 1. 28, 법률 제12376호)을 폐지, 제정한 것임. 해당 내용의 연혁은 종전의 공인중개사의 업무 및 부동산거래신고에 관한 법률(전문개정 2005. 7. 29 법률 7638호), 종전의 부동산중개업법(제정 1983. 12. 30 법률 제3676호)을 전면개정한 것에서 비롯된 것임).

③ 부동산정책 수립 및 시행을 위하여 부동산 거래정보를 종합적으로 관리하고, 대외 제공 및 관계 기관에 대한 자료요청의 근거를 마련함(제24조).

2. 부동산 등기의 기능

1) 부동산 물권의 공시제도

부동산 등기는 물권의 귀속과 그 내용을 공시함으로써 부동산 거래의 안전과 원활을 도모하기 위한 제도이다. 근대 민법의 물권 가운데서 가장 중요한 소유권과 저당권은 현실적 지배를 요소로 하지 않는 관념적인 권리로 되어 있다. 그러므로 부동산 등기제도는 소유권과 저당권 등 물권을 뒷받침하는 제도로 등장하게 되었다.

※ 근대 민법이 다루는 2대 재산권은 물권과 채권임

- 물권 : 물권은 특정의 객체를 지배할 수 있는 지배권이며, 일반인을 의무자로 하여 모든 사람에게 주장할 수 있는 절대권(絶對權)이다. 물권은 배타성(排他性)이 있으므로 하나의 물건위에 서로 양립할 수 없는 내용의 물권이 동시에 두 개이상 성립한다는 것은 법률적으로 불가능하다. 배타성으로 인해 물권상호간의 우선적 효력이 인정되게 된다. 따라서 동일물위에 성립하는 물권 상호간에 있어서는 시간적으로 먼저 성립한 물권이 뒤에 성립한 물권에 우선하게 된다("prior tempore, potior jure" 시간에 있어서 빠르면, 권리에 있어서 강하다).
- 채권 : 특정인에게 일정의 행위를 요구할 수 있는 청구권을 말한다. 특정인을 의무자로 하여 오직 그 자에 대하여만 주장할 수 있는 상대권(相對權)이다. 배타성이 없는 채권에 있어서는 우선적 효력이 없으며, 어떤 물건에 관하여 성립한 물권과 채권 사이에서는 그 성립의 선후와는 관계없이 원칙적으로 물권이 우선한다.

이와 같이 부동산 등기는 물권거래의 안전과 신속을 도모하기 위한 것임에 비추어보면 등기제도는 인류가 발명한 가장 위대한 것중의 하나라고 할 수 있다.[37] 가장 오래 되고 널리 이용된 공시방법은

---

37) 남미 경제학자 에르난도 데소토(Hernando de Soto)는 그의 저서 「자본의 미스터리(The Mystery of Capital)」에서 자본주의가 제3세계나 과거 사회

소박하게 물건의 현실적 지배의 외형인 점유를 가지고 공시하는 것이었으며, 부동산에도 이 공시방법이 그대로 적용되었다. 그러나 이 인도 내지 점유이전에 의한 공시방법은 인간사회의 생활방식이나 거래관계가 진보하고 복잡해지면서 점차로 그 공시력(公示力)을 잃어갔다. 무엇보다도 거주이전의 자유가 보장되면서 인구의 이동이 심해지자 현실의 인도는 공시력을 잃게 되었고, 법률제도상 현실의 인도 이외에 간이인도,[38] 점유개정,[39] 반환청구권의 양도[40]와 같은, 이른바 간편한 인도방법이 인정되면서 인도의 공시적 기능은 완전히 상실되었으며, 또한 점유라는 소박한 외형만으로는 갖가지 내용을 가진 복잡한 권리관계를 도저히 공시할 수 없게 되었다. 예를 들면, 지상권이나 지역권과 같은 용익물권이나 저당권과 같은 담보물권은 점유에 의해 공시가 불가능하다.

2) 법률행위로 인한 부동산물권변동의 효력발생요건

법률행위로 인한 물권변동이 당사자의 의사표시만으로 그 효력이 생기느냐(의사주의) 또는 그밖의 어떠한 형식을 취하여야 하느냐(형식주의)하는 것은 그 나라의 입법정책에 따라 다르다. 현행 민법에 의하면 부동산에 관한 법률행위로 인한 물권의 득실변경(物權의 得失變更)은 등기하여야 그 효력이 발생한다고(민법 제186조)고 규정

주의국가에서는 실패한 이유를 '소유권이 제대로 명시되지 않았기 때문에 토지와 건물과 같은 자산이 신속하게 자본으로 전환될 수 없었다'는 데서 찾고 있다(윤영호(역), 에르난도 데소토, 자본의 미스터리, 세종서적, 2003, 13-16면).

38) 민법 제188조(동산물권양도의 효력, 간이인도)
① 동산에 관한 물권의 양도는 그 동산을 인도하여야 효력이 생긴다.
② 양수인이 이미 그 동산을 점유한 때에는 당사자의 의사표시만으로 그 효력이 생긴다.

39) 민법 제189조 (점유개정) 동산에 관한 물권을 양도하는 경우에 당사자의 계약으로 양도인이 그 동산의 점유를 계속하는 때에는 양수인이 인도받은 것으로 본다.

40) 민법 제190조 (목적물반환청구권의 양도) 제삼자가 점유하고 있는 동산에 관한 물권을 양도하는경우에는 양도인이 그 제삼자에 대한 반환청구권을 양수인에게 양도함으로써 동산을 인도한 것으로 본다.

하고 있다. 따라서 부동산 등기는 법률행위로 인한 부동산물권변동의 효력발생요건으로서의 기능을 가지고 있다. 다만 예외적으로 부동산임대차를 등기한 때에는 그 때부터 제3자에 대하여 효력이 있다고 하여(민법 제621조제2항), 채권인 부동산임차권에 관한 등기에 대하여는 대항요건으로서의 기능도 가지고 있다고 할 수 있다.[41]

3) 법률의 규정에 의하여 취득한 부동산물권의 처분요건

현행 민법에 의하면 상속, 공용징수, 판결, 경매 기타 법률의 규정에 의한 부동산에 관한 물권의 취득은 등기를 요하지 아니하나 그 등기를 하지 아니하면 이를 처분하지 못한다(민법 제187조)고 규정하고 있다. 따라서 부동산 등기는 법률의 규정에 의하여 취득한 부동산물권의 처분요건으로서의 기능을 가지고 있다.

3. 부동산 등기와 유사한 제도

부동산 등기와 대상만 다를 뿐 거의 유사한 기능을 하는 선박등기,[42] 입목등기,[43] 부부재산약정의 등기,[44] 법인등기,[45] 상업등기,[46] 특수법인등기 등이 있다. 선박등기, 입목등기, 부부재산약정의 등기는 권리의 대상(객체)에 대한 등기라는 점에서 부동산 등기와 거의 유사하고, 상당부분 부동산등기법의 규정들이 그대로 준용되고 있다.

※ 선박등기

상법 제743조 (선박에 관한 권리의 이전) 등기 및 등록할 수 있는 선박의 경우 그 소유권의 이전은 당사자 사이의 합의만으로 그 효력이 생긴다. 다

41) 법원공무원교육원, 부동산등기실무, 2008, 4면.
42) 개정 2012. 5. 29 대법원규칙 제2314호(선박등기규칙).
43) 개정 2016. 6. 27 대법원규칙 제2668호(입목등기규칙).
44) 개정 2011. 9. 28 대법원규칙 제2355호(부부재산약정등기규칙); 개정 2011. 10. 12 등기예규 제1416호(부부재산약정등기 사무처리 지침).
45) 개정 2014. 11. 21 대법원규칙 제2560호(민법법인및특수법인 등기규칙).
46) 개정 2016. 6. 27 대법원규칙 제2668호(상업등기규칙).

만, 이를 등기하고 선박국적증서에 기재하지 아니하면 제3자에게 대항하지 못한다.
상법 제744조 (선박의 압류, 가압류) ① 항해의 준비를 완료한 선박과 그 속구는 압류 또는 가압류를 하지 못한다. 다만, 항해를 준비하기 위하여 생긴 채무에 대하여는 그러하지 아니하다.
② 제1항은 총톤수 20톤 미만의 선박에는 적용하지 아니한다.
선박등기법 제2조(적용 범위) 이 법은 총톤수 20톤 이상의 기선과 범선 및 총톤수 100톤 이상의 부선에 대하여 적용한다. 다만, 「선박법」 제26조제4호 본문에 따른 부선에 대하여는 적용하지 아니한다.

※ 부부재산약정의 등기
민법 제829조 (부부재산의 약정과 그 변경) ① 부부가 혼인성립전에 그 재산에 관하여 따로 약정을 하지 아니한 때에는 그 재산관계는 본관중 다음 각조에 정하는 바에 의한다.
② 부부가 혼인성립전에 그 재산에 관하여 약정한 때에는 혼인중 이를 변경하지 못한다. 그러나 정당한 사유가 있는 때에는 법원의 허가를 얻어 변경할 수 있다.
③ 전항의 약정에 의하여 부부의 일방이 다른 일방의 재산을 관리하는 경우에 부적당한 관리로 인하여 그 재산을 위태하게 한 때에는 다른 일방은 자기가 관리할 것을 법원에 청구할 수 있고 그 재산이 부부의 공유인 때에는 그 분할을 청구할 수 있다.
④ 부부가 그 재산에 관하여 따로 약정을 한 때에는 혼인성립까지에 그 등기를 하지 아니하면 이로써 부부의 승계인 또는 제삼자에게 대항하지 못한다.
⑤ 제2항, 제3항의 규정이나 약정에 의하여 관리자를 변경하거나 공유재산을 분할하였을 때에는 그 등기를 하지 아니하면 이로써 부부의 승계인 또는 제삼자에게 대항하지 못한다.

법인등기, 상업등기(상법상의 주식, 합자, 합병, 유한회사에 관한 등기), 특수법인등기 등은 사회적 존재로 법인격을 인정받는 권리주체에 대한 존재와 그 실체에 관한 내용을 공시하는 것이라는 점에서 부동산 등기와는 구별된다. 하지만 이러한 등기들은 모두 다 제3자에 대하여 권리의 주체 또는 권리의 객체를 널리 알리기 위해 공시(公示, 공개적으로 보여줌)한다는 점과 등기라는 용어를 사용하고 있다는 점에서 유사하다고 볼 수 있다. 이러한 등기들은 모두 대법원이 관장하는 업무로 대법원 산하 각 지방법원과 등기소에서 취급하고 있다. 한편, 자동차와 항공기 그리고 건설기계와 관한 등록은[47] 대법원이 아닌 행정관청에서 취급한다는 점에서 다를 뿐 그 본질에서는 등기제도와 같다고 할 수 있다.

그 밖에 부동산 등기제도와 유사한 공시기능을 하는 토지관련 공시제도로서 지적공부[48]에 의한 지적공시제도, 건축물대장[49]에 의한 건물공시제도, 개별공시지가확인서에 의한 지가공시제도, 개별주택가격확인서 및 공동주택가격확인서에 의한 주택가격공시제도, 토지이용계획확인서에 의한 용도지역 및 지형공시제도 등이 있다.[50]

지적공부에 의한 지적공시제도는 토지대장과 지적도를 통해 소유권의 확정과 과세를 목적으로 하는 제도이다. 토지의 사실적 관계를 공시대상으로 하며, 주요한 공시내용은 토지의 소재 · 지번 · 지목 · 면적 · 경계 또는 좌표, 소유자의 성명 또는 명칭, 주소 및 주민등록번호, 소유권지분, 토지의 고유번호, 도면번호와 필지별 대장의 장번호 및 축척, 토지의 이동사유, 토지소유자가 변경된 날과 그 원인, 토지등급 또는 기준수확량등급과 그 설정 · 수정연월일, 개별공시지가와

---

47) 자동차 등 특정동산 저당법(제정 2009. 3. 25 법률 제9525호, 시행 2009. 9. 26).

48) 지적공부란 토지에 대한 모든 것을 공적으로 기록하고 있는 도면과 장부를 말한다. 구체적으로 토지대장·임야대장·공유지연명부·대지권등록부, 지적도·임야도 및 경계점좌표등록부 등 지적측량 등을 통하여 조사된 토지의 표시와 해당 토지의 소유자 등을 기록한 대장 및 도면(정보처리시스템을 통하여 기록·저장된 것을 포함) 등을 말한다(공간정보의 구축 및 관리 등에 관한 법률(이하 "공간정보법"이라고 약칭함) 제2조 제19호).

49) 토지대장·임야대장과 달리 가옥대장(건축물관리대장)에 관하여는 그 근거규정이 없었으나 1991. 5. 31 건축법(법률 제4381호)이 전면개정되면서 그 작성을 의무화하면서 근거규정을 두게 되었다(사법연수원, 부동산등기법, 2008, 3면).

50) 부동산등기부의 열람 · 발급은 대법원 인터넷등기소(http://www.iros.go.kr)에서 가능하고 토지대장을 비롯한 토지관련증명서의 열람 · 등본 발급신청은 정부민원포털 민원24(http://www.minwon.go.kr)와 토지이용규제정보서비스(http://luris.mltm.go.kr),부동산공시가격알리미(http://www.realtyprice.or.kr), 부동산통합민원 일사편리(https://kras.go.kr) 등에서 가능하다.

그 기준일, 그 밖에 국토교통부장관이 정하는 사항 등이다(공간정보법 제71조, 동법 시행규칙 제68조). 관장부서는 국토교통부이다.

<표 Ⅰ-1> 등기제도와 지적제도[51]의 비교

구분	등기제도	지적제도
근거법	부동산등기법	공간정보의 구축 및 관리 등에 관한 법률
기능	토지 및 건물에 대한 권리 관계공시	토지에 대한 사실관계공시
대상	토지, 건물	토지
기본이념	형식주의(성립요건주의)	지적국정주의/지적형식주의/지적공개주의
공부의 종류	토지등기부, 건물등기부	토지대장, 임야대장/지적도, 임야도/수치지적도/지적파일
관할구역	재판관할구역중심	행정구역 중심
등기,등록방법	신청주의/공동신청주의/서면주의/출석주의	직권등록주의/단독신청주의
심사방법	형식적 심사주의	실질적 심사주의
담당기관	사법부(등기소)	국토교통부(시,군,구)

주: 2011. 4. 12 부동산등기법(법률 제10580호) 전부개정에 의해 등기제도의 특징 중 서면주의, 출석주의는 약화되었음.

건축물대장에 의한 건물공시제도는 건축물의 소유·이용 및 유지·관리 상태를 확인하거나 건축정책의 기초자료로 활용함을 목적으로 한다(건축법 제38조). 건축물의 사실적 관계를 공시대상으로 하며, 고유번호, 대지위치, 지번, 명칭 및 번호, 특이사항, 대지면적, 연면적, 지역, 지구, 구역, 건축면적, 용적률산정용연면적, 주구조, 주용도, 층수, 건폐율, 용적율, 높이, 지붕, 부속건축물, 건축물현황(구분, 층별, 구조, 용도, 면적), 소유자현황(성명, 주민등록번호, 주소, 소유권지분, 변동일자, 변동원인), 건축주, 설계자, 공사감리자, 공사시공자, 주차장, 승강기, 오수정화시설, 변동사항(건축물의 사실적 관계)등을 공시내용으로 한다(건축물대장의 기재 및 관리 등에 관한 규칙 제7조). 현재 일

51) 지적이란 전국의 토지를 필지로 나누어 소유자 등 여러 가지 정보를 등록하고 변동사항을 지속적으로 관리하는 국가제도를 말한다.

반건축물대장과 집합건축물대장으로 구분하여 운용하고 있으며 국토교통부에서 관장하고 있다.

개별공시지가확인서, 개별주택가격확인서 및 공동주택가격확인서에 의한 토지,[52] 주택[53]의 가격공시제도는 부동산의 적정가격을 공시하여 부동산 가격산정의 기준이 되게 함으로써 이의 적정한 가격형성을 도모함을 목적으로 하고 있다(부동산가격공시에 관한 법률 제1조). 지가의 경우, 표준지와 개별토지의 가격을 각각 공시하고 있다. 국토교통부장관이 조사·평가하여 공시한 표준지의 단위면적당 가격인 공시지가를 공시대상으로 하며, 공시내용은 표준지와 개별공시지가로 구분하고 있다. 표준지에 대하여는 표준지의 지번, 표준지의 단위면적당 가격, 표준지의 면적 및 형상, 표준지 및 주변토지의 이용상황 등을 공시하며(동법 제6조), 개별공시지가에 대하여는 매년 공시지가의 공시기준일 현재 관할구역안의 개별토지의 단위면적당 가격을 공시한다(동법 제11조). 주택의 경우에도 토지와 마찬가지로 표준주택과 개별주택의 가격(동법 제16조) 및 공동주택의 가격을 공시하고 있다(동법 제17조). 관장부서는 국토교통부이다.

토지이용계획확인서에 의한 용도지역 및 지형공시제도는 도시관리계획 결정내용, 용도지역지구, 토지의 용도 및 도시계획시설의 결정여부 등에 관한 계획을 확인하기 위한 것이다(토지이용규제기본법 제10조). 공시내용은 지역·지구 등의 지정내용, 지역·지구 등의 행위제한내용, 토지거래계약에 관한 허가구역, 그 밖에 일반 국민에게 그 지정내용을 알릴 필요가 있는 사항으로서 국토교통부령이 정하는 사

---

52) 국토교통부는 2016년 1월 1일을 기준으로 한 전국의 표준지 50만 필지에 대한 가격을 2월 23일 공시하였다. 표준지 공시지가는 약 3,180만 필지의 개별공시지가 산정과 보상평가 등의 기준이 되며, 이들 공시가격은 재산세, 종합부동산세, 증여세, 부담금 등의 산정기준이 된다(국토교통부, 2016 부동산가격공시에 관한 연차보고서, 72-106면).

53) 주택가격 공시제도의 대상이 되는 총 주택 수는 2016년 약 1,618만호(표준주택 19만호)며, 이 중 단독주택은 약 418만호, 공동주택(아파트, 연립, 다세대)은 약 1,200만호다(아파트 961만호, 연립 48만호, 다세대 191만호)(국토교통부, 2016 부동산가격공시에 관한 연차보고서, 42면).

항이다(동법 제10조, 동법 시행령 제9조제4항). 관장부서는 국토교통부이다.

<표 Ⅰ-2> 주요 공시제도의 내용

구분	부동산 등기	지적공부	건축물 대장	개별공시 지가 확인서	개별주택 가격 확인서	공동주택 가격 확인서	토지이용계획확인서
공시목적	부동산권리 보호, 거래안전	소유권확정, 과세자료	건축정책, 건축행정	공적가격, 과세자료			지역, 지구 지정확인
공시대상	토지·건물 권리관계	토지의 사실관계	건축물 사실관계	개별필지 가격 및 사실관계	개별주택 가격 및 사실관계	공동주택 가격 및 사실관계	지역, 지구 지정내용
관장부서	사법부	국토교통부					
근거법률	부동산 등기법	공간정보의 구축 및 관리 등에 관한법률	건축법, 건축물대장의기재 및관리등에 관한 규칙	부동산가격공시에 관한 법률			토지이용규제기본법

제 2 장

외국 및 우리나라 부동산 등기제도의 연혁

1. 외국의 부동산 등기제도

1) 미국

(1) 부동산 개념 및 부동산 수유권

미국에 있어서 토지, 부동산이란 용어는 영어의 land, real estate, real property라는 3가지의 개념에 상당한나. real estate, real property는 일반적으로 「부동산」이라고 번역되지만 내용은 크게 다르다. 3가지 개념은 다음과 같다. 첫째, 토지(land)는 지상공간, 지하공간을 포함한 지표를 말한다.[54] 둘째, real estate는 토지(land) 및 토지와 토지에 부합(affixed)된 것과 토지에 부가(incidential) 또는 종속(appurtenant)된 것 그리고 법률에 의해 정해진 것으로 구성된다.[55] 셋째, real property은 real estate 및 그 위에 부수된 모든 권리의 총체(bundle of rights)로 여기서 모든 권리는 보유권, 관리권, 향유권,

---

54) 오늘날 토지소유자는 일반적으로 비행기의 최저고도이상으로는 상공을 소유할 권리가 없다(착륙과 이륙을 위한 공간은 제외). 미국대법원결정(U.S. v. Cousby) 그러한 상공은 점유의 개인적 권리가 존재하지 않는 공공고속도로(public highway)로 되었다. 실제로 상승과 하강을 위한 최대한의 항로를 이루기 위한 항해공간(navigable airspace)으로 요청되는 공중은 공공의 소유이다(Robert Irwin, Real Estate Handbook, MacGraw-Hill, 1984, p. 19-1).

55) *Ibid.*, p. 19-1.

매각, 양도권 등이다. 위의 3가지 개념의 포함관계는 land<real estate<real property로 미국의 부동산의 개념은 첫째, 토지와 건물등의 부착물(fixture)이 일체화된 것이고, 둘째, 토지·부착물에 부수하는 제권리가 광의로서는 일체화된 것이라고 하는 점에서 특색을 가진다.

이러한 부동산의 개념은 부동산법(Real Property Law)과 사회통념으로 정착되었다.[56] 미국에서는 영국의 토지소유에 관한 보통법(common law)을 원칙적으로 승계하여 대륙법에서의 절대적 소유권과 같은 개념은 존재하지 않는다. 가장 중요한 공공부문(public agencies)의 권리, 소유권에 제한이 가해지는 시간적 제한이 있다.[57] 부동산소유권의 대상은 land(토지)만이 아니고 real estate(토지+부착물=부동산)이다. 따라서 토지소유권은 엄밀하게는 부동산소유권을 의미하는 것으로 볼 수 있다.

국가 또는 지방정부는 개인의 권리에 가장 중요한 제한을 가할 수 있다. 예를 들면 정부의 서비스에 대한 급부인 조세, 토지수용권(eminent domain)에 의한 수용, 경찰권에 의한 용도지역제, 건축제한, 세부규제, 보건과 안전규정, 소음규정, 오염제한, 다른 환경제한을 통한 규제, 재산을 상속받을 자가 없을 때의 몰수(escheat)등이다. 또한 Cs,Cs, Rs라는 계약, 조건, 제한을 붙인 증서로 사적인 제한을 받는다. 그 밖에 자발적·비자발적 형태의 여러 선취특권, 지역권(easements), 권리의 불법확장(encroachment), 임대차, 허가, 인공경작물(emblement) 등에 의해 제한을 받는다.[58] 이와 같이 미국에서는 부동산의 절대적 소유권은 존재하지 않고, 부동산의 독점적 사용, 이용을 보장하는 보유권의 개념이 지배적이라는 점에 가장 특색이 있다.

미국에서는 주(state)가 토지를 소유하고, 개인은 토지를 보유하고 있다. 그것은 1934년 네브라스카주 대법원에 의해 확인되었다.[59] 미

---

56) 野村總合硏究所, 地價と詳細都市計劃, 1991, 148-150면

57) Robert Irwin, op.cit., p. 19-1.

58) *Ibid.*, p. 19-2.

국에서는 대륙법에서의 소유권(ownership)에 대신한 개념으로서 보유권(hold)이 일반적이다. 보유권은 「기한이 있는 소유권(ownership measured in terms of duration)」이다. 보유권이란 일정 기한중에 토지를 배타적, 독점적으로 지배하고 토지에 부수하는 모든 권리와 이익을 행사·향유할 수 있는 권리인 것이다.

(2) 부동산 임차권

미국에 있어서 자유보유권과 부동산 임차권사이에는 양자가 함께 부동산을 독점적으로 지배하고 부수하는 제권리를 행사할 수 있다는 점에서 본질적으로 차이는 없다. 다만, 점유권의 기한이 확정되어 있는가 여부이다. 또한 통상 부동산 임차권은 임대인(land hold)과 임차인(tenant)사이의 합의(agreement)에 의해 결합되고, 임료(rent)의 조건이 설정된다. 따라서 자유보유권에 비하여 부동산 임차권에 의해 얻을 수 있는 부동산에 부수하는 모든 권리의 총량은 기간설정, 임료조건 등의 제약에서 적을 수 밖에 없다.[60)]

미국 부동산임대차제도의 특징으로는 크게 두가지를 들 수 있다. 첫째, 부동산의 개념이 토지와 건물을 일체화하고 있으므로 특별한 경우를 제외하고는 차지와 차가는 구별되지 않는다. 부동산임대차는 주로 건물(주택, 오피스빌딩)을 대상으로 이루어진다. 둘째, 영업용 건물의 임대차는 계약의 자유에 맡겨져 있는 데에 비하여, 주거용 건물의 임대차는 독립된 법률로서 임차인보호의 원칙을 취하고 있다. 즉 영업용건물의 임대차와 주거용건물의 임대차는 각각 법률적으로 별

59) 동사건의 내용을 살펴보면, 개인이 법정상속인 없이 사망하여 그의 토지는 주에 복귀하였다. 그런데 상속세징수권자인 군(County)이 주에 대하여 상속세를 납부하여야 한다고 주장하였다. 군의 이와같은 주장에 대해 네브라스카 주대법원은 상속인없이 사망한 자의 토지가 주에 귀속하는 것은 주와 그 개인간의 토지보유관계에서 주의 복귀권(reversion)에 의해 그 토지가 주에 복귀한 것이며, 그 개인의 상속인으로서 그 토지를 취득한 것은 아니므로, 상속세를 납부할 의무가 없다고 판시함으로써 주가 토지소유자임을 확인하였다(김상용, 미국부동산법, 삼지원, 1986, 33-34면).

60) 野村總合硏究所, 전게서, 1991, 152면.

개로 다루어지고 있다. 미국의 부동산소유권과 임차권의 주요내용은 <표 Ⅱ-1>과 같다.

<표 Ⅱ-1> 미국 부동산소유권 및 임차권

권리의 종류		권리의 내용
自由保有權 (free hold)	最高 保有權 (fee simple) (完全 保有權)	부동산에 부수되는 제권리의 총체(매각, 양도, 리스, 배타적 이용, 건물건설 등의 권리)를 가장 완전한 형태로 보유할 수 있는 권리
	特約付 保有權 (fee simple determi- nable)	free simple의 양수인은 정해진 목적대로 부동산이 사용될 수 있는 한, fee simple이 인정된다. 사용목적종료후에는 자동적으로 양도인에게 fee simple이 이행한다는 특약부의 보유권
	條件附 保有權 (fee simple subject to condition subsequent)	상기의 fee simple determinable과 같지만 양도인은 임의의 시기에 fee simple의 양도를 정지하고, 양도인에게 복귀시킬 수 있는 보유권
	生涯 保有權 (fee for estates)	상속되지 않는 보유권
確定期限付 賃借權 (lease hold)	定期 賃借權 (estate for years)	확정기간의 임차권
	期間附 賃借權 (periodic estates)	일정 주기를 가지고 갱신되는 임차권
	任意 賃借權 (tenancy at will)	당사자(임차권설정자와 피설정자)가 원하는 기간존속하는 임차권
	容認 賃借權 (tenancy by sufferance)	임차권종료후, 임대인 동의없이 점유를 계속하는 때에 인정되는 임차권

자료: 野村總合硏究所, 地價と詳細都市計劃, 1991, 151-152면, 김상용, 미국부동산법, 삼지원, 1986, 36-43면, Robert Irwin, Real Estate Handbook, MacGraw-Hill, 1984, p. 19-4를 정리한 것임.

(3) 부동산 등기제도

미국의 부동산 등기제도는 식민초기부터 시작되어 1630년대 이후 법제화된 레코딩시스템(Recording System, System of recording instruments of title)과 토렌스시스템(Torrens System)으로 크게 구분된다. 레코딩시스템은 권원에 관한 증서(deed)[61]를 연대적 순서에 따라 편철하는 것인데, 부동산상의 권리변동에 따라 그 부동산 증서의 사본을 편철하여 등기부로 하는 것을 말한다.[62][63] 양도증서장부(deed books), 색인장부(index), 도면장부(plat books)등으로 편철되고 색인장부(index)는 당사자(양도인, 양수인) 인명색인으로 작성된다.[64] 레코딩시스템하에서는 등기의 공신력이 인정되지 못하므로,[65] 실체적 진실의 바탕위에서 부동산거래가 이루어지도록 하기 위해 권원조사(權原調査, title search)[66]가 행해진다.

토렌스시스템은 한번의 권원조사만으로 권원의 등기를 함으로써 레코딩시스템이 갖고 있는 문제점을 해결하고, 권원의 유통성을 촉진하기 위하여 입법화되었으나 널리 시행되지 못하였다.[67] 토렌스시스

---

61) 권원에 관한 증서(deed)는 표제부(premise), 물건표시조항(habendum clause), 작성자의 서명, 공증 등 네부분으로 구성되는데 핵심적인 내용은 권원을 이전한다는 부분으로 이와 같은 권원계약에 의하여 법적인 권원이 이전되는 것이다(이동명, "미국의 부동산물권변동에 따른 공시방법", 후암 곽윤직 선생 고희기념 민법학논총 제2, 박영사, 1995, 9면).

62) 레코딩시스템의 목적은 권원에 관한 서류를 공공기록으로 편철함으로써 위조와 사기를 줄이는데 있다. 많은 주에서는 권원에 관한 서류를 공공기록으로 하기 전에 공증인(notary public)으로부터 공증을 받는다. 모든 서류들은 등기소(recorder's office)에 제출되어 일시를 기재하고, 복사한 다음 소유자에 돌려주게 된다. 모든 사본은 연대적으로 편철되고 일련번호가 부여되어 편철하게 된다. 최근에는 마이크로필름으로 기록되기도 한다(James E. Larsen, Real Estate -Principles and Practices, Wiley, 2003, p.215).

63) 양도증서(deed) 뿐만 아니라 부동산권리에 영향을 미치는 모든 문서는 등기할 수 있다. 저당권(mortgage), 우선특권(liens), 지역권(easements), 물적 특약(real covenant), 리스(lease)와 지도(map)등이다(구연모, "미국의 등기제도 -부동산 및 법인등기-", 한국등기법학회, 대한법무사협회 법제연구소, 2016년 등기법 포럼, 외국의 등기제도를 통해 본 우리나라등기제도의 발전방향, 2016년 11월 18일, 39면).

64) 상게논문, 41면.

65) 김상용, "부동산등기의 공신력", 한국토지법학회, 토지법학 제19호, 2003. 12, 225면.

66) 권원조사(權原調査, title search; investigation of title; title analysis; examonation of title)는 매수인이 변호사, 권원조사자, 권원보험회사에게 의뢰하여 취득하고자 하는 목적부동산에 관한 권원의 연속과 권원의 하자를 조사케 하고, 그 조사결과를 바탕으로 한 권원의견을 기초로 하여 당해 부동산의 권원을 취득함으로써 자기의 권원을 보호하는 것을 말한다(김상용, 미국부동산법, 삼지원, 1986, 103-104면).

67) 실패한 이유로 최초의 등기는 재판절차에 의하여야 하기 때문에 시간적・경제적으로 많은 비용이 소요되고, 강제적인 제도가 아니므로 등기비용이 저렴

템에 있어서 등기의 공신력은 최초 등기시 실질적 심사와 국가배상 제도[68]에 의해 확보된다.[69] 토렌스시스템은 레코딩시스템의 불완전을 근본적으로 시정하기 위해 1895년 일리노이주를 시작으로 20개주에서 채용되었는데 이미 8개주에서는 폐지되었고, 현재 12개주에서 이용되고 있지만 그 주 가운데서도 이용되고 있는 카운티는 극히 적다.[70][71]

※ 토렌스시스템 기원 : 오스트레일리아에서 토렌스경(Sir Robert Richard Torrens(1814~1884)이 선박재산관리와 유사하게 토지에 대한 증명방법으로 고안하여 제도화 한 것을 1858년 오스트레일리아 지방의회에 Real Property Act를 제출·확정함으로써 시작되었다.

레코딩시스템과 토렌스시스템의 미국 부동산 등기제도에 있어서는 사적 영역에서 권원조사가 행해지므로 공적 영역에서의 등기관의 심사권은 인정되지 않는다.[72] 권원조사(權原調査, title search; investigation of title; title analysis; examination of title)는 매수인이 변호사(title lawyer or examing lawyer), 권원조사자(title analyst), 부동산업자(abstractor), 권원보험회사에게 의뢰하여 취득하고자 하는 목적부동산에 관한 권원의 연속과 권원의 하자를 조사케 하고, 그 조사결과를

한 레코딩시스템을 취하려는 경우가 않고, 변호사·권원보험회사 등 이해관계인의 반대가 많았던 점 등이 있다(김수길, 김상찬, "미국법상 부동산거래 유통의 보호에 관한 연구", 한국법학회, 법학연구 제19집, 2005. 10, 141면).

68) 정확히는 국가배상책임이 아니라 카운티의 보장기금(assurance fund)이다. 토렌스시스템을 신뢰한 자가 권원을 잃게 되는 경우 그 자는 카운티에 손해배상을 요구하게 되고 오랜 소송을 거쳐 배상을 받게 된다. 캘리포니아주의 경우 한 번의 소송으로 주전체의 기금을 다 날리고 토렌스법을 폐지하게 되었다(Charles J. Jacobus, Real Estate Law, Thomson, 1998, p.264).

69) 곽윤직, 전게서, 31면.

70) Charles J. Jacobus, op. cit., p.263.

71) 2000년 현재 토렌스시스템을 취하고 있는 주는 하와이, 메사추세츠, 미네소타, 오하이오 4개 주이다(Robin Paul Malloy, James Chares Smith, Real Estate, Aspen Law & Business, 2000, p.112).

72) 미국의 토렌스 등기제도가 실패한 것은 자질을 갖춘 등기관을 확보하지 못하였기 때문이라고 한다(이승우, "등기관의 심사권과 법적 책임", 한국토지공법학회, 토지공법연구 제21집, 2004. 3, 418면).

바탕으로 한 권원의견을 기초로 하여 당해 부동산의 권원을 취득함으로써 자기의 권원을 보호하는 것을 말한다.[73] 권원보험회사는 부동산거래에 관한 기록을 축적해 놓은 회사소유의 조사자료(title plant)를 토대로 조사하게 된다.[74] 양수인이 권원에 관한 증서(deed) 등의 사본을 등기소에 가지고 가면 등기소의 직원은 색인부에 등록사항을 기입한 다음, 증서(deed) 등을 따로 편철하여 등기소에 비치, 보관함으로써 등기가 이루어진다.[75]

토렌스시스템은 등기를 크게 두 단계로 나눈다. 그 첫 단계가 최초등기(initial registration)이고 그 다음이 최초등기후의 물권변동을 위한 등기이다.[76] 최초등기[77]는 철저한 권원조사와 권원보험을 영업으로 하는 권원보험회사(title insurance company)에 의하여 영업으로 운영되고 있다. 이처럼 미국에서는 부동산거래의 안전이 국가에 의하여 이루어지는 것이 아니라, 사기업에 의하여 그것도 영업인 권원보험에 의하여 이루어지고 있다.[78] 이 최초등기는 반드시 사법적 심사

---

73) 김상용, 전게서, 103-104면.

74) 심수길, 김상찬, 전게논문, 139-140면.

75) 이동명, 전게논문, 14면.

76) 김상용, "부동산등기의 공신력과 권원보험의 비교", 한국민사법학회, 민사법학 제7호, 1988. 6, 43면.

77) 최초등기의 어려움은 다음과 같다. 등기제도를 채택한 대부분의 나라들이 등기제도를 강제함에 비하여 미국의 어떤 주도 등기제도를 강제하지 못하였는데 이는 위헌성이 제기되었기 때문이다. 따라서 부동산소유자가 등기하기를 원할 경우 권원확정소송(quiet title action)처럼 법원이나 준사법기관에 소송을 제기하여야 한다. 이러한 경우 공적인 권원조사자나 승인을 얻은 변호사가 권원을 조사한 다음 법원에 조사결과를 보고하고 법원은 해당부동산에 관하여 등기를 위한 소송이 제기되었음을 우편 등을 통하여 해당 부동산에 이해관계를 가지고 있는 모든 사람에게 보낸다. 곧이어 청문절차가 진행되고 반대증거가 없으면 소유자의 소송은 인정되어 등기부가 발행된다. 이러한 절차는 최소한 6개월 내지 8개월 이상 걸리고 비용도 많이 든다. 그런데 이렇게 최초의 등기를 한 소유자는 이러한 시간과 비용의 투자에 대하여 보상을 받지 못한다. 이러한 최초의 등기가 행하여지면 그 이후의 권원조사비용은 좀 더 낮아지나 최초 등기자가 부동산을 매도할 때 그 비용이 가격에 반영되지 않기 때문이다(박홍래, "미국의 부동산 공시제도", 대한변호사협회, 인권과 정의 Vol. 338, 2004. 10, 137면).

78) 김상용, 부동산거래의 공증과 부동산등기의 공신력 연구, 법원사, 2008, 120-121면.

과정을 거쳐야만 이루어진다. 메사추세츠의 경우에는 토렌스등기업무를 담당하는 특별법원으로 토지법원을 설치하기까지 하였다. 이와 같이 실체적 진실이 밝혀진 후 이루어진 최초등기는 불가쟁적(不可爭的) 효력이 인정되고, 그 다음의 물권거래는 최초등기에서와 같은 엄격한 심사과정을 거치지는 않고 최초등기를 기초로 해서 이루어진다.[79][80]

미국의 부동산 등기는 거래계약의 등기이고, 동시에 토지와 건물은 일체화된 부동산으로 인식되기 때문에 각기 구별된 등기대상은 없다는 특징을 가진다. 등기서류중에는 부동산의 매매에 관한 서류가 포함되기 때문에 부동산등기소는 부동산거래가격에 관한 정보를 갖는다. 하지만 지방공공단체는 등기소와는 독립되어 있고, 또한 부동산거래가격의 신고의무가 없기 때문에 직접적으로 부동산가격정보를 입수할 수단은 가지지 못한다.[81]

2) 영국

(1) 부동산 개념 및 부동산 소유권

영국에서는 「건물은 토지에 속한다」라는 원칙에 따라 건물은 독립된 부동산으로는 인식되어 있지 않다. 부동산(real property)은 토지 및 그 위에 부착하는 인공구조물(real estate)와 그 위에 부수하는 모든 권리(보유권, 관리권, 향유권, 매각, 양도권 등)의 일체(bundle of legal right)를 의미한다.[82] 부동산(real property)에 관한 권리는 물

79) 김상용, "부동산등기의 공신력과 권원보험의 비교", 한국민사법학회, 민사법학 제7호, 1988. 6, 43면.

80) 이와 같은 토렌스시스템은 레코딩시스템의 결함 때문에 일부 주에서 채택되었으나 차츰 감소되고 있는 추세에 있고 앞으로도 늘어날 것으로 보이지는 않는다고 한다(박홍래, 전게논문, 137면). 한편 등기는 점점 대규모화되고 있고, 컴퓨터에 의한 등기기록의 저장 및 검색의 편리성 때문에 토렌스시스템이 바람직하고 필요하다는 견해도 있다(James E. Larsen, op.cit., p.226).

81) 野村總合硏究所, 前揭書, 192-193면.

82) 상게서, 206면.

적 재산법(物的 財産法, Law of Real Property)에 규정되어 있는데 물적 재산(物的 財産, real property)은 토지와 토지상에 정착되어 있는 가옥과 정착물(fixture)이다.[83][84] 물적 재산에 대비되는 인적 재산(人的 財産, personal property)은 동산(movables)과 같은 의미로 사용된다. 그러나 이 경우에 있어서의 동산은 유체의 동산(有體의 動産, goods)보다는 넓은 의미로 사용된다. 동산은 물적 동산(物的 動産, chattel real)과 순수 동산(純粹 動産, chattel personal)으로 나누어 진다. 물적 동산은 토지나 물적 재산에서 생기는 이익으로서 기간의 제한을 받는 것이다. 즉 토지소유자가 원하는 기간, 소유자가 종료의 통고(notice)를 할 때까지 일정 기간동안 토지에 살거나 또는 토지를 사용할 수 있게 되어 있는 경우에 그러한 권리를 물적 동산이라고 한다. 물적 동산의 전형적인 예로는 부동산임차권을 들 수 있다.[85]

영국의 부동산소유권은 역사적인 발전과정으로부터 특수한 구조를 가지고 있다. 현재도 「전국토는 국왕(the Crown)에 속한다」는 원칙이 소유권의 전제로 되어 있다. 영국의 중세봉건시대에 있어서 주된 재산이었던 토지에 대한 절대적 소유권(絶對的 所有權)은 국왕만이 가질 수 있었고, 신하는 다만 국왕이 정한 태양(態樣) 내지 조건(條件, tenure)하에 일정기간동안 토지를 사용할 수 있었으며, 각인은 다만 특별점유(seisin〔siz:in〕)만이 허용되었을 뿐이었다. 이것은 통치와 소유, 공법적인 질서와 사법적인 관계가 혼동되고 있었던 봉건사회의 법리에 바탕을 둔 것이라고 할 수 있다.

영국법은 영국에서 봉건사회가 무너져 소멸된 이후 지금에 이르기까지 토지소유에 관해서는 적어도 이념상으로는 개인은 토지소유권을 가질 수 없는 것으로 되어 있다. 그러나 현실적으로는 토지를 무

83) 서희원, 영미법강의, 박영사, 1994, 252면.
84) 영국 부동산등기법(Land Registration Act) 동법 제132조에 의하면 land에는 건물 및 기타 구조물(land and other structures), 수면 밑의 토지(land covered with water), 광맥 및 광물(mines and minerals)도 포함된다(법원공무원교육원, 2006년 외국사법제도과정 결과 보고, 2006. 12. 15(http://edu.scourt.go.kr).
85) 상게서, 251면.

조건, 무제한적으로 보유할 수 있게 되었으므로 점유라고는 하지만 실제적으로 우리나라에서 말하는 소유권과 하등 다를 것이 없다. 따라서 토지에 대한 특별점유라는 말은 동산에서 말하는 점유(possession)하고는 다른 성격을 가지는 것이다.[86]

영국의 토지보유권은 미국과 같이 자유보유권(free hold)과 임차권(lease hold)으로 대별된다. 자유보유권은 정식으로는 「fee simple absolute in possession」이라고 할 수 있다. 「fee simple」은 가장 완전한 보유권을 의미하고, 상속의 자유를 보장하는 개념이다. 「absolute」는 소유의 영원성을 의미한다(다만 국왕의 반환에 대하여는 예외이다). 「in possession」은 보유의 대상이 부동산에 부수하는 모든 권리전반(매각, 양도, 리스, 배타적 이용, 건물건설 등)에 미치는 것을 시사한다. 그렇지만 자유보유권자는 보유하는 부동산을 반영구적으로 배타적으로 지배하고 부수하는 모든 권리를 행사할 수 있다.

부동산에 대하여 자유보유권 내지 임차권자는 그 토지를 배타적으로 지배하고 관련되는 모든 권리를 향유할 수 있다. 그렇지만 이 이용권은 무제한인 것은 아니고 공공적으로 허용되어 있는 범위안에서 한정된다.[87] 영국에 있어서 부동산 이용의 제한은 계획허가제도(Planning Permmission)을 통하여 이루어진다. 부동산보유자가 주택건설 등의 개발행위를 하는 경우, 이 개발의 내용은 공공단체에 의해 1건 1건이 엄격하게 심사되고, 지역전체로 보아 어울리는 개발인가 아닌가 판단된다. 개발허가가 없으면 개발을 행할 수 없다. 여기서 개발행위(development)란 '지중, 지상 혹은 지하에서의 건축, 토목, 채굴 혹은 그 밖의 작업을 하는 것 또는 소위 건축물 내지는 다른 용도로 중대한 변경을 가하는 것'(「도시·농촌계획법(Town and Country Planning Act 1990)」 제55조 제1항)을 의미한다.[88]

---

86) 상게서, 247-248면.

87) 野村總合硏究所, 전게서, 208면.

88) Town and Country Planning Act 1990, London: HMSO, p.35; J. Barry Cullingworth and Vincent Nadin, Town and Country Planning in Britain, London and New York: Routledge, 1994, pp. 80-81.

(2) 부동산임차권

영국에서의 부동산임차권(lease hold)은 시간적으로 제한된 자유보유권이다. 임차권의 소유자는 부여된 시간에 대하여 자유보유권의 소유자와 같은 권리를 행사할 수 있다. 임대차의 기간은 1주일로부터 999년간까지 장기간도 가능하며, 장기의 임대차가 일반화되어 있다. 이러한 장기간의 임차권은 실질적으로는 자유보유권과 거의 같은 것이다.[89)]

영국은 「건물은 토지에 속한다」는 원칙이 확립되어 있어서 건물소유를 위해 토지를 임차하는 경우는 없고 다만 차가만이 존재한다. 임대차는 대규모 주거용건물의 임대차와 영업용건물의 임대차로 나누어지고, 법률상으로도 구분되어 있다. 주거용임대차는 계약의 자유를 원칙으로 하고, 1977년의 차임법(Rent Act)등에 의해 임대료통제 및 퇴거강제로부터의 임차인보호가 행해진다. 임대료통제에 대하여는 부동산 소유자가 주거용임대차를 하는 경우, 당초 임대료의 액의 설정은 원칙으로 자유이지만 차임사정관이 사정하여 등록한 공정차임액에 구속된다.[90)] 점포, 사무소등의 영업용임대차에 대하여는 차가법이 적용되지 않고 보통법(Common law)의 적용대상이 된다. 특별법으로 1954년 임대차법(Landlord and Tenant Act 1954)과 1969년 재산법(Law of Property Act 1969)을 제정하였다.[91)] 이러한 특별법은 영업용임대차의 갱신과 개량행위의 보상 등에 대해서 규정하고 있지만, 권리금은 인정하지 않고 있다.

(3) 부동산 등기제도

영국의 부동산등기제도는 최초로 잉글랜드와 웨일즈에서 1862년 부동산등기법(Land Registration Act of 1862)에 의하여 시도되었고,

89) 野村總合硏究所, 전게서, 206-209면.
90) 李相赫, 不動産賃貸借의 現代的 法理, 法文社, 1987, 59면.
91) 소재선, “상가임대차보호법의 올바른 입법방안”, 한국비교사법학회, 1997. 5, 2-3면.

이어서 1875년 및 1897년 새로이 개정되었으나 별로 실효성이 없었다.[92)93)] 토렌스제도는 1925년 부동산등기법(Land Registration Act)에 의해 시작되었다.[94)] 이 등기제도는 전국에 강제적으로 시행되고 있지 않으며, 일부 지역을 제외하고는 토지소유자의 자유의사에 맡겨져 있는 임의적인 제도이었다.[95)] 그러나 이 법에 의하여 현재의 등기시스템이 발효하게 되었고, 1990년 이후 거의 모든 부동산 거래가 등기강제의 대상이 되었다.[96)] 현행 2002년 부동산등기법(Land Registration Act of 2002) 및 2003년 부동산등기규칙(Land Registration Rules 2003)에 의해 종전의 부동산등기법을 완전히 대체하였다.[97)98)99)]

---

92) 법원공무원교육원, 전계결과보고서(http://edu.scourt.go.kr)(인터넷 자료).

93) 영국의 부동산등기제도는 미등록토지에 대한 부담(land charge), 등록토지, 지방토지부담(local land charge)의 3가지로 구분된다(법무부, 각국의 부동산등기제도, 1995, 9면). 등기소에서 관리되고 있는 등기부는 토지와 지역권과 같은 권리가 기재된 재산권등기부(Property Register), 소유자의 이름과 주소가 기재된 소유권등기부(Proprietorship Register), 다른 공부에 언급된 부담과 우선특권(encumbrances)등이 기재된 부담등기부(Charge Register)가 있다(Christian H. Kälin, op.cit., p.627). 권원등기의 구체적인 범위에 대하여는 이은희, "영국의 부동산등기절차", 충북대학교 법학연구소, 법학연구 제19권 제1호, 2008. 6, 219-263면 참조.

94) 영국 법률가들은 자신들의 등기제도를 토렌스시스템의 일종으로 여기지는 않는다고 한다(상게논문, 218면).

95) 1215년 이후 한 번도 등기되지 않은 Rochester에 있는 토지의 경우도 있었으나, 잉글랜드 남부지역은 완벽한 등기제도를 이루고 있다(Christian H. Kälin, op.cit., p.627).

96) 법원공무원교육원, 전계결과보고서(http://edu.scourt.go.kr)(인터넷 자료).

97) 2002년 부동산등기법의 입법 목적은 1925년 이래 75년간 지속되어 온 부동산등기 법제를 단순화·현대화하고 권리의 이전 및 등기에 대한 전자서명을 이용한 전자양도(electronic conveyancing)의 도입 근거를 마련하였다는 점에 의의가 있다고 할 수 있다(상게결과보고서(http://edu.scourt.go.kr)(인터넷 자료)).

98) 2002년 부동산등기법의 입법 목적은 다음과 같이 설명되고 있음. 1. 1925년 이래 75년간 지속되어 온 부동산등기 법제를 단순화·현대화 함. 2. 권리들과 이에 영향 받는 이해관계를 보다 완전하게 공시함으로써 등기를 부동산 권리에 대한 보다 완전한 사진(picture)으로 만듬. 3. 전자 양도(electronic conveyancing)의 개발을 위한 기본 틀을 제공함(상게결과보고서(http://edu.scourt.go.kr)(인터넷 자료)).

99) 결국 2002년 부동산등기법(Land Registration Act of 2002)은 1925년 시스템을 본질적으로는 유지하고 있으나, 권리의 이전 및 등기에 대한 전자서명을 이용한 전자양도(electronic conveyancing)의 도입 근거를 마련하였다는 점에 의의가 있다고 할 수 있다(상게결과보고서(http://edu.scourt.go.kr)(인터넷 자료)).

영국의 등록토지에 있어서 등기부(register)는 미국과 같은 인명별이 아니라 토지별로 되어 있으며, 공신력을 가지며 그 잘못으로 인하여 발생한 손실은 국고에서 배상한다.[100] 영국의 등기부는 일반적으로 '부동산표시부', '부동산권보유자부', '저당권부'로 구성되어 있다. 부동산표시부(Property Register)에는 목적부동산의 현황이 기재된다. 등기부에는 도면이 포함되는데, 도면을 통해 그 경계를 표시한다. 도면상 표시된 경계는 확정되지 않았다면 결정적이지 않다(부동산등기법 제60조). 부동산권보유자부(Proprietorship Register)에는 권원의 등급 등 부동산권의 유형, 부동산권보유자의 이름과 주소, 부동산권의 성질, 부동산권에 영향을 미치는 제한(restrictions)이 기재된다. 저당권부(Charge Register)에는 그 토지에 관하여 다른 사람이 가지고 있는 권리(저당권)가 기재된다.[101]

영국의 등기신청은 사전에 변호사(solicitor) 등 전문가에 의해 치밀한 사실관계조사와 확인(adjudication)을 거친 후 이를 공증하여 등기소에 등기하는[102] 절차에 의한다. 등기가 접수되면 양도증서(title deeds) 등의 서류를 권원검사관에게 회부한다. 등기토지의 최초등기에는 도면(field plan)이 첨부되는 것을 원칙으로 한다. 아파트 1채의 권원 등의 일부조사에 대한 회답서 작성에 있어서는 조사서를 도면부에 첨부하고 당해부분을 확인한다. 서식의 해당란에 조사결과를 기입한 후, 이면에 접수일(우선기준일이 된다)과 함께 날인한다. 분양전의 아파트 각호는 1필의 토지의 일부로서 지번에 따라 특정된다.[103]

100) 법무부, 전게서, 82-83면. 이명재, "영국, 호주, 뉴질랜드, 덴마크의 등기제도가 우리 등기제도의 발전에 주는 시사점", 한국등기법학회, 대한법무사협회 법제연구소, 2016년 등기법 포럼, 외국의 등기제도를 통해 본 우리나라등기제도의 발전방향, 2016년 11월 18일, 159면.

101) 이은희, 전게논문, 229-230면.

102) 등기소 관계자에 따르면 당사자 본인 신청은 0.5%정도에 불과하며, 매매합의에서 등기까지의 총 기간은 12주-14주가 소요되고 있다(상게결과보고서).

103) Plymouth지구 토지등기소의 등기사무사례이다(법무부, 전게서, 88-163면).

2002년 부동산등기법에서는 최초등기에 있어서 권원조사(examination of title)에 대해서는 규칙에 별도의 규정을 두도록 하여(동법 제14조), 등기관(registrar)[104]의 심사권한을 구체적으로 규정하고 있다. 즉 등기관은 재산권의 성질보다 양도인의 권원을 먼저 조사하도록 하고 있으며(동규칙 제29조), 신청인, 이해관계인 등을 조사할 수 있다(동규칙 제30조). 또한 등기관의 조사결과 발견된 부담을 통지하도록 하며(동규칙 제35조), 필요시 전문가(appropriate specialist)에게 조사를 맡길 수 있도록 하고 있다(동규칙 제200조).

등기를 하면 그 후에는 등기가 물권변동의 성립요건으로 되고, 공신력도 인정된다.[105] 토지의 거래는 양도증서(deed)에 의해 행해지고, 등기는 등기부(register)에 매매일시, 가격 등을 기입하고 등기소에 제출하는 것에 의해 이루어진다. 등기부는 그 부동산에 관련된 거래가 과거의 것부터 기록되고 거래정보가 정리되지만 매매당사자를 제외하고는 비공개이다.

3) 독일

(1) 부동산 개념 및 부동산 소유권

독일에서 건물은 어디까지나 토지의 정착물에 지나지 않는다. 부동산(Grundstück)은 토지(Boden)만을 의미하거나 토지(Boden)과 건물(Gebäude)의 일체물을 말한다.[106][107] 이 점에서 건물도 독립된 부동산이라고 인정되는 우리나라나 일본의 법제도와는 많은 차이를 보이고 있다. 독일 민법은 「토지의 정착물과 토지와 결합한 산출물은 그

104) 등기관은 대법원장(Lord Chancellor)에 의해 임명되는 부동산등기청장(Chief Land Registrar)이 다시 임명한다(동법 제99조).

105) 곽윤직, 전게서, 27면.

106) 野村總合硏究所, 전게서, 256면.

107) 독일 연방건축법은 토지(Grundstück)의 개념을 정의하고 있지 않다. 그러나 일반적으로 독일 건축법상 토지라 함은 다른 토지로부터 공간적으로 구분되고 등기부에 별도의 번호로 기록된 토지를 말한다(BVerGE 44, 251; 66, 69; BGHZ 49, 147).

토지의 본질적 구성부분(wesentliche Bestandteile)이며, 종자는 파종한 때, 식물은 식재한 때, 토지의 구성부분으로 된다(제94조 제1항)」고 한다. 그리고 「건물의 완성을 위하여 부가한 물건은 건물의 본질적 구성부분이 된다(제94조 제2항)」고 한다. 그러나 「일시적 목적을 위해서 토지에 부착한 물건은 가장구성부분(假裝構成部分, Scheinbestandteil)으로 된다(제95조 제1항)」. 따라서 건물과 같이 본질적 구성부분으로 되는 경우에는 토지와 일체로 된 부동산이지만 비본질적 구성부분이나 가장구성부분은 부동산으로 인정하지 않는 것이다.[108)]

한편, 지상권을 근거로 건축된 건물은 지상권의 본질적 구성부분이 되고, 주거소유권(Wohnungseigentum)은 주거소유권법 제5조의 규정에 의한다. 또한 수법(水法, Wasserrecht)에 속하는 시설물은 연방법에 의해 유보된다.[109)]

독일 민법의 구성부분론(Der Bestandteilslehre)은 수 개의 물건이 결합을 통하여 발생했을 때 경제적 가치를 보호해야 한다는 데 근거를 두고 있다. 물건의 일체성(Sacheinheit)이 특별히 법적으로 의미가 없게 된 물건의 부분에 대하여 범저으로 통일성이 있이야 하기 때문이다. 따라서 제946조에 의해 토지소유권이 본질적 구성부분으로 인하여 결합된 건물로 확장될 때에는 보상된다.[110)]

1990년 10월 동서독 통합전까지 구서독은 앞에서 설명한 바와 같이 토지와 건물을 하나의 부동산으로, 구동독은 토지와 건물을 각각의 부동산으로 취급하였다. 통합후, 독일 전역에 구서독의 토지제도가 적용되자 구동독지역의 부동산제도를 전환할 필요가 있게 되었다. 이에 따라 독일은 1994년 물권청산법(物權淸算法, Sachenrechtsbereinigungsgesetz)을 제정하여 구동독지역의 토지와 건물의 제도적 통합

108) 독일의 본질적 구성부분, 비본질적 구성부분, 가장구성부분등에 관하여 상세한 것은 정우형, "부동산부합에 관한 연구," 한양대학교 박사학위논문, 1996, 79~83면 참조.

109) Soergel-Siebert, Kommentar zum Bürgerlichen Gesetzbuch, 10. Aufl., 1968, §946 RdNr. 13, 14. S. 286.

110) Klempt, "Eigentumsverhältnisse bei nicht entschuldigrem Überbau", JZ 1969, S. 223.

및 토지이용권과 소유권의 분리현상을 해소하였다.

독일 부동산소유권은 절대적소유권으로 19세기에 성립되었다. 독일 토지소유권의 주체는 중세 영주에서 승화발전한 융커(Junker)라는 토지귀족이었다.[111] 이 융커계급은 새로운 토지자본가로 군림하였으나 프랑스와의 전쟁에서 패한 후부터 토지소유는 융커계급에서 본격적으로 전체 국민에게 확대되었다. 1798년 프레드릭 윌리암(Frederick William) 3세는 프러시아 전역에서 농노제도의 폐지를 칙령으로 공포함으로써 왕실 토지의 소작인은 자신의 토지에 대해 대금을 지불할 수만 있으면 자유로운 토지소유자가 될 수 있도록 하였다.[112]

절대적소유권은 개인의 물에 대한 지배권은 원칙으로서 어떠한 구속받는 않는「완전한 지배권」이고, 이에 근거하여 개인은 그 물을 자유로이 처분할 수 있는 권능을 가진다. 그래서 토지소유권에 대한 제한은 상린관계 등에서 유래하는 내재적 제한에 한하고, 공공의 복리등에 근거한 외재적 제한은 극히 예외적인 것이다.

절대적소유권개념이 갖고 있는 절대적·배타적 성격에 대하여는 그 성립 당초부터 많은 비판, 논쟁이 있었다. 19~20세기에 접어들면서 절대적소유권의 개념은 배제되고, 소유권의 사회화 경향이 시작되었다. 소유권의 사회화 경향에 따라 1919년 독일 바이마르헌법에 소유권의 보장과 한계(제153조), 토지의 분배와 이용(제155조 제1항), 개발이익의 사회환수기능(제155조 제3항) 등에 관한 규정이 도입되었다. 제2차 세계대전 이후의 입법도 대체로 이러한 경향을 따르고 있다. 1949년 제정된 본 기본법은 제14조 제1항에서 '소유권 및 상속권은 보장된다. 그 내용과 한계는 법률로 정한다'라고 하고, 동조 제2항에서는 '소유권은 의무를 수반한다. 그 행사는 동시에 공공의 복리에 기여하여야 한다'고 하여 소유권의 사회적 의무성을 밝히고 있다.

---

111) 주봉규, "토지소유권의 변모에 관한 비교연구-서구제국을 중심으로", 한국토지공사, 토지연구 1998, 1·2월호, 99면.

112) John P. Powelson, The Story of Land, Lincoln Institute of Land Policy, 1988, p.104.

독일에서 근대적 소유권의 성립시기는 당시 독일의 특성상 프로이센과 전독일로 나누어 볼 수 있다. 즉 프로이센의 경우에는 1872년, 전체 독일로 확대된 것은 1900년부터라고 할 수 있을 것이다.

(2) 부동산임차권

독일 민법은 '건물은 토지의 본질적 구성부분이다'(제94조)라고 규정하여, 건물은 토지의 일부로 되기 때문에 건물이 세워진 부지에 있어서 토지와 건물은 일체적인 부동산으로서 파악된다. 따라서 건물을 건축하는 것을 목적으로 하는 부동산 임대차제도는 존재하지 않는다는 것이 원칙이다. 그래서 독일에서는 건물의 임대차의 대상은 토지와 건물이 일체로 된 부동산의 임대차밖에 없다. 다만 건물소유를 목적으로 하는 경우로는 지상권제도가 있다.

임대차의 기간은 통상 50년 이내이다. 민법전은 30년을 경과한 경우, 임대인, 임차인 쌍방에게 계약파기의 권리를 인정하고 있다(독일 민법 제567조). 건물의 임대차는 주거용임대차와 영업용 임대차로 구별된다. 독일 민법상의 임대차규정은 임대차 관계일반에 적용되는 것, 부동산임대차에 관한 것, 주거용임대차에 관한 것, 주거용이외의 건물의 임대차에 관한 것으로 구분된다.

민법전의 임대차에 관한 규정이 주거용임대차와 주거이외의 건물의 임대차로 구별되는 것은 주거용임대차를 특별한 보호를 하고 있기 때문이다. 독일 민법은 주거용임대차에 관하여 임차인의 이익을 특히 강하게 보호하는 1974년 가임액규제법(Miethöheregelungsgesetz)을 제정하였다.

영업용건물에 대하여는 1952년 영업용건물임대차법(Geschäftsraummietengesetz)을 제정하였으나 1975년 폐지되어 독일 민법 제565조 제1항 제3호로 규정되었다.[113] 따라서 건물임대차의 일반규정이 적용

---

113) 소재선, 전게논문, 4면.

되고 계약자유의 원칙에 의해 지배된다. 독일의 임대차에서는 권리금에 대한 수수관행은 주거용임대차나 영업용임대차에도 없다.

(3) 부동산 등기제도

독일에 있어서 19세기에 제정된 일련의 토지소유권 관련법률들은 주로 융커들을 대상으로 제정되었지만[114] 각 지역에 한정된 사법관계에 적용되었다는 점에서 독일전체에 있어서 통일적인 법률은 아니었다. 전독일의 통일적인 토지소유권에 관한 법률은 독일민법전(Das Bürgerliches Gesetzbuch)으로 1896년 제정되고, 1900년 1월 1일에야 비로소 시행되었다. 토지소유권을 외부에 공시하는 토지등기부는 로마법의 계수에 의하여 여러 가지 형태의 등기제도가 시행되다가 프로이센에서는 1872년부터, 독일의 기타 란트들은 1900년 토지등기법(Grundbuchordnung(GBO); Land Registeration Law)에 의해 완전한 토지등기부가 시행되었다.[115]

한편, 1872년 프로이센 토지소유권취득법(Eigentumserwerbsgesetz)에서 비로소 소유권 기타 모든 부동산 물권의 등기에 공신력이 인정되었으며,[116] 이는 독일 최초로 제정된 프로이센의 토지등록법을 바탕으로 한 것이었다. 토지등록법은 일종의 절차법이었으며, 이 시기는 세지적(稅地籍)에서 소유지적(所有地籍)으로 변천을 기록하는 역사적인 해(年)[117]라고 평가되고 있다.

---

114) 1794년 프로이센 일반란트법 (Allgemeines Landrecht für die preussischen Staaten; ALR), 1812년 오스트리아 일반민법전(Allgemeines Gesetzbuch für die gesamten Erbländer österreichischen Monarchie; ABGB), 1808년 바덴란트법(Badisches Landrecht), 1865년 작센란트법(Bürgerliches Gesetzbuch für das Königrech Sachsen).

115) 곽윤직, 부동산등기법, 박영사, 1994, 11면. 법무부, 각국의 부동산등기제도, 1995, 9면.

116) 김상용, 물권법, 화산미디어, 2016, 67면.

117) 한스 크누프(Hans Knoop), "독일의 지적제도," 대한지적공사 주최, 2002. 11. 21, 17면.

<사진 Ⅱ-1> 독일의 구등기부

자료: 법원공무원교육원, 2006년 외국사법제도과정 결과 보고, 2006. 12. 15.

토지등기부에 토지등록을 규정하고 공동목록(부동산목록)을 기재하는 토지등기법이 1900년에 시행되었다. 부동산 목록으로는 1872년부터 부동산 지적이 사용되었는데, 왜냐하면 부동산 지적은 이미 토지소유에 대한 구체적인 명기를 하고 있었기 때문이다. 1910년 제국법정의 판결로 부동산 지적의 정황기록은 토지등기부의 공신력에 관계된다고 확정하였다.[118)]

독일의 등기제도는 1896년의 민법전과 1897년의 토지등기부령(1994. 5. 26 개정)에 의해 규율된다. 등기부는 등기의 대상이 되는 토지를 기준으로 물적편성주의(物的編成主義)를 취하고 있는데, 동일소유자에게 속하는 2개이상의 토지를 일괄하는 공동용지와 지상권을 1개의 토지와 같이 다루는 예외가 인정된다.

지상권에 대한 예외는 건물에 대한 소유를 인정하지 않는 데서 유래한다. 우리와는 달리 건물은 토지의 본질적 구성부분(wesentlicher Bestandteil)을 이루는 것이 되어 독립성이 없기 때문이다. 따라서 타인의 토지에서 건물을 소유하려는 자는 지상권을 설정해서 건물을 세워야만 하는데, 이 경우 그 건물은 토지의 본질적 구성부분이 아니라 지상권의 본질적 구성부분을 이루게 된다.

---

118) 상게논문, 18면.

구동독지역의 경우 우리나라와 같이 부동산을 토지와 건물로 구분하고 토지등기부와 건물등기부로 나누어 등기하고 있었다. 따라서 건물등기부를 작성한 경우에는 토지등기부령 제144조에 의해 구동독의 해당규정을 계속 적용하도록 하고 있다.[119] 1994년 물권청산법에 의해 구서독의 등기부와 같이 복구하였다. 등기부에 기재된 권리관계는 일응 진실에 부합하는 것으로 추정되며 공신력이 인정된다(독일 민법 제891조, 제892조). 이는 등기관의 실질적 심사를 통해 거래의 안전을 보호하기 위한 것이다.

독일에서의 부동산거래과정은 채권행위(Vertrag), 물권행위(물권적 합의(Einigung))와 부동산소유권 이전의 합의(Auflassung), 그리고 등기(Eintragung)의 3단계로 진행된다. 채권행위와 부동산물권의 합의는 특별한 방식을 요하지 않지만, 부동산소유권 이전의 합의는 양당사자가 동시에 공증인의 면전에서 하여야 하는 방식이 강제된다. 부동산소유권 이전의 합의(Auflassung)는 공정증서에 의한 공증서면으로 입증함이 일반적이다.[120] 독일의 등기소는 구법원(區法院, Amtsgericht)이며, 구법원판사(Amtsrichter)의 등기업무는 사법관(司法官)인 등기관(Rechtspfleger)에게 등기업무가 위임되어 있다.[121] 등기업무처리는 일반 행정직원이 접수·기입한 후, 신청서를 사법관인 등기관(Rechtspfleger)에게 보내면 등기관(Rechtspfleger)이 신청서와 컴퓨터 화면상의 등기부를 대조하고 법률적 사항을 검토한 후 이상이 없으면 전자서명으로 절차가 완료된다.[122]

등기부에 기재된 권리관계는 일응 진실에 부합하는 것으로 추정되며(독일민법 제891조),[123] 공신력이 인정된다(독일민법 제892조, 제893

---

119) 법무부, 각국의 부동산등기제도, 법무자료 제190집, 1995, 10-12면.

120) 김상용, 부동산거래의 공증과 부동산등기의 공신력 연구, 법원사, 2008, 64-68면.

121) 상게서, 74면.

122) 법원공무원교육원, 전게결과보고서(http://edu.scourt.go.kr)(인터넷 자료).

123) 독일민법 제891조(법률상의 추정) ① 부동산등기부에 권리를 등기한 경우에는 그 권리는 등기된 자에 속하는 것으로 추정한다. ② 부동산등기부에서 등기한 권리를 말소한 경우에는 그 권리는 존재하지 아니하는 것으로 추정

조).[124] 이는 등기에 대한 실질적 심사를 통해 거래의 안전을 보호하기 위한 것이다. 등기관은 등기신청서류가 관련법규정에 부합하는지에 대한 형식적인 적법성 심사권한이 있다. 그렇지만 등기신청서류에 대한 실질적인 심사권한은 없다. 그러나 실제로는 등기원인증서를 공증인이 공정증서로 작성하여 제출하므로, 실무상으로는 공증인이 등기원인에 대하여 실질적 심사를 하고 있다. 그리하여 등기관은 부동산소유권 이전의 합의(Auflassung)가 법규정에 맞게 공증되었는가에 관한 적법성 심사만을 한다. 등기관의 등기신청서류에 대한 심사의무에 대하여 독일판례는 등기신청서류만으로 등기가 정당하지 못하게 될 것이라는 것이 쉽게 확인되지 아니하는 때에는 등기관은 등기신청서류를 심사할 의무가 있다고 판결하고 있다. 그리고 등기관은 물권적 합의에 흠결이 있음을 적극적으로 안 때에는 등기를 거절하도록 하고 있다.[125]

부동산소유권 이전의 합의이외의 실질적 심사권에 대하여 구체적으로 다음과 같은 규정을 두고 있다. 첫째는 권리자의 조사에 관한 사항이다. 즉, 등기소는 소유권 또는 등기된 권리가 권리자로 등기된 자에 속하는지 여부 또는 다른 자에게 속하는지 여부를 직권으로 조

한다.

124) 독일민법 제892조(부동산등기부의 공신력) ① 부동산등기부의 내용은 법률행위로 인하여 부동산물권 또는 그 권리상의 권리를 취득한 자의 이익을 위하여 정당한 것으로 본다. 다만 정당성에 대한 이의의 등기가 있거나 취득자가 그 정당하지 아니함을 안 경우에는 그러하지 아니하다. 부동산등기부에 등기된 권리의 처분에 관하여 권리자가 특정인의 이익을 위하여 제한을 가한 경우에는 제한은 부동산등기부에 명시되거나 취득자가 안 경우에 한하여 취득자에 대하여 효력이 있다. ② 취득자가 전항의 사실을 아는 것에 관하여는 권리의 취득에 등기를 요하는 경우에는 등기의 신청시, 제873조에 따라 권리의 취득에 필요한 합의가 등기후에 성립된 경우에는 합의시를 표준으로 한다.
독일민법 제893조(등기한 자와의 법률행위) 부동산등기부에 권리의 등기가 있는 자에게 그 권리에 의거하여 이행을 한 경우 또는 그 자와 제3자와의 사이에 그 권리에 관하여 제892조에 규정된 이외의 권리처분의 법률행위를 한 경우에는 제892조의 규정을 준용한다.

125) 김상용, 부동산거래의 공증과 부동산등기의 공신력 연구, 법원사, 2008, 75-76면.

사할 수 있으며, 이에 관한 증거를 조사할 수 있다. 증거조사의 경우 토지등기부령 제35조의 범위에 관하여는 등기소가 자유재량으로 결정할 수 있다(토지등기부령 제94조제1항). 조사에 의하여 권리자로 인정된 자는 그 사실의 확정시부터 권리자로 본다(동조제2항). 권리자가 2인 이상의 자중 누구인지 분명하지 않은 때에는 그 전부를 권리자로 본다(동조제3항). 둘째는 소유권의 확정을 위한 조사이다. 등기소는 토지소유권의 확정을 위하여 직권으로 필요한 조사를 할 수 있으며, 적절한 증거를 조사할 수 있다(동령 제118조). 셋째는 소유자로서의 등기이다. 등기용지를 개설하는 경우에 소유자로서 등기할 수 있는 자는 조사에 의하여 소유자로서 입증된 자, 소유권에 관하여 등기소에 소명한 자주점유자(Eigenbesitzer) 및 사정에 비추어 등기소가 소유권이 있을 것으로 인정한 자이다(동령 제123조).

4) 프랑스

(1) 부동산 개념 및 부동산 소유권

프랑스에서 부동산은 토지와 건물의 일체물 또는 토지만을 의미한다. 토지와 건물의 일체물을 건축부동산(immeuble bati), 건물이 건축되어 있지 않은 토지(나대지)를 비건축부동산(immeuble non bati)이라고 나누어 부르고 있다.[126] 1804년 제정이후, 프랑스 민법 제553조는 「지상 또는 지중에 있는 모든 건축물, 식재물 및 공작물은 반증이 없는 한, 토지소유자가 자기의 비용으로 이를 건축, 식재 및 설치하고 그 소유에 속하는 것으로 추정한다. 그러나 제3자가 타인 건물의 지하실 또는 그 건물의 다른 부분에 대한 소유권을 취득하거나, 시효에 의하여 취득함을 방해하지 아니한다」라고 규정하여 이러한 분쟁에 있어서 부착물이 토지소유자에 의해 그 비용으로 부착된 것

126) 상게서, 294면.

및 그것이 토지소유자에게 속한 것으로 추정하고 있다. 따라서 프랑스에서는 원칙적으로 건물이 독립된 부동산으로서 인정되지 않는다.

타인이 소유하는 토지위에 식재물을 식재한 자와 토지소유자가 공동적으로 소유한다면 많은 불편이 발생하기 때문에 로마법의 정신에 따라 타인의 소유권을 침해한 제3자보다도 토지소유자에게 우선권을 준 것이다.127) 그러나 법문이 밝히는 바와 같이 반증이 허용된다. 반증이 성공한 경우, 즉 부착물이 토지소유자 이외의 자에게 속한 것이 증명된 경우는 제554조, 제555조에 의해 규율된다. 본조는 두가지 의의를 가지고 있다.128) 첫째는, 토지소유자는 공작물 및 식재물의 소유자로 추정된다는 것이다. 토지는 가장 중요한 물건으로 생각되고, 재료는 부종물로 생각된다. 따라서 재료의 소유권은 항상 토지소유자에 속하며, 토지가액이 건물가액보다 적은 경우에도 마찬가지이다. 둘째는, 새로운 공작물 및 식재물은 토지소유자가 소유하고, 그의 비용과 재료로 추정되는 것이다.

프랑스의 부동산소유권의 개념은 로마법의 전통을 강하게 이어 받고, 소유권의 불가침성, 배타성을 요소로 하는 절대적소유권이 기본으로 된 논리구성을 하고 있다. 1789년의 인권선언 제17조는 '소유는 침해할 수 없는 신성한 권리이므로 어떠한 자도 적법하게 확인된 공공의 필요가 명백하여 그것을 요구할 수 있는 경우와 동시에 정당한 사전의 보상의 조건을 충족하지 않으면 그것을 박탈할 수 없다'고 규정하여 소유권의 절대성을 강조하였다. 또한 제4조에서는 '자유는 타인을 해하지 않을 때 존재한다. 그래서 각인의 자연의 권리의 행사는 사회의 다른 구성원에게 동일한 권리의 향유를 보장하는 것이외에는 한계가 없다. 이 한계는 법률에 의하지 않으면 정할 수 없다'고 규정하여 소유권의 보장과 한계을 밝히고 있다. 이러한 2개의 조문을 이어받은 프랑스 민법 제544조는 '소유권은 법령에 금지된 용도로 사용

---

127) 瀬川信久, 不動産附合法の研究, 有斐閣, 1981, 53면.
128) 神戸大學外國法研究會(編), 佛蘭西民法(II), 現代外國法典叢書(15), 1988, 57면.

하지 않는 한, 절대무제한으로 이를 사용처분할 수 있는 권리이다'라고 규정하고 있다.[129)]

1793년 프랑스 국민회의는 '그때까지 남아 있었던 모든 봉건적 의무를 배상없이 소멸한다'고 선언함으로써, 농지를 점유하고 있던 농민들은 완전하고 자유로운 권리를 취득하게 되었다.[130)] 이는 1804년 혁명과 함께 경작농민의 소유권행사였던 하급소유권(下級所有權)을 소유권으로 인정한 반면에, 영주들의 공조징수권적(公租徵收權的) 권리였던 상급소유권(上級所有權)을 사실상 폐지[131)]하는 결과를 가져왔다. 하급소유권은 계약체결의 자유원칙을 비롯하여 상대방 선택의 자유, 문서작성방식의 자유, 내용결정자유의 원칙의 바탕위에 있었고 그와 같은 원칙들로 구성되게 되었다. 이러한 토지소유권은 통합되고 일원화되어 근대적 소유권으로 되었으나 그 과정은 역사적 구체성에 따라 다양한 것으로 되지 않을 수 없었다.[132)] 이러한 토지소유권에 대한 기본적인 규정이 토지소유권의 절대성을 표현한 것임은 명백하고 프랑스 토지소유권이 절대적 소유권이라고 인식되어 있는 것의 근거라고 할 수 있다.

토지소유권에 있어서 근대적 소유권을 추진시켰던 법사상은 근대자연법이론이며 개인주의였다. 따라서 단체주의적인 게르만법의 소유권관념이 아닌 로마법의 소유권관념이 근대적 소유권성립에 커다란 영향을 미쳤으며 추상적·절대적·전면적·무제한의 지배권으로 구성되었다.[133)] 그러나 절대적소유권은 바람직한 토지이용을 저해하는 성격을 가진다. 여기서 바람직한 토지이용의 촉진을 목적으로 하여 도시계획법제, 토지법제가 정비되기에 이르렀다.

---

129) 법제처, 프랑스민법전, 법제자료 제87집, 1977, 138면.

130) John P. Powelson, The Story of Land, Lincoln Institute of Land Policy, 1988, p.101.

131) 주봉규, "토지소유권의 변모에 관한 비교연구-서구제국을 중심으로", 한국토지공사, 토지연구 1998, 1·2월호, 98면.

132) 정권섭, "소유권사상과 토지소유권", 박병호교수화갑기념논문집(II) 한국법사학논총, 1991, 509면.

133) 정권섭, 주석민법(물권법), 법원사, 1990, 333면.

또한 소유권의 절대성 극복의 수단으로서 공공에 의한 토지취득제도의 정비가 행해져야 한다는 것도 특색이다. 결국 공공이 토지를 취득하는 것에 의해 공공이 절대적소유권의 행사주체로 되고 도시정비의 면에서 중요한 역할을 지게 되었다. 프랑스에서는 절대적소유권을 제약하는 각종의 법제도, 공공용지를 매수한 토지이용촉진정책이 확립되고, 토지의 이용을 우선하는 방향으로 발전되었다.134)

프랑스에서 근대적 토지소유권은 1804년 나폴레옹 민법전이 시행되고 나서 50여년이 흐른 뒤 지적 및 공시제도가 완비된 1855년에 성립되었다고 할 수 있다.

(2) 부동산임차권

프랑스에서는 토지와 건물이 일체의 부동산으로 여겨지고, 쌍방의 소유자가 동일인인 것이 원칙이다. 따라서 토지소유자로부터 토지를 임차하여 다른 자기 건물을 건설하는 부동산 임대차제도는 원칙으로 존재하지 않는다. 주로 존재하는 것은 건물임대차제도이지만 토지와 건물이 일체로 된 부동산임대차제도이다.

프랑스의 건물임대차법은 상·공·수공업건물의 임대차에 관한 상사임대차법과 주거용건물의 임대차에 관한 주택임대차법의 2가지로 체계적으로 구분된다.

주거용건물의 임대차법은 임차인보호를 기본적인 법리로 하고 있다. 즉 1982년의 「임차인 및 임대인의 권리 및 의무에 관한 법률」은 임차인보호를 철저하게 하였다. 이 법률에 대하여 임대인으로부터 반발이 생기자 1986년 임대주택의 건설을 촉진하기 위해 임대인의 지위를 강화한 법률을 새로 제정하였다.135)

영업용건물의 임대차관계는 계약의 자유에 의해 규율되지만 1953년 제정된 상사임대차법을 제정하여 영업재산의 보전을 위해 임대차의 갱신과 양도할 권리를 인정하였다.136) 즉 권리금의 일종인 임차인

---

134) 野村總合硏究所, 전게서, 294-295면.
135) 상게서, 333-334면.

의 고객과 거래처라는 무형의 이익을 보호하기 위한 임대차의 갱신 청구권을 인정하고 있다.[137]

(3) 부동산 등기제도

프랑스 대혁명 이전에는 지역적으로 극히 제한된 곳에서는 공시제도를 수반하는 저당권제도가 행하여지고 있었으나, 전국적으로는 공시제도가 따르지 않는 저당권이 주로 이용되었다. 그 후 저당권법(1795년), 저당권신용법(1798년), 저당권의 보존에 관한 법률을 제정하여 등기(登記, inscription)와 등기(謄記, transcription)의 조직을 정하였다. 1804년 제정된 프랑스 민법전은 대항요건주의를 취함으로써 공시제도의 후퇴를 가져와, 거래의 안전을 크게 저해하다가 1855년에 이르러 법률의 제정에 의해 해결되었다.[138] 1955년 부동산등기 관련 법률의 대개정에 의하여 부동산물권[139]만을 등기할 수 있는 것이 아니라, 존속기간이 12년 이상인 부동산임차권도 등기할 수 있도록 하였다.[140] 현재 프랑스의 부동산물권 공시방법에는 공시(publicité)와 등기(登記, inscription)의 공시의 두 가지가 있는데, 공시(publicité)는 일반적인 부동산물권의 공시방법을 가리키며, 등기(登記, inscription)는 저당권 및 우선특권(優先特權)[141]의 공시방법을 말한다. 프랑스에 있어 공시나 등기를 담당하는 기관은 재무국 국세국이며, 각 지방국세국장의 감독하에 있는 저당권보존소가 실제 사무를 담당

136) 소재선, 전게논문, 5면.

137) 이송희, 영업용 건물의 임대차에 관한 연구 -보증금과 권리금을 중심으로-, 전주대학교 대학원 박사학위논문, 1995. 8, 26~58면.

138) 곽윤직, 부동산등기법, 박영사, 1994, 20-21면.

139) 등기되는 물권은 소유권(pleine proprieté), 용익물권(usufruit), 공동소유권(corproprieté), 구분소유권(division en volumes), 지역권, 저당권 등이다(www.ashurst.com).

140) 김상용, 부동산거래의 공증과 부동산등기의 공신력 연구, 법원사, 2008, 115면.

141) 우선특권(優先特權)은 목적물을 유치하지 않더라도 우선변제권이 인정되는 권리를 말한다. 근로자의 임금우선특권, 주택임차인에게 인정되는 보증금 우선특권이 이에 해당된다.

한다.[142][143]

프랑스의 부동산등기부는 우리나라의 등기부와 같이 부동산물권 그 자체를 등기부에 등기하는 즉, 권원의 등기가 아니라 부동산거래 서면을 공정증서로 작성하고 그 서면을 연대적 순서로 비치하고, 인명색인부를 별도로 만들어 연대적 순서로 편철된 부동산거래서면을 찾아 볼 수 있도록 구성되어 있다. 이러한 인명색인부의 비치로 인하여 프랑스에서의 등기제도는 인적편성주의를 취하고 있다고 한다.[144] 프랑스의 등기는 건물이 있는 부지의 경우, 토지와 건물이 일체로 된 부동산의 매매계약을 등기하는 방법을 취한다.[145]

프랑스의 등기제도에 있어서 등기의 공신력은 인정되지 않는다.[146] 그러나 등기를 할 때에는 반드시 공증을 거쳐야 하고, 또는 등기의 방식이 당사자가 제출하는 공정증서를 그대로 편철하는 것이므로 공정증서에 단순한 추정력이 아닌 법적 증명력이 인정되므로 결과적으로는 공신력을 인정하는 것과 같다.[147] 등기관은 등기를 함에 있어서 실질적인 심사권한이 없으므로 등기신청의 형식적 요건과 절차상의 흠결여부만 심사의 내상이 된다.[148] 프랑스의 등기제도에서 공정증서가 결정적인 증거방법으로 된 것은 당사자의 실제 권리행사의 가능성이 공정증서의 구비유무를 좌우하게 되고, 그 결과 당사자는 자기의 권리확보를 위해 공정증서에 의한 계약을 행하는 것이 통상적이

142) 곽윤직, 전게서, 24면.

143) 거래증서(deeds)를 등기하는 등기소는 부동산 소재지에 따라 100개 이상 설치되어 있다(www.ashurst.com).

144) 김상용, 부동산거래의 공증과 부동산등기의 공신력 연구, 법원사, 2008, 115면.

145) 野村總合硏究所, 地價と詳細都市計劃, 1991, 325면; 프랑스 민법 제711조 및 제1583조에서는 소유권은 채권의 효력으로서 이전되는 것으로 규정하고 있다(김상용, "부동산등기의 공신력", 한국토지법학회, 토지법학 제19호, 2003. 12, 225면).

146) 국가가 권원을 보장하지는 않고 공증인(notary)이 의뢰인에 대해 법적 책임을 지고 거래증서(deeds)의 유효성, 대항력을 보장한다(www.ashurst.com).

147) 곽윤직, 전게서, 26면; 이승우, "등기관의 심사권과 법적 책임", 한국토지공법학회, 토지공법연구 제21집, 2004. 3, 408면.

148) 상게논문, 414면.

기 때문이다.149)

프랑스의 공증인은 법률전문가인 공무원이고, 거래의 공식적 증인이며, 등기담당자이다.150) 부동산매매계약이 체결되면 공증인은 법령에 의해 확인된 권원(property title)과 저당권(mortgage) 관련서류를 수집한다. 수집과 확인에는 2-3개월이 소요된다.151) 공증을 위한 거래서면(sales deed; acte de vente)에는 당사자, 가격, 부동산현황, 법적보증, 특이사항(specific conditions), 해당 부동산의 30년간 물권변동사항152) 등이 기재된다. 공증인에 의해 서면이 제출되면 등기소는 거래 이해당사자에게 통지한다. 거래 이해당사자는 등기가 되기 전에 이의를 제기할 수 있다.153) 이러한 절차가 끝나면 최종매매계약증서(final sales agreement(deed))에 서명하게 되는 데, 이것을 공정증서(acte authentique)라고 하고, 법정에서 다툴 수 없다.154) 프랑스에서는 판결, 정부로부터의 매수, 경매에 의한 경우를 제외하고는 공정증서없이 부동산거래는 이루어질 수 없다.155) 이상에서 살펴본 바와 같이 프랑스에서는 독일과 달리 등기관은 형식적 심사에 그치지만, 공증인에 의해 실질적 심사가 이루어지고 있다.

※ 한편, 프랑스의 지적제도 창설은 나폴레옹이 1807년에 나폴레옹 지적법(Napoleonien Cadastre Act)을 제정함으로써 이루어졌다. 나폴레옹은 1808년부터 1850년까지 군인과 측량사를 동원하여 전국에 걸쳐 실시한 지적측량성과에 의해 지적제도를 완성하였다. 이는 토지에 대한 공평한 과세와 소유권에 관한 분쟁을 해결하기 위한 것이었다.156)

---

149) 이영규, "부동산공시제도의 사적 발전에 관한 고찰", 한국부동산법학회, 부동산법학 제8권, 2003. 9, 325면.

150) www.slowtrav.com.

151) www.gard-immobilier.com.

152) 30년간의 기간은 프랑스 민법의 취득시효기간에 해당한다(이동명, "미국의 부동산물권변동에 따른 공시방법", 후암 곽윤직 선생 고희기념 민법학논총·제2, 박영사, 1995, 22면).

153) Christian H. Kälin, International Real Estate Handbook, John Wiley & Sons, Ltd, 2005, p.233.

154) www.gard-immobilier.com.

155) Christian H. Kälin, op. cit., p.233.

156) 박순표·류병찬, 외국의 지적제도 비교연구 보고서, 내무부, 1988, 23면.

5) 일본

(1) 부동산 개념 및 부동산 소유권

일본의 부동산 개념에서는 건물은 항상 토지와 독립된 것으로서 취급하였다.[157] 근대초기에 독일법을 받아들인 일본이 독일법상의 부동산 개념을 따르지 않은 것은 일본 고유의 관습을 감안했던 것으로 보인다.[158]

일본 명치시대(明治時代, 1868년~1889년 일본헌법발효)에 지주는 독자의 사회적 지위를 가지고 농지·택지를 가리지 않고 임대하였다. 특히 택지에 대해서는 지주가 단순히 토지만을 임대하는 것에 그치지 않고 건물을 지어 판매하는 관행이 일반적이었다. 이러한 관행에서 토지와 건물은 별개의 부동산으로 여겨지게 되었다고 한다.[159]

※ 일본의 부동산 소유권개념을 취하고 있는 우리나라의 경우에는 대지(垈地)는 건물의 종물(從物)[160]이었다는 기록[161]은 있어도, 토지와 건물을 별도의 부동산으로 다루었다는 관행에 대한 기록은 찾을 수 없다. 그럼에도 불구하고 종래부터 우리 나라의 학실과 판례는 이에 대한 구체적인 검토없이 토지와 건물은 별개의 부동산이라는 데 인식을 같이 하였다. 이러한 무의식적인 일본 민법의 계수(繼受)와 몰이해(沒理解)는 오늘날까지 계속되고 있다.

(2) 부동산 등기제도

일본은 막부시대(幕府時代)부터 우리 나라와는 근본적으로 다른 문화를 갖는 계기가 되는 일본의 봉건 제도가 발달하게 되었다. 전답의 매매는 금지되었고, 택지와 일정한 전답에 대하여는 예외적으로 이동이 인정되었으므로 이러한 토지이동과 공납징수권을 확보하기 위하

157) 末弘嚴太郎, "不動産の附合について", 法學協會雜誌 第50卷 11號, 1932, 35면.

158) 일본의 부동산 개념에 대한 관습과 일본 민법상의 개념도입과정에 대한 구체적인 내용은 졸고, "토지소유권과 건물소유권의 이원적 체계에 관한 연혁적 고찰", 감정평가연구 제14집 제1호, 2004. 6, 163-178면 참조.

159) 稲本洋之助, 借地制度の再檢討, 日本評論社, 1986, 244면.

160) 이영준, 민법총칙, 박영사, 1993, 909면; 정옥태, "종물·부합물·부속물을 비교함", 고시연구, 1992. 1, 143면.

161) 한국법제연구원, 국역 관습조사보고서, 1992, 114면.

여 공부에 토지의 이동(異動)과 질입(質入), 입서(일종의 저당권)를 기재하는 것 및 그 계약서에 대한 명주가판제(名主加判制, 일종의 공증제도)등이 행해졌다.

※ 일본 막부시대 : 1192년 미나모토 요리토모(源頼朝)는 가마쿠라(지금의 요코하마)에 막부를 세웠는데, 이 시기를 가마쿠라 막부시대라고 한다. 도쿠가와 이에야스(德川家康 : 1542~1616)가 1600년 토요토미에 승리하면서 에도(江戶)시대(1603~1867)를 열기까지 계속되었다. 이후 에도시대는 260년간에 계속되다가, 1866년 12월 제121대 고메 천황이 죽고 다음해 1월 메이지(明治)천황이 즉위하면서 명치시대가 열림으로써 종지부를 찍게 되었다. 이 때 쇼군(將軍)은 도쿠가와 요시노부(德川慶喜)였다. 요시노부는 각번과 마찰을 빚었으며, 사츠마번과 초슈번은 무력으로 막부를 무너뜨려 왕정복귀를 성공시켰다. 이로서 일본은 700여년간의 무가(武家)정치의 막을 내리고 근대화에 접어들었다.

일본은 명치시대 초기인 1872년 토지거래금지령을 해제하고 토지의 소유와 거래의 자유를 인정하였으며, 동시에 근대적 지조제도를 확립하기 위한 수단으로 지권제도(地劵制度)를 행하였다. 지권제도하에서 지권의 교부 내지 이서가 토지소유권의 효력발생요건으로 인정되었다. 이와 함께 1873년에는 토지의 담보권 설정과 건물에 관한 물권변동에 대하여 공증제도가 채용되었다. 이 방법은 물권변동에 관한 증문(證文)에 호장(戶長)이 이서날인(裏書捺印)하는 것인데 이러한 공증제도는 1880년 이후에 토지소유권이전으로 확대되었다.

일본은 1886년 등기제도를 개혁함과 동시에 한편으로 등록세에 의한 재정수입을 도모할 목적으로 주로 프랑스법을 모방한 등기법을 제정하였다. 1898년 일본 민법전의 시행에 따라서, 1899년에는 보다 정비된 현행 부동산등기법을 제정하였다. 일본의 경우 우리와 마찬가지로 토지등기부와 건물등기부로 나누어져 있었으며, 또한 이러한 등기부와 토지대장, 가옥대장이 별개로 있었다. 그러나 태평양 전쟁후 1950년에 세무서의 소관이었던 토지대장 및 가옥대장은 등기소로 소관을 옮겨 대장과 등기부 사이의 괴리, 일치의 불충분함의 문제를 상당히 해결하였다.[162] 1960년의 개정[163][164]에서는 등기부와 대장의 일원화 뿐만 아니라 공부의 안전성을 위한 표제부 등기제도의 창설, 등기관의 실질적 심사권의 인정 등이 이루어졌다. 그러나 사실의 등기인 표제부등기에만 실질적 심사권을 인정하고, 권리의 등기는 형식적 심사권으로 하였기 때문에 등기의 공신력은 인정되지 않는다.[165)166)]

등기관은 토지 또는 건물의 표시에 관한 등기의 신청이 있은 경우 또는 직권으로 등기를 하는 경우에 필요한 때에는 토지 또는 건물의 표시에 관한 사항을 조사할 수 있다(부동산등기법 제29조제1항). 등기관은 이 조사를 하는 경우 필요한 때에는 일출부터 일몰까지의 사이에 한하여 토지나 건물을 검사하거나 토지나 건물소유자 기타 관계인에게 문서나 전자적 기록에 기록된 사항을 표시한 것 제시를 요구하거나 질문을 할 수 있다. 이 경우에는 그 신분을 증명하는 서면을 휴대하고 관계인의 청구가 있을 때에는 이를 제시하여야 한다(동조 제2항). 등기

---

162) 법무부, 전게서, 170-171면.

163) 1960년 3월 31일 법률 제14호.

164) 등기부와 대장의 일원화는 종래의 토지대장, 가옥대장을 각각 토지등기부, 건물등기부로 흡수·통합한 것이다. 이리하여 종래 부동산의 물리적 현황을 파악, 공시하는 기초로 되어 있던 대장의 기능은 오로지 등기부의 표제부의 기재가 이것을 담당하게 되었고 지적 및 건물소유도를 비치하게 하였다. 이러한 일원화를 위한 장부의 이기 등의 작업은 전국적으로 1970년도 말에 완료되었다. 등기부와 대장의 일원화 결과로 제도의 이용자인 시민 및 등기소에 대하여 그 때까지의 이중적 기구하의 노동력과 경비의 헛수고가 절감되게 되었다(법무부, 전게서, 171면).

165) 대만은 1895년 청일전쟁으로 일본에 함락으로 1898년 토지조사사업을 착수하여 토지는 1903년에 완료하고 임야는 1914년에 완료하여 지적제도를 확립하였다. 대만은 우리 나라와 역사적 배경이 흡사하여 지적은 세무서에서 등기는 법원에서 관장하였으나 정부수립으로 1930년 6월 30일 제정한 토지법을 적용하여 지적사무와 등기사무를 일원화하였다. 해방과 더불어 토지법에 의한 토지제도의 확립과 함께 종전의 지적과 등기는 무시하고 1946년 11월 26일 지적정리법을 제정하여 총 등기를 시작하고 등기부를 재확인·작성하고 총 등기를 직권조사에 의하여 확립하였다. 대만은 등기의무주의와 실질심사를 채택하고 집행기관으로서 내정부 지정처 산하에 지방사무소를 두고 지적관리는 지적측량과 토지등기로 구분하며, 토지등기에는 건물등기도 포함하고 토지등기부와 건물등기부를 두고 있다. 지적도는 지정기관이 관리하고 지적측량은 지정기관의 측량기술공무원이 직접 시행한다. 1955년 지적도 중측사업(지적재조사사업)을 착수하였다(최청인, "부동산공시제도의 개선방안에 관한 연구", 한국지적학회 제18권 제2호, 2002, 37면).

166) 일본 민법제정당시에 등기의 공신력을 인정하지 않은 이유는 당시 일본의 사회·경제사정이 그것을 필요로 할 만큼 발달된 것이 아님을 들고 있다(법무부, 전게서, 173면).

관은, 표시에 관한 등기를 하는 경우에는, 실지조사를 행하지 않으면 아니 된다. 다만 신청에 관계되는 부동산의 조사에 관한 보고(토지가옥조사사[167] 또는 토지가옥조사사법인이 대리인으로서 등기를 신청하는 경우에, 당해 토지가옥조사사가 작성한 것에 한함), 기타 신청정보와 함께 제공된 정보 또는 공지의 사실이나 등기관이 직무상 지득한 사실에 의하여, 등기관이 실지조사를 할 필요가 없다고 인정하는 때에는, 그러하지 아니하다(부동산등기규칙 제93조). 검사를 거부하고 방해하거나 또는 기피한 자는 30만엔이하의 벌금에 처한다. 문서의 제시를 하지 않거나 혹은 허위의 문서를 제시하거나 또는 질문에 대하여 진술을 하지 않거나 혹은 허위의 진술을 한 자도 같다(법 제134조).

2004년 일본부동산법의 개정[168]을 통해 등기관의 적극적인 심사권을 강화하였다.[169] 즉 동법 제24조에서는 '등기관은, 등기의 신청이 있는 경우에, 신청인으로 되어야 할 자 이외의 자가 신청하고 있다고 의심할만한 상당한 이유가 있다고 인정하는 때에는, 제25조의 규정에 의하여 당해 신청을 각하하여야 할 경우를 제외하고, 신청인 또는 그 대표자나 대리인에 대하여 출석을 요구하여, 질문을 하고 또는 문서의 제시 기타 필요한 정보의 제공을 요구하는 방법에 의하여, 당해 신청인의 신청의 권한의 유무를 조사하지 않으면 아니 된다'고 규정하여 형식적·소극적 심사원칙을 수정하였다.[170]

---

167) 1950. 7. 31 토지가옥조사사법은 등기부에서 부동산표시의 정확성을 확보하기 위해 제정되었다. 원래 토지대장 등은 당사자의 신고를 기초로 기재되는 까닭에 토지대장·가옥대장의 기재가 실제와 다를수 있기 때문에 고안된 것이었다. 원래 대장을 비치하는 등기소에서 그 정확을 기하는 것이 바람직하지만 그를 위해서는 상당한 인건비와 거액의 예산을 필요로 하고, 신청이 극히 부정확한 것도 적지 않아 대장의 정확을 기대하기 어려운 면이 있다. 이에 신고자체가 매우 정확하다는 것을 보증하는 제도로서 조사사제도를 둔 것이다. 이는 부동산표시등기의 정확을 확보하여 국민의 부동산에 관한 권리를 보전함과 동시에 부동산거래의 안전을 도모하기 위한 것이었다(김병두, "부실등기해소를 위한 방법론에 관한 비교법적 고찰", 성균관대학교 법학연구소, 성균관법학 제20권 제1호, 2008, 4, 116면).

168) 온라인등기신청의 도입을 위한 전면개정의 필요성 때문에 2004년 6월 11일 법률 제123호로 참의원 본회의에서 전원일치로 가결되어 6월 18일에 공포되었다(최명구, "일본 신부동산등기법의 주요내용", 한국비교사법학회, 비교사법 제12권제2호(통권 제29호), 2005. 6, 847면).

169) 상게논문, 851면.

※ 일본 민법제정당시에 등기의 공신력을 인정하지 않은 이유는 당시 일본의 사회・경제사정이 그것을 필요로 할 만큼 발달된 것이 아님을 들고 있다.[171] 그러나 1958년 민법을 제정한 우리나라의 경우에는 일본 민법을 무조건적으로 받아들인 나머지 조선시대말까지 통용되었던 등기제도[172]를 포기하고 일본식의 근대적 등기제도를 도입하였다. 그 결과 과거에는 인정되었던 등기의 공신력이 인정되지 않게 되었던 것이다.

<표 Ⅱ-2> 부동산소유권 구조 및 부동산등기제도의 비교

<table>
<tr><th>구분</th><th>독일</th><th>프랑스</th><th>영국</th><th>미국</th><th>일본</th><th>대만/중국</th></tr>
<tr><td>부동산 개념</td><td colspan="4">토지와 건물은 동일의 부동산</td><td colspan="2">토지와 건물은 별개의 부동산</td></tr>
<tr><td>토지소유권 개념</td><td colspan="2">절대적 소유권</td><td colspan="2">상대적 소유권</td><td>절대적 소유권</td><td>상대적 소유권</td></tr>
<tr><td>토지소유권과 이용권과의 관계</td><td colspan="4">토지이용권 우선</td><td>토지소유권 우선</td><td>토지이용권 우선</td></tr>
<tr><td>부동산 등기 구조</td><td>토지만을 등기(토지등기방식)</td><td>거래계약등기(계약등기방식)</td><td colspan="2">거래계약등록(계약등록방식)</td><td colspan="2">토지, 건물을 별개로 등기(개별등기방식)/중국은 부동산등기로 통일</td></tr>
<tr><td>등기 효과</td><td>효력요건</td><td colspan="5">대항요건</td></tr>
<tr><td>소유권과 개발권 분리</td><td>분할소유권 실패(1973)</td><td>건축권 분리 (1975∼현재)</td><td>개발권 공유화(1947∼현재)</td><td>개발권양도제 (1969∼현재)</td><td>특례용적률 이전 ('0.5∼현재)</td><td>중국은 사회주의적 소유권</td></tr>
</table>

자료: 野村總合硏究所. 1991.「地價と詳細都市計劃」. 橫浜 : 野村總合硏究所. p352, p345의 표를 수정・보완한 것임.

---

170) 표제부등기와 관련된 것으로 지도의 전자화가 있다. 지도, 건물소재도 및 지도에 준하는 도면은 구법에서는 제도상 종이의 것에 재한되어 있었으나, 개정부동산등기법에서는 전자적 기록으로 기록하는 것이 가능한 것으로 된다(법 제14조제6항). 지도의 전자화에 의해서 보다 정확한 지도의 유지・관리를 하는 것이 가능하고(전자지도에서는 종이에 의한 노화의 문제가 없고, 필계선(筆界線)의 기록작업도 수치적으로 정확하게 하는 것이 가능하다), 지도의 신속한 공개 등을 도모하는 것이 가능하게 된다(박광동, "일본의 부동산등기법의 전면개정", 한국법학회, 법학연구 제21집, 2006. 2, 223면).

171) 법무부, 전게서, 173면.

172) 한국법제연구원, 전게서, 136-143면; 한국법제연구원, (개역판)관습조사보고서, 2000, 14-23면, 139-146면.

2. 우리나라 토지소유권과 부동산 등기제도의 연혁

1) 토지조사사업이전까지의 토지소유권과 증명방법

(1) 조선시대의 토지소유권[173)]

우리나라에 있어서 토지소유권은 정치적·경제적 이유로 일시로 금지된 일이 있으나, 적어도 조선왕조의 세종 6년(1424년) 이후에는 사실적으로 인정되어 왔다.[174)]

조선시대의 토지제도[175)]는 고려말의 전제개혁(田制改革)에 그 바탕을 두고 있었다. 이때에 실시된 전제개혁은 과전법으로 국유제의 원칙·공전외방의 원칙·과전경기의 원칙이 적용되었다. 이 과전은 일대에 한해서 가지는 것을 원칙으로 하지만, 그가 사망한 후 그 처가 수절을 하면 수신전, 또 부모 모두가 사망한 유약자들에게는 휼양전 등의 명목으로 전수가 허락되었다. 게다가 경기지방에 공신전이 늘어감에 따라 세습의 경향이 실질적으로 많아졌다.

이에 따른 토지의 부족이 세조 12년(1466년)에 과전법을 폐지하고 직전법을 실시하도록 하는 원인이 되었다. 이 직전은 현임관리에게만 주어지는 것이지만 명종 11년(1556년)경에 그 제도가 폐지되고 이에 관리들은 녹봉만을 받게 되었다. 과전(뒤의 직전)과 공신전 이외에 지방의 유력자인 한량에게 지급된 군전도 과전처럼 수신전·휼양전의 명목으로 세습되어 갔다.

조선시대의 토지제도는 형식적으로는 왕토사상에 입각하여 국가가 직접 수조하는 공전을 제외하고는 적절히 분배해서 수조권을 위임한 것으로 되어 있지만 실은 세습의 허락과 많은 토지들의 사유화로 인하여 원칙과는 다른 제도가 실시되었다.

---

173) 이하의 구체적인 내용에 대하여는 졸고, "토지소유권과 건물소유권의 이원적 체계에 관한 연혁적 고찰", 한국부동산연구원 감정평가연구 제14집 제1호, 2004. 6, 163-179면 참조.

174) 곽윤직, 전게서, 42-43면.

175) 조선시대 양반의 토지소유형태에 관한 것은 이기백, 한국사신론, 일조각, 1977, 219-221면 참조.

한편 조선시대의 농본주의전통에서는 농지에의 농경적 지배 즉, 실물적 지배와 경작을 법적·윤리적으로 중요시하였으므로 경작을 하지 않고 토지를 투기하거나 고리대 등의 교환적·이전적 차익만을 목적으로 하는 행위는 금기되었다. 이러한 정신은 조선경국전이래 조선시대의 법령이나 정책에서 일관된 것으로 보인다.

토지소유권에 대하여는 문기(文記)라는 서면에 의한 양도와 입안(立案)이라는 일종의 공증제도가 행해졌다.[176] 우리의 등기제도를 역사적으로 주급해 고찰해 보면, 일반농지의 매매가 법률상 허용된 것으로 추정할 수 있는 연대는 세종 6년(1424년)에 이르러서 비로소 시작되었다고 볼 수 있다.

※ 문기(文記) : 양당사자와 증인 그리고 집필인이 모인 가운데서 집필인이 작성한다. 문기에는 매도연월일, 매수인, 매매이유, 목적토지나 가옥에 대한 권리전승의 유래, 부동산의 소재와 사지(四至)(사표(四標): 매매라는 토지의 동서남북에 있어서의 경계를 이루는 표시(標示) 내지 표지(標識), 대금(代金)과 그 수령사실, 담보문서등을 차례로 적고, 끝으로 매도인, 증인, 집필인이 각기 기명화압(記名花押)한다. 문기(신문기)를 작성한 후에는 이를 그 부동산에 관한 권리전승을 증명하는 문기(구문기)와 함께 매수인에게 인도하면 양도행위가 끝나게 된다.[177][178]

※ 입안(立案) : 당초에는 대명율을 적용하여 토지를 매매할 경우 토지문기와 함께 세전을 소관관서에 납부하고 그 증명(稅契立案)을 받도록 하였으며

---

176) 곽윤직, 전게서, 42-45면.

177) 김종권, 실무 부동산등기법(상), 한국사법행정학회, 1992, 70면.

178) 土地文記의 例: 康熙貳拾陸年捌月貳拾日 沈生員宅奴尙起)處明文右明文爲臥乎事段 要用所致以 果川西面虎溪伏在 是字畓貳什斗落只貳什參負參束庫乙價折正銀子壹百兩 依數交易捧上爲遣 四標段 三方孫伊畓 北小川是去乎 本文記貳張幷以 永永放賣爲去乎 後次良中 同生子孫中 如有雜談是去乙等 持此文記 告官卞正事 畓主 (李生員宅)私奴戊辰(左手寸) 證 私奴 ㅇㅇ(左手寸) 證 私奴 厺程(左手寸) 筆執 金啓煥 (手決). [요지] 1687년(숙종 13년) 8월 20일 무진이 심생원댁(노비 상기는 대리인)에 과천서면에 소재한 답 20마지기를 正銀子 100兩에 방매하기로 하는 賣買證書(明文)이다. 원문기에는 답주사노 무진으로 되어 있으므로 무진이 답의 소유자로서 매매계약의 직접 당사자임이 분명하다. 매매문기들을 보면, 노비가 매도인(소유자)인 경우에는 통상「답주(전주 또는 재주) 사노ㅇㅇ」형태로 기재하고, 노비가 상전을 대리하는 경우에는「ㅇ 생원댁 사노ㅇㅇ」의 형태로 기재한다. 그리고 양인이 직접 문기를 작성하게 되면 통상 신분과 성명을 기재하고 수결함이 원칙이었던 것으로 보인다(이재목, "현대법의 관점에서 본 조선조 채권법제도의 법사적 의의", 인권과정의 2004. 4, 94-95면).

> 만일 이를 준수하지 않으면 일정한 제재를 가하였으므로 토지에 대한 공적 증명제도가 이 때부터 출발하지 않았나 생각된다.[179][180]

그러나 당초 입안제도에 있어서는 토지를 매매한 이후 입안을 받을 날짜까지 그 기간이 한정되어 있지 않아 입안제도의 법률상 효력이 문제로 남아 있었다. 이러한 문제점은 세종 27년(1445년)에 이르러 토지의 매매가 있은 후 3년 이내[181]에 입안을 받도록 기간을 정하여 입안제도의 실시를 강제함으로써 비로소 그 실질적인 효력이 나타나기 시작하였다고 볼 수 있다.

그럼에도 불구하고 입안제도를 실시한 이후, 입안에 대한 인식부족으로 입안제도의 실시가 제대로 이루어지지 않았음은 물론 더구나 임진왜란과 병자호란을 겪은 후에는 더욱 그 실질적인 이행이 미미한 실정이었다.

<사진 Ⅱ-2> 입안

자료: 나주지역 결송입안(決訟立案)(한국토지공사, 2008. 11 토지정보).

179) 김종권, 전게서, 70면.

180) 立案의 例: 康熙卄六年九月 日 果川縣立案 右立案爲斜給事 粘連文與所志及各人等招辭 是 置有亦 各人等入籍實爲乎等以 果川西面是字畓二十三卜三束庫乙 依例斜給爲遣 合行立案者 行縣監(押). [요지] 1687년(숙종 13년) 9월 某日에 과천현감이 토지문기, 소지, 그리고 답주.증인.필집자의 초사(진술)를 통하여 획득한 사실에 기초하여 거래의 정당성과 권리관계의 진정성을 확인하고 발급한 입안이다(이재목, 전게논문. 97면).

181) 이 기간에 대하여는 차이가 있다. 경국대전의 호전 매매한조(買賣限條)에는 토지(田地)나 가옥(家舍)의 매매는 15일 기한으로 하여 그 기한이 지나면 고치지 못하며, 100일안에 관에 보고하여 입안을 받도록 하였으며 그렇지 않은 경우에는 대명율을 적용하여 처벌하였다고 한다(이종일(역), 대전회통 연구, 한국법제연구원, 2002, 90면).

그 후에도 수차 입안을 강행하기 위한 법령의 선포와 더불어 입안을 받지 않은 계약에 대해서는 소송상 그 증명력을 인정하지 않기로 하였으나 이것 역시 별다른 실효를 거두지 못하였다. 그 이유는 입안제도에 대한 국민들의 인식부족은 말할 것도 없고, 입안이 본래의 목적으로 하는 조세의 부담을 위한 토지세제에 대한 대장적 역할을 담당했다고 생각할 때에 당사자들로부터 그 제도는 당초부터 외면당할 소지가 충분히 있었다.[182]

(2) 대한제국기의 토지소유권

조선시대말 토지제도는 관습적으로 농민들에게 많은 권리가 인정되고 있었다. 이를 구체적으로 살펴보면 다음과 같다. 첫째로, 소작농민들에게는 관습상의 경작권이 성립되어 있었다. 즉 소작농이 ① 소작료 태납 ② 소작지 경작(耕作) 방기(放棄) ③ 지주에 대한 부당한 반항 등 특정한 결격사유를 발생하지 않는 한 소작농은 자기의 소작지를 장기간 경작할 수 있었으며, 당대는 물론 대대로 전승할 수도 있었다.[183]

둘째, 소작지에 대한 일종의 소유권으로 소작농의 도지권(賭地權)이 인정되어 있었다. 이는 지주에게 뿐만 아니라 제3자에게도 대항하는 권리로서 확립되어 있었으며, 소작농의 일종의 재산권으로 자유롭게 매매되고 그 가격은 일반적으로 총 토지면적의 3분의 1, 지주의 소유권가격의 2분의 1의 수준에 달하고 있었다.[184]

셋째, 관습에 의해 사유가 아닌 개황지의 개간은 개간하는 자의 소유로 하여 입안하여 주는 농민의 개간권이 인정되었으며, 농민은 자유로이 무주개황지를 개간하여 자기의 소유지로 만들수 있었다.[185]

182) 박병호, 한국법제사고, 법문사, 1974, 14-20면; 박병호, 근세의 법과 법사상, 도서출판 진원, 1996, 211-214면.
183) 신용하, 전게서, 89면.
184) 상게서, 91면.
185) 상게서, 93면.

그 밖에 농민들에게는 무주공산이나 공유지를 자유롭게 들어가서 연료채취, 비료채취, 가축방목 등을 할 수 있는 입회권(入會權)이 인정되었다.[186)]

일제가 토지조사사업을 하기 전까지의 토지조사사업중 토지소유권에 관한 관습조사(慣習調査)[187)]의 결과는 조선시대말기의 토지에 대하여 이미 근대적 소유권이 성립되어 있었다는 것을 확인하였다. 근대적 소유권을 성립시켰다는 일제의 토지조사사업의 기초조사에서 일제 스스로 조선에서 개인의 토지소유권이 이미 확립되어 있었다는 것을 확인하였다는 사실은 매우 흥미롭다. 일제가 토지조사사업에 의한 결과로 편찬한 토지조사참고서(土地調査參考書)[188)]에서 개인의 소유권이 이미 확립되어 있음을 밝히고 있다. 그 내용을 살펴보면 첫째, 개인 중에는 본국인과 외국인이 있는데 양자의 소유권에는 하등의 차이가 없다고 지적하고 있다. 여기서 일제가 소유권이라고 말할 때에는 명백히 사유권(私有權)을 가르키고 있다. 둘째, 개인이 소유권을 갖는 토지 외에도 국유지, 공공단체의 소유지, 제실유지(帝室有地), 조합 또는 계 등의 소유지, 공익법인의 소유지, 회사 등의 소유지가 있다고 보고하고 있다. 셋째, 개인의 토지 사유권에 의거해 종래에는 토지의 매매·증여·교환·상속·저당이 자유롭게 이루어지고 있었음을 확인하였다.[189)][190)] 여기서 우리가 명백히 알 수 있는 것은 토지

186) 상게서, 94면.

187) 관습조사(慣習調査)는 1906년 일제가 총독부를 설치한 후, 내각에 부동산법조사회를 설치하고 8명의 위원을 임명한 것이 시작이었다. 이 조사회는 한국 전토에 걸쳐 구관(舊慣)의 대강(大綱)을 조사하다가 1907년 조사사업을 중단하였다. 이 조사회에서는 한국부동산에 관한 조사기록(1906. 8), 한국 부동산에 관한 관례(慣例)(1907. 3), 한국에 있어서 토지에 관한 권리 일반(1907. 6) 등의 출판물이 있다. 일제는 1908년에 부동산법조사회 대신 법전조사국을 설치하였다(신용하, 전게서, 26면).

188) 토지조사참고서는 일제가 1909년 각 지방의 탁지부(度支部)로 하여금 편찬하게 한 것으로 1호~5호까지 있으며 그 내용은 구관조사(舊慣調査)의 결과를 보고한 것이다.

189) 신용하, 전게서, 26-27면.

190) 내각에 설치되었던 부동산법조사회의 조사보고에서도 인민의 소유권이 확립되어 있다고 하여 토지소유권이 이미 확립되었음을 확인하고 있었다(상게서, 27면).

사유권이 그 내용에 있어서 이미 근대적 사유권과 다름이 없이 토지조사사업 이전인 조선왕조 말기에는 확립되어 있었다는 사실이다. 이에 대한 증명자료는 무수히 많으며, 일제통감부도 민유지에 있어서 사유권이 확립되었다는 엄연한 사실은 부인하지 못한 것으로 보인다.

일제에 의해 출판된 자료들이 불충분하다고 보고하고 있는 것은 토지 사유권 그 자체가 아니라 주로 그 사유권의 증명의 방식에 대한 것이었다. 종래 조선왕조 말기까지에는 문기(文記)를 가지고 토지소유권을 증명하였으며, 문기는 관민이 함께 그 효력을 인정하여 왔었다. 또한 문기를 분실한 경우에는 군수에게 가서 입지(立旨) 또는 완문(完文)이라는 증명을 받아서 토지소유권을 증명하였다. 당시의 한국민 상호간에는 이 방법으로써도 토지소유권의 증명과 매매·상속 등에 하등 불편이 없었으나, 일제의 토지점유정책에 비추어 보면 이것은 토지 소유와 이전을 보장하기에는 불충분하고 불안한 것으로 보였다.191)

<사진 Ⅱ-3> 입지와 대한제국 전답관계

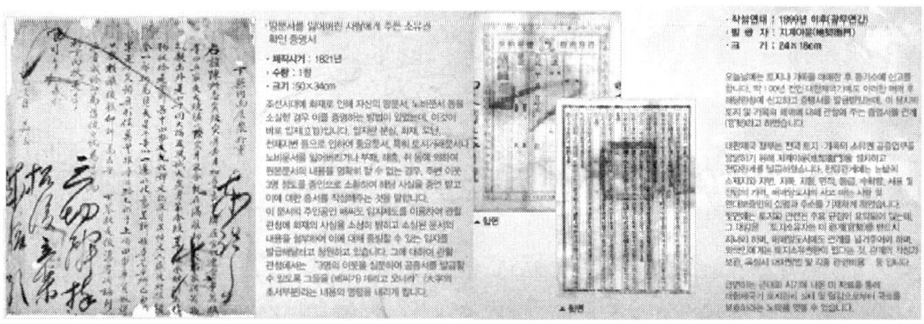

자료: 한국토지공사 토지박물관, 2008. 11, 2009. 1, 뉴스레터.

1893년부터 광무(光武) 9년(1905년)192)에 이르는 기간에는 지계제도(地契制度)193)와 가계제도(家契制度)194)라는 지권제도(地券制度)에 의해 토지 및 가옥에 대한 소유권의 증명을 위한 근대적 제도가 시행되었다.195)

191) 상게서, 28-29면.
192) 광무원년(1896년).
193) 곽윤직, 전게서, 46-48면.
194) 상게서, 45-46면.

※ 가계(家契) : 가옥의 소유에 관한 관의 증명이며 개국 502년(고종 30년, 1893년) 내무부의 계(啓)에 따라 한성부에서 처음으로 발급하였으며, 후에 각개항지와 개시지(開市地)에도 발급된 것으로 인증서 전면에는 가계문언(家契文言)이 인쇄되어 있고 끝 부분에 담당자, 매도인, 매수인, 증인들이 서명하고 당상관(認證官)이 화압한 것으로 대체로 입안(立案)과 같은 형식의 것이다.[196]

※ 지계(地契) : 지권(地券)이라고도 하며, 백문거래(白文去來)로 토지제도의 문란과 함께 위조문서가 성행하여 광무 5년(1901년)토지의 정비, 세수의 확보, 도매(盜賣)의 방지를 위하여 그 해 9월 9일에 중앙에 지계아문(地契衙門)을 설치하고 한성부와 각도에 지계감리를 두어 「대한제국전답관계(大韓帝國田畓官契)」라는 지계(地契)를 발급하였다. 그 중요한 내용은 한국인으로서 전답을 소유하는 자는 반드시 이 관계(官契)를 소유하도록 하였다. 전답관계는 3통을 작성하여 1통은 지계아문이 보유하고 1통은 토지소유자에게 교부하고, 1통은 지방관청이 이를 보존하도록 하였다.[197]

1898년 대한제국 정부는 토지거래의 국가관리라는 측면에서는 종래의 입안제도를 염두에 두면서도 이전과는 달리 전면적으로 확립된 사적소유권을 보장한다는 차원에서 양전사업(量田事業)을 추진할 것을 계획했다.[198] 양전사업은 재정상의 필요와 토지제도의 문란을 정비하고 지적장부를 완성하여 소유권을 확정함으로써 토지제도의 근대화를 도모하고자 한 것이었다.

그러나 당시의 측량기술과 국내외의 긴박한 정세 때문에 자주적이고 독자적인 양전사업은 1903년에 중단하게 되었다.[199] 1899년부터 1901년까지, 1902년부터 1903년까지 두 차례에 걸쳐서 전국토지의 약 3분의 2에 달하는 218군에 대한 양전을 끝냈다. 양전사업이 진행되면서 지계발급사무(地契發給事務)도 1901년부터 시작되었다. 이 지계는 입안제도를 근대적 소유권제도로 발전시켰는데 양전사업이 중단되면

195) 상게서, 42-43면.
196) 김종권, 전게서, 70면.
197) 상게서, 71면.
198) 지종덕, 지적의 이해, 기문당, 2001, 83면.
199) 농지개혁사편찬위원회, 농지개혁사(상권), 1970, 158-159면; 신용하, 조선토지조사사업연구, 지식산업사, 1982, 18-19면.

서 지계발급도 중단되었다.[200)]

이와 같이 근대적 의미의 토지소유권이 이미 확립되었기 때문에 조선을 식민지로 만들어 착취하려던 일제의 토지점유정책은 저지받을 수 밖에 없었기 때문에 일제는 토지조사사업을 하기 전부터 일본자본의 토지점유를 저지하여 오던 다음과 같은 제 요소들을 긴급히 없애려고 하였다. 첫째, 외국인에게 토지소유가 법률에 의하여 금지되어 있었던 점. 둘째, 지주의 토지사유권은 이미 확립되어 있었으나, 그와 더불어 소작농의 관습상의 경작권(耕作權)과 도지권(賭地權) 등 농민의 권리도 병행하여 성립되어 외국인의 토지점유와 매입에 농민층으로부터의 실질적 제약이 가해져 오고 있었다는 점. 셋째, 토지의 상품화를 높이는 토지등기제도가 불만족스러웠다는 점. 일본인의 토지매점에 있어서는 한국의 농민 뿐만 아니라 양반관료들까지 이에 완강히 저항하였다는 점 등이 그러한 요소였다.[201)]

이와 같이 대한제국기에는 근대적 의미의 토지소유권은 이미 성립된 상태였고, 1905년 을사조약이후 일제가 우리나라의 토지소유권을 근대적 토지소유권으로 확립시켰다는 토지조사사업은 토지사유권의 확립이 아니라, 식민지착취를 위한 토지사유권의 증명방법을 확립시키기 위한 것이었다고 평가할 수 있다.

2) 일제의 토지조사사업이후 토지소유권과 증명방법

일제가 「조선토지조사사업」을 처음 계획한 것은 1905년 을사조약에 의하여 대한제국을 반식민지 상태로 만든 직후였다. 실질적으로 현재 우리나라의 토지소유권제도의 확립 및 등기제도의 시발은 1905년 일제의 식민통치의 개시와 함께 토지조사사업으로 시작하였다고 일반적으로 인정되고 있다. 토지조사사업을 위한 사전준비작업으로 1906년에는 「토지건물의 매매·교환·양여(讓與)·전당(典當)에 관한

---

200) 조종식, “대한제국의 토지소유권제도”, 재산법연구 제7권 제1호 1990, 250면.

201) 신용하, 전게서, 23-24면.

건」[202)]을 개정하여 「토지가옥증명규칙(土地家屋證明規則)」[203)]과 「토지가옥증명규칙시행세칙(土地家屋證明規則施行細則)」[204)]을 제정하였고, 1908년에는 「토지가옥소유권증명규칙(土地家屋所有權證明規則)」[205)]과 「토지가옥소유권증명시행세칙(土地家屋所有權證明施行細則)」[206)]을 제정하여 시행하였다. 그러나 1910년 경술국치로 이러한 일련의 부동산 공시제도는 결실을 맺지 못하고, 일제가 주관하는 조선총독부로 옮겨졌다.

※ 토지건물의 매매·교환·양여·전당에 관한 건(土地建物의 賣買·交換·讓與·典當에 관한 件)
한말에는 관의 증명없이 토지매매가 이루어지는 악습이 만연하였다. 이에 따라 위조문권으로 도매하는 악습을 없애고 외국인에게 토지소유권이 넘어가는 것을 막기 위하여 만든 법이다. 이는 대한자강회의 입법건의를 전적으로 수용하여 1906년 10월 16일 법률 제6호로 제정한 것이었다.[207)]
토지나 건물을 매매·양여·교환·전당할 경우, 소유자는 계권 및 그 사유를 적은 서류를 토지나 건물소재지의 이장이나 면장에 제출하여 인증을 받은 후 군수나 부윤[208)]으로부터 인허를 받도록 하고, 군수나 부윤은 즉시 그 사실을 증명부에 기재하여 누구나 열람하게 한다는 것이었다. 이 법은 부동산소재지의 사정을 자세히 알고 있는 이장이나 면장의 인증을 받도록 하고, 그 밖의 자식이나 친족들이 소유자 몰래 토지를 매각할 수 없도록 하는 안전장치를 두었다는 점에서 당시의 토지매매 질서를 바로 잡을 수 있는 획기적인 입법이었다. 또한 국권 침탈기에 우리의 주체적인 힘으로 이를 만들었다는 점에서도 의의가 있었다. 그러나 법제정 10여일 만에 일제의 강력한 영향력하에서 토지가옥증명규칙이라는 새로운 법이 다시 만들어짐에 따라 제대로 시행되지도 못하고 말았다.[209)]

※ 토지가옥증명규칙(土地家屋證明規則)
당시 우리나라에 거주하고 있던 일본인들은 지계제도(地契制度)에 따라 제도적으로는 거류지의 10리 이내에서만 토지를 소유할 수 있었다. 이것은

---

202) 1906. 10. 16 法律 제6호.
203) 1906. 10. 26 勅令 제65호.
204) 1906. 11. 17, 法部令 제4호.
205) 1908. 7. 20 勅令 제47호.
206) 1908. 7. 29 法部令 제14호.
207) 최돈호, 부동산등기법 강의, 법률출판사, 2001, 85면.
208) 현재의 시장.
209) 상게서, 85면.

결과적으로 일제의 토지 침탈을 다소 어렵게 하는 효과가 있었다. 그리하여 그들은 토지관리가 미비하여 부동산의 소유권이 부당하게 침해되는 경우가 많다는 미명하에 토지가옥증명규칙이라는 새로운 법률을 만들었다.

※ 토지가옥소유권증명규칙(土地家屋所有權證明規則)
토지가옥증명규칙이 시행이 있기 이전에 적법한 원인으로 부동산의 소유권을 취득한 경우와 매매등 이외의 기타의 적법한 원인으로 부동산의 소유권을 취득한 경우, 군수나 부윤(府尹)에게 소유권의 증명을 신청하여 받도록 한 것이었다.[210]

「토지가옥증명규칙(土地家屋證明規則)」은 증명신청을 임의규정으로 하고, 외국인의 토지소유권취득을 넓게 인정한 점에서 「토지건물의 매매·교환·양여·전당에 관한 건」과는 다소 달랐다. 이 법령은 외국인의 부동산 소유에 관한 종래의 국지성(局地性)을 폐지하고, 국내의 어디에서나 외국인의 부동산 소유를 인정하고 증명하는 것을 내용으로 하고 있다. 외국인이 국내에서 토지나 가옥을 매매·증여·교환·전당하였을 때에는 그 계약서의 통수 혹은 동장의 인정을 받은 후에 군수나 부윤에게 그 증명의 발급을 요청하면, 군수나 부윤은 토지가옥증명부(土地家屋證明簿)를 비치하고 발급하도록 규정하고 있다. 이 법령이 공포됨으로써 국내에서의 외국인의 토지 가옥 소유가 보장되게 되었다. 이 제도는 증명부라는 공부를 작성함으로써 이것이 공시의 기능을 하였고, 실질적 심사주의(實質的 審査主義)를 채택하여 증명부의 신뢰도를 높였다는 점에서 등기제도의 발전에 기여하였다.[211]

일제는 합병후, 1910년 10월 곧바로 임시토지조사국관제를 정하고 토지조사사업에 착수하였다. 이어서 1912년 토지조사령(1912. 8. 13. 제령 제3호)[212]을 발포(發布)하여 토지조사(調査)와 소유자의 사정(査定) 또는 재결(裁決)에 착수하였다(1917. 12. 완료).[213] 이에 따라 「조

210) 곽윤직, 전게서, 51면.
211) 최돈호, 전게서, 85-86면.
212) 토지조사령 이전에 토지조사법(1910. 8. 24 법률 제7호)과 토지조사법 시행규칙(1910. 8. 24 탁지부령 제26호)이 제정·공포되었으나, 경술국치이후 폐지되었다. 그러나 대부분의 내용은 1912년의 토지조사령에 계승되었다. 이하의 토지조사사업은 法源으로 인정하고 있는 토지조사령을 근거로 한 토지조사사업을 의미한다.

선민사령」,[214] 「조선부동산등기령」,[215] 「조선부동산증명령」,[216] 「조선부동산증명령시행규칙」[217]을 연이어 발포하여 모든 토지를 공부상에 등기하도록 법적조치를 취했다.[218]

「조선부동산증명령」은 한말이래 토지가옥증명규칙과 토지가옥소유권증명규칙에 의하여 시행되어 오던 증명제도를 대체·보완한 것이다. 일제의 토지조사사업이 진행되어 토지대장이 완성된 지역부터 단계적으로 등기제도가 시행됨에 따라 「조선부동산등기령」이 시행되는 지역에서는 「조선부동산증명령」의 적용이 배제되었다. 이를 구체적으로 살펴보면 다음과 같다. 경술국치후 1912년 3월 「조선부동산등기령」을 공포·시행하였으나 아직 토지대장을 갖추지 못하여 일부 지역[219]에 한하여 「조선부동산등기령」을 시행하고, 나머지 지역에 대하여는 시행을 연기하였다. 이와 같이 연기된 지역에서는 종래의 부동산증명제도를 그대로 지속시키기로 하여, 「조선부동산증명령」을 제정하였는데, 이는 증명사항을 넓혀서 소유권과 전당권의 설정·보전·이전·변경·처분제한·소멸로 하고, 구규칙이 실질적 심사주의(實質的 審査主義)로 하고 있던 것을 형식적 심사주의(形式的 審査主義)로 바꾸었다.[220]

토지조사사업에 의한 사정에 의하여 토지소유권이 확정되자, 다시 일제는 「조선민사령」을 제정하여 근대적 토지소유권개념을 법적으로 확립하였다. 즉 「조선민사령」에 의하여 의용된 일본 민법은 그 제206조에서 개인주의적 자본주의체제를 옹호하는 사유재산의 무한정한 보호정신에 입각한 소유권개념을 규정하였다. 그리고 나서 「조

213) 곽윤직, 전게서, 52면.
214) 1912. 3. 18 制令 제7호.
215) 1912. 3. 18 制令 제9호.
216) 1912. 3. 22 制令 제15호.
217) 1912. 3. 22 總令 제37호, 1912. 4. 1 시행.
218) 정권섭, 전게논문, 215-216면.
219) 경성, 부산, 인천, 원산, 마산, 군산, 평양, 진남포 등의 지역에서 시행되었다(법원행정처, 등기업무 전산화백서(1994-2004), 2004, 12, 12면).
220) 곽윤직, 전게서, 52-53면.

선부동산등기령」[221]을 제정하여 사정에 의해서 토지소유권을 확정하고, 일본민법에 의하여 극히 개인주의적이고 자유로운 내용을 가진 토지소유권을 등기할 수 있도록 하였다.[222]

일제는 토지조사사업을 완결된 다음해 1918년에는 「조선임야조사령」[223]을 공포하여, 전국적으로 본격적인 임야조사에 들어갔다. 이 조사사업이 완결된 것은 1935년이다(사정(査定) 1917년~1924년, 재결(裁決) 1919년~1935년).[224] 이와 같이 일제에 의한 토지조사사업과 임야조사[225]로 우리나라에서는 유럽의 근대적 토지소유권이 아닌 식민지상황하의 토지소유권이 성립하여 현재에 이르고 있다.

3) 우리나라의 부동산등기법 실시

1945년 광복후 우리나라의 부동산등기법이 시행되기 전까지 「부동산등기령」에 의해 의용된 「일본부동산등기법」은 광복후 1960년 1월 1일 우리나라 「부동산등기법」이 실시될 때까지 의용(依用)·시행되었다.

단기(檀紀) 4291년인 1958년 제정되어 1960년부터 시행된 우리나라의 민법[226]은 부동산물권변동에 있어 종래의 의사주의(意思主義)를 버리고, 형식주의(形式主義)를 채택하였다(민법 제186조) . 이에 따라 「부동산등기법」[227]을 제정·공포하여 1960년 1월 1일부터 민법과 동시에 시행하게 되었는데, 동법 제187조의 제정에 의하여 동법 시행

221) 동령은 1914년 5월 1일부터 시행되었다. 왜냐하면 토지조사사업에 의한 토지대장이 완료되지 않음으로 인하여 토지등기부를 만들 수 없었기 때문이었다. 그래서 1918년 6월 30일까지는 토지조사가 완료된 토지에 있어서는 등기제도가, 완료되지 않은 토지에 대해서는 증명제도를 병용하다가 토지조사사업이 완료되고 난 후 1918년 7월 1일부터는 전국적으로 등기제도가 실시되었다.

222) 김상용, 전게논문, 535면.

223) 1918. 5. 1 制令 제5호.

224) 곽윤직, 전게서, 53면.

225) 이로 인해 토지대장과 임야대장이 분리되어 운영되고 있다.

226) 1958. 2. 28 법률 제471호, 1960. 1. 1 시행.

227) 제정 1960. 1. 1 법률 제536호.

을 위하여 「부동산등기법 시행규칙」[228]을 제정·공포하여 시행하게 되었다.

※ 조선부동산등기령 [폐지 1960. 1. 1 법률 제536호]
조선부동산등기령(1912. 3. 18 制令 제9호)은 이를 폐지한다.
부칙(부동산등기법) <제536호, 1960. 1. 1>
제188조 (경과규정) 본법 시행전에 접수한 등기사건은 종전의 규정에 의하여 처리한다.
제189조 (경과규정) 종전의 영소작권 또는 선취특권으로서 이미 그 효력을 상실한 것에 관한 등기는 직권 또는 등기상 이해관계인의 신청에 의하여 이를 말소할 수 있다.
제190조 (경과규정) ① 본법 시행전에 종전의 규정에 의하여 한 등기는 본법에 의하여 한 것으로 본다.
② 본법 시행전에 조제한 등기부는 본법 시행후 그대로 사용한다.
제191조 (법령의 폐지) 조선부동산등기령은 이를 폐지한다.
제192조 (시행기일) 본법은 단기 4293년 1월 1일부터 시행한다.

※ 부동산등기법[제정 1960. 1. 1 법률 제536호]
민법(법률 제471호)이 제정되어 1960년 1월 1일부터 시행됨에 따라 조선부동산등기령을 폐지하고 그에 대체하여 민법의 부속법규의 하나로서 부동산물권변동의 등기에 관한 사항을 정하려는 것임.
① 민법에서 신설한 전세권을 등기할 권리대상으로 하고, 등기절차를 정함.
② 민법이 물권변동에 있어서 형식주의를 채택함에 따라 등기신청에 필요한 절차상의 조건이 구비되지 아니한 때에는 가등기를 할 수 없게 하고 청구권보전을 위한 가등기만을 인정함.
③ 민법상 공동소유형태의 하나로 총유를 인정하고 있으므로, 종중·문중 기타 법인 아닌 사단이나 재단의 부동산을 그 단체 명의로 등기할 수 있게 함.
④ 민법상 공동소유형태로 공유와 구별되는 합유를 인정하고 있으므로, 등기할 권리가 합유재산인 때에는 등기신청서에 그 취지를 기재하도록 함.
⑤ 근저당제도가 명문화됨에 따라 저당권의 내용이 근저당인 경우에는 설정등기신청서에 그 취지와 채권의 최고액을 기재하게 함.
⑥ 저당권은 피담보채권과 분리하여 처분할 수 없게 됨에 따라 저당권의 이전등기를 신청하는 경우에는 피담보채권과 같이 이전하는 뜻을 기재하게 함.
⑦ 등기부가 멸실된 경우 그 회복 절차로서 신청서편철제도를 두도록 함.
⑧ 등기부폐쇄제도를 두도록 함.

228) 1960. 1. 1, 대법원규칙 제63호.

※ 부동산등기법[일부개정 1970. 1. 1 법률 제2170호]
국유부동산의 관리청의 명칭을 부동산등기부에 첨기하도록 국유재산법이 개정됨에 따라 국유부동산의 관리환등에 의하여 관리청이 변경된 경우 그 명칭 변경등기절차를 규정하려는 것임.

① 국유재산의 관리환등에 의하여 그 관리청이 변경된 경우 새로 관리하게 되는 관서가 지체없이 관리청이 변경된 사실을 증명하는 서면을 첨부하여 등기명의인 표시변경등기를 등기소에 촉탁하도록 함.

② 이 법 시행당시 국유부동산의 관리청은 지체없이 관리청명칭 첨기등기를 촉탁하도록 함.

※ 부동산등기법[일부개정 1978. 12. 6 법률 제3158호]
부동산투기의 가열화로 인하여 부동산의 이용을 저해하고 나아가 국민경제에 악영향을 미치고 있는 실정에 비추어 음성적인 거래를 양성화하여 투기를 억제함으로써 부동산의 거래 및 이용을 정상화하고 과세의 적정을 기하는 한편, 소유권의 매매 또는 교환의 경우 등기원인에 관한 분쟁을 가능한 한 방지하기 위하여 관인계약서(官認契約書)에 의하여 계약을 체결하게 하려는 것임. 개정의 주요내용은 등기소가 부동산소유권의 보존 또는 이전등기를 한 때에는 세무서장에게 관인계약서사본을 송부토록 하고, 관인계약서에 관한 규정의 시행일은 대통령령으로 따로 정하도록 함.[229)]

※ 부동산등기법[일부개정 1983. 12. 31 법률 제3692호]
부동산등기법이 제정된 후 사회경제사정의 변천으로 부동산의 활용도가 높아지고 부동산에 관한 권리의 득실변경이 빈번하여 종전의 규정만으로는 이를 정확하게 공시하기에 미흡한 점이 있으므로 이를 보완하여 거래의 안전을 도모하려는 것임. 개정의 주요내용은 등기업무처리의 기계화와 능률화를 기하기 위하여 등기부를 카드화하고, 허무인명의등기의 방지등을 위하여 모든 등기에 등기권리자(개인에 한함)의 주민등록번호를 성명에 병기하도록 한 것, 등기사무의 능률을 높이기 위하여 등기필증의 작성방식을 간명화한 것 등임.

※ 부동산등기법[일부개정 1984. 4. 10 법률 제3726호]
경제발전과 인구의 도시집중으로 인하여 대도시에 아파트등 공동주택이 급격히 증가하고 있고, 이에 수반하여 고층건물의 소유와 이용의 형태는 종래와는 달라서 한 채의 건물을 수십 내지는 수백의 구분소유와 공동이용이라는 새로운 형태로 발전하고 있으나 이러한 새로운 생활관계를 규율할 규정이 미비되어 있고 등기방법도 복잡하여 부동산등기공시제도의 기능을 충분히 발휘하지 못하고 있으므로 부동산등기제도를 개선하여 고층건물 기타 집합건물내에서의 공동생활을 합리적으로 규율하고 그 권리관계를 간명히 공시할 수 있게 하려는 것임. 개정의 주요내용은 구분건물에

---

229) 10년간 시행되지 않다가 1990년 부동산등기특별조치법에 의해 시행되었다.

관하여 새로운 등기용지를 창설하고(일부동산일등기용지주의원칙에 대한 예외인정), 규약상 공용부분의 표제부등기방식을 규정하고 이 등기를 위한 표제부 등기용지를 창설하며, 대지권등기를 창설하고 그 변경·경정·소멸에 관한 규정을 두도록 하였다. 또한 구분건물의 표제부에 대한 등기관의 실질적 조사권을 인정하고, 표제부 작성에 있어서 혼란을 방지하기 위하여 구분건물의 표제부등기를 부분적으로 인정한 것 등임.

※ 부동산등기법[일부개정 1985. 9. 14 법률 제3789호]
등기의무자의 권리에 관한 등기필증이 멸실된 경우의 등기절차를 간소화하고, 등기부와 등기신청서의 기재에 있어서는 금전 기타의 물건의 수량, 연월일과 지번은 반드시 일·이·삼(壹·貳·參)등의 한자로 표기하도록 되어 있으나 이들 문자가 일반국민에게 친숙하지 아니하여 사용에 불편이 많으므로 국민의 편의도모와 등기사무의 능률화를 위하여 아라비아 숫자 등 다른 문자로도 표시할 수 있도록 위와 같은 한자의 강제사용규정을 삭제하며, 아울러 현행규정상의 용어 등 운영상 나타난 일부 미비점을 정비·보완하려는 것임.

※ 부동산등기법[일부개정 1986. 12. 23 법률 제3859호]
부동산에 관한 자료를 전산화하여 다양한 행정목적의 수행에 이바지할 수 있도록 하기 위하여 부동산등기시에 개인의 성명과 함께 주민등록번호를 병기하게 하고 있는 것과 보조를 맞추어 국가·지방자치단체·국제기관·외국정부·외국인·법인·법인 아닌 사단이나 재단에게도 부동산등기용등록번호를 부여하여 이를 등기하도록 하려는 것임.

※ 부동산등기법[일부개정 1990. 8. 1 법률 제4244호]
부동산소유권이전등기신청을 의무화하고, 부동산투기의 수단으로 이용되는 허위·불실등기 신청행위와 부동산투기억제를 위한 거래제한법령을 회피하여 나가는 각종 편법·탈법행위를 직접적으로 규제함으로써, 등기부기재와 거래의 실제내용이 일치하도록 하여 건전한 부동산거래질서를 확립하려는 것임. 개정의 주요내용은 목적부동산의 소재지를 관할하는 시장 등은 등기의무위반자를 내무부령으로 정하는 기준에 따라 목적부동산에 대한 등기세액의 5배 이하에 상당하는 과태료에 처하도록 하며, 소유권이전등기를 신청하여야 할 자가 등기원인을 허위로 기재하여 등기를 신청하거나 소유권이전등기 이외의 등기를 신청한 때에는 3년이하의 징역이나 1억원이하의 벌금에 처하도록 하며, 부동산의 소유권이전을 내용으로 하는 계약을 체결한 자는 거래사항을 기재한 계약서에 검인(檢印)을 받아 등기신청시에 제출토록 한 것 등임.

※ 부동산등기법[일부개정 1991. 12. 14 법률 제4422호]
현행 부동산등기절차의 번잡성을 해소하고, 예고등기제도, 보증서첨부제도 등을 개선·정비함으로써 국민의 편의를 도모함과 아울러 부동산등기의

공시기능을 강화하려는 것임.

※ 부동산등기법[일부개정 1996. 12. 30 법률 제5205호]

등기신청시에 수수료를 납부하도록 하는 근거규정을 마련하고, 전산정보처리조직(電算情報處理組織)에 의한 부동산등기사무를 처리하는 경우의 특례를 정하며, 사무국을 둔 지원의 경우에는 지원장이 등기관을 지정하도록 하여 감독권과 지정권을 일치시키는 등 현행제도의 운영상 나타난 미비점을 개선·보완하려는 것임.

① 사무국을 둔 지원의 경우에는 지원장이 등기소의 사무를 관장하므로, 지원장이 등기관을 지정하도록 함.

② 종래 이해관계가 없는 부분에 관하여는 등기부의 열람을 허용하지 아니하도록 규정되어 있었으나, 앞으로는 이해관계가 없는 경우에는 등기부 부속서류만을 열람할 수 없도록 함.

③ 부동산에 관한 등기를 하고자 하는 자는 수수료를 납부하도록 하고 수수료가 미납된 경우를 등기신청의 각하사유로 함.

④ 등기신청시 대리인이 변호사 또는 법무사(법무법인 또는 법무사합동법인을 포함한다)인 경우에는 대법원규칙이 정하는 사무원을 등기소에 출석하게 하여 이를 신청할 수 있도록 함.

⑤ 소유권의 이전등기를 신청하는 경우에는 토지대장·임야대장·건축물대장의 등본 기타 부동산의 표시를 증명하는 서면을 첨부하도록 함.

⑥ 법인 아닌 사단이나 재단이 등기권리자로서 등기를 하고자 하는 경우에 부여받아야 하는 부동산등기용등록번호는 종래 부동산소재시를 관할하는 시장 또는 군수만이 부여할 수 있도록 하였으나, 전산망이 완비됨에 따라 그 밖의 시장 또는 군수도 부여할 수 있도록 함.

⑦ 등기의 착오 또는 유루가 등기관의 과오로 인하여 발생한 경우 이해관계 있는 제3자가 없는 때에는 등기관은 지체없이 이를 경정한 후 지방법원장에게 보고하고 등기권리자와 등기의무자에게 통지하도록 함.

⑧ 전산정보처리조직에 의한 부동산등기사무처리에 관한 특례를 정함.

- 전산정보처리조직에 의하여 등기사무를 처리하는 경우 등기부의 등본이나 초본은 등기부에 기록된 사항의 전부 또는 일부를 증명하는 서면을 말하는 것으로 하고, 등기부의 열람은 등기부에 기록된 사항을 기재한 서면을 교부하거나 전자적 방법에 의하여 그 내용을 보게 하는 방법에 의할 수 있도록 함.
- 전산정보처리조직에 의하여 등기사무를 처리하는 경우에는 관할 세무서장에 대한 과세자료의 송부 및 대장소관청에 대한 등기필 통지를 일정한 사항이 기록된 자기디스크나 이를 기재한 서면을 송부하거나 전산통신망에 의하여 그 내용을 전송하는 방법에 의할 수 있도록 함.
- 전산정보처리조직에 의하여 등기사무를 처리하는 경우의 등기부의 보

관·관리 및 기타 등기사무처리절차에 관한 구체적인 사항은 대법원규칙으로 정하도록 함.

※ 부동산등기법[일부개정 1998. 12. 28 법률 제5592호]

부동산등기업무 전산화사업을 추진함에 있어서 현행규정중 전산정보처리조직에 의한 등기사무처리에 적합하지 아니한 조문과 용어를 정비하고, 부동산등기업무 전산화사업의 효율성과 생산성을 향상시킬 수 있도록 관련규정을 보완함으로써 정보화를 통한 국가경쟁력 강화에 이바지하려는 것임.

① 지방법원장 등으로부터 지정을 받아 등기사무를 처리하는 자를 "등기관"이라고 규정하고 있어 등기소에서 근무하는 일반공무원과 구별되지 아니하는 문제점이 있으므로, 등기관의 명칭을 "등기관"으로 변경함(법 제12조 제13조 및 제41조의 2등).

② 전산정보처리조직에 의하여 등기사무를 처리하는 경우에는 등기부에 대한 문자기재등의 방식에 관한 규정, 등기번호에 관한 규정 등 부동산등기업무 전산화에 적합하지 아니한 일부 규정을 적용하지 아니하도록 함(법 제177조의 4).

③ 법원행정처장은 국가기관 또는 지방자치단체로부터 등기사무처리와 관련된 전산정보자료를 제공받을 수 있도록 하고, 등기전산정보자료를 이용하거나 활용하고자 하는 경우의 절차규정을 마련함(법 제177조의5 제2항 내지 제4항 신설).

④ 대법원장이 지정하는 등기소에서는 지정당시 현존하는 등기를 전산이기하도록 하고, 전산이기한 등기기록은 종전의 등기용지를 폐쇄한 때부터 등기부의 등기기록으로 보며, 등기명의인의 성명 등을 전산이기 당시의 것으로 바꾸어 전산이기할 수 있도록 함으로써 부동산등기 전산화사업의 효율성 및 생산성을 향상시킴(법 제177조의6).

⑤ 전산정보처리조직에 의하여 등기사무를 처리하는 등기관 등의 업무상의 위험을 분산시키고, 국가의 배상책임을 경감시키기 위하여 법원행정처장으로 하여금 등기관 등의 재정보증(財政保證)에 관한 사항을 정하여 운용할 수 있도록 함(법 제177조의7).

※ 부동산등기법[일부개정 2001. 12. 19 법률 제6525호]

2002년 1월 1일부터 등기사무직렬이 신설됨에 따라 법원서기관. 법원사무관. 법원주사 또는 법원주사보 중에서 지정하던 등기관을 법원서기관. 등기사무관. 등기주사 또는 등기주사보 중에서 지정하도록 하려는 것임.

※ 부동산등기법[일부개정 2002. 1. 26 법률 제6631호, 시행 2002. 7. 1]

미등기건물중 건축법에 의한 건축신고 또는 건축허가를 마쳤으나 사용승인을 받지 아니하여 보존등기를 마치지 못한 건물에 대하여 부동산집행의 방법으로 강제집행할 수 있도록 하고 있는 민사집행법 제81조의 규정에 따라 부동산등기절차에 이를 반영하려는 것임.

① 미등기부동산에 대하여 법원의 재판에 기초한 처분제한의 등기촉탁에 따라 건물의 등기를 하는 때에는 제131조의 건물의 보존등기 규정을 적용하지 아니하되, 그 건물이 건축법상 사용승인을 받아야 할 건물임에도 이를 받지 아니한 때에는 등기부중 표시란에 그 사실을 적어야 함(법 제134조제3항).

② 건축법상 사용승인을 받지 아니하고 등기된 건물에 대하여 건축법상 사용승인이 이루어진 경우에는 그 건물의 소유권등기의 명의인은 사용승인을 받지 아니한 사실의 기재에 대한 말소등기를 1월내에 신청하여야 함(법 제134조제4항).

※ 부동산등기법[일부개성 2003. 7. 18 법률 제6926호]

집합건물의 구분점포에 대하여 표시등기를 신청하는 경우 구분점포의 경계표시 등에 관한 명확성을 기하기 위하여 필요한 첨부서류를 보완하려는 것임. 이에 의하여 「집합건물의 소유 및 관리에 관한 법률 제3조의2 제1항의 경계표지 및 건물번호 표지에 관한 규정」[제정 2003. 12. 24 대통령령 제18166호]이 제정됨

※ 부동산등기법[일부개정 2005. 12. 29 법률 제7764호, 시행 2006. 6. 1]

부동산 거래의 투명성을 확보하기 위하여 매매를 원인으로 한 소유권이전등기를 신청하는 경우에는 등기신청서에 거래신고필증에 기재된 거래가액을 기재하고, 신청서에 기재된 거래가액을 부동산등기부 갑구의 권리자 및 기타사항란에 기재하도록 하려는 것임.

※ 부동산등기법[일부개정 2006. 5. 10 법률 제7954호]

부동산등기사무처리의 효율화와 등기신청에 관한 국민의 편의증진을 위하여 전산정보처리조직을 이용하여 등기를 신청할 수 있는 근거를 마련하고, 중복등기, 구분건물의 대지사용권 이전등기 및 합필등기의 운용과정에서 발생하는 문제점을 개선하며, 그 밖에 현행규정의 운영과정에서 나타난 일부 미비점을 개선·보완하려는 것임. 개정의 주요내용은 중복등기의 정리(법 제15조의2 신설), 구분건물 대지사용권의 이전등기(법 제57조의3 신설), 합필등기에 관한 특례(법 제90조의4 신설), 전산정보처리조직을 이용한 등기신청(법 제177조의8 내지 제177조의10 신설), 등기의 정리에 관한 특별조치(법 부칙 제2조) 등이다.

※ 부동산등기법[일부개정 2007. 5. 17 법률 제8435호]

민법이 개정(법률 제7427호 2005. 3. 31. 공포·시행)되어 2008년 1월 1일부터 민법상 호주제가 폐지되고 가족관계의 등록 등에 관한 법률이 시행됨에 따라 등기관의 제척제도중 관련규정(부동산등기법 제13조제1항)을 개정함.

※ 부동산등기법[일부개정 2008. 2. 29 법률 제8852호]

정부조직법의 전면개정으로 부동산등기용 등록번호 관련규정(부동산등기법 제41조의2 제1항 제1호)을 "행정자치부장관"에서 "국토해양부장관"으로 개정함.

※ 부동산등기법[일부개정 2008. 3. 21 법률 제8922호]
법 문장을 원칙적으로 한글로 적고, 어려운 용어를 쉬운 용어로 바꾸며, 길고 복잡한 문장은 체계 등을 정비하여 간결하게 하는 등 국민이 법 문장을 이해하기 쉽게 정비하려는 것임.

※ 부동산등기법[전부개정 2011. 4. 12 법률 제10580호, 시행 2011. 10. 13]
부동산등기부 전산화사업의 완료로 등기사무처리가 전산정보처리조직에 따라 수행되고 있고 전자신청이 전국적으로 시행되고 있으므로 종이등기부를 전제로 한 규정을 정비하고, 법률에 직접 규정하기에 적합하지 아니한 사항을 대법원규칙으로 위임하거나 삭제하여 탄력적인 등기절차를 운용하며, 악용의 소지가 있는 예고등기제도를 폐지하여 부동산에 관한 국민의 권리보전을 도모하고 거래의 안전성을 높이려는 것임.

① 등기의 효력발생시기를 명확하게 하기 위하여 등기관이 등기를 마치면 그 등기의 효력은 접수한 때부터 효력을 발생하는 것으로 함(법 제6조제2항).

② 등기부 전산화 작업이 완료되어 모든 등기사무가 전산정보처리조직으로 처리되므로 이를 등기사무처리방식의 원칙으로 규정하고, 종이등기부를 전제로 한 규정 또는 용어(등기용지, 기재, 날인 등)는 전산등기부와 부합하지 아니하므로 모두 삭제함(법 제11조제2항).

③ 대법원규칙이나 예규에서 정하여도 충분한 사항을 법률에서 규정하고 있어 전산화 등 외부변화나 국민의 요구에 따른 신속하고 탄력적인 등기절차를 운용하는 데에 어려움이 있으므로 신청서 기재사항과 신청서 첨부서면으로 구성되어 있는 현행법 체계를 등기사항 위주로 개편하고, 구체적인 등기신청절차나 등기실행방법은 대법원규칙으로 위임함(법 제24조제2항, 제34조, 제40조, 제48조, 제69조부터 제72조까지 및 제74조부터 제76조까지).

④ 존속기간의 만료 등으로 전세권이 소멸한 경우 해당 전세권은 전세금반환채권을 담보하는 범위에서 유효한 것이고 이때에는 전세금반환채권의 일부양도가 가능하므로 전세금반환채권의 일부 양도에 따라 전세권일부이전등기를 할 때에는 양도액을 등기할 수 있도록 함(법 제73조).

⑤ 「민법」 제368조제2항 후단에 따르면 공동저당이 설정되어 있는 경우에 선순위 저당권자가 그 중 일부의 부동산에 관하여만 저당권을 실행하여 채권 전부를 변제받은 경우 후순위 저당권자는 공동담보로 제공되어 있는 다른 부동산에 관하여 선순위 저당권자를 대위하여 저당권을 행사할 수 있으므로 이를 등기할 수 있도록 공동저당 대위등기 규정을 신설함(법 제80조).

⑥ 등기관이 가등기에 의한 본등기를 한 경우 가등기 이후에 된 등기로서 가등기상 권리를 침해하는 등기의 말소절차를 명확히 하기 위하여 등기관

이 가등기에 의한 본등기를 한 경우 가등기상 권리를 침해하는 등기를 지체 없이 직권으로 말소하도록 함(법 제92조).

⑦ 가처분채권자가 그 가처분채권에 따른 등기를 할 경우 해당 가처분등기는 등기관이 직권으로 말소하고 가처분에 저촉되는 등기는 가처분채권자의 신청에 의하여 말소할 수 있도록 함(법 제94조 및 제95조).

⑧ 예고등기는 본래 등기의 공신력이 인정되지 아니하는 법제에서 거래의 안전을 보호하기 위하여 인정되는 제도이나, 예고등기로 인하여 등기명의인이 거래상 받는 불이익이 크고 집행방해의 목적으로 소를 제기하여 예고등기가 행하여지는 사례가 있는 등 그 폐해가 크므로 이를 폐지함(법 제4조, 제39조, 제170조 및 제170조의2 삭제).

⑨ 구분건물의 표시에 관한 등기관의 실질적 심사권은 「집합건물의 소유 및 관리에 관한 법률」 시행 초기 구분건물 판단기준의 혼선 문제를 해결하려고 도입한 제도인바, 「집합건물의 소유 및 관리에 관한 법률」이 안정적으로 시행되고 있고, 원칙적으로 구분건물인지 여부는 건축물대장 소관청에서 판단하는 것이 타당하며, 구분건물의 표시에 관한 등기관의 실질적 심사권을 그대로 유지할 경우 건축물대장에는 일반건물로 되어 있는 것이 등기부에는 구분건물로 표시될 수 있어 거래의 불안을 야기하므로 이를 폐지함(법 제52조).

제 3 장

우리나라 부동산 등기제도의 특징 및 문제점

1. 우리나라 부동산 등기제도의 특징

1) 물적 편성주의

우리나라 등기제도는 물적 편성주의(物的 編成主義)를 취하고 있다. 이를 '1부동산 1등기기록주의' 라고도 한다.[230] 부동산등기법은 등기부에 1필(筆)의 토지 또는 1동(棟)의 건물에 대하여 1개의 등기기록을 두도록 하고 있다(동법 제15조제1항). 그러나 1동의 건물을 구분한 건물에 있어서는 1동의 건물에 속하는 전부에 대하여 1개의 등기기록을 사용함으로써 1부동산 1등기기록주의의 예외를 인정하고 있다(동조동항 후문).

물적 편성주의(物的 編成主義)는 인적 편성주의 또는 연대적 편성주의에 대비되는 개념으로 권리의 객체인 1개의 부동산을 단위로 등기부가 편성되는 주의를 말한다. 독일법계의 국가(독일, 스위스, 우리나라, 일본)와 토렌스시스템(Torrens System)을 취하고 있는 국가(미

230) 2011. 4. 12 부동산등기법(법률 제10580호) 전부개정에 의해 수작업등기부에서의 '1부동산 1등기용지 원칙'은 '1부동산 1등기기록'으로 변경되었다. 이는 2개 이상의 부동산을 1등기기록에 등기하지 못하고 1개의 부동산의 일부를 1등기기록에 등기하지 못하는 것을 의미한다. 제15조제1항 본문은 우리 법제가 물적 편성주의를 등기부편성의 기준으로 하고 있으며, 이를 구체적으로 실현하는 방법으로 1부동산 1등기기록주의를 취하고 있음을 선언한 것이다(법무부, 부동산등기법 전부개정안 설명자료, 2009. 5, 29면).

국 일부, 영국, 오스트레일리아)는 물적편성주의를 취하고 있다. 물적편성주의는 목적 부동산상의 권리관계를 한 등기기록으로 편성하므로 공시방법으로 간명하다는 장점을 가지고 있으나, 특정인의 재산상황 및 권리의 총괄적 조사에는 한계가 있는 단점이 있다.

인적 편성주의(人的 編成主義)는 개개의 소유자를 기준으로 등기부를 편성하는 주의를 말한다. 1소유자에 1등기기록을 두는 제도로 대표적으로 프랑스가 취하고 있다. 인적 편성주의는 특정인의 부동산상의 권리의 총괄적 조사에 유리한 반면에 특정 부동산의 권리관계를 한 기록에서 확인하기 곤란하다는 단점을 갖는다.

연대적 편성주의(年代的 編成主義)는 레코딩 시스템(Recording System)을 취하고 있는 미국 대부분의 주에서 활용된다. 부동산상의 권리의 변동기록을 순차적으로 편철하여 등기부를 편성하는 것을 말한다. 부동산상의 권리변동에 따라 그 권원의 증서의 사본을 편철하여 등기부에 편성하므로 등기의 불완전과 열람에 의한 완전조사의 어려움을 수반하는 단점을 갖는다. 이에 따라 권원조사, 권원보험 등의 부수적인 제도가 발달하여 왔다.

2) 성립요건주의

우리나라 부동산등기제도는 성립요건주의(成立要件主義)를 취하고 있다. 성립요건주의는 형식주의라고도 하며, 대항요건주의 또는 의사주의에 대한 개념이다. 우리나라 민법은 '부동산에 관한 법률행위로 인한 물권의 득실변경은 등기하여야 그 효력이 생긴다'고 규정하여 성립요건주의를 취하고 있다(민법 제186조). 물권행위이외에 공시방법(등기)을 갖춘 때에 당사자간에서나 제3자에 대해서나 물권이 변동된다는 것으로, 등기를 하지 아니하면 당사자사이에서도 물권변동이 발생하지 아니하므로 등기를 물권변동의 성립요건으로 하는 것이다. 독일 민법, 스위스 민법, 오스트리아 민법, 우리 민법, 토렌스(Torrens) 등기제도를 취하는 국가에서 성립요건주의를 취하고 있다.

이에 반하여 대항요건주의(對抗要件主義)는 의사주의라고도 하며, 당사자간에는 물권행위만으로 물권변동이 생기지만, 그것을 제3자에게 대항하기 위해서는 공시방법을 갖출 것을 요건으로 하는 주의를 말한다. 소유권이 대내관계와 대외관계에 따라 상대적으로 나누어지는 소유권의 상대적 귀속현상(相對的 歸屬現狀)이 발생한다. 프랑스민법, 일본민법, 영미부동산법이 대항요건주의를 취하고 있다.

우리나라 민법 및 부동산등기법은 독자적으로 발전시키지 못하고 일본의용민법을 채용한 관계로 일부규정에는 성립요건주의에 대한 예외 규정이 적지 않게 남아 있다. 상속, 공용징수, 판결, 경매 등과 같이 법률의 규정에 의하여 취득한 부동산물권의 경우에는 등기를 처분요건으로 하고 있으며(민법 제187조),[231] 임차권(민법 제621조제2항),[232][233] 환매권(민법 제592조),[234] 신탁법상 신탁(신탁법 제3조제1항),[235] 지상권의 지료(부동산등기법 제69조),[236] 전세권의 전세금(부동산등기법 제72조)[237]등은 대항요건주의를 취하고 있는 규정이다.

---

231) 민법 제187조 (등기를 요하지 아니하는 부동산물권취득) 상속, 공용징수, 판결, 경매 기타 법률의 규정에 의한 부동산에 관한 물권의 취득은 등기를 요하지 아니한다. 그러나 등기를 하지 아니하면 이를 처분하지 못한다.

232) 민법 제621조 (임대차의 등기) ① 부동산임차인은 당사자간에 반대 약정이 없으면 임대인에 대하여 그 임대차등기절차에 협력할 것을 청구할 수 있다. ② 부동산임대차를 등기한 때에는 그때부터 제삼자에 대하여 효력이 생긴다.

233) 개정 2011. 10. 11 등기예규 제1382호(임차권등기에 관한 업무처리지침).

234) 민법 제592조(환매등기) 매매의 목적물이 부동산인 경우에 매매등기와 동시에 환매권의 보류를 등기한 때에는 제삼자에 대하여 그 효력이 있다.

235) 신탁법 제3조 ① 등기 또는 등록하여야 할 재산권에 관하여는 신탁을 그 등기 또는 등록을 함으로써 제3자에게 대항할 수 있다.

236) 부동산등기법 제69조(지상권의 등기사항) 등기관이 지상권설정의 등기를 할 때에는 제48조에서 규정한 사항 외에 다음 각 호의 사항을 기록하여야 한다. 다만, 제3호부터 제5호까지는 등기원인에 그 약정이 있는 경우에만 기록한다. 1. 지상권설정의 목적 2. 범위 3. 존속기간 4. 지료와 지급시기 5. 「민법」 제289조의2제1항 후단의 약정 6. 지상권설정의 범위가 토지의 일부인 경우에는 그 부분을 표시한 도면의 번호

237) 부동산등기법 제72조(전세권 등의 등기사항) ① 등기관이 전세권설정이나 전전세 등기를 할 때에는 제48조에서 규정한 사항 외에 다음 각 호 사항을 기록하여야 한다. 다만, 제3호부터 제5호까지는 등기원인에 그 약정이 있는 경우에만 기록한다. 1. 전세금 또는 전전세금 2. 범위 3. 존속기간 4. 위약

3) 공신력의 불인정

우리나라 부동산등기제도는 등기에 대한 공신력(公信力)을 인정하지 않고 있다. 부동산의 소유권을 비롯한 물권의 변동은 언제나 외부에서 인식할 수 있어야 한다. 즉 공시방법을 갖추어야 한다는 것이 공시의 원칙(公示의 原則)이다. 물권은 배타적인 효력을 가지는 권리이므로 제3자가 물권의 변동을 언제나 외부에서 인식할 수 있는 표상을 갖추어야 한다는 원칙으로 부동산물권변동은 등기(민법 제186조), 동산물권변동은 인도(민법 제188조)의 공시방법을 채택한다. 공시의 원칙은 물권거래의 안정을 위하여 인정되는 제도이지만, 물권변동에 관해서만 인정되는 것이 아니고, 광업권(광업법 제38조) · 어업권(수산업법 제17조) · 특허권(특허법 제87조) · 저작권의 등록(저작권법 제53조, 제54조), 채권양도의 통지(민법 제450조), 혼인 · 인지 · 입양 등의 신고(민법 제812조, 제859조, 제878조), 주택임차권의 공시로서 입주와 주민등록의 이전(주택임대차보호법 제3조) 및 상업용건물임차권의 공시로서 건물인도와 사업자등록(상가건물임대차보호법 제3조)에도 이 원칙이 인정되고 있다.

한편, 공신의 원칙(公信의 原則)이란 공시방법을 신뢰해서 거래한 자는 비록 그 공시방법이 진실한 권리관계와 일치하지 않더라도 그 공시된 대로의 권리를 인정하여 보호를 받아야 한다는 원칙을 말한다. 이 원칙에 따라 정적 안전은 보호받지 못하나 동적 안전은 보호받는 결과가 된다. 현행 부동산 등기제도는 공시의 원칙은 인정하고 있으나 공신의 원칙은 인정하지 않고 있다. 따라서 부동산의 경우에는 등기를 믿고 취득했다고 하더라도 전소유자가 무권리자이면 공신의 원칙이 인정되지 않으므로 소유권취득은 무효가 된다.

공신력(公信力)은 물권의 존재를 추측케 하는 표상, 즉 공시방법을 신뢰해서 거래한 자가 있는 경우, 비록 그 공시방법이 진실한 권리관계에 일치하고 있지 않더라도 마치 공시된 대로의 권리가 존재하는

금 또는 배상금 5. 「민법」 제306조 단서의 약정 6. 전세권설정이나 전전세의 범위가 부동산의 일부인 경우에는 그 부분을 표시한 도면의 번호.

것처럼 다루어서 그 자의 신뢰를 보호해야 하는 효력을 말한다.[238] 등기의 공신력 인정유무에 관해서 우리나라에서는 부동산의 물권변동을 등기를 하여야만 완전한 효력이 발생한다고 규정하여 성립요건주의를 채택하고 있으면서도(민법 제186조), 등기의 공신력을 인정하지 않고 있음은 해석론상 명백하다.[239] 즉 무권리자로부터 양수한 자가 권리를 취득할 수 있다는 것은 법률이론으로서는 예외에 속하는 것이므로 등기의 공신력은 인정되지 않는다는 것이다.[240] 그 결과 부동산등기를 신뢰하고 거래한 자는 언제든지 실제 권리를 잃어 버릴 위험이 상존하고 있는 것이다.

우리 민법은 동산의 경우에만 동산의 선의취득(제249조)[241]을 인정하여 물권거래의 안전과 신속을 확실하게 확보하고 있다. 그러나 가등기담보법 제11조 단서에 의하면, 양도담보권의 설정을 위해서 소유권이전등기가 경료되고 청산절차가 종료하기 전에 그 소유권이전등기를 신뢰하고 당해 양도담보의 목적물을 취득한 선의의 제3자는 소유권을 취득할 수 있다. 양도담보권을 특수한 저당권으로 이해하면 이 경우에는 결국 등기의 공신력이 인정된 결과와 동일한 결과에 도달한다.[242]

이와 같이 공시의 원칙만을 인정하고 공신의 원칙을 인정하지 않는 바탕에서 부동산 등기는 권리변동적 효력, 대항적 효력, 순위확정적 효력, 추정적 효력, 점유적 효력, 후등기저지력이 인정되고 있으며, 공신력은 인정되지 않는다. 등기의 효력은 권리변동적 효력(權利變動的 效力)에 의해 물권행위와 부합하는 등기가 있으면 부동산물권변동의 효력이 생기고, 대항적 효력(對抗的 效力)에 의해 부동산권리

238) 법률신문사, 신법률학대사전, 1992, 182면.
239) 대법원 1969. 6. 10, 68다199.
240) 곽윤직, 전게서, 437면.
241) 민법 제249조 (선의취득) 평온, 공연하게 동산을 양수한 자가 선의이며 과실없이 그 동산을 점유한 경우에는 양도인이 정당한 소유자가 아닌 때에도 즉시 그 동산의 소유권을 취득한다.
242) 황적인(외), 주석민법(II), 법원사, 1990, 178-179면.

에 관한 등기를 하면 제3자에게 대항할 수 있으며, 등기를 하지 않으면 당사자사이에서 채권적 효력이 있을 뿐이다. 순위확정적 효력(順位確定的 效力)에 의해 동일한 부동산에 관하여 설정된 수 개의 권리의 순위는 법률에 다른 규정이 없으면 등기의 전후에 의하여 정해지고(부동산등기법 제5조 제1항), 추정적 효력(推定的 效力)에 의해 등기가 되어 있으면 그에 대응하는 실체적 권리관계가 존재하는 것으로 추정된다.[243][244]

※ 부동산에 대한 소유권보존등기가 있으면 일응 그 명의자에게 소유권이 있음은 추정되는 것이나, 그 명의자가 보존등기전의 소유자로부터 소유권을 양도 받은 것이라는 주장이 있고, 전소유자가 보존등기명의자에의 양도사실을 부인하는 경우는 소유권이전등기의 경우와 달라 그 추정력이 깨어진다(대법원 1980. 1. 15, 79다1200).

※ 구 임야소유권이전등기등에관한특별조치법(실효, 이하 '특별조치법'이라 한다)에 따라 등기를 마친 자가 보증서나 확인서에 기재된 취득원인이 사실과 다름을 인정하더라도 그가 다른 취득원인에 따라 권리를 취득하였음을 주장하는 때에는, 특별조치법의 적용을 받을 수 없는 시점의 취득원인 일자를 내세우는 경우와 같이 그 주장 자체에서 특별조치법에 따른 등기를

243) 구 부동산소유권이전등기등에관한특별조치법(1992. 11. 30. 법률 제4502호, 실효)에 의한 등기도 실체적 권리관계에 부합하는 등기로 추정되므로, 그 추정의 번복을 구하는 당사자가 그 등기의 기초가 된 위 법 소정의 보증서나 확인서가 허위로 작성되었다거나 위조되었다든지 그 밖의 사유로 적법하게 등기된 것이 아니라는 것을 주장·입증하여야 하고, 그 등기의 추정력을 번복하기 위한 입증의 정도는 등기의 기초가 된 보증서나 확인서의 실체적 기재 내용이 진실이 아님을 의심할 만큼 증명되어야 하며, 그와 같은 입증이 없는 한 그 등기의 추정력은 번복되지 아니한다(대법원 2005. 4. 29, 2005다2189; 대법원 2013. 4. 26, 2012다116536; 대법원 2013. 12. 26, 2013다21512). 부동산등기는 현재의 진실한 권리상태를 공시하면 그에 이른 과정이나 태양을 그대로 반영하지 아니하였어도 유효한 것으로서, 등기명의자가 전 소유자로부터 부동산을 취득함에 있어 등기부상 기재된 등기원인에 의하지 아니하고 다른 원인으로 적법하게 취득하였다고 하면서 등기원인 행위의 태양이나 과정을 다소 다르게 주장한다고 하여 이러한 주장만 가지고 그 등기의 추정력이 깨어진다고 할 수는 없다(대법원 2005. 9. 29, 2003다40651).

244) 토지에 관한 소유권보존등기의 추정력은 그 토지를 사정받은 사람이 따로 있음이 밝혀진 경우에는 깨어지고 등기명의인이 구체적으로 그 승계취득 사실을 주장·입증하지 못하는 한 그 등기는 원인무효이다(대법원 2005. 5. 26, 2002다43417).

마칠 수 없음이 명백하거나 그 주장하는 내용이 구체성이 전혀 없다든지 그 자체로서 허구임이 명백한 경우 등의 특별한 사정이 없는 한 위의 사유만으로 특별조치법에 따라 마쳐진 등기의 추정력이 깨어진다고 볼 수는 없으며, 그 밖의 자료에 의하여 새로이 주장된 취득원인 사실에 관하여도 진실이 아님을 의심할 만큼 증명되어야 그 등기의 추정력이 깨어진다고 할 것이다(대법원(전원합의체) 2001. 11. 22, 2000다71388, 71395).

점유적 효력(占有的 效力)에 의해 부동산의 시효취득에 있어서는 부동산의 소유자로 등기되어 있는 자는 10년 동안의 자주점유로 소유권을 취득하므로(민법 제245조제2항), 등기는 동산의 시효취득에 있어서 점유와 같은 효력을 가진다.[245] 또한 후등기저지력(後登記沮止力)에 의해 등기가 존재하는 이상 그것이 비록 실체법상 무효라고 하더라도 형식상의 효력은 있는 것이므로 그것과 양립할 수 없는 등기는 할 수 없다.[246] 즉 소정의 요건과 절차에 따라 실체법상 무효인 등기를 말소한 다음에야 후등기를 할 수 있게 된다.

4) 형식적 심사주의

우리나라 부동산등기제도는 등기에 대하여 형식적 심사주의(形式的審査主義)를 취하고 있다.[247] 형식적 심사주의는 오로지 등기절차상의 적법성 여부만을 심사하는 것을 말한다. 등기의 실질은 심사하지 않고 등기절차상 요건구비만을 등기관이 심사할 권한을 가지는 주의이다. 이에 따라 등기신청이 있을 때 등기관의 심사범위는 등기의 적법성 여부만을 심사하는 것에 한정된다. 우리나라, 일본, 레코딩시스템을 취하는 국가가 이에 해당한다. 형식적 심사주의의 등기절차를 신

245) 법원공무원교육원, 부동산등기실무, 2008, 14면.

246) 상게서, 15면; 유석주, 부동산등기법, 삼조사, 2011, 60면; 등기선례 7-268(존속기간이 만료된 건물 전세권설정등기를 말소하지 않고 중복으로 전세권설정등기를 신청할 수 있는지 여부) 건물 전세권의 존속기간이 만료된 경우에도 그 전세권설정등기를 말소하지 않고는 후순위로 중복하여 전세권설정등기를 신청할 수 없다(2003. 10. 8, 부등 3402-547 질의회답).

247) 앞에서 설명한 바와 같이 토지가옥증명규칙(1906년~1912년)에서는 실질적 심사주의를 취하다가 조선부동산증명령(1912년~1960년)에 의해 형식적 심사주의로 바뀌어 오늘에 이르고 있다.

속하게 도모할 수 있다는 장점을 가지는 반면에, 등기의 확실을 기하기 어렵다는 단점을 가진다. 형식적 심사주의를 취하기 때문에 등기의 공신력을 인정하지 않고 이에 따라 국가배상책임의 범위가 줄어들게 된다.

한편, 실질적 심사주의는 등기절차상의 적법성 이외에 등기원인의 존부와 그 효력, 즉 등기신청의 실질적 이유 내지 원인까지도 심사하는 것을 말한다. 등기관에게 실체법상의 권리관계에 합치하는지 여부에 대해 심사할 수 있는 권한을 주는 주의이다. 독일, 프랑스 등 대부분의 국가가 이에 해당한다. 실질적 심사주의는 등기의 확실을 기할 수 있다는 장점을 가지는 반면에, 등기절차가 복잡하고 지연된다는 단점을 가진다. 실질적 심사주의를 취하기 때문에 등기의 공신력을 인정하고 이에 따라 국가배상책임의 범위가 넓어지게 된다.

우리나라 부동산등기법은 등기관의 심사권한에 관하여 형식적 심사권한만을 주고 있다.[248] 즉, 등기관이 등기신청을 부적법한 것으로서 각하하여야 할 경우를 한정적으로 규정하고 있을 뿐만 아니라 그 방법은 서면심사를 원칙으로 하고 있다(동법 제29조).[249][250]

---

248) 등기관은 등기신청에 대하여 부동산등기법상 그 등기신청에 필요한 서면이 제출되었는지 여부 및 제출된 서면이 형식적으로 진정한 것인지 여부를 심사할 권한을 갖고 있으나 그 등기신청이 실체법상의 권리관계와 일치하는지 여부를 심사할 실질적인 심사권한은 없으므로, 등기관으로서는 오직 제출된 서면 자체를 검토하거나 이를 등기부와 대조하는 등의 방법으로 등기신청의 적법 여부를 심사하여야 할 것이고, 이러한 방법에 의한 심사 결과 형식적으로 부진정한, 즉 위조된 서면에 의한 등기신청이라고 인정될 경우 이를 각하하여야 할 직무상의 의무가 있다고 할 것이지만, 등기관은 다른 한편으로 대량의 등기신청사건을 신속하고 적정하게 처리할 것을 요구받기도 하므로 제출된 서면이 위조된 것임을 간과하고 등기신청을 수리한 모든 경우에 등기관의 과실이 있다고는 할 수 없고, 위와 같은 방법의 심사 과정에서 등기업무를 담당하는 평균적 등기관이 보통 갖추어야 할 통상의 주의의무만 기울였어도 제출 서면이 위조되었다는 것을 쉽게 알 수 있었음에도 이를 간과한 채 적법한 것으로 심사하여 등기신청을 각하하지 못한 경우에 그 과실을 인정할 수 있다(대법원 2005. 2. 25, 2003다13048).

249) 개정 2011. 10. 11 등기예규 제1377호(등기부위조관련업무처리지침).

250) 서면심사의 구체적 방법은 다음과 같다. 첫째, 제출을 필요로 하는 서면이 외형상 제출되었는지 여부를 심사한다. 둘째, 제출된 서면의 형식적 진정을 심사한다. 셋째, 제출된 서면의 실질적 진정에 관하여는 심사권한이 없다.

우리나라 부동산등기법은 2011. 4. 12 전부개정 전까지는 1동의 건물을 구분한 건물에 관한 등기신청이 있는 경우, 구분건물의 표시사항에 관하여서는 등기관에게 조사권을 인정하여, 예외적으로 실질적 심사주의를 인정하고 있었다. 이는 구분건물의 특성상 이해관계인이 다수 존재하고, 전유부분, 공유부분 등의 이해관계가 밀접하게 관련되기 때문에 인정되는 것이었다.[251] 이러한 예외적인 실질적 심사주의를 부동산등기법의 개정을 통해 삭제한 것은 우리나라 등기제도의 후퇴를 가져오게 될 것이다.[252]

5) 신청주의

우리나라 부동산등기제도는 등기에 대하여 신청주의(申請主義)를 취하고 있다. 신청주의라 함은 등기는 법률로 정한 특별한 경우를 제외하고는 당사자의 신청에 의하여 하는 것을 원칙으로 하는 것을 말한다. 반면에 강제주의[253]라 함은 등기를 당사자의 자유의사에 의하여 하는 것이 아니라, 법률에 의하여 당사자에게 등기신청의무를 부과하여 등기를 강제하는 것을 말한다. 우리나라 부동산등기법은 법률에 다른 규정이 없는 한, 부동산등기법상의 등기는 당사자의 신청 또는 관공서의 촉탁(囑託)에 의해 행하여지는 신청주의를 원칙으로 한다(동법 제22조제1항)고 하여 신청주의를 명문으로 채택하고 있다.

다만 서면기재의 외형 그 자체로 보아 논리적·필연적으로 등기가 무효임이 판명되거나 무효의 등기를 발생하게 할 염려가 있는 것이 명백한 때에는 신청을 각하한다(사법연수원, 전게서, 55-56면).

251) 종전의 부동산등기법 제56조의2 (등기관의 조사권) ① 등기관은 1동의 건물을 구분한 건물에 관한 등기신청을 받은 경우에 필요하면 그 건물의 표시에 관한 사항을 조사할 수 있다. ② 제1항의 조사를 할 때 필요하면 그 건물을 조사하고 건물의 소유자나 그밖의 관계인에게 문서의 제시요구와 질문을 할 수 있다. 이 경우에 해당 공무원은 그 권한을 표시하는 증표를 지니고 이를 관계인에게 내보여야 한다.

252) 졸고, "등기관의 등기심사권에 관한 비교법적 고찰", 토지법학 제25-2호, 2009, 55-78면.

253) 강제주의의 예로는 부동산등기특별조치법상 소유권이전등기의 신청의무가 있다. '부동산의 소유권이전을 내용으로 하는 계약을 체결한 자는 60일이내에 소유권이전등기를 신청하여야 한다'(동법 제2조제1항).

이와 같은 신청주의와 함께 우리나라 부동산등기법은 등기권리자(登記權利者)와 등기의무자(登記義務者)가 공동으로 신청한다(동법 제23조제1항)고 하여, 공동신청주의(共同申請主義)를 취하고 있다. 공동신청주의는 등기권리자와 등기의무자가 함께 신청하는 것을 말한다. 공동신청주의를 취하는 이유는 등기에 의하여 불이익을 받게 될 자를 등기신청에 참여케 함으로써 등기의 진정을 보장하게 하기 위한 것이다. 반면에, 단독신청주의는 어느 일방에 의하여 등기를 신청하는 것을 말한다. 그 밖에 우리나라 부동산등기법은 2011. 4. 12 전부개정전까지는 신청주의와 함께 출석신청주의[254]와 서면신청주의[255]를 특징으로 하고 있었는데, 개정에 의해 등기신청의 방법이 신청인 또는 그 대리인(代理人)이 등기소에 출석하여 신청정보 및 첨부정보를 적은 서면을 제출하는 방법과 전산정보처리조직을 이용하여 신청정보 및 첨부정보를 보내는 방법(동법 제24조)이 모두 가능하게 되었다.

6) 국가배상책임주의

우리나라 부동산등기제도는 등기에 대하여 국가배상책임주의(國家賠償責任主義)를 인정하고 있다. 일본 의용민법시대에는 국가배상책임이 인정되지 않았으나, 현행 법령에서는 「국가배상법」[256]의 제정으로 일정한 요건하에 국가배상책임이 인정되고 있다.[257]

등기관은 각기 자기 책임 하에 사건을 처리하며 위법부당한 사건처리에 대하여는 처리자가 책임을 진다.[258] 따라서 등기관이 고의·과실로 인하여 등기의 과오 등 부당한 처분을 하므로써 사인에게 손해를 준 경우에는 「국가배상법」의 규정에 따라 국가가 배상책임을 지며, 등기관에게 고의 또는 중대한 과실이 있는 때에는 국가는 등기

---

254) 출석신청주의의 근거규정(종전의 부동산등기법 제28조 (등기신청인)).

255) 서면신청주의의 근거규정(종전의 부동산등기법 제40조 (등기신청에 필요한 서면)).

256) 제정 1951. 9. 8 법률 제231호. 폐지제정 1967. 3. 3 법률 제1899호.

257) 곽윤직, 전게서, 58면.

258) 개정 2011. 10. 11 등기예규 제1364호(등기관 지정요령).

관에 대하여 구상권(求償權)을 가진다(동법 제2조).[259][260] 이와 같은 「국가배상법」상 국가배상책임과는 별도로 민법의 규정(민법 제750조)[261]에 따라 등기관이 피해자에 대하여 직접 배상책임을 지게 됨은 물론이다.[262]

7) 토지 · 건물등기부의 이원화

우리나라 부동산등기제도는 등기에 대하여 토지등기부(土地登記簿)와 건물등기부(建物登記簿)의 이원화(二元化)를 인정하고 있다.[263] 우리나라는 일제의 강점으로 인하여 종래 우리의 관습과는 달리 토지와 건물을 별개의 부동산으로 보게 되었으며, 이에 따른 일본의 부동산등기법을 그대로 계수하여 오늘에 이르고 있다. 따라서 등기부도 토지등기부와 건물등기부를 별도로 두도록 하고 있다(부동산등기법

---

259) 법원공무원교육원, 전게서, 34면.

260) 국가배상법 제2조 (배상책임) ① 국가나 지방자치단체는 공무원이 직무를 집행하면서 고의 또는 과실로 법령을 위반하여 타인에게 손해를 입히거나, 「자동차손해배상 보장법」에 따라 손해배상의 책임이 있을 때에는 이 법에 따라 그 손해를 배상하여야 한다. 다만, 군인·군무원·경찰공무원 또는 향토예비군대원이 전투·훈련 등 직무 집행과 관련하여 전사(戰死)·순직(殉職)하거나 공상(公傷)을 입은 경우에 본인이나 그 유족이 다른 법령에 따라 재해보상금·유족연금·상이연금 등의 보상을 지급받을 수 있을 때에는 이 법 및 「민법」에 따른 손해배상을 청구할 수 없다.
[93헌바21 1994.12.29 국가배상법 제2조제1항 단서 중 "군인…… 이…… 직무집행과 관련하여…… 공상을 입은 경우에 본인 또는 그 유족이 다른 법령의 규정에 의하여 재해보상금 · 유족연금 · 상이연금 등의 보상을 지급받을 수 있을 때에는 이 법 및 민법의 규정에 의한 손해배상을 청구할 수 없다"는 부분은, 일반국민이 직무집행 중인 군인과의 공동불법행위로 직무집행 중인 다른 군인에게 공상을 입혀 그 피해자에게 공동의 불법행위로 인한 손해를 배상한 다음 공동불법행위자인 군인의 부담부분에 관하여 국가에 대하여 구상권을 행사하는 것을 허용하지 아니한다고 해석하는 한, 헌법에 위반된다.]
② 제1항 본문의 경우에 공무원이 고의 또는 중대한 과실이 있으면 국가 또는 지방자치단체는 그 공무원에게 구상할 수 있다.

261) 민법 제750조 (불법행위의 내용) 고의 또는 과실로 인한 위법행위로 타인에게 손해를 가한 자는 그 손해를 배상할 책임이 있다.

262) 곽윤직, 전게서, 110면.

263) 토지등기부와 건물등기부의 이원화에 관한 구체적인 내용에 대하여는 졸고, "토지와 건물에 대한 이원적 소유권 체계에 관한 연구", 한국지적학회 제22권 제1호, 2006. 6, 101-114면 참조.

제14조).[264] 반면에 독일, 프랑스, 스위스, 이탈리아, 영국 등 서구 여러 나라들은 모두가 토지만을 독립한 부동산으로 하고 있으며, 건물 및 그 지상물은 토지의 구성부분으로 하고 있다. 따라서 토지등기부 이외에 다른 등기부는 존재하지 않는다.

8) 등기부 · 대장의 이원화

부동산의 공시와 관련하여 우리의 제도는 등기부 즉, 토지등기부와 건물등기부외에 지적공부로서 토지대장과 임야대장 및 건축물대장을 두고 있어 등기부(登記簿)와 대장(臺帳)이 이원화(二元化)되어 있다. 부동산에 관한 권리관계는 이를 등기부에 기재하여 공시함으로써 거래의 안전이라는 목적을 이루려고 하고, 한편 부동산 자체의 사실상태 내지 현황은 이를 대장에 기재하여 정확하게 파악하려고 한다. 그것은 부동산에 관한 권리관계를 명확하게 하기 위한 목적물인 부동산을 명확히 한다는 부동산등기제도상에서 뿐만 아니라, 과세행정 그리고 국토종합개발 등을 위하여서도 필요하기 때문이다.[265]

토지대장과 임야대장은 공간정보법에 의하여 공유지연명부, 대지권등록부, 지적도, 임야도 및 경계점좌표등록부와 함께 작성된다(공간정보법 제2조). 건축물대장은 일반건축물대장과 집합건축물대장으로 구분되는데, 건축물의 소유·이용 및 유지·관리 상태를 확인하거나 건축정책의 건축정책의 기초자료로 활용하기 위하여 건축물의 사용승낙서를 교부한 경우와 건축허가대상건축물외의 건축을 완료한 후, 그 건축물에 대하여 기재의 요청이 있는 경우에는 특별자치도지사 또는 시장 · 군수 · 구청장에 의하여 작성된다(건축법 제38조, 동법 시행령 제25조, 건축물대장의 기재 및 관리 등에 관한 규칙 제4조). 이와 유사한 재산세과세대장은 지방세법 제121조, 지방세법 시행령 제81조,

264) 부동산등기법 제14조 (등기부의 종류) ① 등기부는 토지등기부와 건물등기부로 구분한다.

265) 곽윤직, "우리의 부동산등기제도의 현재와 장래", 부동산거래의 제문제, 민사판례연구회, 1979, 252면.

지방세법 시행규칙 제64조와 지방자치단체의 조례에 의하여 작성·비치하도록 되어 있을 뿐 지적공부와 같이 그 등록, 조사, 측량, 합병 등에 관한 규정을 전혀 두고 있지 않다.

이와 같이 등기부와 지적공부는 각각의 목적에 따라 사용되고 그 기능을 다하고 있다. 그러나 복잡하고 다원화되어 혼란이 가중되고 각 등기부와 공부사이에 일치하지 않는 경우가 많다.

부동산등기법에 의한 토지등기부는 부동산에 관한 권리관계의 공시를 목적으로 하고 있고, 공간정보법에 의한 토지대장은 부동산 자체의 사실상태 내지 현황을 파악하기 위한 것이다. 이와 같이 토지등기부와 토지대장은 그 목적을 달리 하고 있으나 실제에서는 거의 같은 기능을 하고 있다. 더욱이 토지등기부와 토지대장의 등재항목은 각각 11개, 12개이나 그 중 9개 항목이 중복되어 있으므로 공부관리에 예산과 인력이 이중으로 낭비되고 있으며, 토지관련민원에도 토지등기부와 토지대장을 이중으로 요구하고 있는 경우가 많아 민원인에게 이중의 부담을 주고 있다.[266][267] 이것은 건물등기부와 건축물대장에 있어서도 거의 비슷한 실정이다.

이러한 공시내용의 중복은 관장기관이 등기소와 시·군·구로 이

266) 국토개발연구원, 국토 50년 -21세기를 향한 회고와 전망, 서울프레스, 1996, 851면.

267) 관련시스템으로 부동산등기시스템(인터넷등기소www.iros.go.kr), 한국토지정보시스템(http://klis.seoul.go.kr), 정부민원시스템(http://www.egov.go.kr) 등이 운용되고 있으며 연간중복업무 579만건, 중복정보처리 8,827만건에 이르며 물권, 지번, 소유권 등 불일치 정보가 5,000만건에 이른다(2011년도 부동산 행정정보 일원화 사업, 법제도개선 연구용역(2011. 12)). 이에 따라 부동산 행정정보일원화에 관한 특별법(안)을 마련하였으며(2011. 12), 부동산종합공부 구축 및 이용 등에 관한 규정(안)을 제정하여 18종의 부동산공부를 1종으로 단계적 통합(2014년까지)하고자 하였다. 단계적 추진내용은 1단계(총 11종, 2011~2012): 지적 7종+건축물 4종 통합 및 시군구 시범사업(4개), 2단계(총 15종, 2013년): 1단계+토지이용 4종 통합 및 시군구 확산적용(230개), 3단계(총 18종, 2014년 이후): 2단계+ 등기 3종(대법원소관) 통합 및 시군구 갱신•광역시도 확산적용(16개)로 하였다. 현재는 부동산종합공부시스템 운영 및 관리규정」(국토교통부 훈령 481호 2014.12.31)을 운용하고 있으며, 서울시의 경우 일사편리 부동산정보조회 시스템(http://kras.seoul.go.kr)에서 부동산종합정보를 제공하고 있다.

원화된 체제로 인해 불부합(不符合)의 상태를 야기시키는 결과로 된다. 따라서 부동산등기법과 공간정보법은 양 제도의 부합과 일치를 위해 많은 규정을 두고 있다. 부동산의 표시와 소유자의 변동에 관한 사항은 대장과 등기부에 공통적으로 등록·등기되어 공시되므로 이러한 등록과 일치 내지 부합하여야 한다.

9) 등기원인증서의 사서증서성

우리나라 부동산등기법은 등기신청시에 등기원인을 증명하는 서면의 제출을 요구하고 있으나, 그것은 증거력이 약한 사서증서(私書證書)[268]에 지나지 않는데다가, 등기관은 그러한 서면이 첨부되어 있는지의 여부를 심사할 뿐인 형식적 심사권을 가질 뿐이다. 즉 등기신청시에 제출하여야 하는 '등기원인을 증명하는 정보(부동산등기규칙 제46조제1항 제1호)'가 공정증서(공증사무실에서 공증받은 매매계약서, 증여계약서, 근저당권설정계약서 등)일 필요는 없으며 당사자간에 작성한 사서증서로써 족하다.[269] 이러한 제도아래에서는 부실한 등기 내지 허위의 등기의 발생을 막을 수가 없다. 최선의 길은 등기원인을 증명하는 서면을 공정증서(公正證書)로 작성해서 요구하는 것이다.[270]

이와 같이 등기원인을 공정증서로 제출하는 것이 바람직하지만 현재와 같은 법률시스템하에서는 공증인제도에 의한 공증은 쉽게 기대하기가 어렵다.[271] 그렇다고 현재의 전문직업영역에 추가해서 이러한 제도를 도입하는 것은 업역간의 다툼과 국민생활의 혼란을 초래할

268) 사서증서를 공증인이 인증한 경우에는 공증인이 규정된 절차를 제대로 거치지 않았다는 사실이 주장·입증되는 등의 특별한 사정이 없는 한, 공증인이 인증한 사서증서의 진정성립은 추정된다(대법원 1992. 7. 28, 91다35816; 대법원 2008. 12. 24, 2008두17806; 대법원 2016. 1. 28, 2015두52012).

269) 유석주, 부동산등기법, 삼조사, 2011, 15면.

270) 곽윤직, 전게서, 66면.

271) 부동산거래에서 거래내용의 진실성 확보의 방법중에서 공정증서에 의한 공증방법이 최선의 방법으로 평가되고 있으며, 검인계약서제도를 공정증서에 의한 공증제도로 전환되어야 한다고 한다(김상용, 부동산거래의 공증과 부동산등기의 공신력 연구, 법원사, 2008, 127면).

것이므로 전문법조인력의 확대를 통해 점진적으로 정비해 나가야 할 과제라고 생각된다.

※ 등기원인증서
등기원인증서(登記原因證書)는 등기할 물권변동의 원인인 법률행위 또는 법률사실을 기재한 서면을 말한다. 예를 들면 매매계약서, 저당권설정계약서 등이다.

2. 우리나라 등기제도의 문제점과 그 해소방안

1) 공신의 원칙 불인정

우리나라 민법은 동산의 경우에는 빈번히 대량으로 거래된다는 점에서 공신의 원칙을 채택하여 진정한 권리자를 보호하기 보다는 거래의 안전을 보호한다는 입장을 취하고 있다. 그러나 부동산의 경우에는 공신의 원칙을 취하고 있지 않아, 진정한 권리자를 보호하는 입장을 취하고 있다. 따라서 동적 안전보다는 정적 안전의 보호에 치중하고 있는 실정이다.

부동산의 경우에도 거래의 안전을 위하여 공신의 원칙을 채택할 필요가 있다. 그러나 이를 위해서는 등기의 진정성을 보장하는 장치가 마련되어야 한다. 이러한 장치가 마련되어야만 진정한 권리자의 피해를 줄일 수 있다. 현행 등기심사는 그 심사를 서류만으로 하는 형식적 심사라는 점에서 부실등기가 행해질 소지가 많기에 이러한 부실등기를 막기 위한 대비를 한 후에 이루어져야 한다. 진정한 권리자의 보호를 위한 제도의 보완이 선행되어야 한다. 예를 들면 국가배상책임을 확대한다든가 특별보험기금제도를 마련하는 것 등을 들 수 있다. 우리나라에서는 이와 같은 공신력 불인정으로 인한 거래의 안전을 보호하기 위하여 부동산 권원보험제도[272]를 실시하고 있다.

272) 부동산 권원보험은 2001년 2월 9일 금융감독원이 미국계 퍼스트아메리칸 권원보험(주) 국내지점의 권원보험 사업영위에 대한 예비허가를 하고, 2001

2) 등기부와 대장의 이원화

부동산 등기부의 표제부에 기재하는 부동산의 표시나 대장상의 부동산의 표시는 모두 동일한 부동산의 현황을 표시하는 것인 만큼 양자의 기재는 일치하여야 하지만 그 사무를 관장하는 기관이 다르므로 양자는 일치하지 않는 경우가 있다. 즉 부동산등기부는 사법부인 대법원에서, 지적대장 등은 국토교통부에서 담당하고 있어 불일치가 존재하고 있다.

부동산등기법은 양자의 일치를 위하여 등기신청시 '신청정보 또는 등기기록의 부동산의 표시가 토지대장·임야대장 또는 건축물대장과 일치하지 아니한 경우'에 각하하도록 하고 있다(동법 제29조 제11호).[273] 위와 같은 제도상 보완장치가 있기는 하지만, 궁극적으로는 일본과 같이 대장제도를 등기제도속에 포함시켜 하나의 장부로 단일화하는 것이 필요하다고 생각된다.[274]

년 6월 29일 권원보험업을 허가함으로써 부동산 권원보험제도가 본격적으로 도입되었다. 권원보험에 관한 구체적인 내용은 졸고, "지적전문인력에 의한 부동산권원보험제도 활성화 방안", 명지전문대학 산업기술연구소 제6집, 2003. 10, 111-119면 참조.

273) 2011. 4. 12 전부개정되기 전까지 종전의 제도적 보완장치는 다음과 같다.. 첫째, 등기부에 적힌 부동산의 표시가 토지대장·임야대장 또는 건축물대장과 일치하지 아니하는 경우에는 그 부동산 소유권의 등기명의인은 부동산 표시의 변경등기를 하지 아니하면 그 부동산에 대하여 다른 등기를 신청할 수 없다(법 제56조제1항). 둘째, 등기부에 적힌 등기명의인의 표시가 토지대장·임야대장 또는 건축물대장과 일치하지 아니하는 경우에는 그 등기명의인은 등록명의인 표시의 변경등록을 하지 아니하면 해당 부동산에 대하여 다른 등기를 신청할 수 없다(법 제56조제2항). 셋째, 미등기토지 또는 미등기건물에 대한 보존등기신청시에는 각각 대장등본 등을 첨부하여야 한다(법 제130조, 제131조). 넷째, 1동의 건물을 구분한 건물의 등기신청에 있어서는 그 구분소유권의 목적인 건물의 표시에 관한 사항이 등기관의 조사결과, 구조상 구분된 수개의 부분이 독립한 건물로서 사용될 수 없거나 상가건물의 구분소유로 볼 수 없는 때에는 이를 각하하여야 한다(법 제55조 제12호).

274) 일원화가 되면 첫째, 부동산에 관한 등기부상의 표시와 대장상의 표시가 언제나 일치하게 되고, 둘째, 전부동산 등기강제의 원칙에 접근하게 되며, 셋째, 국민의 번거로운 절차와 비용을 절약하게 된다는 장점이 있으나, 일원화만으로 부동산의 현재상황에 관한 등기부와 실체의 부합이 달성되는 것은 아닐 뿐만 아니라 그에 소요되는 인력, 비용 등 여러 가지 문제점을 신

※ 일본의 1960년 부동산등기법의 개정내용(登記簿와 臺帳의 一元化)

· 부동산에 관한 등기부상의 표시와 대장상의 표시가 언제나 일치하도록 하여 부동산등기제도의 본래의 기능을 다할 수 있도록 하게 함
· 전부동산등기강제의 원칙(Buchungszwang)에 접근시켜 현재의 등기부는 권리관계에 관하여 등기된 부동산에 관하여만 표제부에 그 부동산의 표시의 등기를 하고 있으나, 등기부와 대장을 일원화한다면 등기부에는 권리관계에 관하여 등기되어 있지 않는 부동산에 관하여서도 모두 표제부가 두어지고, 그것에 각 부동산의 현황이 기재됨
· 국민에게 번거로운 절차와 비용을 절약하게 함

3) 형식적 심사주의

우리나라 부동산등기법은 등기관의 심사권한에 관하여 형식적 심사권한만을 주고 있다. 즉, 등기관이 등기신청을 부적법한 것으로서 각하하여야 할 경우를 한정적으로 규정하고 있을 뿐만 아니라 그 방법은 서면심사를 원칙으로 하고 있다(동법 제29조). 2011. 4. 12 전부개정전까지만 해도 구분건물의 표시사항에 관하여서는 등기관에게 조사권을 인정하여 예외적으로 실질적 심사주의를 인정하고 있었으나(종전의 부동산등기법 제56조의2), 이제는 그나마도 멀어지게 되었다.

등기의 진정성을 확보하기 위해서는 실질적 심사주의를 채택하는 것이 바람직하지만 이 제도를 채택하기 위해서는 사전에 등기절차의 지연을 막을 방안을 확보하는 것이 필요하다. 생각컨대 에스크로우(Escrow)제도와 부동산 권원보험제도[275]의 활성화는 등기절차의 신속성과 등기의 진정성을 함께 충족할 수 있을 것이다. 에스크로우제도[276]는 부동산 권원보험과 함께 미국을 비롯한 선진 여러국가에서

중히 연구할 문제라는 의견도 있다(사법연수원, 전게서, 4면).

275) 우리나라에서 최초의 권원보험은 2001년 12월 미국계 투자사인 리먼브라더스사가 총 600억원에 서울 서린동 한효빌딩(연면적 8367평)을 매입하는 과정에서 가입한 부동산권리보장보험으로 재개발 대리계약에 불안을 느낀 고객이 청약한 것이다. 최초의 저당권자권원보험은 2002년 4월 5일 퍼스트아메리칸이 홍콩상하이은행(HSBC) 서울 지점과 주택담보 대출을 위해 체결한 권원보험 계약이다.

276) 에스크로우제도의 법적 근거는 「공인중개사법」 제31조에 규정되어 있다.

소유자 및 은행이 부동산거래를 할때 필수적으로 활용하고 있는 제도이다. 에스크로우는 부동산매도인과 매수인사이의 양자간에 어떤 조건이 성립해 증서의 내용이 실행되기까지 제3자 또는 기관이 서류와 소유권대금을 보관하여 양자간의 대금지급의무와 소유권이전의무를 이행하도록 하여 안전한 부동산거래가 이루어지도록 하는 제도이다. 신속하고 원활한 부동산거래를 목적으로 하고, 관행적으로 이루어져왔던 부동산거래를 선진기법으로 보완하는 점에서 부동산 권원보험과 에스크로우는 동일하다. 그렇지만, 전자는 권원분석후에 이에 따르는 부동산사고를 방지하기 위한 제도이고, 후자는 계약부터 중도금, 잔금지급에 이르기까지 불안정한 양자의 법적지위를 보호한다는 점에서 차이가 있다. 또한 전자는 등기의 공신력을 보완하는 성격을 가지며, 후자는 동시이행의 관계를 보완하는 성격을 가진다는 점에서 차이가 있다.[277)]

제31조 (계약금등의 반환채무이행의 보장) ① 개업공인중개사는 거래의 안전을 보장하기 위하여 필요하다고 인정하는 경우에는 거래계약의 이행이 완료될 때까지 계약금·중도금 또는 잔금을 개업공인중개사 또는 대통령령이 정하는 자의 명의로 금융기관, 제42조의 규정에 의하여 공제사업을 하는 자 또는 「자본시장과 금융투자업에 관한 법률」에 따른 신탁업자 등에 예치하도록 거래당사자에게 권고할 수 있다.

277) 졸고, "부동산 권원보험의 도입과 향후과제", 한국부동산정책학회, 부동산학연구 제8집 제1호(2002. 6), 103-104면).

제 4 장

부동산 등기의 종류 및 등기사항

1. 부동산 등기의 종류

1) 기능에 의한 분류

(1) 사실의 등기

사실의 등기는 표시란의 등기라고도 하며, 등기용지중 표제부에 하는 등기로서 부동산의 위치, 면적, 사용목적, 건물의 구조 등 부동산의 표시에 관한 등기를 말한다. 즉 부동산의 물리적 현황을 기재하는 것이다. 이와 같은 기재사항은 토지대장 또는 일반건축물대장상의 기재사항과 유사하다.

※ 토지대장의 기재사항 : 고유번호, 도면번호, 장번호, 토지소재, 지번, 축척, 토지표시(지목, 면적, 사유), 소유자(변동일자, 변동원인, 주소, 등록번호), 토지등급(기준수확량등급), 개별공시지가기준일, 개별공시지가

※ 일반건축물대장의 기재사항 : 고유번호, 대지위치, 지번, 명칭 및 번호, 특이사항, 대지면적, 연면적, 지역, 지구, 구역, 건축면적, 용적률산정용 연면적, 주구조, 주용도, 층수, 건폐율, 용적률, 높이, 지붕, 부속건축물, 건축물현황(층별, 구조, 용도, 면적), 소유자(성명, 주민등록번호, 주소, 소유권지분, 변동일자, 변동원인)

(2) 권리의 등기

권리의 등기는 사항란의 등기[278]라고도 하며, 등기용지중 갑구란과 을구란에 하는 등기로서 부동산의 권리관계(권리의 보존, 설정, 이전, 변경, 소멸 등)에 관한 등기를 말한다. 부동산의 권리관계를 기재하는 것이다. 권리의 등기는 미등기부동산에 관하여 최초로 행해지는 소유권보존등기와 소유권 기타 물권의 변동이라는 효력을 일으키는 권리변동의 등기로 다시 구분할 수 있다. 권리변동이라는 등기의 실체법상 효력은 이 사항란의 등기에만 인정된다.[279]

<표 Ⅳ-1> 사실의 등기와 권리의 등기

구 분	사실의 등기(표시란의 등기)	권리의 등기(사항란의 등기)
목 적	부동산의 물리적 현황을 공시	부동산의 권리관계를 공시
기 재	표제부	갑구 또는 을구
부동산 등기법상 신청의무	소유자의 신청의무 있음 (법 제39조, 제41조제1항, 제43조제1항)	부동산등기특별조치법, 부동산실권리자명의등기에관한법률등에서 규정한 사유외에는 당사자에게 등기신청의무 없음

주: 종래 표시란의 등기는 독립적으로 인정되지 아니하였으나, 현행 부동산등기법은 부동산의 표시도 등기할 사항임을 명문으로 규정하고 있음(법 제3조)

2) 효력에 의한 분류

(1) 종국등기

종국등기(終局登記)는 등기 본래의 효력, 즉 물권변동의 효력을 발생케 하는 등기를 말한다. 예를 들어 임차권인 경우에는 대항력이 생기게 하는 등기이다. 발생의 효력이 발생하는 경우는 소유권이전등기, 소유권이외의 권리의 설정등기 등이 있다. 변경의 효력이 발생하는 경우는 전세금의 증감등기, 채무자의 변경등기 등이 있다. 소멸의

278) 전산등기부에서는 '사항란'이라는 용어를 사용하지 않고, 수작업등기부의 '사항란'에 기재하던 내용을 '등기목적', '접수', '등기원인', '권리자 및 기타 사항'란으로 나누어 기재하도록 되어 있다(사법연수원, 전게서, 13면).

279) 상게서, 13면.

효력이 발생하는 경우는 소유권의 말소등기, 소유권이외의 권리의 말소등기 등이 있다. 대항력의 효력이 발생하는 경우는 임차권 설정등기 등이 있다.

보통의 등기는 종국등기에 속하게 되는데, 기입등기, 변경등기, 경정등기, 말소등기, 멸실등기, 회복등기 등이 이에 속한다. 가등기에 대하여 이를 본등기(本登記)라 한다. 한편, 이와 같은 종국등기에 속하지 않는 등기에는 예비등기로서 가등기와 예고등기[280]가 있다.

<그림 Ⅳ-1> 종국등기와 예비등기

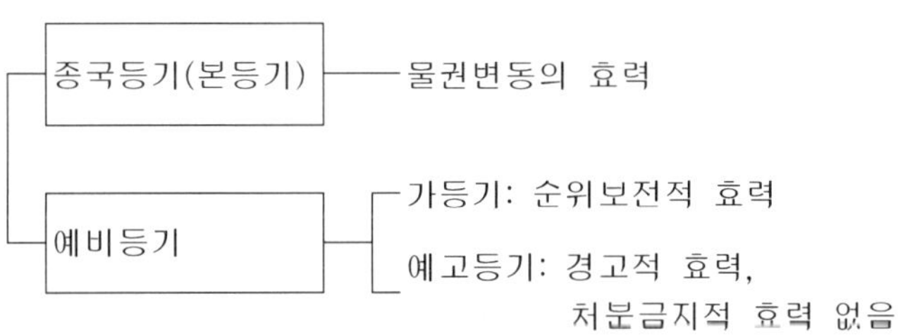

(2) 예비등기

예비등기(豫備登記)는 등기 본래의 효력인 물권의 변동과는 직접 관계가 없고, 장래에 할 종국등기의 준비를 하거나 제3자에게 경고를 하거나 간접적으로 이에 대비해서 행하여지는 등기를 말한다. 이와 같은 예비등기에는 가등기와 예고등기가 있는데, 먼저 가등기(假登記)는 부동산물권변동이 성립할 때까지 부동산물권변동을 목적으로 하는 청구권을 일시적·잠정적으로 보호하기 위하여 행하여지는 등기를 말한다. 예를 들면 소유권이전가등기, 저당권설정가등기 등이 이에 속한다.

구체적으로 가등기로는 부동산물권 또는 부동산임차권의 변동을 목적으로 하는 청구권을 보전하려고 할 때와 이들 청구권이 시기부

280) 2011. 4. 12 부동산등기법(법률 제10580호) 전부개정에 의해 폐지됨.

(始期附) 또는 정지조건부(停止條件附)이거나, 이들 청구권이 장래에 있어서 확정될 것일 때 이들 청구권을 보전하기 위하여 가등기가 행하여진다(부동산등기법 제88조). 가등기는 뒷날에 행하여지는 본등기의 순위를 보전하는 것을 목적으로 하는 등기로 가등기에 기하여 본등기를 행하게 되면 그 본등기의 순위는 가등기의 순위로 소급하게 된다(부동산등기법 제91조). 그러나 물권변동의 효력은 가등기시에 소급하는 것이 아니고 본등기시에 발생하게 된다.[281)]

※ 정지조건과 해제조건

정지조건(停止條件)은 법률행위의 효력발생을 장래의 불확실한 사실의 발생에 둔 조건을 의미한다. 예를 들어 대학에 입학하면 장학금을 주겠다는 것은 대학입학을 정지조건으로 하고, 조건이 충족되면 장학금을 지급하겠다는 것이다.

해제조건(解除條件)은 법률행위의 효력소멸을 장래의 불확실한 사실의 발생에 둔 조건을 의미한다. 예를 들어 장학금을 지급하나, 낙제하는 경우에는 반환하라는 것은 낙제를 해제조건으로 하고, 조건이 충족되면 장학금을 반환받겠다는 것이다.

가등기는 본등기 순위보전의 효력만 있고, 후일 본등기가 마쳐진 때에는 본등기순위가 가등기한 때로 소급함으로써 가등기후 본등기전에 이루어진 중간처분이 본등기보다 후순위로 되어 실효될 뿐이고 본등기에 의한 물권변동의 효력이 가등기한 때로 소급하여 발생하는 것은 아니다.[282)] 가등기는 신청서에 가등기의무자의 승낙서 또는 가처분명령의 정본을 첨부하여 가등기권리자가 이를 단독으로 신청할 수 있다.

---

281) 제정 2002. 8. 14 등기예규 제1057호(가등기에 관한 업무처리지침)는 제정 2011. 10. 12 등기예규 제1408호(가등기에 관한 업무처리지침)에 의해 폐지대체됨.

282) 대법원 1981. 5. 26, 80다3117(가등기후 본등기한 때까지의 기간에 대한 지료청구권자는 본등기를 하기 이전의 소유자이다(사법연수원, 전게서, 116면)); 대법원 1992. 9. 25, 92다21258.

<그림 Ⅳ-2> 가등기 사례

【갑구】 (소유권에 관한 사항)				
순위번호	등기목적	접수	등기원인	권리자 및 기타사항
1	소유권보존	1993년 10월 12일 제10250호		소유자 김갑동 530210-1232512 서울 중구 신당동 100
2	소유권이전청구권가등기	1999년 12월 10일 제10550호	1999년 12월 5일 매매예약	권리자 이도령 540901-1909332 서울 서대문구 홍제동 9
	소유권이전	2001년 12월 10일 제12550호	2001년 12월 5일 매매	소유자 이도령 540901-1909332 서울 서대문구 홍제동 9
3	~~소유권이전~~	~~2000년 12월 10일~~ ~~제11550호~~	~~2000년 12월 5일~~ ~~매매~~	~~소유자 홍길동~~ ~~330210-1232512~~ ~~서울 관악구 신림본동 1000~~
~~3-1~~	~~3번소유권직권말소통지~~			~~2001년 12월 27일~~
4	3번소유권이전등기말소			2번 가등기의 본등기로 인하여 2002년 1월 10일

자료: 사법연수원, 부동산등기법, 2008, 115면.

<그림 Ⅳ-3> 가등기에 의한 순위보전

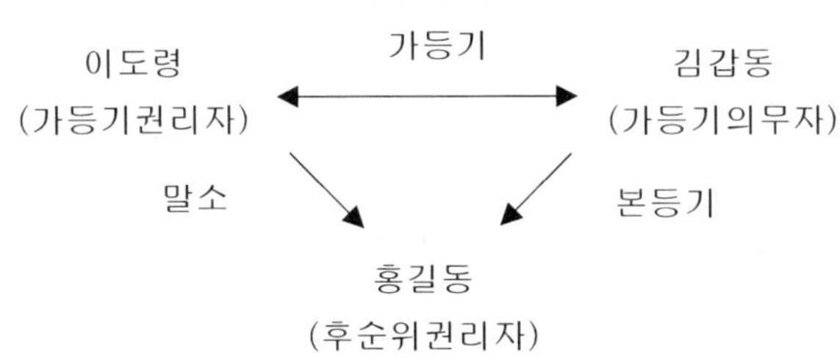

예비등기의 또 하나의 종류인 예고등기(豫告登記)는 본등기의 무효 또는 취소로 인한 등기의 말소 또는 회복의 소가 제기된 경우에 이를 제3자에게 알림으로써 계쟁중인 부동산에 관하여 법률행위를 하고자 하는 선의의 제3자에게 경고하기 위하여 수소법원(受訴法院,

소송을 맡은 법원)의 촉탁으로 행해지는 등기를 말한다(종전의 부동산등기법 제4조, 제39조).[283] 예고등기의 효력은 경고적 효력은 인정될 수 있지만 처분금지의 효력, 순위보전의 효력, 추정력 등은 인정될 수 없다. 예고등기가 되어 있는 부동산은 소송의 결과에 따라 소유권이 상실될 우려가 있으므로 주의하여야 한다는 입법적 취지가 있다. 예고등기는 등기말소소송이 제기된 사실을 경고하는 목적을 가질 뿐 그 부동산에 대한 처분을 금지하는 효력까지 생기는 것은 아니다.[284][285]

<그림 Ⅳ-4> 예고등기 사례

【갑구】 (소유권에 관한 사항)				
순위번호	등기목적	접수	등기원인	권리자 및 기타사항
~~2~~	~~소유권이전~~	~~1993년 10월 12일 제10250호~~	~~1993년 10월 10일 매매~~	~~소유자 김갑동 530210-1232512 서울 중구 신당동 100~~
~~3~~	~~2번소유권말소예고등기~~	~~1999년 12월 10일 제10550호~~	~~1999년 12월 9일 서울지방법원에 소제기(99가합538)~~	
4	2번소유권이전등기말소	2002년 11월 1일 제22220호	2002년 10월 26일 서울지방법원의 확정판결	
5	3번예고등기말소			2번소유권이전등기말소로 인하여 2002년 11월 1일 등기

자료: 사법연수원, 부동산등기법, 2008, 125면.

283) 예고등기는 2011. 4. 12 부동산등기법(법률 제10580호) 전부개정에 의해 폐지된 제도이나, 제도적인 의미가 적지 않으므로 소개하고자 한다.

284) 대법원 1966. 3. 22, 65다2616; 대법원 1994. 9. 13, 94다21740.

285) 제정 1966. 5. 10 등기예규 제85호(예고등기 처리에 관한 사항); 제정 1980. 11. 15 등기예규 제370호(예고등기의 목적이 된 등기의 말소 또는 회복과 예고등기의 직권말소).

<표 Ⅳ-2> 가등기와 예고등기의 비교

가등기	예고등기
어떠한 청구권(본등기)의 순위를 보전하기 위해서(만) 하는 등기로 물권변동은 본등기(종국등기)를 한 때 발생하지만, 순위만 가등기 한 때로 올라간다는(소급) 것이다.	선의의 제3자에게 알리기 위해서 하는 등기이므로 다시 말해서 선의의 제3자에게도 대항한다는 것이다.
등기권리자와 등기의무자 있음	등기권리자와 등기의무자 없음
신청에 의한 등기	촉탁에 의한 등기
가등기권리자의 이익을 보호함	제3자에게 경고하기 위한 취지임
처분금지의 효력은 없음	처분금지의 효력은 없음
가등기에 기한 본등기를 하면 중간처분의 등기는 원칙적으로 직권말소됨	원고가 승소하여 말소·회복등기를 하더라도 중간처분등기가 직권말소되는 것은 아님
가등기말소청구소송 가능함	예고등기말소청구소송 불가능함

자료: 유석주, 부동산등기법, 삼조사, 2003, 7면.

3) 대상에 의한 분류

(1) 토지에 관한 등기

부동산 등기의 대상이 토지인 경우에는 토지등기부라고 한다(부동산등기법 제14조제1항).

(2) 건물에 관한 등기

부동산 등기의 대상이 건물인 경우에는 건물등기부라고 한다(부동산등기법 제14조제1항).

4) 등기의 내용에 의한 분류

(1) 기입등기

기입등기(記入登記)는 새로운 등기원인에 의해 이루어지는 등기이며, 보통 등기라 하면 기입등기를 말한다. 예를 들면 표제부에 토지 또는 건물의 표시를 위한 등기, 소유권보존등기, 소유권이전등기, 저당권설정등기 등이 이에 속한다.

(2) 변경등기

변경등기(變更登記)는 등기가 행해진 후에 후발적으로 등기된 사항에 변경이 생겨 등기와 사실관계가 불일치하게 되어 이를 시정하기 위하여 행하여지는 등기를 말한다. 협의의 변경등기(狹義의 變更登記)라고도 한다. 예를 들면 토지분할, 합병의 등기 등이 이에 속한다. 그러나 소유권이전에 따른 소유권이전등기는 변경등기가 아니라 기입등기임에 주의하여야 한다.

(3) 경정등기

경정등기(更正登記)는 등기가 행해졌으나 그 등기의 절차에 「착오(錯誤) 또는 빠진 부분(유루(遺漏))」가 있어서 원시적으로 등기와 사실관계가 불일치하여 그것을 시정하기 위하여 행하여지는 등기를 말한다. 여기서 빠진 부분(유루)이란 의도와는 달리 등기부에 잘못 기재된 것이나 기재사항을 빠트린 경우가 해당된다. 불일치의 사유가 원시적이라는 점에서 등기후 후발적 사유발생으로 인한 변경등기와 구별된다. 광의의 변경등기(廣義의 變更登記)에는 경정등기가 포함된다. 예를 들어 소유권이전등기에 있어서 신청인 또는 등기관의 잘못으로 소유자의 주소를 오기하거나 일부를 빠뜨린 경우에 주소오기경정등기와 등기관의 누락 경정등기가 이에 속한다. 이러한 경정등기에는 등기에 대하여 착오 또는 빠진 부분(유루)이 있을 것, 등기완료후에 착오 또는 빠진 부분(유루)이 발견되었을 것, 착오 또는 빠진 부분(유루)이 발생한 원인이 당사자의 신청착오이든 등기관의 과오이든 불문, 등기사항의 일부에 대하여 착오 또는 빠진 부분(유루)이 있을 것, 등기와 실체관계와의 불일치는 원시적으로 생긴 것일 것, 등기의 전후를 통하여 등기의 동일성이 유지될 것 등의 요건을 필요로 한다.

※ 토지의 소재나 지번의 표시에 착오나 유루가 있음을 이유로 한 경정등기의 허용은 토지를 표시하는 부동산등기에 있어서 소재지나 지번의 표시는 당해 토지의 동일성을 결정하는 요소라 할 것이므로 등기된 토지의 소재 또는 지번의 착오나 유루가 있다는 것을 이유로 한 경정은 그것을 허용해도 그 경정의 전후를 통하여 표시된 부동산의 동일성에 변함이 없는 것이라고 여겨질 정도로 위 착오 또는 유루의 표시가 경미하거나 극히 부분적일 때 한하여 허용된다.[286)]

<그림 Ⅳ-5> 경정등기 사례

【갑구】 (소유권에 관한 사항)				
순위 번호	등기목적	접수	등기원인	권리자 및 기타사항
2	소유권 이전	2002년 6월 5일 제6500호	2002년 6월 3일 매매	소유자 ~~이갑돌~~ 580303-1017821 서울 중구 신당동 100
2-1	2번등기명의인표시경정	2003년 3월 9일 제3900호	신정착오	이갑돌의 성명(명칭) 이도일

자료: 사법연수원, 부동산등기법, 2008, 83면.

(4) 말소등기

말소등기(抹消登記)는 기존의 등기의 전부를 말소하는 등기로 일반적인 권리를 전부 소멸시킬 때 하는 등기를 말한다. 반면에 부동산의 일부가 멸실한 경우에는 변경등기의 대상이 되지만 말소등기의 대상은 되지 않는다. 말소등기는 등기에 대응하는 사실관계가 없는 경우에 행하여지는 등기이다. 말소등기의 말소등기는 허용되지 않으며 이 경우에는 말소회복등기를 하여야 한다. 이와 같은 말소등기의 예로서는 저당권말소등기가 있다.

286) 대법원 1989. 1. 31, 87다카2358; 대법원 1995. 9. 29, 95다22849; 대법원 1995. 12. 5, 94다44989; 대법원 1997. 2. 25, 96다51561.

<그림 Ⅳ-6> 말소등기 사례

【을구】 (소유권 이외의 권리에 관한 사항)				
순위번호	등기목적	접수	등기원인	권리자 및 기타사항
~~1 부 1~~	~~지상권 설정 (생략)~~	(생략)	(생략)	(생략)
~~1 부기 1호~~	~~1번 지상권의 저당권 설정 (생략)~~	(생략)	(생략)	(생략)
2	1번 지상권 설정등기말소	2002년 3월 5일 제3005호	2002년 3월 4일 포기	
3	1-1번 저당권 설정등기말소			1번 지상권의 말소로 인하여 2002년 3월 5일 등기

주: 1번 지상권 및 1번 부기 1호의 저당권의 등기를 실선을 그어 말소의 취지를 기록한다.
자료: 법원공무원교육원, 부동산등기실무, 2005, 417면.

(5) 회복등기

회복등기(回復登記)는 기존의 등기가 부당하게 소멸된 경우에 이를 회복시키는 등기로서 등기를 사실관계에 부합하게 하기 위하여 행하여 진다. 회복등기에는 말소회복등기와 멸실회복등기 두가지로 구분된다.

말소회복등기는 구등기의 전부 또는 일부가 부적법하게 말소된 경우(법률적 소멸)에 그 말소된 등기를 되살리는 회복등기를 말한다. 예를 들면 저당권이 위조서류에 의하여 말소된 경우에 행해지는 등기이다(부동산등기법 제59조). 부적법하게 말소된 등기는 말소등기에 의하지 아니하고 말소회복등기에 의한다.

멸실회복등기는 등기부가 전부 또는 일부 멸실한 경우(물리적 소멸)에 그 멸실된 등기의 복구를 목적으로 행해지는 회복등기를 말한다. 예를 들면 등기부가 등기소의 화재 등으로 인하여 멸실된 경우에 행해지는 등기이다. 등기부의 전부 또는 일부가 손상된 경우에 전산

운영책임관은 등기부부본자료에 의하여 그 등기부를 복구하여야 한다(부동산등기규칙 제17조제2항).

※ 이해관계있는 제3자의 승낙서등이 없이 된 회복등기의 효력
등기상 이해관계있는 제3자의 승낙서 또는 이에 대항할 수 있는 재판의 등본을 첨부함이 없이 된 말소회복등기는 위 제3자에 대한 관계에 있어서는 무효이고, 위 제3자가 회복등기의무자에 대한 말소회복등기절차이행판결에 보조참가인으로 참가하였다고 하여도 이 판결을 위 제3자에 대항할 수 있는 재판이라고 할 수 없다.[287]

<그림 Ⅳ-7> 말소회복등기 사례

【갑구】 (소유권에 관한 사항)				
순위번호	등기목적	접수	등기원인	권리자 및 기타사항
1	소유권 보존	1995년 3월 8일 제15320호		소유자 김갑동 580830-1672312 서울시 송파구 잠실동 520
~~2~~	~~소유권 이전~~	~~1996년 3월 9일 제3009호~~	~~1996년 3월 8일 매매~~	~~소유자 이도령~~ ~~540901-1909332~~ ~~서울시 서대문구 홍제동 9~~
3	2번 소유권 이전등기말소	1998년 2월 1일 제2032호	1998년 2월 1일 서울민사지방법원의 확정판결	
4	2번 소유권 이전등기회복	2002년 10월 5일 제4007호	2002년 6월 7일 서울민사지방법원의 확정판결	
5	소유권 이전	1996년 3월 9일 제3009호	1996년 3월 8일 매매	소유자 이도령 540901-1909332 서울시 서대문구 홍제동 9 2002년 10월 5일 등기

자료: 법원공무원교육원, 부동산등기실무, 2008, 356면.

287) 대법원 1981. 6. 9, 81다10, 11; 대법원 1983. 2. 22, 82다529.

<그림 Ⅳ-8> 멸실회복등기 사례

- 멸실 또는 하천지정등기 착오를 원인으로 하는 경우-

【 표 제 부 】	(건물의 표시)			
표시번호	접 수	소재지번 및 건물번호	건물내역	등기원인 및 기타사항
~~1~~	~~2003년3월5일~~	~~서울특별시 서초구 서초동 21~~	~~시멘트블럭조 시멘트기와지붕 단층주택 85㎡~~	~~도면편철장 제5책 제1장~~
~~2~~	~~2007년8월8일~~			~~2007년 8월 1일 멸실~~
				~~2번 등기하였으므로 본 등기기록 폐쇄~~ ~~2007년 8월 8일~~
3	2007년9월6일	서울특별시 서초구 서초동 21	시멘트블럭조 시멘트기와지붕 단층주택 85㎡	2번 멸실등기 착오로 본 등기기록 부활

주: 도면편철장은 제출이 있는 경우에만 기록한다.

자료: 등기예규 제1207호(멸실 등으로 인하여 폐쇄된 등기기록의 부활에 관한 업무처리지침).

(6) 멸실등기

멸실등기(滅失登記)는 부동산이 멸실된 경우에 행해지는 등기를 말한다. 일부 멸실한 경우에 변경등기를 하여야 한다. 예를 들면 토지가 함몰되거나, 지각변동으로 사라지는 경우, 건물이 멸실되는 경우 등에 행해진다. 멸실등기를 할 때에는 표시란에 멸실원인을 기재하고 부동산 표시와 표시번호를 주말해서 그 등기용지를 폐쇄하여야 한다.

※ 주말 : 주말(朱抹)이란 말소・변경・경정등기의 경우에 등기사항 또는 변경전의 등기부상의 기재사항을 지우는 방법을 말한다. 현재 기재내용을 횡선으로 한줄을 그어 말소된 사항임을 표시하고 있다.

※ 경정등기는 원시적인 착오, 누락이고, 변경등기는 등기후 후발적인 변경사유, 말소등기는 등기된 권리의 전부이고, 멸실회복등기는 등기부 자체의 회복, 멸실등기는 부동산 자체가 전부 멸실한 경우에 하는 등기이다.

<표 Ⅳ-3> 등기의 내용에 의한 분류

<table>
<tr><th colspan="2">구 분</th><th>등기의 대상</th><th>비고</th></tr>
<tr><td colspan="2">기입등기</td><td colspan="2">새로운 등기원인에 의한 권리의 발생이 있는 경우에 그 등기사항을 새로 등기부에 기재하는 등기(소유권보존·이전, 저당권 설정등기등)</td></tr>
<tr><td rowspan="2">변경등기</td><td>협의의 변경등기</td><td>등기사항의 일부</td><td>후발적 사유로 실체관계에 변경이 생긴 경우</td></tr>
<tr><td>경정등기</td><td>등기사항의 일부</td><td>원시적 사유로 착오·유루가 생긴 경우</td></tr>
<tr><td colspan="2">말소등기</td><td>등기사항의 전부</td><td>등기사항의 일부가 부적법한 경우에는 변경등기의 대상
말소등기의 말소등기는 불허용(말소회복등기를 함)</td></tr>
<tr><td colspan="2">멸실등기</td><td>부동산의 전부</td><td>부동산의 일부가 멸실한 경우에는 변경등기의 대상</td></tr>
<tr><td rowspan="2">회복등기</td><td>말소회복등기</td><td>등기사항의 전부 또는 일부</td><td>저당권이 위조서류에 의하여 말소된 경우</td></tr>
<tr><td>멸실회복등기</td><td>등기사항의 전부 또는 일부</td><td>등기부가 등기소의 화재 등으로 인하여 멸실된 경우</td></tr>
</table>

자료: 유석주, 부동산등기법, 삼조사, 2003, 8면.

5) 등기의 방식 또는 형식에 의한 분류

(1) 주등기

주등기(主登記)는 독립등기라고도 하며, 표제부의 표시란에 등기할 때에는 표시번호란에, 갑구나 을구의 사항란에 등기할 때에는 순위번호란에 각각 독립한 번호를 붙여서 하는 등기를 말한다. 일반적인 등기의 형식은 주등기의 형식을 취한다. 예를 들면 소유권이전등기, 전세권설정등기 등이 이에 해당한다. 등기기록 중 같은 구(區)에서 한 등기 상호간에는 순위번호에 따르고, 다른 구에서 한 등기 상호간에는 접수번호에 따른다(부동산등기법 제4조제2항).

(2) 부기등기

부기등기(附記登記)는 독립한 번호를 붙여서 하는 등기가 아니고, 등기관이 부기등기를 할 때에는 그 부기등기가 어느 등기에 기초한 것인지 알 수 있도록 주등기 또는 부기등기의 순위번호에 가지번호를 붙여서 하여야 한다. 주등기의 번호를 그대로 사용하여 주등기의 번호아래에 「부기 몇 호」라는 등기번호를 붙여서 행하는 등기를 말한다(동법 제5조, 동규칙 제2조). 예를 들면 변경등기 또는 경정등기, 소유권이전 이외의 권리의 이전등기, 환매특약의 등기 등이 이에 속한다. 소유권의 이전등기는 주등기에 의하나 소유권이외의 권리의 이전등기는 부기등기에 의한다(동법 제52조 제2호).

부기등기를 인정하는 것은 그 부기등기로 하여금 주등기의 순위를 지키게 할 필요가 있기 때문이다. 어떤 등기가 주등기와 동일한 순위나 효력을 가진다는 것을 명백히 공시하려는 경우에는 소유권이외의 권리의 이전등기를 행한다. 어떤 등기가 주등기와 동일성을 가진 등기임을 표시할 때 예를 들면 변경등기, 경정등기와 같은 경우에는 부기등기에 의한다. 이와 같은 부기등기는 1개의 주등기에도 수 개의 부기등기를 할 수 있으며, 부기등기에 의한 부기등기도 가능하다.

※ 근저당권의 양도에 의한 등기는 부동산등기법 제153조에 의하여 부기에 의하여 이를 하는 것이며 부기등기는 기존등기에 부기하여 그 일부를 변경하여 새로운 등기로서 그 등기를 유지하는 것이고, 구등기와는 독립한 별개의 새로운 등기는 아니라 할 것이어서 근저당이 양도되어 부기등기가 경유된 경우 근저당권설정등기가 원인무효라 하여 말소등기를 청구하는 때에는 양수자만을 상대로 하면 족할 것이고 양도자는 피고적격이 없다 할 것이다.[288]

※ 재산권인 지상권, 전세권을 담보로 제공할 경우 저당권의 대상이 되고, 저당권을 담보로 제공할 경우 권리질권의 대상이 된다. 이 경우 부기등기에 의한다.

---

288) 대법원 1967. 8. 29, 67다987.

<그림 Ⅳ-9> 부기등기의 사례
(소유권 이외의 이전등기)

순위	사 항 란
1	전세권(갑)
2	저당권(을)
1의 부기1호	전세권 이전(병)

주 : 1번 전세권을 갑이 병에게 양도하는 경우 동일 순위를 강조하기 위해 부기 번호를 사용한다.
자료: 이영규, 부동산공시법령, 법우사, 2003, 10면.

(전세권을 목적으로 저당권을 설정하는 경우)

순위	사 항 란
1	전세권(갑)
2	저당권(을)
1의 부기1호	저당권(병)

주 : 2번 저당권은 해당 토지에 대한 저당권이고 1의 부기1호 병의 저당권은 1번 전세권을 목적으로 하는 저당권이다.
자료: 이영규, 부동산공시법령, 법우사, 2003, 10면.

6) 등기절차 개시의 태양에 의한 분류

(1) 등기의 선후에 의한 분류

등기의 선후에 의한 분류에 의하면 보존등기와 권리변동의 등기로 구분된다. 보존등기(保存登記)는 미등기의 부동산에 관하여 그 소유자의 신청에 의하여 처음으로 이루어지는 소유권의 등기를 말한다. 권리변동의 등기(權利變動의 登記)는 소유권보존등기를 기초로 하여, 그 후에 이루어지는 당해 부동산에 관한 권리변동의 등기를 말한다. 예를 들면 소유권의 이전, 제한물권의 설정 등에 따라 행해지는 등기가 이에 속한다.

(2) 등기절차 개시방법에 의한 분류

첫째, 신청(申請)에 의한 등기는 사적 자치의 원칙에 따라 당사자의 신청에 의하여 개시되는 것이 원칙이므로 양당사자가 등기절차에 협력하여 행해지는 등기를 말한다(부동산등기법 제22조제1항). 공동신청이 원칙이지만 예외적으로 판결과 상속의 경우에는 단독신청이 인정되는 경우도 있다(동법 제23조제3항).

둘째, 촉탁(囑託)에 의한 등기는 당사자의 신청에 의하여 등기절차가 개시되지 않고 관공서의 촉탁에 의하여 개시되는 등기를 말한다(동법 제22조제2항). 촉탁에 의한 등기는 다시 두 가지로 나누어진다. ⅰ) 관공서가 등기권리자 혹은 등기의무자의 지위에서 촉탁하는 경우이다. 이 경우 촉탁에 의하지 아니하고 등기권리자와 등기의무자가 공동으로 신청이 가능하다(동법 제98조). ⅱ) 공권력행사의 주체로서 촉탁하는 경우이다(동법 제96조).

셋째, 직권(職權)에 의한 등기는 법령에 근거규정이 있는 경우에 한하여 등기관이 직권으로 등기를 할 수 있다. 등기관의 과오로 등기의 착오 또는 빠뜨린 부분이 있을 때의 경정등기(동법 제32조), 일정한 변경등기(동법 제36조), 대지권의 목적인 토지에 대하여 하는 대지권인 취지의 등기(동법 제40조), 일정한 말소등기(동법 제57조), 일정한 소유권보존등기(동법 제66조) 등이 이에 해당한다.

넷째, 명령(命令)에 의한 등기는 등기관의 처분에 대한 이의신청이 있는 경우에 관할지방법원이 이의에 대하여 결정하기 전에 등기관에게 가등기 또는 이의가 있다는 취지의 부기등기를 명령할 수 있다(동법 제106조). 등기사무를 관장하는 국가기관 내부의 자성적(自省的) 작용에 기한 것이다.[289] 각하된 등기에 대한 기재명령, 실행된 등기에 대한 말소명령에 의한 등기(법 제107조)가 이에 해당한다.

---

289) 사법연수원, 전게서, 19면.

2. 등기사항

1) 등기사항의 의의

(1) 실체법상의 등기사항

실체법(實體法)상의 등기사항이란 등기를 하지 아니하면 사법(私法)상의 일정한 효력, 즉 물권변동의 효력이 발생되지 아니하는 사항을 말한다. 무엇이 실체법상의 등기사항이냐는 주로 민법 제186조[290]와 제187조[291]에 의하여 결정된다.[292] 예를 들어 매매에 의한 소유권이전등기의 경우 등기하여야 비로소 매매로 인한 소유권이전이라는 물권변동의 효력이 발생하기 때문에 실체법상의 등기사항이 된다. 또한 민법 제245조[293]에 의한 취득시효로 인한 물권의 취득에도 등기를 요하기 때문에 실체법상의 등기사항이 되는 것이다.

(2) 절차법상의 등기사항

절차법(節次法)상의 등기사항이란 당사자가 등기를 신청할 수 있고, 등기관은 당연히 등기할 권한과 직책이 있는 사항을 말한다. 이 사항에 속하는 것을 가리켜 등기능력(登記能力)이라고도 한다. 절차법상의 등기사항에는 실체법상의 등기사항을 포함하여 부동산의 표시변경, 등기명의인의 표시변경 등이 이에 포함된다.

위와 같은 실체법상의 등기사항과 절차법상의 등기사항은 반드시

---

290) 민법 제186조 (부동산물권변동의 효력) 부동산에 관한 법률행위로 인한 물권의 득실변경은 등기하여야 그 효력이 생긴다.

291) 민법 제187조 (등기를 요하지 아니하는 부동산물권취득) 상속, 공용징수, 판결, 경매 기타 법률의 규정에 의한 부동산에 관한 물권의 취득은 등기를 요하지 아니한다. 그러나 등기를 하지 아니하면 이를 처분하지 못한다.

292) 곽윤직, 전게서, 78면.

293) 민법 제245조 (점유로 인한 부동산소유권의 취득기간) ① 20년간 소유의 의사로 평온, 공연하게 부동산을 점유하는 자는 등기함으로써 그 소유권을 취득한다.
② 부동산의 소유자로 등기한 자가 10년간 소유의 의사로 평온, 공연하게 선의이며 과실 없이 그 부동산을 점유한 때에는 소유권을 취득한다.

일치하지는 않는다. 혼동(混同)[294]을 등기원인으로 하는 지상권이나 전세권의 말소등기 또는 실체법상의 등기사항은 아니지만 신청이 있는 때에는 등기관이 이를 접수하여 말소등기를 행하게 된다.[295]

※ 실체법과 절차법
실체법(實體法)은 법률관계(권리, 의무)의 발생·변경·소멸·효과 등 실체관계를 규율한 법을 말한다. 민법, 상법, 형법 등이 이에 속한다.
절차법(節次法)은 실체법의 실현절차를 규정한 법을 말한다. 민사소송법, 형사소송법, 부동산등기법 등이 이에 속한다.

<그림 Ⅳ-10> 실체법상의 등기사항과 절차법상의 등기사항

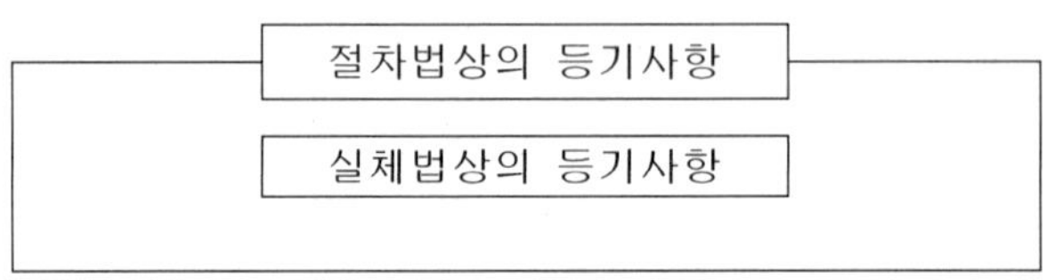

2) 등기사항인 물건

(1) 토지

등기의 대상이 되는 것은 사권(私權)의 목적이 되는 것에 한한다. 따라서 등기를 요하는 물건중 토지는 사권의 대상인 토지를 의미한다. 물건의 대상이 되는 토지(land)는 일정한 구획 또는 면적을 가진 지면을 뜻한다.[296][297]

---

294) 민법 제191조 (혼동으로 인한 물권의 소멸) ① 동일한 물건에 대한 소유권과 다른 물권이 동일한 사람에게 귀속한 때에는 다른 물권은 소멸한다. 그러나 그 물권이 제삼자의 권리의 목적이 된때에는 소멸하지 아니한다.
② 전항의 규정은 소유권이외의 물권과 그를 목적으로 하는 다른 권리가 동일한 사람에게 귀속한 경우에 준용한다.
③ 점유권에 관하여는 전2항의 규정을 적용하지 아니한다.

295) 곽윤직, 전게서, 78-79면.

296) 한국사전연구사, 건축·토목대사전, 1994.

297) 독일 연방건축법은 토지(Grundstück)의 개념을 정의하고 있지 않다. 그러나 일반적으로 독일 건축법상 토지라 함은 다른 토지로부터 공간적으로 구분

물권의 객체인 토지 1필지의 공간적 범위를 특정하는 것은 지적도나 임야도의 경계이지 등기부의 표제부나 임야대장·토지대장에 등재된 면적이 아니므로, 토지등기부의 표제부에 토지의 면적이 실제와 다르게 등재되어 있다 하여도, 이러한 등기는 일응 해당 토지를 표상하는 등기로서 유효하다.[298]

토지에 대한 소유권의 범위는 일정한 범위의 지면에 정당한 이익이 있는 범위내에서의 상하에 미친다(민법 제212조). 따라서 토지에는 지표면 뿐만 아니라 공중과 지하를 포함한다. 또한 우리나라 민법은 토지 및 그 정착물은 부동산으로 보고 있기 때문에(민법 제99조제1항), 건물이외의 토지정착물은 특별법에 의한 예외를 제외하고는 독립해서 등기의 대상이 되지 않는다.

토지를 구성하고 있는 지중의 암석, 토사, 지하수, 논[299] 등에도 토지의 소유권이 미친다. 그리고 못이나 늪, 하천 등의 수면도 토지의 일부로 보는 경우도 있다. 그러나 미채굴의 광물은 국가의 광업권의 대상이 되어 토지소유자의 소유권에 포함되지 않는다.[300] 지하수는 토지의 일부 내지 구성부분이며, 지하수중에서 온천수에 관해서 우리 판례[301]는 온천권 내지 광천권을 인정하지 아니하므로, 온천수도 토지의 구성부분에 불과하다. 그리고 지하의 동굴도 토지의 구성부분이다.[302]

되고 등기부에 별도의 번호로 기록된 토지를 말한다(BVerGE 44, 251; 66, 69; BGHZ 49, 147).

298) 어느 토지의 지번과 지적을 토지등기부의 표제부에 등재된 대로 표시하여 경매하였으나 그 토지의 임야도나 지적도의 경계에 따라 측량한 실제 면적이 표시된 것보다 넓더라도, 집행법원이 직권으로 또는 이해관계인의 집행절차상 불복을 받아들여 별도의 재판을 하지 않은 이상, 등기부의 지적을 넘는 면적은 매각의 목적물인 토지의 일부로서 매각허가결정 및 그에 따른 매각대금의 납입에 따라 등기부상의 면적과 함께 매수인에게 귀속되는 것이고, 매각 목적물인 토지와 등기된 토지 사이에 동일성이 없어 경매가 무효라거나, 매각 목적물의 등기부상 표시 면적이 그 토지의 실제 면적에서 차지하는 비율만큼의 지분만 경매되었다고 볼 수는 없다(대법원 2005. 12. 23, 2004다1691; 대법원 2016. 6. 28, 2016다1793).

299) 논의 유지보호상 절대적으로 필요불가결한 뚝과 같은 것은 그 논의 구성부분이라 할 수 있는 것이므로 매매하는 논의 평수에 포함시켜서 거래하는 것이 일반적 상례라 할 것이다(대법원 1964. 6. 23)(조상원(편), 정선 내외판례사전, 현암사, 1981, 131면).

300) 김상용, 민법총칙, 화산미디어, 2014, 308면.

301) 대법원 1970. 5. 26, 69다1239; 대법원 2002. 2. 26, 2001다64165.

한편, 토지와 바다와의 경계는 공유수면관리법에 의하여 만조수위선(滿潮水位線)으로 하고 있으므로(동법 제2조 제2호), 만조수위선으로부터 지적공부에 등록된 지역까지의 사이인 바닷가는 토지소유권의 대상에 포함되지 않는다.[303] 하천의 경우 종전에는 하천법상의 국가하천, 지방 1급하천, 지방 2급하천은 국유로 하고 있으므로 사권의 대상은 아니었지만, 지방 2급하천의 경우 편입보상을 하지 않은 때에는 사유로써 사권의 대상이 되었다.[304][305][306][307] 그러나 2007년 법개

---

302) 김상용, 전게서, 308면.

303) 공유수면관리법상의 빈지(濱地 : 1999. 2. 8. 법률 제5914호로 개정되면서 '바닷가'라는 용어로 바뀌었다)는 만조수위선으로부터 지적공부에 등록된 지역까지의 사이를 말하는 것으로 자연의 상태 그대로 공공용에 제공될 수 있는 실체를 갖추고 있는 이른바 자연공물로서 국유재산법상의 행정재산에 속하는 것으로 사법상 거래의 대상이 되지 아니한다(대법원 2000. 5. 26, 98다15446). 행정재산은 사법상 거래의 대상이 되지 아니하는 불융통물이므로 비록 관재 당국이 이를 모르고 매각하였다 하더라도 그 매매는 당연무효라 아니할 수 없으며, 사인간의 매매계약 역시 불융통물에 대한 매매로서 무효임을 면할 수 없다(대법원 1995. 11. 14, 94다50922; 대법원 1995. 11. 14, 94다42877; 대법원 1996. 3. 22, 96다3890; 대법원 1996. 5. 28, 95다52383; 대법원 1999. 4. 9, 98다34003; 대법원 2009. 8. 20, 2007다64303).

304) 종전(2007. 4. 6 전부개정된 법률 제8338호에 의해 시행(2008. 4. 7)되기 전의 하천법 제3조).

305) 하천이 통상 자연적 상태에 의하여 공물로서의 성질을 가진다고 하더라도, 그 종적 구간과 횡적 구역에 관하여 행정행위나 법규에 의한 공용지정이 이루어져야 비로소 국가가 공공성의 목적과 기능을 수행하기 위하여 필요한 행정재산이 된다고 할 것이고, 이것은 이러한 법 규정들이 준용되는 준용하천의 경우에도 마찬가지이다(대법원 1999. 5. 25, 98다62046; 대법원 2001. 11. 27, 2001두6982; 대법원 2004. 5. 14, 2003다61054; 대법원 2005. 6. 23, 2005다13059; 대법원 2006. 12. 8, 2006다49512; 대법원 2009. 5. 14, 2009다1078).

306) 1984년 이전에 사유 토지가 새로이 하천구역으로 되거나, 법 개정으로 인하여 제외지안의 토지가 보상없이 국유로 됨으로써 손실을 받은 자에 대하여 보상할 수 있는 근거를 마련하여 국민의 재산권을 보호하기 위해 하천법이 개정되었고(일부개정 1984. 12. 31 법률 제3782호), 「법률제3782호하천법중개정법률부칙제2조의규정에의한보상청구권의소멸시효가만료된하천구역편입토지보상에관한특별조치법(제정 1999. 12. 28 법률 제6065호)」과 「하천구역편입토지보상에관한특별조치법(일부개정 2002.12.11 법률 제6772호)」이 제정되었다.

307) 하천대장은 하천 관리청이 하천에 관한 행정사무 집행의 원활을 기하기 위하여 그 현황 및 관리사항을 기재하는 것이어서 이 하천대장에 어떤 특정 토지를 기재한다 하여 그 토지에 관한 권리의 창설이나 설정·취득·변경 및 소멸의 효력이 발생하는 것이 아니므로, 설사 하천 관리청이 특정 토지를

정으로 하천국유제를 폐지하고, 지방하천은 사권의 대상으로 하고 있다.[308][309] 도로의 경우에 도로를 구성하는 부지, 옹벽, 기타의 물건에 대하여서는 사권을 행사할 수 없으나, 도로부지의 소유권을 이전하거나 저당권을 설정할 수 있다(도로법 제4조).

토지는 연속되어 구분성을 갖지 않기 때문에 인위적으로 그 지표에 선을 그어 경계를 삼고 구획되며, 등록된 각 구역은 지번으로 표시되고, 토지공부인 토지대장, 임야대장, 경계점좌표등록부에 등록된다. 등록된 각 구역은 독립성이 인정되며 한 필마다 지번을 붙이고 그 개수는 필로서 계산된다(공간정보법 제2조 제19호 내지 제22호).[310]

하천대장에 등재하였다 하더라도 하천구역으로 되는지의 여부에 어떠한 영향을 미치는 것이 아니라 할 것이므로, 비록 특정 토지가 하천대장에 하천구역으로 등재되어 있다 하더라도 이 사실만 가지고는 그것이 하천법 소정의 하천구역으로 되어 관리청에 의하여 관리되고 있는 것으로 볼 수는 없다(대법원 1997. 5. 16, 97다485).

308) 전부개정 2007. 4. 6 법률 제8338호(시행 2008. 4. 7) 하천법 개정이유
(1) 국가하천 및 지방1급하천으로 편입되는 사유(私有) 토지가 사전 보상 및 등기 절차 없이 바로 국유로 됨에 따라 사유재산권을 침해한다는 논란이 있을 뿐만 아니라 막대한 보상비 마련 등 재정여건상 어려움이 있었음.
(2) 하천의 국유제를 폐지하는 대신 하천을 구성하는 사유의 토지 등에 대하여는 소유권 이전 및 저당권 설정 등의 일부 사권(私權) 행사를 제외하고는 사권을 행사할 수 없도록 하고, 국가하천으로 지정된 사유 토지에 대하여는 매수청구제를 도입하되, 현재 지방2급하천은 사유를 인정하고 보상대상에서 제외하고 있기 때문에 지방재정 등을 고려하여 지방하천을 매수청구대상에서 제외함.

309) 이에 따라 하천을 구성하는 사유 토지(하천법상의 하천으로서, 등기부상의 지목이 하천 또는 제방으로 등기된 토지를 대상으로 함)에 대하여는 소유권보존·이전이나 근저당권설정등기 등을 허용하게 되었다(하천법 제4조제2항에 따른 등기할 사항의 범위 등에 관한 업무처리지침, 2011. 10. 13 등기예규 제1387호, 하천구역편입토지보상에관한특별조치법에 따른 등기업무처리지침, 2011. 12. 19 등기예규 제1438호). 따라서 개정하천법이 시행되는 2008. 4. 7부터는 사인 소유의 토지가 하천구역에 편입되어도 사권이 소멸하지 않으므로 그 등기부를 폐쇄할 수 없다(유석주, 전게서, 37면).

310) 한 필의 토지를 두 필 이상의 토지로 분할하여 등기를 하려면 먼저 지적공부 소관청에서 지적측량을 하고 그에 따라 필지마다 지번, 지목, 경계 또는 좌표와 면적이 정하여지고 지적공부에 등록이 되어야 비로소 등기가 가능한 것이므로, 판결에 첨부된 토지의 표시만으로 지적공부 소관청에서 이러한 절차의 시행이 불가능하다면, 그 토지가 합병된 것이어서 구 지번 표시에 의하여 각 토지를 구별할 수 있다고 하여도 지적공부 소관청에 의한 지번, 지적 등의 확정절차가 없는 이상 목적물이 특정되지 않았음에는 다른 차이가 없으므로, 그 구 지번을 표시하여 등기를 할 수는 없다(대법원

물권변동에 관하여 형식주의를 취하는 현행 민법하에서는 등기를 하여야 물권변동이 생기는데, 토지의 일부에 대한 등기는 인정되지 아니한다(부동산등기법 제15조제1항, 민법 제186조, 제187조, 제245조). 그러나 분필절차 없는 용익물권의 설정(지상권, 지역권, 전세권)은 일필의 토지의 일부에도 설정할 수 있다(부동산등기법 제69조 내지 제74조, 동규칙 제126조 내지 제130조).[311] 이 경우 등기시 그 범위를 도면으로 표시하고 건물도면을 첨부정보로서 등기소에 제공하여야 한다(동규칙 제128조제2항, 제130조제2항). 담보물권인 저당권은 1필의 토지의 일부위에 설정할 수 없으나 지분에는 설정할 수 없다.[312]

※ 공유수면에 대한 소유권이전등기 신청의 가부(소극)
부동산등기법이 규정하고 있는 등기제도는 토지 또는 건물, 즉 부동산에 대한 일정한 권리의 득실변경을 등재하여 공시하는 제도이므로, 부동산이 아닌 공유수면을 구획지어 이에 대한 소유권(지분권)이전등기를 구하는 것은 부동산등기법상 허용될 수 없고, 미리 그 등기청구권을 보전하기 위하여 가처분을 하여도 이를 등기부에 공시할 방법도 없으므로 그 가처분 신청을 받아들일 수 없다.[313]

(2) 건물

건물은 토지에 정착하고 있는 건조물로서 토지와는 완전히 독립한 별개의 부동산을 말하며, 토지등기부와는 별도로 건물등기부를 두고 있다(민법 제99조, 부동산등기법 제14조제1항).[314] 건축물중 공작물과 구축물을 제외하여 흔히 건물이라고 하는데, 건물(building, Gebäude, batiment)은 토지에 정착하고 있는 건조물[315]로서 토지와는 완전히

2002. 9. 24, 2001다20103; 대법원 2003. 1. 10, 2002다41435; 대법원 2003. 3. 28, 2000다24856; 대법원 2005. 9. 29, 2003다40651; 대법원 2009. 7. 9, 2008다56019; 대법원 2011. 11. 10, 2010다75648).

311) 한국사법행정학회, 주석 민법총칙(상), 1985, 610면.

312) 사법연수원, 전게서, 7면.

313) 대법원 1991. 7. 23, 91다14574.

314) 민법 제99조 (부동산, 동산) ① 토지 및 그 정착물은 부동산이다.
② 부동산이외의 물건은 동산이다.

315) 건조물은 대체로 건물의 개념과 같으나 (i) 형법상 주거 또는 저택을 제외

별개의 부동산을 말한다.

한편, 건축물은 토지위에 건설하여 사람이 거주하거나 그 밖의 목적에 쓰이는 공간을 구성하는 물체를 말한다. 건축물의 개념은 일반적으로 많이 사용되고 있는데, 이에는 강학상 개념, 건축법상 개념, 지방세법상 개념으로 다시 세분할 수 있다. 먼저 강학상으로 건축물은 토지에 정착하는 공작물중 지붕 및 기둥 또는 벽이 있는 것과 이에 부수되는 시설(대문, 담장), 공중의 용도로 쓰이는 관람시설(경기장의 스탠드, 전망대), 지하 또는 고가의 공작물에 설치하는 사무소, 공연장, 점포, 창고를 말한다.[316] 그리고 건축법상으로 건축물은 토지에 정착하는 공작물중 지붕과 기둥 또는 벽이 있는 것과 이에 딸린 시설물, 지하 또는 고가의 공작물에 설치하는 사무소・공연장・점포・차고・창고 기타 대통령령이 정하는 것이다(건축법 제2조제1항 제2호). 지방세법에서는 건축물을 건축법상의 건축물과 토지에 정착하거나 지하 또는 다른 구조물에 설치하는 레저시설, 저장시설, 도크시설, 접안시설, 도관시설, 급・배수시설, 에너지 공급시설 그 밖에 이와 유사한 시설(지방세법 제6조 제4호, 지방세법 시행령 제5조제1항)로 규정하고 있다.

그밖에 건물 또는 건축물과 유사한 개념으로는 건조물, 공작물, 구조물, 시설물 등이 있다. 이와 같이 여러 개념이 존재하는 것은 토지의 정착물인 건물이 다른 나라와는 달리 별개의 부동산으로 취급되고 있기 때문이다.

※ 건조물(Gebäude, a building) : 형법상 주거 또는 저택을 제외한 일체의 건물을 말한다. 즉 공장, 창고, 극장 또는 관공서의 청사가 여기에 해당한다. 건물 뿐만 아니라 정원도 포함한다. 건조물이라고 하기 위하여는 지붕이 있고 담 또는 기둥으로 지지되어 토지에 정착하고 있어 사람이 출입할 수 있

한 일체의 건물을 말하고, (ii) 건물 뿐만 아니라 정원도 포함되며, (iii) 부동산에 제한된다는 점에 다소 차이가 있다(법률신문사, 신법률학대사전, 1992, 73면).

316) 한국사전연구사, 전게서, 1994.

을 것을 요한다. 따라서 사람이 출입할 수 없는 견사나 토지에 정착되지 않은 천막은 건조물이 아니다.[317] 판례는 알미늄샤시로 된 구조물로 지면에 접촉만 시켜놓았다가 지면에서 물이 스며드는 것을 막기 위하여 시멘트로 지면과 접촉부분을 막아놓은 정도의 구조물을 건조물로 인정하였다.[318]

※ 공작물 : 인공적 작업에 의하여 만들어진 물건을 말하는 것으로, 토지에 부착하여 설치된 「토지의 공작물」을 가르키는 경우가 보통이다. 건물·담·벽·동상·다리와 같은 지상물외에 제방·터널·개천 따위도 이에 포함된다. 이러한 공작물은 광의의 공작물, 협의의 공작물, 최협의의 공작물로 구분할 수 있다. 광의의 공작물이라 할 때에는 건축물도 포함되나 협의의 공작물은 건축물을 제외한 굴뚝, 광고탑, 고가 수조, 탱크, 기둥, 옹벽, 승강기, 비행탑, TV 방송용 따위의 철탑 등을 말한다.[319] 최협의의 공작물은 재료에 기계적 가공을 하여 만든 물건으로 설비·기계등이라고 할 수 있다. 이러한 최협의의 공작물은 토지의 정착물이라고 할 수 없는 동산에 가깝다고 보아야 할 것이다. 건축법에서는 「대지를 조성하기 위한 옹벽·굴뚝·광고탑·고가 수조·지하대피호 기타 이와 유사한 것으로 골프연습장등의 운동시설을 위한 철탑, 기계식 주차장 및 철골조립식 주차장, 제조시설·저장시설·유희시설 등」(건축법 제83조, 동법 시행령 제118조 제1항)으로 규정하여 협의의 공작물을 공작물로 보고 있다.

※ 구축물 : 토지에 건설하여 일정한 기능을 하도록 만든 구조물을 구축물이라고 한다. 건축물과 구별하기 위해 토목구축물로 한정하는 경우가 많다.

※ 구조물 : 땅속이나 땅위에 인공적으로 땅에 고정시켜 만든 것으로 좁은 의미에서는 건물이외의 것을 말한다.[320]

※ 시설물 : 구조물과 마찬가지로 인위적 정착물과 거의 같은 개념으로 생각된다. 다만, 지방세법에서는 승강기(엘리베이터·에스컬레이터 그 밖의 승강시설), 20킬로와트 이상의 발전시설, 난방용보일러·욕탕용보일러, 7천560킬로칼로리급 이상의 에어컨(중앙조절식에 한함), 부착된 금고, 교환시설, 건물의 냉·난방, 급·배수, 방화, 방범 등의 자동관리를 위하여 설치하는 인텔리젼트 빌딩시스템 시설, 구내의 변전·배전시설등을 시설물로 열거하고 있다(지방세법 시행령 제6조)을 시설물로 열거하고 있다.

우리나라의 법제사에 있어서 대지는 건물의 종물로 이해되었지만,[321] 지금까지 우리나라에서는 건물은 토지와 완전히 독립한 별개

317) 법률신문사, 신법률학대사전, 1992, 73면.
318) 대법원 1989. 2. 28, 88도2430.
319) 한국사전연구사, 건축·토목대사전, 1994.
320) 동아출판사, 동아새국어사전, 1992, 249면.
321) 이영준, 민법총칙, 박영사, 1993, 909면; 정옥태, 전게논문, 143면.

의 부동산으로 토지등기부와는 따로 건물등기부를 두고 있다(민법 제99조, 부동산등기법 제14조). 따라서 토지와 따로이 권리의 객체가 되며, 그에 관한 물권의 득실변경은 원칙적으로 등기하여야 효력이 생긴다(민법 제186조).

독립된 부동산으로 되는 건물은 쉽게 해체·이동할 수 없는 것으로,[322] 신축건물의 경우에는 최소한 기둥과 지붕, 주벽만이라도 이루어져야 독립된 부동산으로 볼 수 있다.[323] 짓고 있는 건물은 언제부터 독립한 부동산이 되느냐[324] 또는 헐고 있는 건물은 언제부터 건물

---

322) 「네개의 나무기둥을 세우고, 그 위에 유지로 만든 지붕을 얹었고, 4면중 앞면을 제외한 3면에 송판을 띄엄띄엄 가로질러 놓았으나 벽이라고 볼만한 시설이 되어 있지 아니한 물건이라면, 쉽게 이를 해체·이동할 수 있는 있는 것이어서 토지의 정착물, 즉 부동산이라고 볼 수 없다」고 한다(대법원 1966. 5. 31, 66다551, 조상원(편), 전게서, 131면). 가옥건축의 목적으로 목재를 조립해서 지상에 정착시키고 기왓장만을 덮은 것으로는 아직 건물이 되었다고 할 수 없다(일대심 1926. 2. 22)(조상원(편), 전게서, 131면). 「건축주의 사정으로 건축공사가 중단되었던 미완성의 건물을 인도받아 나머지 공사를 마치고 완공하였다고 하더라도 공사가 중단된 시점에서 사회통념상 독립한 건물이라고 볼 수 있는 형태와 구조를 갖추고 있었다면 원래의 건축주가 이를 원시취득하였다고 봄이 상당하다」(대법원 1984. 9. 25, 83다카1858; 대법원 1993. 4. 23, 93다1527)고 판시한 것이 있다. 판례는 독립된 부동산으로서의 건물의 요건으로 최소한의 기둥과 지붕, 주벽이 이루어지면 법률상 건물이라고 할 수 있다(대법원 1996. 6. 14 94다53006; 대법원 2001. 1. 16, 2000다51872; 대법원 2002. 4. 26, 2000다16350; 대법원 2003. 5. 30, 2002다21592; 대법원 2005. 7. 15, 2005다19415)고 판시하고 있다.

323) 지상 3층 규모의 철골구조물로 된 주차시설로서 철제 에이치빔(H-beam)으로 기둥을 세우고 바닥에 철판을 깔고 차량이 주차할 수 있는 공간을 페인트로 선을 그어 구획하여 놓았으며, 각 층 전면의 절반가량의 높이에 철판을 잇대어 가려 놓았을 뿐 벽이라고 볼만한 것은 없는 차량전시장은 독립한 부동산인 건물로서의 요건을 갖추지 못하여 구분소유의 객체가 될 수 없고, 따라서 그 일부분에 페인트로 선을 그어 놓은 이 사건 전시장 19구획이 이 사건 전시장의 다른 부분과 구분된다고 단정할 수 없다(대법원 2011. 6. 30, 2009다30724).

324) 건축중의 건물이 어느 정도에 이르렀을 때 이를 독립된 부동산으로 볼 것이냐는 물리적 구조만을 표준으로 획일적으로 이를 결정질 수 없고 건물의 기능과 효용면에서 독립된 건물이라고 하려면 최소한 기둥과 지붕, 주벽만이라도 이루어져야 된다고 할 것이다(대법원 1977. 4. 26, 76다1677)(조상원(편), 전게서, 131면). 지하 1, 2층 및 지상 1층까지의 콘크리트 골조 및 기둥, 천장(슬라브)공사가 완료되어 있고, 지상 1층의 전면(남쪽)에서 보아 좌측(서쪽) 벽과 뒷면(북쪽) 벽 그리고 내부 엘리베이터 벽체가 완성된 사실을 인정할 수 있으므로, 이 사건 공작물은 최소한의 지붕과 기둥 그리고 주벽

이 아닌 것으로 되느냐는 양도, 압류 등에 관하여 중요한 문제가 된다. 이에 대한 일정한 표준이 있는 것이 아니므로 결국 사회통념에 의하여 결정하는 수밖에 없다.[325][326]

건물이 붕괴되면 이미 부동산은 아니게 되므로 그 위의 저당권 등은 소멸한다. 헐기 위하여 매매된 건물은 당사자의 의사에 의하여 부동산이 아니고, 매수인은 그 건축재료에 대하여 소유권을 가지는데 지나지 않으며 그 이전등기청구권을 갖지 않은 것이라고 볼 것이다. 일부 멸실된 건물의 경우에는 잔존의 정도, 형상정도, 가옥의 사용목적 등에 따라 건물의 여부가 결정된다.[327]

건물의 개수에 대하여는 토지와는 달리 등기부에 의할 것은 아니고 사회통념 또는 거래관념에 따라 결정된다. 즉 물리적 구조에 따라 정할 것은 아니다. 건물의 개수와 관련하여 건물의 독립성[328] · 일체성은 구체적으로는 건물의 구조 · 주위 건물과의 접착의 정도, 연락의 설비, 사방의 상황, 소유자의 의사[329] 등을 고려하여 정하여 진다.[330][331]

(주벽)이 이루어졌다고 할 것이어서 미완성 상태의 독립된 건물(원래 지상 7층 건물로 설계되어 있으나, 지상 1층만으로도 구분소유권의 대상이 될 수 있는 구조임이 분명하다)로서의 요건을 갖추었다고 할 것이다(대법원 2001. 1. 16, 2000다51872; 대법원 2002. 4. 26, 2000다16350; 대법원 2003. 5. 30, 2002다21592; 대법원 2005. 7. 15. 2005다19415)고 판시하고 있다.

325) 제정 2004. 10. 1 등기예규 제1086호(등기능력 있는 물건 여부의 판단에 관한 업무처리지침).

326) 축사는 입법(축사의 부동산등기에 관한 특례법(제정 2009. 10. 21, 법률 제9805호))에 의해 등기가 되는 건물로 취급하고 있으나, 소를 사육하는 용도로 계속 사용할 수 있는 개방형 축사 중 지붕 및 견고한 구조를 갖추고 건축물대장에 등록된 연면적이 200제곱미터를 초과하는 건축물에 한정된다.개정 2011. 10. 11 등기예규 제1396호(개방형 축사의 소유권보존등기에 관한 예규).

327) 한국사법행정학회, 전게서, 614면; 대법원 1961. 11. 23, 4293민상623, 624; 대법원 1964. 11. 28, 64마878.

328) 구조상의 독립성이 인정되지 않는 건물의 일부는 비록 집합건축물대장에 독립한 별개의 건물로 등재되어 있더라도 구분건물로서 등기를 할 수 없고, 등기부에 구분건물로 등기되더라도 그 등기는 그 자체로 무효이다(대법원 2010. 1. 14, 2009마1449; 대법원 2011. 3. 24, 2010다95949).

329) 본 건물의 사용에만 제공되는 부속건물이라 하여도 소유자의 신청에 따라 본 건물과 합하여 1개의 건물로 등기를 할 수 있고 또는 그 부속건물을 본 건물과는 별도로 1개의 독립건물로 등기를 할 수 있으므로 부속건물에 대한 소유권보존등기는 유효하다(대법원 1974. 12. 24, 74다1163).

330) 한국사법행정학회, 전게서, 614면.

1동의 건물의 일부가 독립하여 소유권의 객체가 될 수 있음은 민법 제215조에서 「구분소유」로서 인정하고 있을 뿐만 아니라, 「집합건물의 소유 및 관리에 관한 법률」[332]이 그러한 건물의 구분소유를 합리적으로 규율하기 위하여 제정되어 있다. 2003년에는 동법을 개정하여 상가 등의 집합건물안의 구분된 점포가 일정한 요건을 갖춘 경우 구분소유권의 대상이 되게 하고, 이를 통하여 부동산등기법에 의한 단독소유 형태의 소유권등기가 가능하도록 하였다(동법 제1조의2, 제56조, 부동산등기법 제29조제11호, 제40조제2항).[333][334]

---

331) 독일의 경우 건축중인 건물(Überbau)은 합법적인 경우에는 특별한 법률의 적용에 의해 토지의 구성부분으로 되지 않고, 불법적인 경우에는 제946조에 의해 토지의 구성부분이 되거나 제912조에 의해 배상으로서 지대를 지불해야 하는 의무가 생긴다(Münchener Kommentar, a. a. O., S. 806).

332) 제정 1984. 4. 10 법률 제3725호.

333) 건물이 설계도상 처음부터 여러 층으로 건축할 것으로 예정되어 있고 그 내용으로 건축허가를 받아 건축공사를 진행하던 중에 건축주의 사정으로 공사가 중단되었고 그와 같이 중단될 당시까지 이미 일부 층의 기둥과 지붕 그리고 둘레 벽이 완성되어 그 구조물을 토지의 부합물로 볼 수 없는 상태에 이르렀다고 하더라도, 제3자가 이러한 상태의 미완성 건물을 종전 건축주로부터 양수하여 나머지 공사를 계속 진행한 결과 건물의 구조와 형태 등이 건축허가의 내용과 사회통념상 동일하다고 인정되는 정도로 건물을 축조한 경우에는, 그 구조와 형태가 원래의 설계 및 건축허가의 내용과 동일하다고 인정되는 건물 전체를 하나의 소유권의 객체로 보아 그 제3자가 그 건물 전체의 소유권을 원시취득한다고 보는 것이 옳고, 건축허가를 받은 구조와 형태대로 축조된 전체 건물 중에서 건축공사가 중단될 당시까지 기둥과 지붕 그리고 둘레 벽이 완성되어 있던 층만을 분리해 내어 이 부분만의 소유권을 종전 건축주가 원시취득한다고 볼 것이 아니다. 또한, 구분소유가 성립하는 시점은 원칙적으로 건물 전체가 완성되어 당해 건물에 관한 건축물대장에 구분건물로 등록된 시점이라고 할 것이므로, 건축공사가 중단될 당시까지 종전 건축주에 의하여 축조된 미완성 건물의 구조와 형태가 구분소유권의 객체가 될 수 있을 정도가 되었다고 하더라도 마찬가지이다(대법원 2006. 11. 9, 2004다67691).

334) 위의 판례(대법원 2006. 11. 9, 2004다67691)는 변경되었다. 1동의 건물에 대하여 구분소유가 성립하기 위해서는 객관적·물리적인 측면에서 1동의 건물이 존재하고, 구분된 건물부분이 구조상·이용상 독립성을 갖추어야 할 뿐 아니라, 1동의 건물 중 물리적으로 구획된 건물부분을 각각 구분소유권의 객체로 하려는 구분행위가 있어야 한다. 여기서 구분행위는 건물의 물리적 형질에 변경을 가함이 없이 법률관념상 건물의 특정 부분을 구분하여 별개의 소유권의 객체로 하려는 일종의 법률행위로서, 그 시기나 방식에 특별한 제한이 있는 것은 아니고 처분권자의 구분의사가 객관적으로 외부에 표시되면 인정된다. 따라서 구분건물이 물리적으로 완성되기 전에도 건축허

1동의 건물로 등기되어 있는 것은 구분 또는 분할의 등기절차를 밟기 전에는 처분하지 못한다. 또한 부동산등기법은 집합건물의 규약[335]상의 공용부분에 대하여는 표제부만을 두고, 일정한 경우에는 구분건물에 관한 표시등기를 신청하거나 신청할 수 있음을 규정하고 있으므로(동법 제46조, 제47조), 구분건물의 표시에 관한 등기사항은 독립한 등기사항이다(동법 제3조).

※ 컨테이너, 폐기차, 여객선도 건축허가의 대상이 됨

가. 건축법 제2조 제2항 소정의 "토지에 정착하는 공작물"이란 반드시 토지에 고정되어 이동이 불가능한 공작물만을 가리키는 것은 아니고, 물리적으로는 이동이 가능하게 토지에 붙어 있어도 그 붙어 있는 상태가 보통의 방법으로는 토지와 분리하여 이를 이동하는 것이 용이하지 아니하고, 그 본래의 용도가 일정한 장소에 상당기간 정착되어 있어야 하고 또 그렇게 보여지는 상태로 붙어 있는 경우를 포함한다.

나. 공터에 설치된 벽과 지붕이 철재로 되고 길이 약 12.2m 폭 약 2.4m 높이 약 2.6m, 건평 29.7m 인 "콘테이너 하우스"가 내부는 베니아판으로 되어있고 창문 4개와 출입문이 2개가 있어 이것을 토지에 정착하면 건축물과 같은 형태를 가지고 실제 1년 동안 밧데리 수리상의 사무실 및 창고로 사용되었으며, 이를 보통 사람의 힘만으로는 이동할 수 없고 이를 이동시키기 위하여는 상당한 동력을 가진 장비에 의하여서만 가능하다면, 위 "콘테이너 하우스"는 건축법 제2조 제2호가 규정하는 "건축물"에 해당한다고 보아야 한다.

다. 각 부분이 3톤 이하로서 용이하게 세분될 수 있는 물건을 도시계획법 제4조 제1항에 의한 허가대상에서 제외시키고 있는 같은법시행령 제5조 제2항에서 말하는 "이동이 용이하지 아니한 물건"은 건축물 아닌 물건을

가신청이나 분양계약 등을 통하여 장래 신축되는 건물을 구분건물로 하겠다는 구분의사가 객관적으로 표시되면 구분행위의 존재를 인정할 수 있고, 이후 1동의 건물 및 그 구분행위에 상응하는 구분건물이 객관적·물리적으로 완성되면 아직 그 건물이 집합건축물대장에 등록되거나 구분건물로서 등기부에 등기되지 않았더라도 그 시점에서 구분소유가 성립한다(대법원(전원합의체) 2013. 1. 17, 2010다71578; 대법원 2013. 7. 25, 2012다18038; 대법원 2014. 9. 4, 2013다98420; 대법원 2016. 5. 27, 2015다77212; 대법원 2016. 6. 28, 2013다70569; 대법원 2016. 6. 28, 2016다1854).

335) 규약은 집합건물의 공용부분 · 대지 또는 부속시설 등의 관리와 사용에 관한 근본규칙으로서, 관리단 집회에서 구분소유자 및 의결권의 각 3/4이상으로써 설정 · 변경 또는 폐지할 수 있으며, 그 효력은 구분소유자와 그 포괄승계인 · 특정승계인 모두에게 미친다.

가리키는 것이지 건축물을 가리킨다고 할수 없고, 토지에 정착하는 위 "나"항의 "콘테이너 하우스"는 건축물에 해당하므로 위 법조 소정의 허가의 대상이 된다.
라. 토지에 정착하지 아니한 상태로 있는 위 "나"항의 "콘테이너 하우스" 그 자체는 건축물이라고 할 수 없고, 이것을 토지에 정착하기 이전에는 하나의 제조물 또는 공작물이라고 보아야 할 것이므로 이와같은 "콘테이너 하우스"를 제조 또는 제작하는 것 그 자체는 건축행위라고 할 수 없으나 이것을 토지에 정착하는 행위는 건축에 해당한다고 보아야 한다.[336]

※ 단독주택과 공동주택을 중심으로 용도별 건축물의 종류(건축법 시행령 제3조의5, 별표1)[337]
첫째, 단독주택[단독주택의 형태를 갖춘 가정어린이집·공동생활가정·지역아동센터 및 노인복지시설(노인복지주택은 제외한다)을 포함한다]은 단독주택, 다중주택, 다가구주택, 공관을 포함한다. 다중주택은 1) 학생 또는 직장인 등 여러 사람이 장기간 거주할 수 있는 구조로 되어 있는 것, 2) 독립된 주거의 형태를 갖추지 아니한 것(각 실별로 욕실은 설치할 수 있으나, 취사시설은 설치하지 아니한 것을 말한다), 3) 1개 동의 주택으로 쓰이는 바닥면적의 합계가 330제곱미터 이하이고 주택으로 쓰는 층수(지하층은 제외한다)가 3개 층 이하일 것의 요건을 모두 갖출 것을 요구한다. 다가구주택은 1) 주택으로 쓰는 층수(지하층은 제외가 3개 층 이하일 것. 다만, 1층의 진부 또는 일부를 필로티 구소로 하여 주차장으로 사용하고 나머지 부분을 주택 외의 용도로 쓰는 경우에는 해당 층을 주택의 층수에서 제외한다. 2) 1개 동의 주택으로 쓰이는 바닥면적(부설 주차장 면적은 제외한다)의 합계가 660제곱미터 이하일 것 3) 19세대(대지 내 동별 세대수를 합한 세대를 말한다) 이하가 거주할 수 있을 것의 요건을 모두 갖춘 주택으로서 공동주택에 해당하지 아니하는 것을 말한다.
둘째, 공동주택[공동주택의 형태를 갖춘 가정어린이집·공동생활가정·지역아동센터·노인복지시설(노인복지주택은 제외한다) 및 「주택법 시행령」 제3조제1항에 따른 원룸형 주택을 포함한다]. 다만, 아파트나 연립주택에서 층수를 산정할 때 1층 전부를 필로티 구조로 하여 주차장으로 사용하는 경우에는 필로티 부분을 층수에서 제외하고, 다세대주택에서 층수를 산정할 때 1층의 바닥면적 2분의 1 이상을 필로티 구조로 하여 주차장으로 사용하고 나머지 부분을 주택 외의 용도로 쓰는 경우에는 해당 층을 주택의 층수에서 제외하며, 아파트, 연립주택, 다세대주택, 기숙사에서 층수를 산정할 때 지하층을 주택의 층수에서 제외한다. 1) 아파트: 주택으로 쓰는

336) 대법원 1991. 6. 11, 91도945.
337) 일부개정 2017. 1. 28 대통령령 제27810호.

층수가 5개 층 이상인 주택. 2). 연립주택: 주택으로 쓰는 1개 동의 바닥면적(2개 이상의 동을 지하주차장으로 연결하는 경우에는 각각의 동으로 본다) 합계가 660제곱미터를 초과하고, 층수가 4개 층 이하인 주택. 3) 다세대주택: 주택으로 쓰는 1개 동의 바닥면적 합계가 660제곱미터 이하이고, 층수가 4개 층 이하인 주택(2개 이상의 동을 지하주차장으로 연결하는 경우에는 각각의 동으로 본다). 4) 기숙사: 학교 또는 공장 등의 학생 또는 종업원 등을 위하여 쓰는 것으로서 1개 동의 공동취사시설 이용 세대 수가 전체의 50퍼센트 이상인 것(「교육기본법」 제27조제2항에 따른 학생복지주택을 포함한다)

※ 단독주택인 다가구 주택과 공동주택인 다세대 주택
다가구 주택에서 다세대 주택으로 변경하기 위해서는 특별자치도지사 또는 시장·군수·구청장에게 당해 건축물대장의 전환을 신청해야 하며(건축물대장의 기재 및 관리 등에 관한 규칙 제15조, 이 경우 건축물대장, 등본 등의 서류를 제출해야 한다(부동산등기법 제46조). 다가구주택은 오피스텔, 원룸, 투룸 등과 같이 주로 임대사업용으로 쓰이고 있다.
다세대주택은 공동주택으로 구분등기가 가능하기 때문에 임대사업용으로 보다 소유를 목적으로 사용된다는 것이다. 우리 주변에서 흔히 볼 수 있는 빌라 등이 이에 해당한다.

<표 Ⅳ-4> 다가구 및 공동주택의 비교

구분	다가구	다세대	연립	아파트
성격	단독(임대용)	공동주택		
층	3층 이하	4층 이하		5층 이상
바닥면적	660제곱미터이하		660제곱미터초과	-
세대	19세대이하	-	-	-
구분등기	불가능	가능		

(3) 기타 등기사항인 물건

토지와 건물이외에 물건으로 「입목에 관한 법률」에 의한 입목도 등기의 대상이 된다. 입목은 토지에 부착된 수목의 집단을 말한다(동법 제2조제1항).[338][339] 그러나 등기의 대상이 되는 물건은 사권(私權)

338) 제정 1973. 2. 6 법률 제2484호. 제정이유는 다음과 같다. 산림개발을 촉진

의 목적이 되는 것에 한하므로 하천부지는 부동산이지만 국가하천이 아닌 지방하천은 등기의 목적물로써 제한적인 범위내에서 인정된다(하천법 제4조제2항, 제7조제1항).[340][341]

건축물의 등기능력 유무에 대한 판단은 다음과 같은 기준에 의한다.[342] 첫째, 건축법상 건축물에 관하여 건물로서 소유권보존등기를 신청한 경우, 등기관은 그 건축물이 토지에 견고하게 정착되어 있는지(정착성), 지붕 및 주벽 또는 그에 유사한 설비를 갖추고 있는지(외기분단성), 일정한 용도로 계속 사용할 수 있는 것인지(용도성) 여부를 당사자가 신청서에 첨부한 건축물대장등본 등에 의하여 종합적으로 심사하여야 한다. 둘째, 건축물대장등본 등에 의하여 건물로서의 요건을 갖추었는지 여부를 알 수 없는 경우, 등기관은 신청인으로 하여금 소명자료로서 당해 건축물에 대한 사진이나 도면을 제출하게 하여 등기능력 없는 건축물이 건물로서 등기되지 않도록 주의를 기울여야 한다. 셋째, 건물인지 여부를 판단하기 어려운 경우에는 그

함에 있어서는 장기성 저리자금의 융자에 의존하지 아니할 수 없고 이러한 융자를 얻기 위한 담보물로서는 충분한 재산가치를 지닌 입목이 매우 적합한 것이나 현행 법체제하에 있어서는 입목을 그 지반인 토지로부터 분리시켜 이에 대한 권리의 변동을 공시하는 방법이 미흡하여 그 담보가치를 인정받지 못하고 있는 바, 이로 인하여 산주의 적극적인 개발의욕을 저하시키고 있으므로 입목에 대한 저당권인정을 가능하게 하여 조림 및 그 사후관리등 산림경영에 필요한 자금을 손쉽게 확보하게 함으로써 종합적이고 효율적인 산림개발을 뒷받침하려는 것임.

339) 개정 2016. 6. 27 대법원규칙 제2668호(입목등기규칙).

340) 종전(2008년 이전)에는 하천국유제에 의해 지방2급 하천중 하천에 편입시켜 보상하지 않은 경우에는 등기사항인 물건이 되었다.

341) 하천법 제4조 (하천관리의 원칙) ② 하천을 구성하는 토지와 그 밖의 하천시설에 대하여는 사권(사권)을 행사할 수 없다. 다만, 다음 각 호의 어느 하나에 해당하는 경우에는 그러하지 아니하다.
1. 소유권을 이전하는 경우
2. 저당권을 설정하는 경우
3. 제33조에 따른 하천점용허가(소유권자 외의 자는 소유권자의 동의를 얻은 경우에 한한다)를 받아 그 허가받은 목적대로 사용하는 경우
하천법 제7조 (하천의 구분 및 지정) ① 하천은 국가하천과 지방하천으로 구분한다.

342) 제정 2004. 10. 1 등기예규 제1086호(등기능력 있는 물건 여부의 판단에 관한 업무처리지침).

물건의 이용상태 등을 고려하여 등기관이 개별적, 구체적으로 판단하여야 한다. 넷째, 집합건물의 구조상 공용부분에 대하여는 구조적, 물리적으로 공용부분인 것(복도, 계단 등)은 전유부분으로 등기할 수 없으며, 집합건물의 공용부분이라 하더라도 아파트 관리사무소, 노인정 등과 같이 독립된 건물로서의 요건을 갖춘 경우에는 독립하여 건물로서 등기할 수 있고, 이 경우 등기관은 공용부분인 취지의 등기를 한다. 다섯째, 공유수면을 구획지어 소유권보존등기신청을 하거나 굴착한 토굴에 관하여 소유권보존등기신청을 할 경우 등기관은 그 등기신청을 각하하여야 한다.

대법원 등기예규나 등기선례 등에 의하여 등기 능력이 있는 것으로 보는 물건에는 다음과 같은 것이 있다. 싸이로,[343] 유류저장탱크,[344] 가설건축물대장에 등록된 농업용고정온실,[345] 주유소의 주유시설물(공장저당법에 의한 저당권설정),[346] 방조제(제방), 건축물대장에 기재된 조적조 및 컨테이너 구조슬레이트 지붕주택[347] 등이 해당된다.

한편, 대법원 등기예규나 등기선례 등에 의하여 등기능력이 없는 것으로 보는 물건은 다음과 같다. 농지개량시설의 공작물(방수문, 잠관 등), 방조제 부대시설물(배수갑문, 권양기, 양수기 등), 아파트의 공용부분(복도, 계단, 변소),[348] 건물의 부대설비(승강기, 발전시설, 보일러 시설, 냉난방시

343) 등기선례 1-289(싸이로의 소유권보존등기 가부 등) .
344) 등기선례 3-4(유류저장탱크의 소유권보존등기 가부); 등기선례 4-1(공작물관리대장에 기재된 유류저장탱크의 보존등기).
345) 등기선례 3-7(농업용 고정식온실의 소유권보존등기); 등기선례 4-3(가설건축물대장에 등록된 농업용 고정온실의 소유권보존등기의 가부); 등기선례 201602-1(2016. 2. 24, 부동산등기과-406 질의회답); 대법원 1990. 7. 27, 90다카6160.
346) 등기선례 3-1(주유소의 주유시설물의 등기능력 등); 등기선례 3-580(주유소의 주유시설물에 대하여 공장저당법에 의한 공장저당권을 설정할 수 있는지 여부 등). 주유기, 유류저장탱크 등의 기계설비가 되어 있는 주유소는 공장저당법(공장 및 광업재단저당법 2009. 3. 25 시행, 법률 제9520호)상의 공장에 해당되어 공장저당법이 적용되는바, 기계기구 등의 목록을 제출하여 공장저당권을 설정할 수 있다(주유소의 담보취득, ○○은행 대출업무내규).
347) 등기선례 6-195(조적조및컨테이너구조 스레이트지붕 주택의 등기능력).
348) 등기선례 1-2(아파트의 복도, 계단 등의 등기능력).

설, 교환 및 방송시설, 옥내변전, 배전시설 등),[349] 공작물(양어장, 여과지, 치어장 등),[350] 경량철골조 조립식 구조의 가설건축물,[351] 수조(양어장),[352] 토굴(해산물 저장),[353] 하천,[354] 주유소의 캐노피,[355] 비닐하우스,[356] 등이 해당된다.

---

349) 등기선례 1-4(건물의 부대설비의 등기능력).

350) 등기선례 4-6(공작물에 대한 소유권보존등기의 가부). 건물로 등기할 수 있기 위해서는 설치된 장소에서 손쉽게 이동시킬 수 있는 구조물이 아니고 그 토지에 견고하게 부착시켜 그 상태로 계속 사용할 목적으로 축조된 것으로서 자연력으로부터 보호하기 위한 벽면과 지붕을 갖추어야 하는바, 공작물관리대장에 용도는 유희시설로, 구조는 기둥과 지붕이 있는 철골조 구축물로 기재된 공작물에 대하여는 건물소유권보존등기를 할 수 없을 것이다(2000. 5. 2. 등기 3402-318 질의회답).

351) 등기선례 4-315(가설건축물의 등기능력).

352) 등기선례 3-9(수조(양어장)에 대한 건물보존등기 가능여부).

353) 등기선례 4-5(토굴의 소유권보존등기 가부).

354) 등기선례 3-10(하천의 등기능력). 평택군 오성면 당거리 110 하천 1,891㎡가 하천법 제3조에 의거 1982. 7. 6. 토지소유권말소등기 촉탁을 함으로써 등기부상 표제부가 말소된 토지를 공유수면매립준공으로 토지대장상 동소 110과 110-1로 분할되어 동소 110-1번지는 공유수면매립지로 편입되어 해면성 말소되었고, 동소 110번지는 말소 등기를 하여 미등기상태로 하천구역으로 되어 있는 바, 본 토지를 관리청지정을 받아 보존등기를 할 수 있는지 여부. 하천법상의 하천은 소유권보존등기의 대상이 되지 아니한다.

355) 등기선례 6-6(주유소 캐노피의 등기능력). 소유권보존등기가 가능한 건물은 지붕과 벽면을 갖추고 토지에 견고하게 부착되어 쉽게 해체·이동할 수 없는 독립된 건물 등을 말하며 그 구체적인 판단은 사회의 일반 거래관념 내지 사회통념에 따라서 이루어지는바, 주유소 캐노피는 토지에 견고하게 부착되어 있고 내구성 있는 재료를 사용한 벽면과 지붕을 갖추고 있는 독립된 건물로 볼 수 없으므로 비록 건축물대장에 철골조 건축물로서 등재되어 있다고 할지라도 소유권보존등기를 신청할 수 없다(2000. 4. 21. 등기 3402-292 질의회답).

356) 등기선례 6-4(비닐하우스의 등기능력). 소유권보존등기가 가능한 건물은 지붕과 벽면을 갖추고 토지에 견고하게 부착되어 쉽게 해체 이동할 수 없는 독립된 건물 등을 말하며 그 구체적인 판단은 사회의 일반 거래관념 내지 사회통념에 따라서 이루어지는바, 철구조물에 비닐을 덮어씌워 제작된 비닐하우스는 토지에 견고하게 부착되어 있고 내구성 있는 재료를 사용한 벽면과 지붕을 갖추고 있는 독립된 건물로 볼 수 없으므로 소유권보존등기를 할 수 없다(2000. 6. 7 등기 3402-395 질의회답).

<표 Ⅳ-5> 등기사항인 물건과 등기사항이 아닌 물건

등기사항인 물건	등기사항이 아닌 물건
축사(소, 건축물대장, 200㎡초과) 하천법의 적용을 받지 않는 하천, 지방2급하천(준용하천)중 편입보상이 되지 않은 하천 도로법상의 도로 방조제 농업용 고정식 온실 유류저장탱크, 싸이로(silo), 비각 국유재산 경량철골조 경량패널지붕 건축물 건축물대장에 조적조 및 컨테이너구조 슬레이트지붕주택으로 등재된 건축물 주유소의 주유시설물	하천법상의 하천(적용하천), 공유수면하의 토지, 터널, 교량, 토굴, 급유탱크 방조제 부대시설물(배수갑문, 권양기, 양수기) 농지개량시설의 공작물(방수문, 잠관) 일시사용을 위한 가설건축물 경량철골조 혹은 조립식 패널 구조의 건축물, 컨테이너 견본주택(모델하우스), 지붕이 없는 공작물 옥외풀장, 양어장, 주유소의 캐노피, 비닐하우스
구분건물의 전유부분 구분건물의 규약상 공용부분 구분건물의 부속건물 공용부분중 구분건물 또는 독립건물로서의 구조를 가지는 경우(지하실, 기계실, 노인정, 관리사무소) 공동주택의 지하주차장	구분건물의 구조상 공용부분(복도, 계단) 지하상가, 시장건물의 통로, 복도, 계단, 화장실 승강기, 발전시설, 보일러시설(독립건물로 구조를 가지는 경우에는 등기사항인 물건임)

자료: 각 등기예규 및 등기선례 참조.

3) 등기사항인 권리와 등기사항이 아닌 권리

(1) 등기사항인 권리

등기의 대상이 되는 권리는 부동산등기법상 인정되는 권리와 특별법에 의하여 인정되는 권리로 구분된다. 첫째, 부동산등기법상 인정되는 권리는 부동산 물권과 부동산 물권이 아닌 경우이다(동법 제3조).[357] 부동산 물권은 등기를 갖춤으로써 권리변동의 효력이 생긴다. 즉 소유권(所有權), 구분소유권(區分所有權), 지상권(地上權), 구분지상권(區分地上權), 지역권(地役權), 전세권(傳貰權), 저당권(抵當權)이다.

357) 부동산등기법 제3조(등기할 수 있는 권리 등) 등기는 부동산의 표시(表示)와 다음 각 호의 어느 하나에 해당하는 권리의 보존, 이전, 설정, 변경, 처분의 제한 또는 소멸에 대하여 한다. 1. 소유권(所有權) 2. 지상권(地上權) 3. 지역권(地役權) 4. 전세권(傳貰權) 5. 저당권(抵當權) 6. 권리질권(權利質權) 7. 채권담보권(債權擔保權) 8. 임차권(賃借權)

부동산 물권이 아니면서 등기가 되는 것도 있다. 즉 권리질권(權利質權)[358]과 같이 저당권에 의해 담보된 채권을 질권의 목적으로 하는 경우와 물권이 아니지만 공시의 원칙을 관철하기 위하여 특별히 등기능력을 인정하고 있는 경우도 있다. 즉 부동산임차권(不動産賃借權, 민법 제621조, 부동산등기법 제3조), 부동산환매권(不動産還買權, 민법 제592조, 부동산등기법 제53조)[359]의 경우에 대하여는 등기능력을 인정하고 있다. 저당권으로 담보한 채권을 질권(質權)의 목적으로 한 때에는 그 저당권등기에 질권의 부기등기를 하여야 그 효력이 저당권에 미친다(민법 제348조, 부동산등기법 제76조제1항). 주의하여야 할 것은 부동산의 사용·수익을 목적으로 하는 권리는 권리질권의 대상이 되지 못하고, 저당권만이 권리질권의 대상이 된다는 점이다.

둘째, 경제적 필요성에 의해 부동산 이외에도 공장재단, 광업재단, 20톤 이상의 선박, 입목의 경우에도 각각의 등기부를 두고 소유권보존과 저당권설정등기가 가능하다. 1961년부터 시행하고 있는 공장재단저당제도[360]과 광업재단저당제도,[361] 1973년부터 시행하고 있

---

358) 민법 제345조 (권리질권의 목적) 질권은 재산권을 그 목적으로 할 수 있다. 그러나 부동산의 사용, 수익을 목적으로 하는 권리는 그러하지 아니하다.
제348조 (저당채권에 대한 질권과 부기등기) 저당권으로 담보한 채권을 질권의 목적으로 한 때에는 그 저당권등기에 질권의 부기등기를 하여야 그 효력이 저당권에 미친다.
부동산등기법 제76조(저당권부채권에 대한 질권 등의 등기사항) ① 등기관이 「민법」 제348조에 따라 저당권부채권(抵當權附債權)에 대한 질권의 등기를 할 때에는 제48조에서 규정한 사항 외에 다음 각 호의 사항을 기록하여야 한다. 1. 채권액 또는 채권최고액 2. 채무자의 성명 또는 명칭과 주소 또는 사무소 소재지 3. 변제기와 이자의 약정이 있는 경우에는 그 내용 ② 등기관이 「동산·채권 등의 담보에 관한 법률」 제37조에서 준용하는 「민법」 제348조에 따른 채권담보권의 등기를 할 때에는 제48조에서 정한 사항 외에 다음 각 호의 사항을 기록하여야 한다. 1. 채권액 또는 채권최고액 2. 채무자의 성명 또는 명칭과 주소 또는 사무소 소재지 3. 변제기와 이자의 약정이 있는 경우에는 그 내용

359) 부동산등기법 제53조(환매특약의 등기) 등기관이 환매특약의 등기를 할 때에는 다음 각 호의 사항을 기록하여야 한다. 다만, 제3호는 등기원인에 그 사항이 정하여져 있는 경우에만 기록한다. 1. 매수인이 지급한 대금 2. 매매비용 3. 환매기간.

360) 공장재단등기 접수가 되지 않은 해도 있고, 접수된 해의 경우에도 많아야 겨우 7건에 그치고 있다. 1998년 0건, 1999년 7건, 2000년 3건, 2001년 4건,

는 입목저당제도,[362] 2001년부터 시행하고 있는 부부재산약정제도[363] 등은 활발하게 운용되지 못하고 있다.[364]

(2) 등기사항이 아닌 권리

부동산 물권이 모두 등기할 수 있는 권리는 아니다. 부동산에 관한 점유권(占有權), 유치권(留置權), 특수지역권(特殊地役權)[365]은 성질상·법률상 등기를 요하지 않으며 등기능력도 없다. 즉 점유권은 점유라는 사실을 법률요건으로 하여 생기는 권리이며(민법 제192조 내지 제209조), 유치권은 일정한 경우에 법률상 당연히 성립하는 법정담보물권이다(민법 제320조). 점유권과 유치권은 현재 물건을 점유하고 있다는 사실에 기인하여 그 점유가 계속되는 동안에만 인정되는

2002년 0건이다(박경량, “특수담보제도의 운영 현황, 문제점과 개선방안,” 한국민사법학회, 비교사법 제11권 제1호(통권 제24호), 2004. 3, 19면).

361) 2004년 1월 30일 현재 1998년 이후 법원에 접수된 광업재단설정등기 건수가 한건도 없었다(상게논문, 19면).

362) 1998년에서 2002년까지의 입목저당등기는 소유권보존등기의 경우 1998년 0건, 1999년 2건, 2000년 7건, 2001년 9건, 2002년 5건이며, 소유권외의 권리설정과 이전등기의 경우 1998년 0건, 1999년 0건, 2000년 7건, 2001년 0건, 2002년 2건이며, 최근(2007년)의 사정도 여전하다(박경량, “물적 담보제도의 현재와 미래,” 한국민사법학회, 민사법학 제36호, 2007. 5, 303-304면).

363) 부부재산약정제도는 우리 민법 제정당시부터 존재하였지만 시행 후 50년이 되도록 이에 대한 이용이 거의 없어 사문화된 과제로 부부재산약정등기에 관한 사항 또는 정비되지 못한 상황에서 2001년에 처음으로 부부재산약정등기를 신청한 것을 계기로 정비되었다(하승완, “부부재산약정등기에 관한 고찰,” 한국민사법학회, 민사법학 제46호, 2009. 9,, 628면). 부부재산약정등기는 2001년에 처음으로 접수되었고, 2001년에 3건, 2002년 5건, 2003년 3건, 2004년 1건, 2005년 1건, 2006년 3건 2007년 10건 등 7년 동안 총 26건이 접수되었다(하승완, “부부재산약정제도의 이용실태와 개선방안,” 한국법학회, 법학연구, 제33집, 2009. 2, 201면).

364) 공시방법의 공시의 정도가 낮다는 것은 거래의 위험이 높다는 것을 의미하고, 이는 금융이용의 이자율에 반영되어 신용비용을 높이거나, 아예 금융제공을 회피하는 요인으로 작용하고(고준석, “한국 인적담보권의 공시방법에 관한 평론,” 원광대학교 법학연구소, 원광법학, 제23권 제3호, 2007. 12, 106면), 이들 공시제도의 대상은 동산양도담보의 형태로 활용되고 있을 것으로 생각된다.

365) 민법 제302조 (특수지역권) 어느 지역의 주민이 집합체의 관계로 각자가 타인의 토지에서 초목, 야생물 및 토사의 채취, 방목 기타의 수익을 하는 권리가 있는 경우에는 관습에 의하는 외에 본장의 규정을 준용한다.

권리이므로 그 성질상 등기로 공시할 필요가 없다. 이와 같은 권리는 부동산위에 성립하는 경우에도 등기할 수 없다. 주위토지통행권 확인 판결을 받았다고 하더라도 토지통행권은 부동산등기법 제2조에서 정하는 등기할 사항이 아니므로 등기할 수 없다.[366] 그밖에 등기의 대상이 될 수 없는 권리는 부부재산약정등기와 같이 비송사건절차법의 규정에 의하여 등기할 사항이지만 부동산등기의 대상이 아닌 경우도 있다(비송사건절차법 제68조 내지 제71조).[367][368]

4) 등기사항인 물권변동

(1) 물권의 득실변경

'물권의 득실변경'은 등기의 대상이 되는 권리의 「설정, 보존, 이전, 변경, 처분의 제한 또는 소멸」을 말한다(부동산등기법 제3조). 부동산에 관한 법률행위로 인한 물권의 득실변경은 등기하여야 그 효력이 발생한다(민법 제186조). 따라서 당사자간의 계약에 의한 물권의 설정·이전·변경은 물론 처분의 제한 및 포기나 합의에 의한 물권의 소멸은 등기함으로써 물권변동의 효력이 생긴다.

---

366) 등기선례 5-4(주위토지통행권 확인판결을 받은 경우의 등기방법). 주위토지통행권 확인 판결을 받았다고 하더라도 토지통행권은 부동산등기법 제2조에서 정하는 등기할 사항이 아니므로 등기할 수 없다(1996. 11. 27, 등기 3402-899 질의회답).

367) 비송사건절차법 제68조(관할등기소) ① 부부재산약정의 등기에 관하여는 부가 될 자의 주소지를 관할하는 지방법원, 그 지원 또는 등기소를 관할등기소로 한다.
비송사건절차법 제70조(부부재산약정에 관한 등기신청인) 부부재산약정에 관한 등기는 약정자 쌍방이 신청한다. 다만, 부부 일방의 사망으로 인한 부부재산약정소멸의 등기는 다른 일방이 신청한다.
비송사건절차법 제71조(「부동산등기법」의 준용) 부부재산약정의 등기에는 「부동산등기법」 제2조제1호부터 제3호까지, 제6조, 제8조부터 제13조까지, 제14조제2항부터 제4항까지, 제16조부터 제20조까지, 제22조, 제24조제1항제1호 및 제2항, 제29조제1호부터 제5호까지 및 제8호부터 제10호까지, 제31조부터 제33조까지, 제58조, 제100조부터 제109조까지와 제113조를 준용한다.

368) 개정 2011. 10. 12 등기예규 제1416호(부부재산약정등기 사무처리 지침).

상속, 공용징수, 판결, 경매, 기타 법률의 규정(관습법 포함)에 의한 물권의 취득은 등기없이 가능하지만, 등기를 하지 아니하면 이를 처분하지 못한다(민법 제187조). 이를 구체적으로 살펴 보면 다음과 같다. 첫째, 상속이 개시되는 시점은 피상속인의 사망시점이며, 상속이 개시되면 피상속인의 재산에 관한 권리의무는 상속인에게 이전되며, 등기없이도 물권변동의 효력이 발생한다(민법 제997조).[369] 상속에 의한 물권의 취득(변경)은 등기를 하지 아니하면 이를 처분하지 못한다. 따라서 절차법상의 등기사항에 해당한다. 상속과 동일하게 보는 포괄유증(包括遺贈, 민법 제1078조)[370]의 경우에는 유증자의 사망시에 물권변동이 발생한다. 다만 특정적 유증의 경우에는 수증자가 실질적으로 소유권이전등기를 하여야 소유권을 취득하므로 실체법상의 등기이다(민법 제186조).

둘째, 공용징수 또는 공용수용이라 함은 공익사업을 위하여 국민의 재산권을 법률의 힘에 의하여 강제로 취득하는 것을 말한다. 공용징수에는 「공익사업을 위한 토지등의 취득 및 보상에 관한 법률」외에도 「국토의 계획 및 이용에 관한 법률」, 「도시 및 주거환경정비법」, 「주택법」, 「공간정보의 구축 및 관리등에 관한 법률」, 「도로법」 등 특별법에 의한 수용 등이 있다. 사업시행자는 보상금의 지급을 정지조건(停止條件)으로 하여 토지를 수용한 날에 그 소유권을 취득하며 그 토지에 관한 다른 권리는 소멸한다. 이 경우 등기는 처분요건에 해당한다.

셋째, 등기를 하지 아니하여도 물권변동이 발생한다는 의미에서의 판결은 모든 판결을 가르키는 것이 아니라, 형성판결(形成判決)만을 의미한다는 것이 다수설이다.[371] 공유물분할판결이나 사해행위취소판

---

369) 민법 제997조 (상속개시의 원인) 상속은 사망으로 인하여 개시된다.

370) 민법 제1078조 (포괄적 수증자의 권리의무) 포괄적 유증을 받은 자는 상속인과 동일한 권리의무가 있다.

371) 민법 제187조에서 소위 판결이라 함은 그 판결자체에 의하여 부동산물권취득의 형성적 효력이 생기는 경우를 말하는 것이고 부동산소유권을 확인하는 판결은 이에 포함되지 아니하는 것이다(대법원 1969. 10. 8, 69그15).

결, 상속재산분할판결 등이 이에 해당한다. 따라서 소유권이전등기청구소송의 확인판결에 의한 취득은 등기하여야 한다. 화해조서나 포기, 인낙조서(認諾調書)도 그 내용이 당사자 사이의 법률관계의 형성에 관한 것이라면, 역시 민법 제187조의 판결에 해당한다고 본다. 형성판결에 의하여 물권변동이 일어나는 시기는 그 판결이 확정된 때이다. 형성판결이 확정된 경우에 등기를 하지 아니하여도 되지만 제3자에게 처분하기 위해서는 등기를 하여야 한다. 형성판결이 아닌 이행판결의 경우에는 판결에 의하여 등기를 하여야 그 물권을 취득한다. 즉 소유권이전등기절차의 이행을 명하는 판결이 확정되었다 하더라도 등기를 하지 않으면 그로 인한 물권변동의 효력은 발생하지 아니한다.

※ 형성판결 : 법률관계의 설정·변경·소멸을 선고하는 판결
이행판결: 원고가 주장한 피고의 이행이무가 존재하는 것을 선언하는 판결. 기판력이외에 집행력을 가짐(일금 몇원을 지급하라, 어떤 물건을 인도하라는 식의 판결)
확인판결: 특정의 권리 또는 법률관계의 존재(소유권확인, 채무부존재)에 대한 판결

넷째, 경매는 널리 경쟁적 체결에 의한 매매를 말하는데, 그 주체에 따라 사경매와 공경매로 구분된다. 사경매(私競賣)는 사인 사이에서 이루어지는 경매로 인터넷상 경매 등이 이에 해당되고, 공경매(公競賣)는 국가기관이 행하는 경매로 법원경매, 공매 등이 이에 해당된다. 물권변동의 효력이 발생하는 것은 공경매만을 의미한다. 경락인(매수인)은 경락대금(매각대금)을 완납한 때에 경매의 목적인 권리를 취득하고,[372] 국세징수법상의 공매의 경우에는 매수인이 매수대금을 완납한 때에 매각재산을 취득하게 된다.[373]

372) 강제경매에 있어서 경락부동산의 소유권은 경락인이 경락대금을 대금지급기일에 지급하지 아니하는 것을 해제조건으로 하여 경락허가결정이 확정된 때에 경락인에게 이전된다(대법원 1968. 2. 20, 65다744, 745).

373) 국세징수법 제77조(매수대금 납부의 효과)① 매수인은 매수대금을 납부한

다섯째, 기타 법률의 규정에 의한 경우에는 제정법률만이 아니라 「관습법」도 포함하는 것으로 해석하여야 한다. 예를 들어 신축건물의 소유권 취득, 법정지상권의 취득, 관습법상의 법정지상권의 취득, 소멸시효에 의한 물권의 소멸, 법률행위의 실효 또는 취소에 의한 복귀 등을 들 수 있다. 취득시효는 법률의 규정에 의한 물권변동이지만 등기를 하여야 그 소유권을 취득한다(민법 제245조). 절차법상의 등기사항이 아니라 실체법상의 등기사항이다. 위와 같은 등기하여야 할 권리변동은 그 변동의 종류가 무엇이냐를 불문하고 모두 등기하여야 하는 것이다.

(2) 등기하여야 할 권리변동의 종류

부동산등기법에서는 등기하여야 할 권리변동의 종류를 정하고 있는데, 설정, 보존, 이전, 변경, 처분의 제한 또는 소멸이 그것이다(동법 제3조). 첫째, 설정(設定)은 당사자 사이의 계약으로 부동산물권위에 새로운 소유권이외의 물권 또는 부동산임차권을 창설하는 것을 말한다. 설정에 있어서는 설정의 목적이 되는 권리와 설정할 수 있는 권리로 나눌 수 있는데, 소유권에 대하여는 지상권, 구분지상권, 지역권, 전세권, 저당권, 근저당권, 임차권을 설정할 수 있다. 소유권은 원시취득 또는 법률의 규정에 의하여 보존등기를 할 수 있는 것이지, 당사자의 약정으로 보존등기를 할 수 있는 것은 아니므로, 소유권의 설정등기는 허용되지 않는다. 전세권에 대하여는 저당권, 근저당권을 설정할 수 있다. 저당권에 대하여는 권리질권을 설정할 수 있으며, 지상권에 대하여는 지역권,[374] 저당권, 근저당권, 임차권을 설정할 수 있다.

둘째, 보존(保存)은 미등기부동산에 관하여 이미 취득하여 가지고

때에 매각재산을 취득한다.

374) 토지의 소유권자 이외에 요역지의 지상권자, 임차권자, 전세권자도 그 권리의 존속기간의 범위내에서 독립하여 지역권의 등기권리자가 될 수 있다(제정 1972. 6. 10, 등기예규 제205호(지상권자의 지역권설정등기의 가부) 지상권자는 그 권리의 범위내에서 그 목적인 토지를 위하여 또는 그 토지위에 지역권설정을 할 수 있는 것이다(1972. 6. 10, 법정 제303호 각 지방법원장 대 법원행정처장 통첩)).

있는 소유권의 존재를 공시하기 위하여 처음으로 하는 등기를 말한다. 보존등기는 부동산을 원시취득(공유수면매립, 건물신축)하는 경우(부동산등기법 제65조),[375] 멸실회복기간중에 멸실회복등기를 못하여 멸실회복기간 경과후에 보존등기를 하는 경우,[376] 미등기부동산에 대한 소유권처분제한의 등기촉탁이 있는 경우 등기관이 직권보존등기를 하는 경우(동법 제66조),[377] 규약상 공용부분인 취지의 등기를 말소하는 경우(동법 제47조제2항)[378] 등에 행해진다. 보존등기를 할 수 있는 권리로는 소유권 뿐이며, 소유권보존등기의 가등기는 인정되지 아니한다.

셋째, 이전(移轉)은 어떤 자에게 속하고 있던 권리가 다른 자에게

---

375) 부동산등기법 제65조(소유권보존등기의 신청인) 미등기의 토지 또는 건물에 관한 소유권보존등기는 다음 각 호의 어느 하나에 해당하는 자가 신청할 수 있다.
1. 토지대장, 임야대장 또는 건축물대장에 최초의 소유자로 등록되어 있는 자 또는 그 상속인, 그 밖의 포괄승계인
2. 확정판결에 의하여 자기의 소유권을 증명하는 자
3. 수용(收用)으로 인하여 소유권을 취득하였음을 증명하는 자
4. 특별자치도지사, 시장, 군수 또는 구청장(자치구의 구청장을 말한다)의 확인에 의하여 자기의 소유권을 증명하는 자(건물의 경우로 한정한다).

376) 개정 2007. 12. 11, 등기예규 제1223호(멸실회복등기의 사무처리지침).

377) 부동산등기법 제66조(미등기부동산의 처분제한의 등기와 직권보존) ① 등기관이 미등기부동산에 대하여 법원의 촉탁에 따라 소유권의 처분제한의 등기를 할 때에는 직권으로 소유권보존등기를 하고, 처분제한의 등기를 명하는 법원의 재판에 따라 소유권의 등기를 한다는 뜻을 기록하여야 한다.
② 등기관이 제1항에 따라 건물에 대한 소유권보존등기를 하는 경우에는 제65조를 적용하지 아니한다. 다만, 그 건물이 「건축법」상 사용승인을 받아야 할 건물임에도 사용승인을 받지 아니하였다면 그 사실을 표제부에 기록하여야 한다.
③ 제2항 단서에 따라 등기된 건물에 대하여 「건축법」상 사용승인이 이루어진 경우에는 그 건물 소유권의 등기명의인은 1개월 이내에 제2항 단서의 기록에 대한 말소등기를 신청하여야 한다.

378) 부동산등기법 제47조(규약상 공용부분의 등기와 규약폐지에 따른 등기) ① 「집합건물의 소유 및 관리에 관한 법률」 제3조제4항에 따른 공용부분(共用部分)이라는 뜻의 등기는 소유권의 등기명의인이 신청하여야 한다. 이 경우 공용부분인 건물에 소유권 외의 권리에 관한 등기가 있을 때에는 그 권리의 등기명의인의 승낙이 있어야 한다.
② 공용부분이라는 뜻을 정한 규약을 폐지한 경우에 공용부분의 취득자는 지체 없이 소유권보존등기를 신청하여야 한다.

전속(轉屬)하는 것을 말한다. 여기서 전속이란 권리가 옮겨가는 것으로 권리의 주체가 변경되는 경우를 모두 포함한다. 이전등기를 하는 경우는 소유권의 이전등기와 지상권이전, 환매특약이전등기와 같은 소유권 이외의 권리의 이전등기이다. 다만 소유권의 이전등기는 주등기에 의하나 소유권이외의 권리의 이전등기는 부기등기에 의한다(동법 제52조 제2호). 특칙에 의하여 이전등기를 할 수 있는 경우는 다음과 같은 것이 있다. 매매와 같은 법률행위가 무효, 취소, 해제된 경우에 등기상 이해관계인이 없거나 그의 승낙서 또는 이에 대항할 수 있는 재판의 등본을 첨부한 경우에는 매수인 명의의 등기를 말소하고 매도인 명의로 회복할 수 있으나, 등기상 이해관계인이 있음에도 불구하고 그의 승낙서 또는 이에 대항할 수 있는 재판의 등본을 첨부하지 못한 경우에는 매수인 명의의 등기를 말소하지 못하고, 매수인에게서 매도인 앞으로 소유권이전등기를 할 수 밖에 없다. 이미 자기 앞으로 소유권을 표상하는 등기가 되어 있었거나, 법률의 규정에 의하여 소유권을 취득한 자가 현재의 등기명의인을 상대로 말소등기를 신청할 수 있는 것 외에, 「진정명의회복」을 등기원인으로 한 소유권이전등기절차의 이행을 명하는 판결을 받아 소유권이전등기신청을 할 수도 있다.[379] 또한 부동산을 시효취득한 자, 토지를 수용한 자, 부동산의 공유자중의 1인이 그의 지분을 포기하거나 상속인없이 사망함으로써 그 지분을 취득한 공유자(민법 제267조)는 그 부동산에 대한 권리를 원시취득하는 경우에는 새로이 보존등기를 하여야 하지만, 실무상으로는 각각의 권리취득원인에 의한 이전등기의 방법에 의한다.

379) 대법원(전원합의체) 1990. 11. 27, 89다카12398. 이러한 판례의 입장은 '소유권이전등기말소청구소송에서 패소확정판결을 받았다면 그 기판력은 그 후 제기된 진정명의회복을 원인으로 한 소유권이전등기청구소송에도 미친다' 고 변경되었다(대법원(전원합의체) 2001. 9. 20, 99다37894; 대법원 2002. 9. 24, 2001다20103; 대법원 2002. 12. 6, 2002다44014; 대법원 2003. 1. 10, 2002다41435; 대법원 2003. 3. 28, 2000다24856).

<표 Ⅳ-6> 특칙에 의해 이전등기를 할 수 있는 경우

구분	이전등기 여부
법률행위가 무효, 취소, 해제된 경우	판례 및 실무에서는 이전등기 또는 말소등기 모두 가능(단, 이해관계있는 제3자가 있는 경우에 제3자 승낙이 있으면 말소등기, 제3자 승낙이 없으면 이전등기)
진정명의회복을 위한 경우	진정명의회복취지는 등기의 말소청구를 하든 등기의 이전청구를 하든 상관이 없음
시효취득, 토지수용의 경우	기존 등기부를 용지폐쇄하고 새로이 보존등기를 함이 원칙이지만 등기실무에서는 이전등기에 의함

넷째, 변경(變更)은 실체법상의 변경인 권리의 내용변경과 절차법상의 변경인 부동산표시의 변경이나 등기명의인 표시의 변경이 포함된다. 실체법상 변경은 기존의 등기사항이 실체관계와 부합하지 않는 경우에 이를 실체관계에 맞게 시정하는 것을 의미한다. 실체법상 변경중 지료나 임료의 증감, 존속기간의 변경과 같은 권리내용의 변경은 변경등기로 보아야 하지만, 권리내용중 소유자가 갑에서 을로 변경된 것과 같은 권리주체의 변경은 이전등기로 보아야 한다. 절차법상의 변경은 부동산의 표시변경, 등기명의인의 표시변경 등과 같이 후발적인 변동상황이 발생하여 이를 반영하기 위한 것을 의미한다. 변경등기를 할 수 있는 권리는 소유권 뿐만 아니라, 소유권이외의 권리도 포함된다.

다섯째, 처분(處分)의 제한은 소유권 기타의 권리자가 가지는 일정한 처분권능을 제한하는 것을 말한다. 제한은 반드시 법률에 근거하거나 규정되어 있는 경우에만 할 수 있다. 당사자간의 계약에 의한 처분제한의 등기는 인정되지 아니한다. 이와 같은 처분제한의 등기로는 공유물분할금지의 특약(민법 제268조제1항 단서),[380] 전세권양도금

---

380) 민법 제268조 (공유물의 분할청구) ① 공유자는 공유물의 분할을 청구할 수 있다. 그러나 5년내의 기간으로 분할하지 아니할 것을 약정할 수 있다.

지의 특약(민법 제306조 단서),[381] 가압류, 가처분, 압류[382]에 의한 처분제한(민사집행법 제293조, 제305조, 제228조)등이 있다.

※ 가압류와 가처분
가압류(假押留) : 금전채권이나 장차 금전채권으로 될 수 있는 청구권에 관하여 후일의 강제집행을 보전하기 위한 임시조치이다.
가처분(假處分) : 분쟁의 대상이 되고 있는 물건에 대하여 후일의 강제집행을 보전하기 위하여 임시로 행하는 처분을 말한다.

처분제한등기만으로 권리자의 권리추정력이 없어지는 것은 아니므로 사실상 처분등기를 할 수 있다. 그러나 처분제한권자가 본안 소송에서 승소하거나 경락자가 권리를 취득하면 처분제한등기후에 처분된 권리는 실효된다.[383]

여섯째, 소멸(消滅)이란 부동산에 대한 권리가 원시적 또는 후발적 사유로 없어지는 것을 말한다. 즉 부동산에 대한 권리가 포기, 해제, 변제, 혼동, 목적물의 멸실, 등기원인의 무효 등으로 없어지는 것이다. 이와 같은 소멸의 등기의 형식은 부동산 전부가 멸실한 경우에는 그 부동산에 관한 권리는 소멸하게 되며, 멸실등기의 형식에 의한다. 부동산 일부가 멸실한 경우에는 변경등기의 형식에 의한다.

---

381) 민법 제306조 (전세권의 양도, 임대등) 전세권자는 전세권을 타인에게 양도 또는 담보로 제공할 수 있고 그 존속기간내에서 그 목적물을 타인에게 전전세 또는 임대할 수 있다. 그러나 설정행위로 이를 금지한 때에는 그러하지 아니하다.

382) 민사집행법 제228조 (저당권이 있는 채권의 압류) ① 저당권이 있는 채권을 압류할 경우 채권자는 채권압류사실을 등기부에 기입하여 줄 것을 법원사무관등에게 신청할 수 있다. 이 신청은 채무자의 승낙 없이 법원에 대한 압류명령의 신청과 함께 할 수 있다.
② 법원사무관등은 의무를 지는 부동산 소유자에게 압류명령이 송달된 뒤에 제1항의 신청에 따른 등기를 촉탁하여야 한다.

383) 대법원 1992. 9. 25, 92다21258.

제 5 장

등기기관과 설비

1. 등기소

1) 등기소의 의의와 관할

(1) 등기소의 의의

등기사무를 담당하는 국가기관을 등기소라고 한다. 즉 등기소는 부동산등기, 상업등기, 선박등기의 등기사무를 관장하는 국가기관이다. 이와 같은 등기사무를 관장 또는 감독하는 국가기관은 법원이다(법원조직법 제2조제3항).[384] 이는 등기사무가 단순한 행정민원 업무와는 달리 대립되는 이해당사자간의 법률관계가 얽힌 준사법적(準司法的)[385]인 성격을 띠기 때문이다.

법원중에서 지방법원과 지원이 관할구역 내의 등기사무를 관장하고 있다(법원조직법 제3조제2항).[386] 지방법원은 그 관할구역 내에서

---

384) 법원조직법 제2조 (법원의 권한)① 법원은 헌법에 특별한 규정이 있는 경우를 제외한 모든 법률상의 쟁송을 심판하고, 이 법과 다른 법률에 따라 법원에 속하는 권한을 가진다.
② 제1항의 규정은 행정기관에 의한 전심으로서 심판을 금하지 아니한다.
③ 법원은 등기·가족관계등록·공탁·집행관·법무사에 관한 사무를 관장 또는 감독한다.

385) 사법(司法)은 법규를 적용하여 권리관계를 확인하고 어떤 사항의 적법, 부적법을 판단함으로써 구체적 쟁송을 해결하는 국가작용을 말한다.

등기사무의 일부를 처리하기 위하여 지원 외에 따로 등기소를 둘 수 있으며, 등기소는 법원의 하부기관이다. 그리고 지방법원이나 동지원 내의 등기과(계)는 등기소라는 명칭은 갖고 있지 않지만 등기소의 역할을 하고 있다. 따라서 우리나라의 등기소는 지방법원과 그 지원, 그리고 대법원규칙에 의해서 설치되어 있는 ○○등기소라는 이름의 등기소와 같이 세 가지 유형의 등기소가 있다. 다시 말하면 등기소라는 명칭을 가진 관서만이 등기소는 아닌 것이다. 다만 대법원 부동산등기과는 직접 등기사무를 처리하지 않기 때문에 등기소에 해당되지 않는다.

<그림 Ⅴ-1> 법원과 등기소

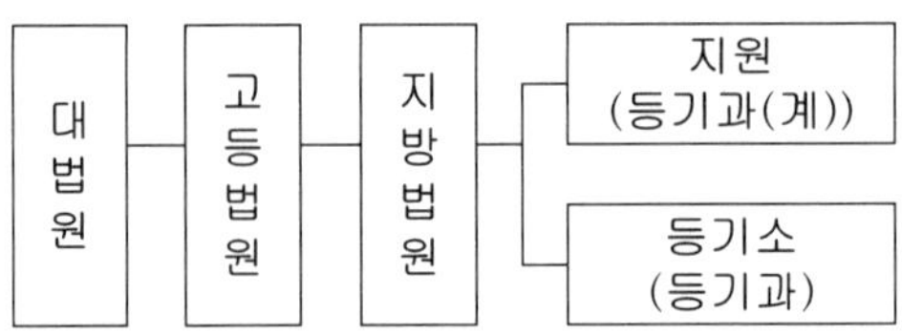

자료: http://www.iros.go.kr.

(2) 등기소의 관할

등기소는 일정한 지역내 부동산만의 등기사무를 관장하도록 「등기소의 설치와 그 관할에 관한 규칙」387)에서 규정하고 있다. 이것을 등기소의 관할이라고 한다. 관할 구역은 대체로 행정구획인 시, 군,

---

386) 법원조직법 제3조 (법원의 종류)② 지방법원 및 가정법원의 사무의 일부를 처리하게 하기 위하여 그 관할구역안에 지원과 가정지원, 시법원 또는 군법원 및 등기소를 둘 수 있다. 다만, 지방법원 및 가정법원의 지원은 2개를 합하여 1개의 지원으로 할 수 있다.
③ 고등법원・특허법원・지방법원・가정법원・행정법원과 지방법원 및 가정법원의 지원, 가정지원, 시・군법원의 설치・폐지 및 관할구역은 따로 법률로 정하고, 등기소의 설치・폐지 및 관할구역은 대법원규칙으로 정한다.

387) 등기소의 설치와 관할구역에 관한 규칙(개정 2016. 10. 4, 대법원규칙 제2685호)은 법원조직법 제3조3항의 규정에 의하여 지방법원 관내에 설치할 등기소와 그 관할구역을 정하고 비송사건절차법 제130조의 규정에 의하여

구를 기준으로 해서 정해져 있다(등기소의 설치와 그 관할에 관한 규칙 제3조, 별표 참조). 부동산등기법에서는 등기할 권리의 목적인 부동산의 소재지를 관할하는 지방법원 동지원 또는 등기소를 관할등기소(管轄登記所)로 하도록 하고 있다(동법 제7조제1항).[388] 부동산은 물적 편성주의에 따라 지번순서대로 편성되므로 예를 들어 토지가 제주도에 있는 경우에는 해당 등기소는 제주지방법원 또는 서귀포등기소가 관할이 된다.

각 등기소는 원칙적으로 그 관할 구역내에 소재하는 부동산만의 그 실체와 권리, 그리고 권리변동을 등기할 수 있는 권한을 가진다.

※ 권한과 권리 및 권능의 구별

권한(權限) : 단체의 기관이나 개인이 법률 또는 계약에 의하여 유효하게 행할 수 있는 행위의 일정한 범위(국가 또는 지방자치단체의 기관에 대하여는 직권, 직무 등으로 부르기도 함)

권리(權利) : 일정한 이익을 향수하기 위하여 법이 인정하는 힘(예 : 자력구제권, 소유권, 참정권, 선거권)

권능(權能) : 권리의 실체를 이루는 개개의 기능을 말함(예 : 소유권에 있어서 사용・수익・처분)

그러나 예외적으로 관할등기소를 지정하는 경우가 있다. 즉, 부동산등기법상의 1개 부동산이 수개의 등기소 관할구역에 걸쳐있는 경우에 부동산등기법은 1부동산 1등기기록주의를 관철하기 위하여 각 등기소의 관할 상급법원장이 관할 등기지역을 지정하도록 규정하고 있다(동법 제7조제2항). 주로 건물의 경우에 관할등기소의 지정이 있게 되는데 동일지방법원의 관할에 있는 지원과 등기소의 관할구역에 걸

상업등기 사무의 위임에 관한 사항을 규정하고 있다. 전문과 5개 조문 및 부칙으로 되어 있다.

388) 부동산등기법 제7조(관할 등기소) ① 등기사무는 부동산의 소재지를 관할하는 지방법원, 그 지원(支院) 또는 등기소에서 담당한다.
② 부동산이 여러 등기소의 관할구역에 걸쳐 있을 때에는 대법원규칙으로 정하는 바에 따라 각 등기소를 관할하는 상급법원의 장이 관할 등기소를 지정한다.

쳐 있는 때에는 그 지방법원장이 관할등기소를 지정한다.[389] 예를 들어 건물이 관악등기소와 동작등기소의 관할에 걸쳐 있는 경우에는 서울중앙지방법원장이 관할등기소를 지정하게 된다. 지방법원과 그 관할에 있는 지원이나 등기소의 관할구역에 있는 때에는 그 지방법원의 상급법원장인 고등법원장이 지정하게 된다. 예를 들어 1동의 아파트 건물이 서울중앙지방법원 성북등기소와 서울북부지방법원 동대문등기소의 관할구역에 있는 경우에 그 건물등기에 관하여는 양 등기소를 관할하는 상급법원장인 서울고등법원장이 신청에 의하여 어느 한 등기소가 관할하도록 관할 등기소의 지정을 하므로 위 아파트에 대한 소유권보존등기는 그 지정이 있음을 증명하는 서면을 첨부하여 지정된 등기소에 신청하여야 한다.[390]

관할등기소의 지정을 신청할 수 있는 자는 이해관계인이다. 이 경우 다음과 같은 특별한 절차를 밟아야 한다. 상급법원장이 지정한 관할등기소에 등기를 신청할 때에는 신청서에 지정증명서면을 첨부하여야 하고, 지정 등기소가 등기한 때에는 지체없이 소정양식에 따른 통지서를 관계 등기소에 통지하여야 한다(동법 제7조제2항, 동규칙 제5조).[391] 통지서를 받은 그 관계 등기소는 해당 등기구획의 목록에 그 통지사항을 기입해야 한다. 이것은 이중등기를 막기 위한 조치이다. 등기가 되어 있는 건물이 행정구역 등의 변경으로 인하여 후발적으로 수 개의 등기소의 관할에 걸치게 된 때에는 관할의 지정을 받을 필요없이 종전의 관할등기소가 관할하되 관할의 지정이 있는 경우와 같은 통지절차 등을 이행하여야 한다.[392]

---

389) 개정 2011. 10. 11 등기예규 제1381호(관할등기소의 지정에 관한 업무처리 지침).

390) 2004. 8. 13, 부등 3402-401 질의회답(법원공무원교육원, 전게서, 28면.)

391) 개정 2014. 10. 21 등기예규 제1531호(부동산등기사무의 양식에 관한 예규) 별지 12호.

392) 개정 2011. 10. 12 등기예규 제1433호(행정구역의 변경 등에 따른 등기업무 처리).

한편, 일정한 경우에는 등기사무를 위임할 수 있도록 하고 있다(동법 제8조). 즉 교통사정, 기타 사무처리상 사정으로 본래의 관할 등기소가 아닌 다른 등기소로 등기사무를 접수 처리하여 본래의 관할 등기소로 통지하고 그 내용을 정리하게 할 수 있게 하는 것이다. 대법원장은 어느 등기소의 관할에 속하는 사무를 다른 등기소에 위임하게 할 수 있다.

위와 같은 관할규정을 위반해서, 관할등기소를 잘못하여 행해진 등기는 절대무효로 각하사유에 해당된다(동법 제29조 제1호). 이 경우 등기관은 즉시 소정의 절차를 밟아서 이를 직권말소하여야 한다(동법 제29조, 제57조, 제58조).

2) 관할의 변경과 등기사무의 정지

(1) 관할의 변경

등기소의 관할구역은 법률 또는 대법원규칙, 그밖에 행정구역(법정동) 또는 행정구획(행정동)의 변경[393]이 있을 때는 그에 맞춰 변경되는 것이 일반적이다. 이를 관할의 변경(管轄의 變更)이라고 한다.[394] 지방법원 및 동지원의 경우에는 법률에 의하여 등기소인 경우에는 대법원규칙에 의하여 관할의 변경이 있게 된다.

※ 법정동과 행정동
법정동(法定洞) : 법으로 정한 동 이름(홍은동)
행정동(行政洞) : 법정동의 범위를 기준으로 효율적인 행정 운영을 할 수 있게 더 세분화한 동(홍은1동, 홍은2동, 홍은3동)(지방자치법 제4조제5항)

---

393) 지방자치단체의 조례에 의하여 행정구역은 아니지만, 토지의 지번이나 건물대지의 지번표시의 기준이 되는 구획(행정동)의 경계가 조정되는 경우 등을 의미한다.

394) 2011. 4. 12 부동산등기법(법률 제10580호) 전부개정에 의해 '관할의 전속'에서 '관할의 변경'으로 조문제명이 바뀌었다. 종전의 부동산등기법 제9조(관할의 전속) 어느 부동산의 소재지가 다른 등기소의 관할로 바뀌었을 때에는 종전의 관할 등기소는 그 부동산에 관한 등기용지와 부속서류 또는 그 등본을 그 다른 등기소에 이송하여야 한다.

등기소의 관할구역에 변경이 생긴 경우에는 그 변경된 구역내에 소재하는 부동산에 관한 등기기록의 처리권한을 다른 등기소로 넘겨주는 조치를 하게 된다(동법 제9조).[395] 부동산의 소재지가 다른 등기소의 관할로 바뀌었을 때에는 종전의 관할등기소는 전산정보처리조직을 이용하여 그 부동산에 관한 등기기록과 신탁원부, 공동담보(전세)목록, 도면 및 매매목록의 처리권한을 다른 등기소로 넘겨주는 조치를 하여야 한다(동규칙 제6조제1항).[396] 처리권한을 넘겨받은 등기소는 해당 등기기록의 표제부에 관할이 변경된 뜻을 기록하여야 한다(동조제2항).

※ 원본, 사본, 정본, 등본, 인증등본, 초본, 증명원[397]

원본 : 원래의 문서 그 자체를 의미함. 재판상 증거로서의 문서 제출 또는 송부는 원본으로 해야 함. 하지만 실무상 광범위하게 사본이 많이 사용됨

사본 : 원본을 복사한 것을 말함.[398] 대법원 판례와 법개정으로 사본의 위조도 문서위조죄가 성립함

---

395) 부동산등기법 제9조(관할의 변경) 어느 부동산의 소재지가 다른 등기소의 관할로 바뀌었을 때에는 종전의 관할 등기소는 전산정보처리조직을 이용하여 그 부동산에 관한 등기기록의 처리권한을 다른 등기소로 넘겨주는 조치를 하여야 한다.

396) 관할의 변경이 있는 경우 종전법에서는 등기부와 부속서류를 함께 이송하도록 하여 등기신청서도 변경된 등기소로 이송하게 하고 있다. 그러나 등기소에서 등기신청서를 일일이 찾아서 송부하는 것은 물리적으로 불가능하여 등기부만 이송하는 것이 그간의 등기실무였다. 2011. 4. 12 부동산등기법(법률 제10580호)에서는 법과 현실을 일치시키기 위하여 등기기록만 이송하도록 하였다. 여기에서의 등기기록에는 등기기록으로 간주되는 신탁원부, 도면 등이 포함된다. 따라서 관할의 변경이 있는 경우 등기소장은 등기기록과 함께 신탁원부와 도면 등을 함께 이송하여야 한다. 관할변경으로 등기기록을 이송한 때에는 등기기록에 그 취지를 기록하여야 한다. 관할변경의 취지가 등기기록에 기록되기 때문에 이송 전의 등기사건에 대한 신청서를 열람하고자 하는 자는 등기기록을 보고 해당 부동산의 관할 등기소가 변경되었음을 알게 되고 이에 따라 종전 등기소를 방문하여 신청서를 열람할 수 있다(법무부, 부동산등기법 전부개정안 설명자료, 2009. 5, 21-22면).

397) http://lawpia.com.

398) '등기신청서 기타 부속서류에 관하여는 법령의 근거가 없으므로 그 등(초)본이나 인증된 사본을 교부할 수는 없으나, 이해관계 있는 자의 청구가 있으면 그 열람 또는 사진촬영은 허용하여도 무방하며 열람의 연장으로서 등기공무원의 인증이 없는 단순한 사본을 교부할 수도 있다'(제정 1989. 3. 8, 등기예규 제680호(등기신청서 기타 부속서류에 관한 열람방식)).

정본 : 공증권한을 갖는 공무원이 특히 '정본'이라고 표시한 문서의 등본을 말하는 것으로 원본과 동일한 효력이 있음(예 : 판결정본)
등본 : 원본의 기재내용을 그대로 전부 사본한 것임(예 : 주민등록등본)
인증등본 : 공증권한있는 공무원이 원본이 틀림없다고 공증한 등본(예 : 등기부등본)
초본 : 원본중 관계되는 부분 또는 필요한 부분만 일부 사본한 것을 말함(예 : 회사등기부등본, 주민등록초본)
증명원 : 일반인이 국가 또는 공공단체에 대하여 증명을 원하는 부분을 작성하여 제출하면 공공기관이 이 문서에 이를 증명한다는 취지의 기재를 한 문서를 말함(예 : 소제기증명원)

관할 변경의 경우에 구관할 등기소는 등기기록의 이관조치(인수인계서의 작성, 안내문 게시, 소속지방법원장에게 보고)를 하여야 하고, 신관할 등기소는 등기기록의 표제부 등기원인 및 기타 사항란에 관할변경의 사유와 그 연월일을 기록하고 등기관이 부동산등기규칙 제7조의 식별부호를 기록하여야 한다. 신관할등기소의 등기관은 표제부에 기록되어 있는 행성구역의 명칭을 변경하여야 한다. 1개소 또는 수개소의 등기소 관할구역을 분리하여 새로 등기소를 신설한 경우에도 이와 동일한 요령에 준하여 처리한다.[399]

관할 내의 행정구역 또는 그 명칭이 변경된 경우에 명칭변경간주규정(동법 제31조)[400]에 불구하고 등기관은 직권으로 그 변경에 따른 부동산의 표시변경등기를 하여야 한다(동규칙 제54조)[401]. 이 부동산의 표시변경등기는 등기소의 업무사정을 고려하여 해당 부동산 모두에 대하여 순차로 하여야 하며, 그 표시변경등기가 완료되기 전에 그 부동산에 관한 다른 등기의 신청이 있는 때에는 즉시 그 등기에 부

399) 개정 2011. 10. 12 등기예규 제1433호(행정구역의 변경등에 따른 등기업무처리).
400) 부동산등기법 제31조(행정구역의 변경) 행정구역 또는 그 명칭이 변경되었을 때에는 등기기록에 기록된 행정구역 또는 그 명칭에 대하여 변경등기가 있는 것으로 본다.
401) 부동산등기규칙 제54조(행정구역 등 변경의 직권등기) 행정구역 또는 그 명칭이 변경된 경우에 등기관은 직권으로 부동산의 표시변경등기 또는 등기명의인의 주소변경등기를 할 수 있다.

수하여 표시변경등기를 하여야 한다.402)

(2) 등기사무의 정지

부동산물권의 변동은 등기하여야만 그 효력이 발생하는 것이 원칙(민법 제186조)이므로, 함부로 등기사무를 정지한다면 물권변동이 당사자에게 예측하지 않은 손해를 줄 염려가 있다.

그러나 천재지변(天災地變)과 같이 등기소에서 그 사무를 정지할 수 밖에 없는 사고가 발생한 때에는 부득이 등기사무를 정지하여야 한다. 이와 같은 경우에 대법원장은 기간을 정하여 그 정지를 명할 수 있다(부동산등기법 제10조). 등기사무 정지기간 중에 행하여진 등기는 무효이며, 등기관은 직권말소하여야 한다(동법 제58조).

2. 등기관

1) 등기관의 의의와 업무처리 제한

(1) 등기관의 의의

등기관(登記官)이라 함은 지방법원과 그 지원 그리고 관할의 등기소에 근무하고 있는 지방법원 동지원과 등기소에 근무하는 법원서기관, 등기사무관, 등기주사 또는 등기주사보중에서 등기사무를 행하도록 지방법원장이 지정한 자를 말한다(부동산등기법 제11조). 지방법원장은 등기소에서 1년 이상 근무한 자를 등기관으로 지정하도록 하고 있다.403)

등기부를 만질 수 있고 등기사무를 처리할 수 있는 자는 등기관에 한정된다. 왜냐하면 등기사무는 사권관계에 중대한 영향을 미치고 등

---

402) 개정 2011. 10. 12 등기예규 제1433호(행정구역의 변경등에 따른 등기업무처리).

403) 제정 1999. 5. 18 대법원 행정예규 제384호(등기업무담당자지정에 관한 예규).

기의 전문성을 제고하여 부실등기를 예방하여야 하기 때문이다. 그러나 등기공무원은 등기소에서 근무하는 일반 공무원과 구별되지 않기 때문에 이와 같은 문제점을 해결하기 위하여 1998년 부동산등기법[404]을 개정하여 등기공무원의 명칭을 '등기관'으로 변경하였다(부동산등기법 제12조, 제13조, 부칙 제2조, 비송사건절차법 제132조 등).

1일 평균 등기사건 70~80건마다 1인의 등기관을 지정할 수 있으며, 등기관으로 지정된 자가 전임·퇴직 등의 사유로 인하여 관직을 이탈하게 되었거나 휴직 또는 정직 등의 경우에는 등기관의 지정이 취소된 것으로 본다.[405]

(2) 등기관의 업무처리 제한

일정한 경우에는 등기관의 직무집행에 관한 제한이 있게 된다.[406] 이는 개개의 구체적 사건에 특수한 관계를 가지는 경우에 그 사건에 대한 직무집행을 시키지 않거나 스스로 직무집행을 피하게 하는 것으로 공정을 기하기 위한 것이다.

등기관은 자기, 배우자 또는 4촌 이내의 친족이 등기신청인인 때에는 그 등기소에서 소유권 등기를 한 성년자로서 등기관의 배우자 등이 아닌 자 2인 이상의 참여가 없으면 등기를 할 수 없다(부동산등기법 제12조제1항). 친족에 대하여는 친족관계가 끝난 후에도 동일하다. 등기관은 조서를 작성하여 참여인과 같이 기명날인 또는 서명하여야 한다(부동산등기법 제13조제2항, 동규칙 제8조). 그러나 법관 등에 대하여 요구되는 제척제도 이외에 기피·회피제도는 등기관에 대하여는 없다. 이는 형식적 심사주의를 취하고 있는 현행 등기제도를 고려한 것으로 보인다.

---

404) 일부개정 1998. 12. 28 법률 제5592호.

405) 개정 2011. 10. 11 등기예규 제1364호(등기관 지정요령).

406) 2011. 4. 12 부동산등기법(법률 제10580호) 전부개정에 의해 '등기관의 제척(除斥)'에서 '등기관의 업무처리의 제한'으로 조문제명이 바뀌었다. 제척이란 등기업무에서 완전히 배제되는 것을 말하는데, 등기관이 신청인과 배우자 등의 관계에 있다고 해서 등기업무에서 완전히 배제되는 것은 아니기 때문이다(법무부, 부동산등기법 전부개정안 설명자료, 2009. 5, 25면).

※ 제척, 기피, 회피

제척(除斥) : 법률에 열거한 사유가 존재하면 직무집행이 정지하는 것.

기피(忌避) : 당사자의 신청으로 직무집행이 정지하는 것.

회피(回避) : 법관이 스스로 직무집행을 피하는 것.

※ 친족

친족(親族) : 배우자, 혈족 및 인척을 친족으로 한다(민법 제767조).

혈족(血族) : 자기의 직계존속과 직계비속을 직계혈족이라 하고 자기의 형제자매와 형제자매의 직계비속, 직계존속의 형제자매 및 그 형제자매의 직계비속을 방계혈족이라 한다(민법 제768조).

인척(姻戚) : 혈족의 배우자, 배우자의 혈족, 배우자의 혈족의 배우자를 인척으로 한다(민법 제769조).

촌수(寸數)란 친족관계의 긴밀도를 측정하는 척도의 단위로 직계혈족은 자기로부터 직계존속에 이르고 자기로부터 직계비속에 이르러 그 세수를 정하고, 방계혈족은 자기로부터 동원의 직계존속에 이르는 세수와 그 동원의 직계존속으로부터 그 직계비속에 이르는 세수를 통산하여 그 촌수를 정한다(민법 제770조). 인척은 배우자의 혈족에 대하여는 배우자의 혈족에 대한 촌수에 따르고, 혈족의 배우자에 대하여는 그 혈족에 대한 촌수에 따른다(민법 제771조).

등기관의 업무처리 제한에 관한 규정을 위반한 경우에 등기의 효력이 문제된다. 등기관은 법관과 같은 자유심증주의적(自由心證主義的) 심사권을 가지고 있지 않으므로 참여인 없이 또는 조서를 작성하지 않고, 한 등기라고 하여도 당연히 무효는 아니라고 해석하는 것이 통설이다. 등기관의 처분에 대한 이의신청이나 항고의 대상이 될 수 없으며, 상급관청의 행정적 제재에 그치기 때문이다.

2) 등기관의 권한과 책임

(1) 등기관의 권한

등기관은 등기사무의 처리에 있어서는 상사의 지휘를 받지 아니하는 단독제의 기관으로서 스스로의 이름으로, 독자적인 책임 아래 그 직무를 수행하는 기관이다.[407] 즉 등기관은 지방법원장 등의 행정적

지시나 감독을 받지만 독립적인 지위를 가지는 독립관청으로 등기사무를 수행한다.

등기관은 등기신청서류에 대한 심사권을 가지고 등기신청서를 접수, 조사, 등기하며 일정한 흠결이 있는 등기신청을 각하한다(부동산등기법 제29조). 이러한 등기관의 결정 또는 처분이 부당하다고 하는 자는 관할 지방법원에 이의신청을 할 수 있다(동법 제100조 내지 제108조).

(2) 등기관의 책임

등기관이 고의 또는 과실로 법령에 위반하는 부당한 처분으로 사인에게 손해를 입힌 경우에는 국가가 그 배상책임을 지고 국가는 그 등기관에 대하여 구상권을 가진다(국가배상법 제2조). 이와 함께 부동산등기법에서는 재정보증제도를 두고 있는데 법원행정처장은 전산정보처리조직에 의하여 등기사무를 처리하는 등기관 및 전산등기의 이기를 위해 대법원장의 지정을 받은 자의 재정보증에 관한 사항을 정하여 운용할 수 있도록 하고 있다(부동산등기법 제13조). 이와는 별도로 민법의 규정에 따라 등기관은 피해자에 대하여 직접 배상책임을 지게 된다(민법 제750조).

※ 등기관의 과실 판단기준

등기관은 부동산등기법 제55조에 따라 같은 법 제40조에 의하여 등기신청에 첨부된 서류 자체를 검토하고 등기부의 기재와도 대조하여 상호 배치되는 것이 있는지 또는 서류 자체의 양식 등이 관행에 어긋나는 점이 있는지 등을 살펴 그와 같은 잘못이 있는 경우 등기신청을 각하하여야 할 직무상의 심사의무가 있으므로, 첨부된 서류 자체의 기재형식에 의하여 또는 그 기재를 등기부의 기재와 대조하여서 등기관으로서의 통상의 주의의무만 기울였어도 그 서류들이 위조되었다는 것을 쉽게 알 수 있었음에도

---

407) 개정 2011. 10. 11 등기예규 제1364호(등기관 지정요령) '라. 감독과 책임 ① 등기소장 아닌 등기관은 등기소장의 행정적 지시를 받아야 한다. ② 등기관은 각기 자기 책임 하에 사건을 처리하며 위법부당한 사건 처리에 대하여는 처리자가 책임을 진다.'

> 이를 간과한 채 모두 적법한 것으로 심사하여 등기신청을 각하하지 못하였다면 등기관으로서의 통상의 주의의무를 해태하여 형식적 심사의무를 위반한 과실이 있다 할 것이고, 등기관에게 이러한 의미의 과실이 있었는지를 판단함에 있어서는 위조되어 제출된 서류들 중 어떠한 부분이 어떻게 위조되었는지, 또 그 위조된 부분이 등기관으로서의 통상의 주의의무만 기울였어도 쉽게 발견할 수 있는 정도인지의 여부 등 과실의 내용이 되는 사실이 구체적으로 밝혀져야 하고, 단순히 위조된 서류들에 의하여 등기가 이루어진 후 그 위조사실이 밝혀지면 곧바로 등기관에게 과실이 있는 것으로 되는 것은 아니다.[408]

3. 등기설비

(1) 장부의 종류

등기소에는 그의 등기사무의 집행에 필요한 물적 설비(物的 設備)로서 각종의 장부를 비치하여야 한다. 등기소가 등기부외에 반드시 비치하여야 할 장부는 다음의 10종이다(부동산등기법 제14조, 동규칙 제21조).[409] 즉 부동산등기신청서 접수장, 기타 문서 접수장, 결정원본 편철장, 이의신청서류 편철장, 사용자등록신청서류 등 편철장, 신청서 기타 부속서류 편철장, 신청서 기타 부속서류 송부부, 각종 통지부, 열람신청서류 편철장, 제증명신청서류 편철장 등이다. 이하에서는 등기소에 비치하여야 할 장부중 주요한 장부에 대하여 살펴보고자 한다.

---

408) 대법원 1994. 1. 14, 93다46469; 대법원 2005. 2. 25, 2003다13048; 대법원 2007. 6. 14, 2007다4295.

409) 2011. 4. 12 부동산등기법(법률 제10580호) 전부개정에 의해 19종의 등기설비중 공동인명부, 신청서 편철부, 도면편철장, 공동담보목록편철장, 신탁원부편철장, 등기필통지부, 등기부책보존부, 과세자료 송부부 등 8종이 폐지되었다. 그중 공동인명부는 공간정보의 구축 및 관리등에 관한 법률상 공유지연명부와 다르다. 공유지연명부는 토지소유자가 2 이상인 때에는 공유지연명부에 토지의 소재, 지번, 소유권 지분, 소유자의 성명 또는 명칭, 주소 및 주민등록번호, 토지의 고유번호, 필지별 공유지연명부의 장번호, 토지소유자가 변경된 날과 그 원인 등을 등록하여 소관청에 비치하도록 하고 있다(동법 제71조제2항, 동규칙 제68조제1항).

(2) 등기부

등기부(登記簿)는 일반 등기부와 폐쇄등기부로 크게 구분된다. 부동산에 관한 권리관계를 기재하는 공적 장부가 등기부이다(동법 제14조, 제20조, 동규칙 제10조제1항). 등기부에 기록하는 것 또는 그러한 기록 자체가 바로 등기이다. 우리 현행법상 등기부에는 토지등기부와 건물등기부의 두 가지가 있다(동법 제14조). 2011. 4. 12 전부개정된 부동산등기법에서는 등기부를 전산정보처리조직에 의하여 입력·처리된 등기정보자료를 대법원규칙으로 정하는 바에 따라 편성한 것으로 정의하고 있다(동법 제2조 제1호). 이와 함께 등기부부본자료(登記簿副本資料)를 등기부와 동일한 내용으로 보조기억장치에 기록된 자료로 정의하고 있다(동조 제2호).[410][411][412]

<사진 Ⅴ-1> 세로기재식 등기부(1912-1970)와 가로기재식 등기부(1970년 이후)

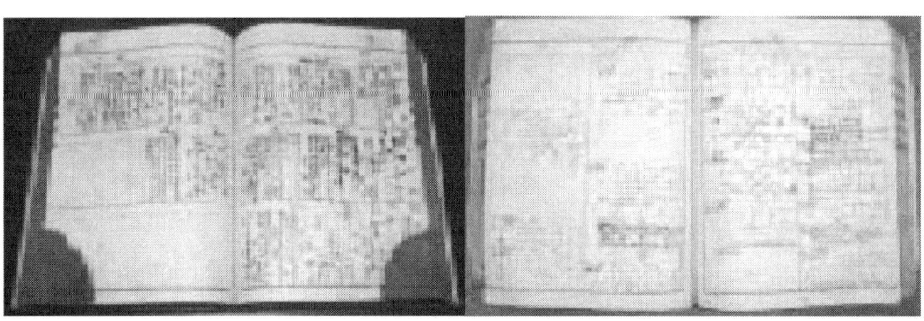

자료: 대법원 법원행정처, 등기업무 전산화백서, 2008.

---

410) 2011. 4. 12 개정전까지는 등기사무를 전산정보처리조직에 의하여 처리하는 경우에는 그 등기사항이 기록된 보조기억장치(자기디스크, 자기테이프 기타 이와 유사한 방법에 의하여 일정한 등기사항을 확실하게 기록, 보관할 수 있는 전자적 정보저장매체를 포함)를 등기부로 보았다(종전의 부동산등기법 제177조의2).

411) 종전의 등기부는 색출장이 필요한 장부식 등기부로 시작하여 1973. 6. 29 부동산등기법 시행규칙을 개정하여 보관철식 등기부(카드식등기부)로 전환(1976~1987년 완료)하여 사용하다가 2003년 등기전산화가 완료되어 현재에 이르고 있다.

412) 장부식 등기부, 카드식 등기부의 모습은 법원행정처, 등기업무 전산화백서(1994-2004), 2004, 12, 10면 참조.

<사진 Ⅴ-2> 카드식 등기부(1976-2002)와 전산등기부(1998년이후)

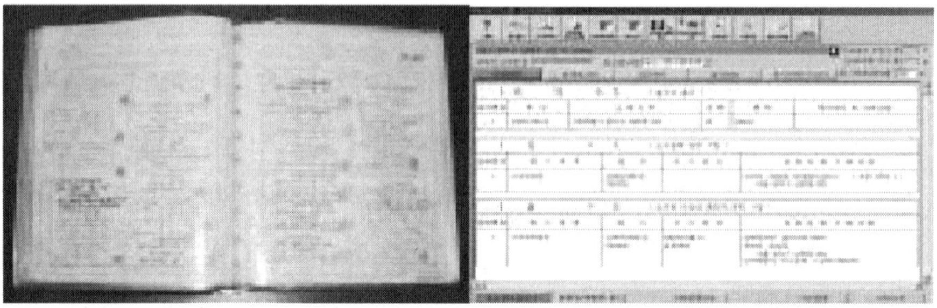

자료: 대법원 법원행정처, 등기업무 전산화백서, 2008.

<사진 Ⅴ-3> 전산화 이전 등기부 등본

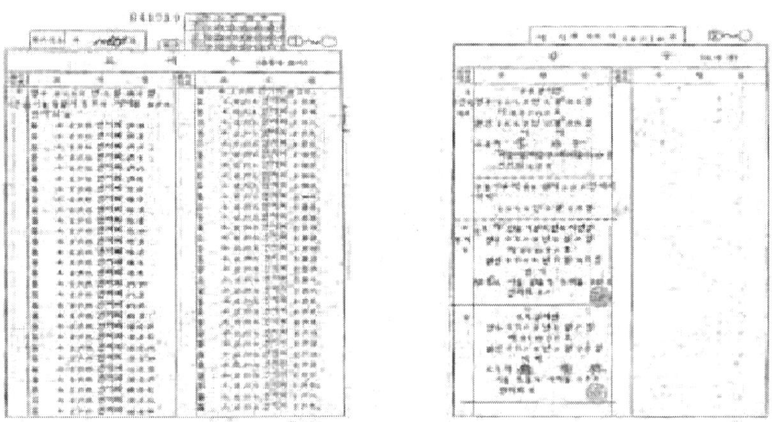

자료: 대법원 법원행정처, 등기업무 전산화백서, 2008.

<사진 Ⅴ-4> 전산화 이후 등기부 등본

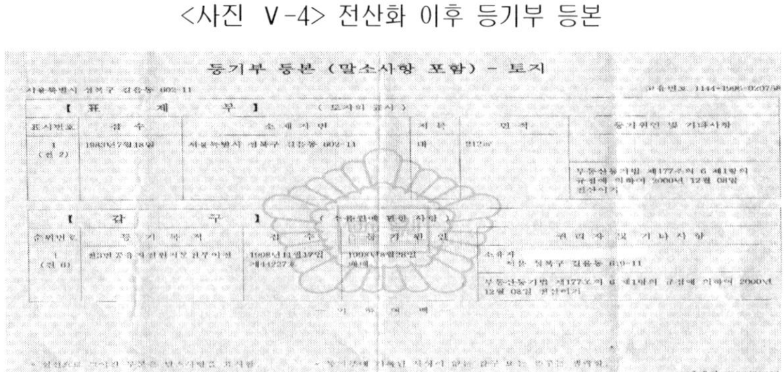

등기부 등본 (말소사항 포함) - 토지

등기부에는 1필의 토지 또는 1동의 건물에 대하여 1개의 등기기록을 사용한다(동법 제15조). 등기기록을 개설할 때에는 1필의 토지 또는 1개의 건물마다 부동산고유번호를 부여하고 이를 등기기록에 기록하여야 한다(동규칙 제12조제1항).[413] 이와 같이 원칙으로 등기부는 권리의 객체인 한 개의 부동산을 단위로 하여 편성된다. 이를 물적편성주의라고 한다. 예외적으로 「집합건물의 소유 및 관리에 관한 법률」에 의하여 건물의 구분소유가 인정됨에 따라 다음과 같은 특례를 인정하고 있다. 즉 아파트나 연립주택 등에 있어서와 같이 1동의 건물을 구분한 건물의 경우에는, 구분소유권의 객체인 건물(전유부분)이 몇 개 있더라도, 그 전부에 관하여 1개의 등기기록을 둔다(부동산등기법 제15조제1항 단서). 구분건물에 대하여는 전유부분마다 부동산고유번호를 부여한다(동규칙 제12조제2항).

등기기록은 1필의 토지 또는 1개의 건물에 관한 등기정보자료를 말한다(동법 제2조 제3호). 등기기록은 토지등기기록과 건물등기기록으로 구분되고, 후자는 다시 일반 건물등기기록과 구분 건물등기기록으로 구분된다.[414] 등기기록에는 부동산의 표시에 관한 사항을 기록하는 표제부와 소유권에 관한 사항을 기록하는 갑구(甲區) 및 소유권 외의 권리에 관한 사항을 기록하는 을구(乙區)를 둔다(동법 제15조제2항).

토지등기기록의 표제부에는 표시번호란, 접수란, 소재지번란, 지목

---

413) 2011. 4. 12 전부개정전까지는 등기번호란에 각 토지 또는 건물대지의 지번을 적음으로써 당해 부동산의 등기용지는 특정되었지만(동법 제16조제2항), 전산정보처리조직에 의하여 등기사무를 처리하는 경우에는 등기번호란은 기재할 필요가 없다(종전의 부동산등기법 제177조의4). 전부개정으로 등기기록은 부동산고유번호와 표제부의 지번에 의해 특정된다고 보는 것이 타당하다.

414) 종전에는 토지등기부는 홍색의 바인더에, 건물등기부는 녹색의 바인더에 편철하여 구분하였다(등기예규 제922호(부동산등기부바인더 관리예규)). 2011. 4. 12 전부개정전까지 부동산등기법상 등기용지는 수작업등기부를 전제로 한 것이었다. 즉 등기용지는 한 장의 종이로 조직되어 있지 않고, 세 장으로 되어 있는 1조(한 쌍)의 종이를 의미한다(종전의 부동산등기규칙 제1조). 이를 4구분 3용지라고 한다. 1등기용지는 등기번호란・표제부・갑구・을구의 네 부분으로 되어 있다. 토지등기부 또는 건물등기부에 있어서 모두 같다(종전의 부동산등기법 제16조, 종전의 부동산등기규칙 제6조).

란, 면적란, 등기원인 및 기타사항란을 둔다(동규칙 제13조제1항). 갑구와 을구에는 순위번호란, 등기목적란, 접수란, 등기원인란, 권리자 및 기타사항란을 둔다(동조제2항).

건물등기기록의 표제부에는 표시번호란, 접수란, 소재지번 및 건물번호란, 건물내역란, 등기원인 및 기타사항란을 둔다(동규칙 제13조제1항). 구분건물의 등기기록은 1동의 건물의 표제부 및 구분건물의 표제부로 나누어지고, 후자에 관하여 각각 갑구・을구를 둔다(동규칙 제14조 제1항).

<그림 Ⅴ-2> 토지소유권보존등기-표제부

【표제부】 (토지의 표시)					
표시번호	②접수	③소재지번	지목	면적⑤	등기원인 및 기타사항⑥
①1	1992년 3월5일	서울특별시 은평구 응암동 2	대④	360㎡	

주: ① 표시번호: 등기한 순서를 숫자로 표시. 그런데 1, 2 등의 숫자 외에 등기부에 1(전2)이라고 기재된 경우가 있는데, 이는 구등기부에서 현재의 등기부로 이기(옮겨 적음)하였다는 의미. ② 접수: 등기신청서를 접수한 날짜를 표시. ③ 소재지번: 토지가 위치하고 있는 토지의 소재지를 표시. ④ 지목: 토지의 사용목적(예: 대지, 공장용지, 학교용지, 도로, 하천, 공원 등)을 표시. ⑤ 면적: 토지의 전체면적을 표시. 등기부의 면적은 ㎡로 표시되어 있으므로, 평(坪)으로 환산하려면 3.3으로 나누어야 함. ⑥ 등기원인 및 기타사항: 표제부에 관한 등기원인 및 행정구역 명칭 및 지번 변경 등의 사항을 표시.
자료: http://www.iros.go.kr.

<그림 Ⅴ-3> 건물소유권보존등기-표제부

【표제부】 (건물의 표시)				
표시번호	접수	소재지번 및 건물번호	건물내역④	등기원인 및 기타사항⑤
①1	1993년 3월5일 ②	서울특별시 은평구 응암동 5 ③	시멘트블럭조 시멘트기와지붕 단층주택 85㎡	

주: ① 표시번호: 등기한 순서를 숫자로 표시. 그런데 1, 2 등의 숫자 외에 등기부에 1(전2)이라고 기재된 경우가 있는데, 이는 구등기부에서 현재의 등기부로 이기(옮겨 적음)하였다는 의미. ② 접수: 등기신청서를 접수한 날짜를 표시. ③ 소재지번 및 건물번호: 건물의 소재지 및 건물번호를 표시. ④ 건물

내역: 구조, 지붕, 층수, 용도, 면적 순으로 표시. ⑤ 등기원인 및 기타사항: 표제부에 관한 등기원인 및 행정구역 명칭, 지번 변경 등의 사항을 표시.
자료: http://www.iros.go.kr.

갑구사항란에는 소유권에 관한 사항을 적는다(동법 제15조제2항).

<그림 V-4> 갑구의 구성

【갑구】 (소유권에 관한 사항)				
순위번호	등기목적	접수	등기원인	권리자 및 기타사항 ⑤
1	소유권보존	1992년 3월 5일 제3005호	④	소유자 김갑동 490114-1056429 서울시 종로구 원서동 2
2 ①	소유권이전 ②	2006년 6월 5일 제8000호 ③	2006년 6월 4일 매매	소유자 홍길동 450101-1234567 서울시 종로구 수송동 36-2 거래가액 금300,000,000원

주: ① 순위번호: 등기한 순서를 숫자로 표시. 순위번호에 의하여 갑구 사항란의 권리간에 우선순위가 정해짐. ② 등기목적: 등기 내용 내지 종류를 표시(예) 소유권보존 등). ③ 접수: 등기신청서를 접수한 날짜와 신청서를 접수하면서 부여한 접수번호를 표시. ④ 등기원인: 등기의 원인 및 원인일자를 표시(예) 매매 등). ⑤ 권리자 및 기타사항: 부동산의 권리자 및 기타 권리사항을 표시(예) 소유권이전의 경우 거래가액 또는 매매목록 번호가 기재).
자료: http://www.iros.go.kr.

을구사항란에는 소유권 이외의 권리에 관한 사항을 적고, 적을 사항이 없으면 두지 아니할 수 있다(동법 제15조제2항).

<그림 V-5> 을구의 구성-통상의 근저당권설정

【을구】 (소유권 이외의 권리에 관한 사항)				
순위번호	등기목적	접수	등기원인	권리자 및 기타사항 ⑤
1 ①	근저당권 설정 ②	1988년 3월15일 제3691호 ③	1988년 3월14일 설정계약 ④	채권최고액 금6,000,000원 채무자 김상문 서울시 종로구 원남동 9 근저당권자 이갑동 530412-1017299 서울시 용산구 청파동 21

주: ① 순위번호: 등기한 순서를 숫자로 표시. 순위번호에 의하여 을구 사항란의 권리간에 우선순위가 정해짐. ② 등기목적: 등기의 내용 내지 종류를 표시(예) 근저당권설정, 전세권설정, 지역권설정 등). ③ 접수 : 등기신청서를 접수한 날짜와 신청서를 접수하면서 부여한 접수번호를 표시. ④ 등기원인 :

등기의 원인 및 원인일자를 표시(예) 매매, 설정계약, 해지 등). ⑤ 권리자 및 기타사항 : 부동산의 권리자 및 기타 권리사항을 표시(예) 근저당권설정의 경우 채권최고액, 채무자, 근저당권자 등이 기재).
자료: http://www.iros.go.kr.

구분건물 등기부의 등기용지, 즉 1동의 건물을 구분한 건물에 있어서는 1동의 건물에 속하는 전부에 대하여 1용지를 사용한다(동법 제15조제1항 후단). 구분건물의 용지에 있어서는 표제부 및 각 구(갑구, 을구)는 1동의 건물을 구분한 각 건물마다 둔다(동규칙 제14조 제1항). 구분건물의 전유부분에는 일반건물의 등기부양식과 같이 갑구, 을구를 둔다. 구분건물의 공용부분에 관한 물권의 득실변경은 등기를 요하지 아니한다(집합건물의 소유 및 관리에 관한 법률 제13조제3항).

<그림 Ⅴ-6> 집합건물 표제부

<table>
<tr><td colspan="5">【표제부】 (1동 건물의 표시)</td></tr>
<tr><td>표시번호</td><td>접수</td><td>소재지번, 건물명칭 및 번호</td><td>건물내역</td><td>등기원인 및 기타사항⑤</td></tr>
<tr><td>①1</td><td>2004년3월10일 ②</td><td>서울특별시 서초구 내곡동 520-12 강남아파트 제1동 ③</td><td>철근콘크리트조 슬래브지붕 5층 아파트
1층 250㎡
2층 250㎡
3층 250㎡
4층 250㎡
5층 250㎡④</td><td></td></tr>
<tr><td colspan="5">(대지권의 목적인 토지의 표시)</td></tr>
<tr><td>표시번호</td><td>소재지번</td><td>지목</td><td>면적</td><td>등기원인 및 기타사항</td></tr>
<tr><td>1</td><td>서울특별시 서초구 내곡동 520-12 ⑥</td><td>대 ⑦</td><td>300㎡ ⑧</td><td>2004년3월10일 ⑨</td></tr>
<tr><td colspan="5">【표제부】 (전유부분의 건물의 표시)</td></tr>
<tr><td>표시번호</td><td>접수</td><td>건물번호</td><td>건물내역</td><td>등기원인 및 기타사항</td></tr>
<tr><td>1</td><td>2004년3월10일</td><td>제1층제101호 ⑩</td><td>철근콘크리트조96㎡ ⑪</td><td></td></tr>
<tr><td colspan="5">(대지권의 표시)</td></tr>
<tr><td>표시번호</td><td colspan="2">대지권종류</td><td>대지권비율</td><td>등기원인 및 기타사항</td></tr>
<tr><td>1</td><td colspan="2">1소유권대지권 ⑫</td><td>5분의1 ⑬</td><td>2004년3월10일 대지권
2004년3월10일</td></tr>
</table>

주: ① 표시번호: 등기한 순서를 숫자로 표시. 그런데 1, 2 등의 숫자 외에 등기부에 1(전2)이라고 기재된 경우가 있는데, 이는 구등기부에서 현재의 등기부

로 이기(옮겨 적음)하였다는 의미. ② 접수: 등기신청서를 접수한 날짜를 표시. ③ 소재지번 및 건물번호: 건물이 위치하고 있는 토지의 지번 및 건물의 명칭, 건물번호를 표시. 건물명칭 및 건물번호가 기재되어 있지 않은 경우도 있음. ④ 건물내역: 구조, 지붕, 층수, 용도, 면적 순으로 표시. ⑤ 등기원인 및 기타사항: 표제부에 관한 등기원인 및 행정구역 명칭, 지번 변경 등의 사항을 표시. ⑥ 소재지번: 건물이 위치하고 있는 토지의 지번을 표시. ⑦ 지목: 토지의 사용목적 (예:대지, 공장용지, 학교용지, 도로, 하천, 공원 등)을 표시. ⑧ 면적: 토지의 전체면적을 표시. 등기부의 면적은 ㎡로 표시되어 있으므로, 평(坪)으로 환산하려면 3.3으로 나누어야 함. ⑨ 등기원인 및 기타사항: 표제부에 관한 등기원인 및 행정구역 명칭 및 지번변경, 대지권이 등기된 일자 및 구등기부등본에서 이기된 사항 등을 표시. ⑩ 건물번호: 해당 건물에 대한 층 및 호수를 표시(예: 1층 101호). ⑪ 건물내역: 구조, 지붕, 층수, 용도, 면적 순으로 표시. ⑫ 대지권종류: 대지권의 대상이 되는 권리를 표시. 소유권대지권이 일반적이며 그 밖에 임차권대지권, 지상권대지권도 가능. ⑬ 대지권비율: 1동 건물이 속한 전체 토지중 해당 전유부분이 차지하는 지분비율을 표시.

자료: http://www.iros.go.kr.

등기부는 영구히 보존하여야 한다(부동산등기법 제14조제2항).

폐쇄등기부(閉鎖登記簿)는 등기관이 등기기록에 등기된 사항을 전부 새로운 등기기록(등기부)에 옮겨 기록(이기(移記))한 경우, 종전 등기기록(구등기부)은 폐쇄하는데 이 때 폐쇄된 등기기록(구등기부)을 말한다(동법 제20조제1항).[415] 폐쇄등기부(폐쇄등기기록)는 현재 효력 있는 등기가 기재된 것은 아니나, 현재 효력있는 등기의 연혁이라고 할 종전의 등기가 기재되어 있으므로, 현재 등기의 효력이 문제될 경우에는 중요한 역할을 한다.[416] 따라서 등기부의 보존·관리·공개에 관한 규정이 모두 폐쇄등기부에도 적용된다(동규칙 제10조제2항).

등기관이 같은 토지에 관하여 중복하여 마쳐진 등기기록을 발견한 경우에는 대법원규칙으로 정하는 바에 따라 중복등기기록 중 어느 하나의 등기기록을 폐쇄하여야 한다(중복등기기록의 정리: 동법 제21조제1항). 등기기록에 기록된 사항이 많아 취급하기에 불편하게 되는 등 합리적 사유로 등기기록을 옮겨 기록할 필요가 있는 경우에 등기

415) 이에 따라 종전의 부책식 등기부를 카드식 등기부로, 카드식등기부를 전산등기부로 전환하는 과정에서 부책식등기부와 카드식등기부는 모두 폐쇄되었다(유석주, 전게서, 116면).

416) 법원공무원교육원, 부동산등기실무, 2008, 33면.

관은 현재 효력이 있는 등기만을 새로운 등기기록에 옮겨 기록할 수 있다(새 등기기록에의 이기: 동법 제33조).[417] 갑 토지를 을 토지에 합병한 경우에 등기관이 합필등기를 할 때에는 갑 토지의 등기기록 중 표제부에 합병으로 인하여 을 토지의 등기기록에 옮겨 기록한 뜻을 기록하고, 갑 토지의 등기기록 중 표제부의 등기를 말소하는 표시를 한 후 그 등기기록을 폐쇄하여야 한다(토지합필등기: 동규칙 제79조). 갑 건물을 을 건물 또는 그 부속건물에 합병하거나 을 건물의 부속건물로 한 경우에 등기관이 합병등기를 할 때에는 갑 건물과 을 건물의 등기기록 중 표제부에 합병으로 인하여 개설한 등기기록에 옮겨 기록한 뜻을 기록하고, 갑 건물과 을 건물의 등기기록 중 표제부의 등기를 말소하는 표시를 한 후 그 등기기록을 폐쇄하여야 한다(건물합병등기: 동규칙 제100조). 등기관이 토지의 멸실등기를 할 때에는 등기기록 중 표제부에 멸실의 뜻과 그 원인을 기록하고 표제부의 등기를 말소하는 표시를 한 후 그 등기기록을 폐쇄하여야 한다(토지멸실등기: 동규칙 제84조제1항). 등기관이 건물의 멸실등기를 할 때에는 등기기록 중 표제부에 멸실의 뜻과 그 원인 또는 부존재의 뜻을 기록하고 표제부의 등기를 말소하는 표시를 한 후 그 등기기록을 폐쇄하여야 한다. 다만, 멸실한 건물이 구분건물인 경우에는 그 등기기록을 폐쇄하지 아니한다(건물멸실등기: 동규칙 제103조제1항).

등기관이 등기를 새로운 등기기록에 옮겨 기록한 경우에는 옮겨 기록한 등기의 끝부분에 같은 규정에 따라 등기를 옮겨 기록한 뜻과 그 연월일을 기록하고, 종전 등기기록을 폐쇄하여야 한다(동규칙 제

417) 등기기록에는 과거부터 현재까지 모든 물권변동의 과정이 기록되는 것이 일반적이다. 그러므로 소유권보존등기를 한 다음 오랜 세월이 흐르게 되면 등기기록은 자연스럽게 양이 방대해져 그 취급이 곤란하게 된다. 이러한 경우 등기관이 유효한 사항만을 새로운 등기기록에 이기하여 등기기록을 가볍게 만들 필요가 있다. 본 규정은 이에 관한 것이다. 종전법에서는 등기사항이 과다한 경우만 예시하고 있으나 2011. 4. 12 부동산등기법(법률 제10580호)에서는 기타 합리적 사유가 있는 경우에도 등기기록을 이기할 수 있도록 하였다. 이는 등기기록에 불필요한 내용이 기록되어 있을 때 이를 정리하기 위한 근거를 마련하기 위함이다(법무부, 부동산등기법 전부개정안 설명자료, 2009. 5, 60면).

55조제1항). 등기기록을 폐쇄할 때에는 표제부의 등기를 말소하는 표시를 하고, 등기원인 및 기타사항란에 폐쇄의 뜻과 그 연월일을 기록하여야 한다(동조제2항).

폐쇄된 등기용지를 회복하는 절차는 다음과 같다. 중복등기기록의 정리에 의해 폐쇄된 등기기록의 소유권의 등기명의인 또는 등기상 이해관계인은 대법원규칙으로 정하는 바에 따라 그 토지가 폐쇄된 등기기록의 소유권의 등기명의인의 소유임을 증명하여 폐쇄된 등기기록의 부활을 신청할 수 있다(동법 제21조제2항). 부동산 등기기록(등기용지)이 폐쇄된 경우 설사 그 폐쇄가 위법하게 이루어진 것이라고 하더라도 소송의 방법으로 그 회복절차의 이행을 청구할 수 없다. 폐쇄된 부동산등기기록(등기용지)의 회복은 그 표제부의 주말된 부동산의 표시, 표시번호와 등기번호를 되살리는 절차에 의한다. 이 경우 이를 권리에 관한 등기의 일종이라고 볼 수 없고 등기의무자의 존재 또한 상정할 수 없으므로, 설사 법률이 규정하는 폐쇄사유가 없음에도 불구하고 부동산등기기록(등기용지)이 폐쇄되었거나 또는 그 폐쇄가 위법한 절차나 방법에 의하여 이루어진 것이 객관적으로 명백한 때에는 등기관이 그 폐쇄사유와 절차 등에 관한 법률 규정을 준용하여 직권으로 이를 회복할 수 있다.[418] 그러나 소송의 방법으로 그 회복을 청구할 수는 없다.[419] 판례는 종전의 건물을 철거하고 새로운 건물을 건축한 경우에 구건물에 대한 말소등기청구에 대하여는 소극적이다. 즉 종전의 건물을 철거하고 새로운 건물을 건축한 경우에 있어서 신건물은 구건물과 별개의 것으로서 구건물에 대한 등기기록(등기용지)은 폐쇄될 운명에 있다 할 것이므로 구건물에 대한 소유명의자에게 그 말소등기를 구할 이익이 없다고 판시하고 있다.[420][421]

418) 전부개정 2007. 9. 27 등기예규 제1207호(멸실 등으로 인하여 폐쇄된 등기기록의 부활에 관한 업무처리지침).

419) 대법원 1994. 12. 23, 93다37441.

420) 대법원 1961. 11. 9, 4293민상765.

421) 당초 실체관계를 수반한 유효한 등기가 실체관계의 소멸로 후발적으로 무효로 되었으나 그 후 구실체관계와 같은 내용의 다른 실체관계가 발생한

<사진 Ⅴ-5> 폐쇄등기부 등본

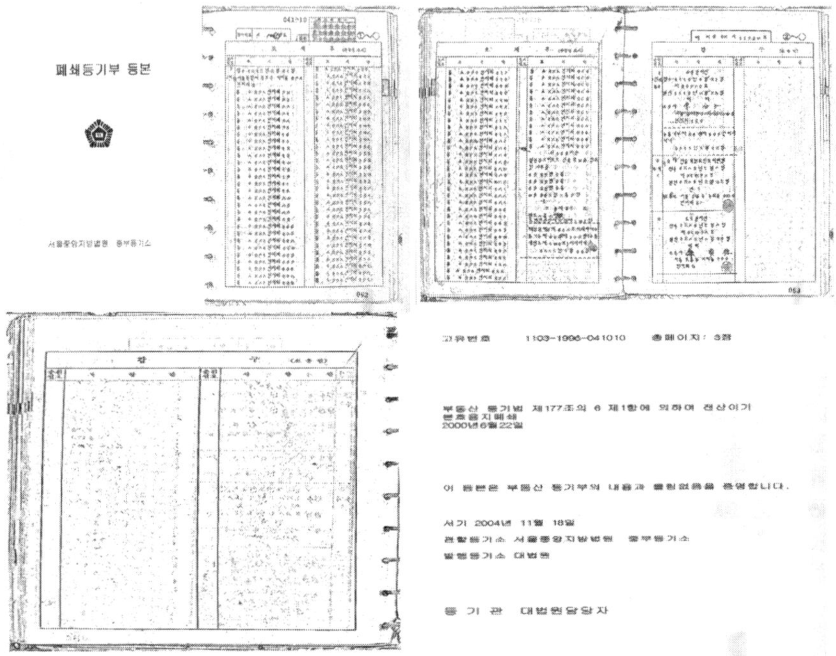

자료: 대법원 법원행정처, 등기업무 전산화백서, 2008, 97면.

폐쇄한 등기부는 영구히 보존하여야 하며(동법 제20조제2항), 등기정보중앙관리소에 보관·관리한다(동규칙 제10조제2항).[422][423]

경우에는 특별한 사유가 없는 한 그 발생한 때부터 후자의 실체관계를 공시하는 등기로써 효력이 있다(대법원 1969. 3. 4, 67다2910).

422) 부동산등기규칙 부칙 제4조(폐쇄등기부의 보존) ① 종이형태로 작성된 등기부를 폐쇄한 경우 그 등기부는 전자적 이미지정보로 변환하여 그 정보를 보존하여야 한다. ② 제1항에 따라 폐쇄등기부를 전자적 이미지정보로 변환하였을 때에는 그 폐쇄등기부를 30년간 법원행정처장이 지정하는 장소에 보관하여야 한다.

423) ① 수작업폐쇄등기부등본은 전산등기부와는 달리 관할외 등기소에서는 발급받을 수 없으며 ② 특히 부책식등기부는 지번순으로 편철되지 아니하므로 찾기 어려워 등기부등본 발급에 많은 시간이 소요되는 점 ③ 등기소 서고의 많은 부분을 종이로 된 폐쇄등기부가 차지하고 있는 점 ④ 재해가 발생하면 종이등기부가 멸실될 우려가 상존하는 점 등을 감안하여 수작업폐쇄등기부를 스캔하여 이미지화하는 방법으로 전자화하는 작업이 2011년 10월 현재 실질적으로 완료되었다. 따라서 현재는 종래의 수작업폐쇄등기부에

(3) 부동산등기신청서 접수장

접수장(接受帳)은 등기관이 등기신청서를 받았을 때 등기의 목적, 신청인의 성명(명칭), 접수 연월일, 접수번호를 적는 장부를 말한다(부동산등기규칙 제21조제1항 제1호, 제22조제1항).[424] 등기관은 접수장에 등기의 목적 등 기재사항을 적은 후, 신청서에 접수연월일과 접수번호를 적어야 한다.

등기권리자 또는 등기의무자가 여러 명인 경우 부동산등기신청서 접수장에 신청인의 성명 또는 명칭을 적을 때에는 신청인 중 1명의 성명 또는 명칭과 나머지 인원을 적는 방법으로 할 수 있다(동규칙 제22조제3항).

같은 부동산에 관하여 등기한 권리의 순위는 법률에 다른 규정이 없으면 등기한 순서에 따른다(동법 제4조제1항). 등기의 순서는 등기기록 중 같은 구(區)에서 한 등기 상호간에는 순위번호에 따르고, 다른 구에서 한 등기 상호간에는 접수번호에 따른다(동조제2항).

그 등기의 순서는 신청서의 접수번호에 의해 부여되는 순위번호에 의해 결정된다. 따라서 순위번호를 결정하는 접수장의 기재는 중요한 의미를 가지게 되는 것이다. 2011. 4. 12 전부개정된 부동산등기법은 등기신청의 접수시기 및 등기의 효력발생시기에 관하여등기신청은 대법원규칙으로 정하는 등기신청정보가 전산정보처리조직에 저장된 때 접수된 것으로 보고(동법 제6조제1항), 등기관이 등기를 마친 경우 그 등기는 접수한 때부터 효력을 발생한다(동조제2항)고 규정하여, 민법 물권편의 물권변동과 부동산등기법상의 물권변동시기를 규정화하였으나 문제점이 적지 않다.[425][426]

대한 이미지등기부등본이 관할에 상관없이 전국의 어느 등기소에든 발급이 가능하게 되었다. 다만 종이형태로 관리되고 있는 종전의 수작업폐쇄등기부가 폐기된 것은 아니기 때문에 등기소 방문에 의한 등본발급이나 열람은 여전히 가능하다(유석주, 전게서, 121면).

424) 개정 2014. 10. 21 등기예규 제1531호(부동산등기사무의 양식에 관한 예규) 별지 14호.

425) 종전의 부동산등기법(2006. 5. 10 공포, 2006. 6. 1 시행) 제177조의10에서는 일정한 정보가 전산정보처리조직에 기록된 때(키락이 설정된 때)를 접수된

부동산 등기신청서 접수장은 매년 별책으로 하여야 하지만, 다만, 필요에 따라 분책할 수 있다(동규칙 제21조제2항). 또한 전자적으로 작성할 수 있다(동규칙 제21조제3항). 접수번호는 1년마다 새로 부여하여야 한다(동규칙 제22조제2항).[427] 접수장은 5년간 보존하여야 한다(동규칙 제25조제1항).

(4) 신탁원부

신탁원부(信託原簿)는 신탁의 등기를 신청하는 경우에 일정한 사항을 기록한 장부를 말한다(동법 제81조).[428][429]

※ 신탁이란 위탁자가 부동산, 금전 등 재산의 유지관리나 경제적 이익을 목적으로 대상 재산을 신탁회사 또는 수탁자에게 신탁(계약, 유언등)하고, 수탁자는 그 재산을 유지·관리하거나 운용하여 경제적 수익을 위탁자 또는 위탁자가 지정한 자인 수익자에게 교부하는 행위를 말한다.

것으로 간주하여 서면신청과 접수시기를 일원화시켰다(법원행정처, 개정 부동산등기법 해설, 2006, 16면). 종전의 부동산등기법 제177조의10 (등기의 접수시기) 전산정보처리조직에 따라 등기사무를 처리하는 경우에는 대법원규칙이 정하는 등기신청정보가 전산정보처리조직에 전자적으로 기록되는 때에 등기신청서가 접수된 것으로 본다. 종전의 부동산등기규칙 제145조의16 (등기신청서의 접수시기) 법 제177조의10에서 말하는 등기신청서의 접수는 부동산을 식별하기 위하여 필요한 정보 기타 법원행정처장이 정하는 정보가 전산정보처리조직에 기록된 때에 이루어진 것으로 본다.

426) 등기신청서의 접수시기에 관하여 신청인이 등기신청서를 접수담당자에게 인계한 때 신청서가 접수된 것으로 보는 것이 그 동안의 일반적인 등기실무였다. 반면 앞으로 시행하게 될 전자신청의 경우에는 접수절차와 가입절차가 자동적으로 진행되어 신청서가 등기소에 송신되는 즉시, 즉 신청정보가 전산정보처리조직에 저장되는 때에 접수번호가 결정되고 기입절차까지 완료하게 된다. 여기에서 서면신청과 전자신청의 경우 접수시기를 통일시킬 필요성이 제기된다. 왜냐하면 등기신청서 접수시기에 관하여 기존 실무를 그대로 유지하게 되면, 동일 부동산에 관하여 서면신청을 하는 자가 등기소에 도착한 후, 접수담당자에게 신청서를 인계하여 접수번호가 결정된 상태에서 동일 부동산에 관하여 나중에 전자신청이 있는 경우, 나중에 접수된 사건이 먼저 기입되는 모순이 발생하기 때문이다(상게서, 16면).

427) 개정 2012. 4. 24 등기예규 제1449호(부동산등기신청사건 처리지침).

428) 개정 2014. 10. 21 등기예규 제1531호(부동산등기사무의 양식에 관한 예규) 별지 18호.

429) 신탁원부편철장은 2011. 4. 12 부동산등기법(법률 제10580호) 전부개정에 의해 폐지되었다.

<그림 Ⅴ-7> 신탁의 흐름

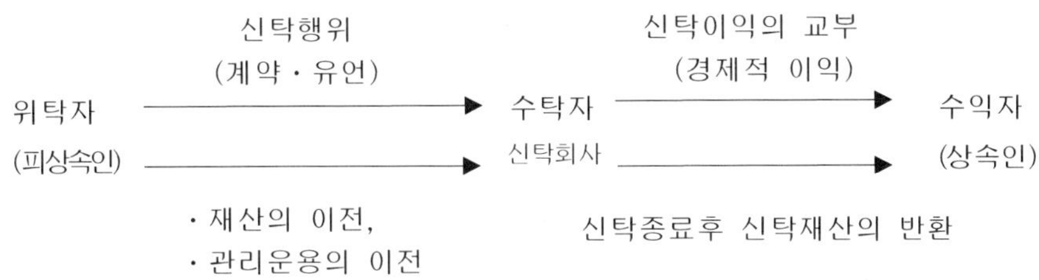

<그림 Ⅴ-8> 신탁등기 사례

【갑구】 (소유권에 관한 사항)				
순위번호	등기목적	접수	등기원인	권리자 및 기타사항
5	소유권이전	2002년 3월 5일 제3005호	2002년 3월 4일 신탁	수탁자 이갑동 470427-1223344 서울 용산구 이태원동9
				신탁 신탁원부 제5호

자료: 법원공무원교육원, 부동산등기실무, 2008, 276면.

신탁원부에는 다음의 사항이 기재된다(동법 제81조제1항). 즉, 위탁자(委託者), 수탁자(受託者) 및 수익자(受益者)의 성명 또는 명칭과 주소 또는 사무소 소재지, 신탁관리인이 있는 경우에는 그 성명 또는 명칭과 주소 또는 사무소 소재지, 신탁의 목적, 신탁재산의 관리방법, 신탁종료의 사유, 그 밖의 신탁의 조항 등이다. 신탁등기를 위해서 등기관은 등기소에 제공된 전자문서에 번호를 부여하고 이를 신탁원부로서 전산정보처리조직에 등록하여야 한다(동규칙 제140조제1항).

신탁등기에서 신탁원부는 등기원인을 증명하는 서면이 아니고 신탁계약서가 등기원인을 증명하는 서면이 된다. 신탁원부란 신탁에 관한 세부적인 사항을 기재하는 서면에 불과하다. 신탁원부는 등기부의 일부로 보고 그 기재는 등기로 본다(동법 제81조제2항). 신탁원부는 보조기억장치(자기디스크, 자기테이프 그 밖에 이와 유사한 방법으로 일정한 등기사항을 기록·보관할 수 있는 전자적 정보저장매체를 말한다)에 저장하여 보존하여야 한다(동규칙 제18조). 신탁원부는 영구히 보존하여야 한다(동규칙 제20조제1항).

(5) 공동담보목록

등기관이 동일한 채권에 관하여 5개 이상의 부동산에 관한 권리를 목적으로 하는 저당권설정의 등기를 할 때에는 각 부동산의 등기기록에 그 부동산에 관한 권리가 다른 부동산에 관한 권리와 함께 저당권의 목적으로 제공된 뜻을 기록하여야 하는데, 이 때 작성하는 목록이 공동담보목록이다(동법 제78조제1항, 제2항).[430] 공동담보목록은 전자적으로 작성하여야 하며, 1년마다 그 번호를 새로 부여하여야 한다(동규칙 제133조제2항). 공동담보목록은 등기기록의 일부로 본다(동법 제78조제3항).

여러 개의 부동산에 관한 권리를 목적으로 하는 저당권설정의 등기를 신청하는 경우에는 각 부동산에 관한 권리의 표시를 신청정보의 내용으로 등기소에 제공하여야 한다(동규칙 제133조제1항). 공동담보목록에는 신청정보의 접수연월일과 접수번호를 기록하여야 한다(동조제3항). 공동담보라는 뜻의 기록은 각 부동산의 등기기록 중 해당 등기의 끝부분에 하여야 한다(동규칙 제135조제1항). 공동담보 목적으로 새로 추가되는 부동산의 등기기록에는 그 등기의 끝부분에 공동담보라는 뜻을 기록하고 종전에 등기한 부동산의 등기기록에는 해당 등기에 부기등기로 그 뜻을 기록하여야 한다(동법 제78조제4항, 동규칙 제135조제4항).

공동담보목록은 보조기억장치(자기디스크, 자기테이프 그 밖에 이와 유사한 방법으로 일정한 등기사항을 기록·보관할 수 있는 전자적 정보저장매체를 말한다)에 저장하여 영구히 보존하여야 한다(동규칙 제18조, 제20조).

---

430) 공동담보목록편철장은 2011. 4. 12 부동산등기법(법률 제10580호) 전부개정에 의해 폐지되었다. 개정 2014. 10. 21 등기예규 제1531호(부동산등기사무의 양식에 관한 예규).

<그림 V-9> 공동담보목록 사례

【을구】 (소유권 이외의 권리에 관한 사항)				
순위번호	등기목적	접수	등기원인	권리자 및 기타사항
1	저당권설정	2002년 3월15일 제3691호	2002년 3월14일 설정계약	채권액 금60,000,000원 채무자 김상문 서울 중구 저동 8 저당권자 이갑동 480412-1011289 서울 중구 저동 5 공동담보 토지 서울특별시 성동구 행당동 223 토지 서울특별시 성동구 행당동 224

자료: 법원공무원교육원, 부동산등기실무, 2008, 253면.

(6) 기타 주요 장부

기타 문서 접수장(其他 文書 接受帳)은 등기사무에 관한 문서중 별도의 규정이 없는 문서를 접수인을 찍어 접수한 후 등제한 장부를 말한다(동규칙 제21조제1항 제2호). 취하서, 관할등기소의 지정신청서,431) 직권말소절차에 대한 이의신청서432) 등이 기타 문서에 해당한다. 기타 문서 접수장은 매년 별책으로 하여야 하지만, 다만, 필요에 따라 분책할 수 있다(동규칙 제21조제2항). 또한 전자적으로 작성할 수 있으며, 보존기간은 10년이다(동규칙 제21조제3항, 제25조제1항).

결정원본 편철장(決定原本 編綴帳)은 등기신청에 대한 등기관의 각하결정 등의 원본을 편철하는 장부이다(동규칙 제21조제1항 제3호).433) 등기신청을 각하한 경우에는 각하결정 등본을 작성하여 신청인 또는 대리인에게 교부하거나 특별송달우편 방법으로 송달하되 교부

---

431) 개정 2011. 10. 11, 등기예규 제1381호(관할등기소의 지정에 관한 업무처리 지침).

432) 개정 2011. 10. 12 등기예규 제1420호(직권말소절차에 관한 예규).

433) 개정 2014. 10. 21 등기예규 제1531호(부동산등기사무의 양식에 관한 예규) 별지 16호.

의 경우에는 교부받은 자로부터 영수증을 수령하여야 한다. 각하결정 등본을 교부 또는 송달한 경우에는 지체없이 고무인을 결정원본의 등기표시 우측여백에 찍고 해당 사항을 기재하여 등기관이 날인한다. 각하결정원본은 결정원본 편철장에 편철하여야 한다.[434] 편철장은 매년 별책으로 하여야 하지만, 다만, 필요에 따라 분책할 수 있다(동규칙 제21조제2항). 또한 전자적으로 작성할 수 있다(동규칙 제21조제3항). 결정원본 편철장(決定原本編綴帳)은 10년간 이를 보존하여야 한다(동규칙 제25조제1항 제3호).

이의신청서류 편철장(異議申請書類 編綴帳)은 등기관의 처분에 대한 이의(동법 제100조 내지 제108조) 등에 관한 서면을 편철하는 장부를 말한다(동규칙 제21조제1항 제4호).[435] 편철장은 매년 별책으로 하여야 하지만, 다만, 필요에 따라 분책할 수 있다(동규칙 제21조제2항). 또한 전자적으로 작성할 수 있다(동규칙 제21조제3항). 이의신청서류 편철장의 보존기간은 10년이다(동규칙 제25조제1항 제4호).

사용자등록신청서류 등 편철장(使用者登錄申請書類 等 編綴帳)은 전자신청을 하기 위해서 그 등기신청을 하는 당사자 또는 등기신청을 대리할 수 있는 자격자대리인이 최초의 등기신청 전에, 등기소에 출석하여 신청서를 제출하여 사용자등록을 하여야 한다(동규칙 제68조제1항, 제2항). 이 경우 사용자등록 신청서, 인감증명, 주소를 증명하는 서면, 신청인이 자격자대리인인 경우에는 자격을 증명하는 서면의 사본(동조 제3항, 제4항) 등의 서류를 편철한 장부를 말한다. 편철장은 매년 별책으로 하여야 하지만, 다만, 필요에 따라 분책할 수 있다(동규칙 제21조제2항). 또한 전자적으로 작성할 수 있으며, 보존기간은 10년이다(동규칙 제21조제3항, 제25조제1항 제5호).

신청서 기타 부속서류 편철장은 등기를 완료한 신청서, 촉탁서, 통

---

434) 제정 1997. 8. 7 등기예규 제878호(등기신청의 각하절차에 대한 예규); 개정 2011. 10. 12 등기예규 제1417호(등기신청의 각하절차에 대한 예규).

435) 개정 2014. 10. 21 등기예규 제1531호(부동산등기사무의 양식에 관한 예규) 별지 17호.

지서, 허가서, 참여조서, 확인조서, 취하서 그 밖의 부속서류를 접수번호의 순서에 따라 편철한 장부를 말한다(동규칙 제23조).[436] 신청서 기타 부속서류 편철장은 매년 별책으로 하여야 하지만, 다만, 필요에 따라 분책할 수 있다(동규칙 제21조제2항). 또한 전자적으로 작성할 수 있으며, 5년간 보존하여야 한다(동규칙 제21조제3항, 제25조제1항).

신청서 기타 부속서류 송부부(申請書 其他 附屬書類 送付簿)는 등기신청서 기타 부속서류에 대하여 법원의 명령 또는 송부촉탁이 있는 경우(동법 제14조제4항 후단)에 등기관이 신청서 기타 부속서류 중 관계 있는 부분에 한하여 이를 송부하고, 그에 관한 사항을 기재하는 장부를 말한다(동규칙 제21조 제7호).[437][438] 송부부는 매년 별책으로 하여야 하지만, 다만, 필요에 따라 분책할 수 있다(동규칙 제21조제2항). 또한 전자적으로 작성할 수 있다(동규칙 제21조제3항). 송부부의 보존기간은 송부한 신청서 기타 부속서류가 모두 반환된 날로부터 5년간이다(동규칙 제25조제1항 제7호).

각종 통지부(各種 通知簿)는 부동산등기법 및 부동산등기규칙에서 규정하고 있는 각종 통지에 관한 사항을 기재하는 장부를 말한다(동규칙 제21조제1항 제8호).[439] 각종 통지부는 매년 별책으로 하여야 하지만, 다만, 필요에 따라 분책할 수 있다(동규칙 제21조제2항). 또한 전자적으로 작성할 수 있다(동규칙 제21조제3항). 각종 통지부의 보존

436) 개정 2014. 10. 21 등기예규 제1531호(부동산등기사무의 양식에 관한 예규) 별지 18호.

437) 위 예규 별지 19호.

438) 실무상으로는 사본을 송부하는 방법에 의하거나 재판부가 등기소에서 직접 서증조사를 하는 방법에 의하고 있다(법원공무원교육원, 전게서, 41면).그러나 판사의 압수영장에 의하더라도 이를 압수하지는 못한다. 법원의 명령 또는 촉탁에 의하여 법원에 송부하거나, 영장에 의하여 수사기관이 압수할 수 있는 신청서나 그 밖의 부속서류는 등기신청서 및 등기신청서의 부속서류 또는 이와 동일시할 수 있는 등기신청취하서 등이며, 등기부의 일부로 보는 도면, 신탁원부, 공동담보(전세)목록, 「공장 및 광업재단 저당법」 제6조 목록, 공장(광업)재단목록은 이에 포함되지 아니한다(개정 2011. 10. 11. 등기예규 제1394호(법원의 명령 등에 의한 신청서나 그 밖의 부속서류의 송부 등에 관한 업무처리지침).

439) 개정 2014. 10. 21 등기예규 제1531호(부동산등기사무의 양식에 관한 예규) 별지 20호.

기간은 1년이다(동규칙 제25조제1항 제8호).

열람신청서류 편철장(閱覽申請書類 編綴帳)은 등기부나 부속서류의 열람(동법 제19조, 동규칙 제26조 내지 제31조)을 신청하는 경우에 제출하는 신청서를 접수순서에 따라 편철하는 장부를 말한다(동규칙 제21조제1항 제9호). 편철장은 매년 별책으로 하여야 하지만, 다만, 필요에 따라 분책할 수 있다(동규칙 제21조제2항). 또한 전자적으로 작성할 수 있다(동규칙 제21조제3항). 1년마다 별책으로 하되 필요에 따라 분책할 수 있으며, 보존기간은 1년이다(동규칙 제21조제2항, 제25조제1항 제9호).

제증명신청서류 편철장(諸證明申請書類編綴帳)은 등기와 관련된 제증명(동법 제19조, 동규칙 제26조 내지 제31조)의 발급[440]을 신청하는 경우에 제출하는 신청서를 접수순서에 따라 편철하는 장부를 말한다(동규칙 제21조제1항 제10호). 여기에서 제증명이란 등기사항에 변경이 없다는 사실, 어떤 사항에 대한 등기없다는 사실 또는 등기부등본, 초본의 기재사항에 변경이 없다는 사실에 대한 증명서를 말하고, 누구든지 수수료를 내고 증명서의 발급을 청구할 수 있다. 편철장은 매년 별책으로 하여야 하지만, 다만, 필요에 따라 분책할 수 있다(동규칙 제21조제2항). 또한 전자적으로 작성할 수 있다(동규칙 제21조제3항). 1년마다 별책으로 하되 필요에 따라 분책할 수 있다(동조제2항). 보존기간은 1년이다(동규칙 제25조제1항 제9호).

---

440) 1990년대 중반 당시의 등초본 발급신청에는 방문신청, 전화(팩스)신청, 우편신청이 있었다. 방문신청은 등기소에 방문하여 신청하는 것으로 등초본발급신청의 대부분을 차지하는 것이었으며, 전화(팩스)신청 및 우편신청에 의한 등초본의 발급은 전산화와 더불어 효용가치가 없어져 더 이상 제공하지 않게 되었다(법원행정처, 등기업무 전산화백서(1994-2004), 2004, 12, 50면).

<표 V-1> 장부의 보존기간과 기산점

보존기간	보존장부	기산점
영구보존	등기부, 폐쇄등기부(폐쇄등기기록), 공동인명부, 공동담보목록, 도면, 도면편철장, 신탁원부, 신탁원부편철장, 매매목록, 등기부책보존부	폐쇄등기부는 폐쇄일로부터 30년이 경과할 때에는 마이크로 필름으로 녹화하여 영구히 보존하고, 이를 폐기할 수 있음(동규칙 부칙 제4조) 공동인명부는 현재 사용하지 않음
10년보존	폐쇄담보목록편철장	담보물권의 말소등기를 하여 폐쇄공동담보목록에 편철된 날로부터 기산
	기타문서 접수장, 결정원본편철장, 이의신청서류편철장	당해 연도의 다음해부터 기산
5년보존	등기신청서접수장, 신청서 기타 부속서류편철장	신청서 접수일
	신청서 기타 부속서류송부부	법원으로부터 모두 반환된 날
	신청서편철부	신청서편철부로부터 회복등기에 기재된 날
1년보존	등기필통지부, 각종 통지부, 과세자료송부부	당해 연도의 다음해
	열람신청서류편철장, 제증명신청서류편철장	당해 연도의 다음해이지만 통계목적을 달성하는데 필요한 기간만 보관한 후 즉시 폐기(1-3일)

주: 2011. 4. 12 부동산등기법(법률 제10580호) 전부개정에 의해 등기설비중 공동인명부, 신청서 편철부, 도면편철장, 공동담보목록편철장, 신탁원부편철장, 등기필통지부, 등기부책보존부, 과세자료 송부부 등 8종이 폐지되었다.

자료: 개정 2012. 1. 13 등기예규 제1441호(등기소에 비치할 장부와 보존기간 및 보조장부의 양식에 관한 예규) 및 유석주, 전게서, 132-133면 참조로 작성.

제 6 장

등기의 신청

1. 등기절차와 등기신청의 원칙

1) 등기절차

(1) 등기처리과정

민원인이 등기신청서를 등기접수 창구에 접수시키면, 접수담당자는 일단 사건을 접수하고, 등기관은 그 신청이 법규정에 위반되지 아니하면 신청한 등기를 하게 된다. 등기사건의 접수에서부터 처리완료까지의 순서는 다음의 <그림 Ⅵ-1>, <그림 Ⅵ-2>와 같다.

※ 전산정보처리조직에 의한 등기신청[441]
2006년 6월 1일부터는 컴퓨터에 의한 등기신청이 시작되었는데, 그 절차를 간단히 살펴보면 다음과 같다. 대법원 인터넷등기소 접속 → 사용자 인증 → 신청정보의 입력 → 필수정보(주민등록정보, 토지대장정보, 건축물대장정보, 거래계약신고필정보, 등록세납부확인정보)의 첨부 → 승인 → 등기신청수수료의 납부 → 송신 → 인감증명정보의 송신 불요(공인인증서정보로 대체) → 전자신청의 접수(접수번호의 자동 부여, 접수장 기록) → 기입사무의 처리 → 조사, 교합업무 → 등기완료사실 통지

441) 개정 2012. 11. 28 등기예규 제1477호(전산정보처리조직에 의한 부동산등기신청에 관한 업무처리지침).

<그림 Ⅵ-1> 부동산등기절차(방문신청)

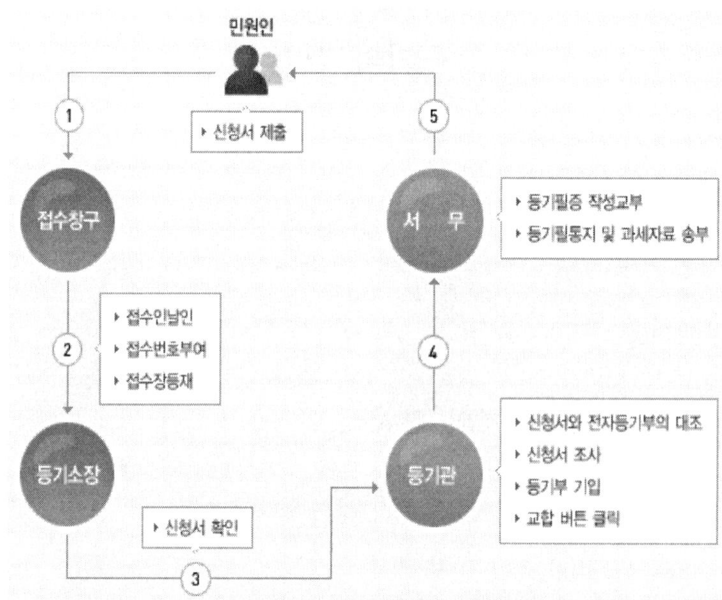

자료: http://www.iros.go.kr

<그림 Ⅵ-2> 부동산등기절차(전자신청)

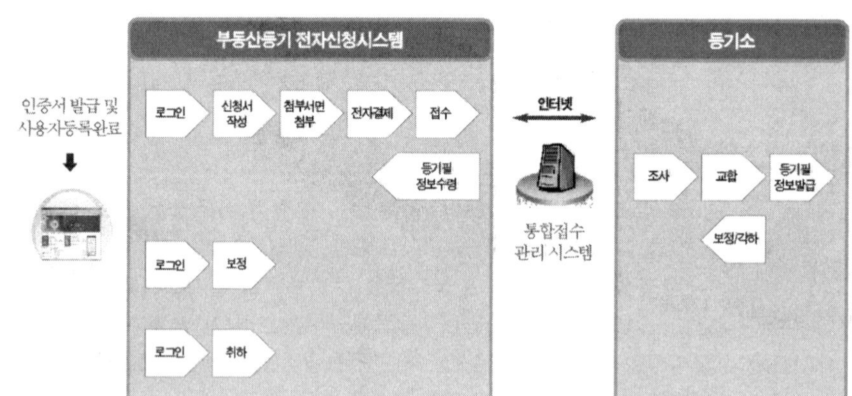

자료: 대법원, 부동산 등기 전자신청 제도 및 등기필정보 안내, 2008. 4, 2면 (http://www.iros.go.kr.)

<그림 Ⅵ-3> 부동산등기 전자신청절차

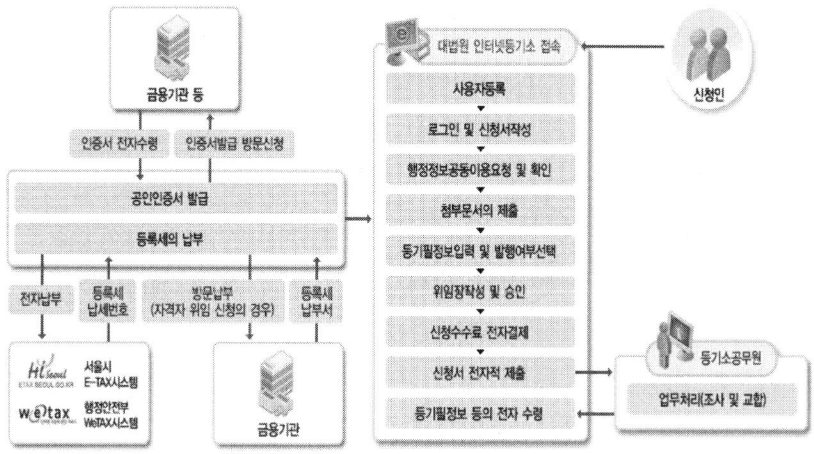

자료: 대법원, 부동산 등기 전자신청 제도 및 등기필정보 안내, 2008. 4, 4면 (http://www.iros.go.kr).

(2) 접수

접수담당자가 등기신청사건을 접수하면 그 신청서에 접수일자와 시각이 표시된 접수인을 날인하고 접수번호를 부여한다. 이는 접수한 신청서를 심사하여 이를 등기할 것으로 판정하는 행위를 말한다. 본인여부를 확인한 다음에 등기신청을 원칙적으로 받아들여야 한다.

전산정보처리조직에 의한 보조기억장치인 등기신청접수장에 접수일자, 접수번호, 부동산의 소재와 지번, 건물의 번호, 건물의 명칭, 공동담보목록의 번호 및 부동산 고유번호를 입력한다. 이때부터 해당 등기부에 Key-Lock(삽지[442])을 설정하고, 접수된 등기신청사건이 처리될 때까지 등기부등본을 발급할 수 없도록 한다.

같은 채권의 담보를 위하여 소유자가 다른 여러 개의 부동산에 대한 저당권설정등기를 신청하는 경우에는 1건의 신청정보로 일괄하여 신청할 수 있다(동법 제25조 단서, 동규칙 제47조제1항). 같은 등기소

---

442) 신청사건처리가 진행중인 등기부에 대한 등초본이 발급되는 것을 방지하기 위하여 등기부에 끼우던 종이를 말한다(법원행정처, 등기업무 전산화백서(1994-2004), 2004, 12, 43면).

에 동시에 여러 건의 등기신청을 하는 경우에 첨부정보의 내용이 같은 것이 있을 때에는 먼저 접수되는 신청에만 그 첨부정보를 제공하고, 다른 신청에는 먼저 접수된 신청에 그 첨부정보를 제공하였다는 뜻을 신청정보의 내용으로 등기소에 제공하는 것으로 그 첨부정보의 제공을 갈음할 수 있다(동규칙 제47조제2항).

같은 부동산에 관하여 동시에 여러 개의 등기신청이 있는 경우에는 같은 접수번호를 부여하여야 한다(동규칙 제65조제2항).

(3) 확인 및 처리

접수장에 등재된 신청서는 소장의 확인을 받은 후, 등기관에게 인계된다.[443] 등기소장으로부터 신청서를 인계받은 등기관은 등기신청 사건서류를 조사한다. 등기신청서류만에 의한 형식적 심사이므로 등기신청이 방식에 적합한지 여부, 소정의 첨부서면이 누락되지는 않았는지 등을 조사한다. 또한 신청서에 기재된 해당지번을 컴퓨터에 입력하여 화면에 나타난 기존의 등기부와 신청서를 대조하여 등기법상 위법여부를 조사·확인한다.[444] 등기관은 신청정보 및 첨부정보가 부동산등기법 등 제반 법령에 부합되는지 여부를 조사한 후 접수번호의 순서대로 교합[445]처리하여야 하며, 지연처리 사건이나 보정을 명한 사건 이외에는 24시간 이내에 등기필정보의 송신 및 등기완료사실의 통지를 하여야 한다.[446] 지연이 예상되거나(복잡사건 또는 집단

---

443) 제정 2013. 10. 18 등기예규 제1503호(부동산등기사건의 배당에 관한 사무처리지침).

444) 개정 2014. 4. 9 등기예규 제1515호(부동산등기신청사건 처리지침); 개정 2006. 11. 15 등기예규 제1154호(전자신청 등기소의 등기신청서 접수에 관한 업무처리지침).

445) 수작업등기부의 경우 등기관이 등기부에 기재된 사항이 정확한 것임을 최종적으로 확인한 후 기재말미에 날인함으로써 등기는 완료되고 일반인이 공시하게 된다. 실무상 위와 같이 확인하고 날인하는 것을 교합이라고 한다. 전산등기부의 경우에는 등기관이 교합인을 날인하는 대신 등기사무를 처리한 등기관을 나타내는 조치를 취함으로써 교합에 갈음하고 이 때에는 각 등기관은 미리 부여받은 식별부호를 기록하는 방법에 의한다(동규칙 제137조, 제142조)(사법연수원, 전게서, 57면).

446) 개정 2012. 11. 28 등기예규 제1477호(전산정보처리조직에 의한 부동산등기

사건) 보정이 필요한 등기신청을 제외한 일반 등기신청사건은 접수 후 늦어도 오전에 제출된 사건에 대하여는 다음날 18시까지, 오후에 제출된 사건에 대하여는 다음 다음날 12시까지 등기필정보를 작성하여 교부하여야 한다.[447] 여기서 등기처리시 지연이 예상되는 복잡사건은 수십필지의 분할, 합병등기 등을 말하고, 집단등기신청사건은 수십 동의 아파트 분양사건 등과 같이 법률상의 용어는 아니며 실무상의 용어로서 소유권보존등기신청사건 및 이와 동시에 접수되는 관련 등기사건이 300건 이상인 경우를 말한다.

등기부 기입은 등기신청에 대한 조사결과 각하사유가 없을 때 등기부에 일정한 사항을 기재하는 것을 말한다. 즉, 조사결과 신청서에 잘못이 있는 경우에는 1일 이내에 보정(補正)하도록 한다.[448] 조사결과 등기신청이 각하사유(동법 제29조)에 해당하는 경우에는 각하한다. 조사결과 적법한 경우에는 접수된 신청사건의 등기원인, 등기원인일자, 등기의무자, 등기권리자 정보와 신청사건 유형별 필요기재사항을 입력한다. 기입이 완료되면 등기관은 신청서와 부속서류를 검토하여 신청내용이 등기부의 기재에 착오가 없는지 다시 한번 확인한 후, 정상적으로 등기가 이루어졌으면 교합(交合)[449]버튼을 눌러 전자서명을 한다. 이로써 등기실행이 완료하게 된다.[450] 교합은 지방법원장으로부터 발급받은 등기관카드를 사용하여 등기관의 식별부호를 등기전산시스템에 기록하는 방법으로 하되 식별부호는 지방법원장으로부터 부여받은 사용자번호로 한다.[451] 교합이란 등기관이 등기부에 법적인 효력을 부여하는 것으로 반드시 인가된 등기관만이 하여야 하며 인

신청에 관한 업무처리지침).

447) 개정 2014. 4. 9 등기예규 제1515호(부동산등기신청사건 처리지침).

448) 개정 2011. 10. 11 등기예규 제1370호(등기신청서의 제출 및 접수 등에 관한 예규).

449) 개정 2012. 11. 28 등기예규 제1477호(전산정보처리조직에 의한 부동산등기신청에 관한 업무처리지침).

450) 전산화 이후의 구체적인 절차에 대하여는 법원행정처, 등기업무 전산화백서(1994-2004), 2004, 12, 82-94면 참조.

451) 개정 2014. 4. 9 등기예규 제1515호(부동산등기신청사건 처리지침).

가된 등기관에 의하여 교합된 데이터는 어떠한 경우에 있어서도 변경되지 않아야 한다.452)

(4) 통지

등기관이 새로운 권리에 관한 등기를 마쳤을 때에는 등기필정보를 작성하여 등기권리자에게 통지하여야 한다(동법 제50조제1항). 등기관이 등기를 마쳤을 때에는 대법원규칙으로 정하는 바에 따라 신청인 등에게 그 사실을 알려야 한다(동법 제30조). 이러한 등기완료의 통지는 등기필정보를 받지 못하여 불측의 손해를 방지하기 위하여 등기완료사실을 받아야 할 자에 대해서 행해진다(동규칙 제53조제1항, 예규 제1397호). 등기필정보는 방문신청의 경우에 등기필정보를 적은 서면(등기필정보통지서)을 교부하는 방법에 의하고, 전자신청의 경우에 전산정보처리조직을 이용하여 송신하는 방법에 의한다(동규칙 제107조제1항).453)

2) 등기신청의 원칙

(1) 신청주의 원칙

신청주의 원칙(申請主義 原則)이라 함은 등기는 법률로 정한 특별한 경우를 제외하고는 당사자의 신청에 의하여 하는 것을 원칙으로 하는 것을 말한다(동법 제22조제1항). 어떤 법률관계가 성립되거나 변경 혹은 소멸되더라도 당사자의 신청이 없으면 등기관 스스로는 등기를 할 수 없다. 부동산등기는 부동산의 권리를 공시하고 보호하는 것을 그 목적으로 하는 것이기 때문에 사적 자치의 원칙이 적용되기

---

452) 부동산등기시스템에서는 이와 같은 교합데이터의 안정성과 신뢰성을 확보하기 위하여 공개키(Public Key) 알고리즘을 이용한 전자서명(Digital Signature) 방식을 적용하였다(법원행정처, 등기업무 전산화백서(1994-2004), 2004, 12, 137면).

453) 개정 2014. 10. 21 등기예규 제1530호(등기완료통지서의 작성 등에 관한 업무처리지침).

때문이다. 예를 들어 부동산의 표시에 관한 등기에서 토지가 이미 대장상 분할되었거나 지목이 변경되었더라도, 또는 건물의 준공검사가 끝나고 건축물대장이 작성되었거나 건물이 화재로 멸실되었더라도 당사자의 신청 또는 관공서의 촉탁이 없으면 어떤 등기도 할 수 없다. 즉 신청이 없으면 신축된 건물도 미등기이며, 멸실된 건물도 등기부상으로는 그대로 존재한다. 「국토의 계획 및 이용에 관한 법률」 등 특별법에 의한 수용등기, 환지등기도 소관 관청의 촉탁이 있어야만 가능하다.

신청주의 원칙과 촉탁에 의한 등기의 관계를 살펴보면 다음과 같다. 등기절차 개시방법에 의한 분류에 의하면 등기는 신청에 의한 등기이외에 촉탁에 의한 등기, 직권에 의한 등기, 명령에 의한 등기로 나눌 수 있는데 이때에도 등기기입의 요구가 있어야만 등기가 된다는 점에서 신청주의의 예외는 아닌 것이다. 법률에 다른 규정이 있는 경우를 제외하고는 신청으로 인한 등기에 관한 규정을 준용한다(동법 제22조제2항). 촉탁자가 관공서이므로 등기원인에 대한 실체적 진실의 개연성이 높으며, 행정의 편의와 신속을 도모할 필요성에 의하여 일반 등기신청절차와 다른 다음과 같은 특례가 인정된다. 이러한 경우에는 단독신청(촉탁)이 인정되며(동법 제99조제3항), 출석주의원칙에 대한 예외로 우편에 의하여 촉탁할 수 있다(동규칙 제155조). 등기신청에 필요한 서면(동법 제24조제1항)중 등기의무자의 권리에 관한 등기필정보를 첨부할 필요가 없으며, 등기의무자로서 등기를 신청하는 경우에도 인감증명의 제출을 요하지 아니한다(동규칙 제60조제2항).[454] 관공서가 등기촉탁을 하는 경우에는 등기부와 대장상의 소유명의인 등의 표시가 부합하지 아니하더라도 그 등기촉탁은 이를 수리하여야 한다. 등기원인에 대하여 제3자의 허가, 동의 또는 승낙을 요하는 서면의 제출을 요하지 아니한다. 예를 들어 농지취득자격증

454) 개정 2014. 4. 24 등기예규 제1517호(관공서의 촉탁등기에 관한 예규).

명,[455] 토지거래계약허가증[456] 등의 서면제출이 필요없으며, 등기권리자의 주소를 증명하는 서면만을 제출하면 된다(동법 제24조제1항).[457]

(2) 공동신청의 원칙

공동신청의 원칙(共同申請의 原則)이란 등기권리자와 등기의무자가 함께 등기를 신청하여야 한다는 원칙을 말한다. 우리나라 부동산등기법은 등기는 등기권리자와 등기의무자 또는 대리인이 공동으로 신청하여야 한다고 명문으로 규정하고 있다(동법 제23조제1항). 이와 같이 공동신청의 원칙을 취하는 이유는 등기에 의하여 불이익을 받게 될 자를 등기신청에 참여케 함으로써 등기의 진정을 보장하게 하기 위한 것이다. 결과적으로 등기권리관계의 실체적 사실과의 부합을 유도하게 된다.

공동신청의 원칙에도 예외가 인정되고 있다. 즉, 공동신청에 의하지 않고도 등기의 진정성을 기대할 수 있는 것에 대하여는 단독신청을 인정한다. 예를 들어 판결에 의한 등기신청이나 부동산 표시변경, 등기명의인의 주소를 변경하는 것 등은 어느 일방에 의하여 등기를 신청하는 단독신청을 인정한다.

단독신청이 인정되는 구체적인 경우를 살펴보면 다음과 같다. 첫째, 가등기나 가등기의 말소도 단독신청을 인정하는데, 가등기의 경우 신청서에 가등기의무자의 승낙서 또는 가처분명령의 정본을 첨부하여 가등기권리자가 신청할 수 있으며(동법 제89조), 가등기의 말소는 가등기명의인이 신청할 수 있다(동법 제93조제1항). 가등기의 말소로 인하여 불이익을 입게 될 자는 없기 때문이다.

둘째, 등기명의인의 표시의 변경 또는 경정(更正)의 등기는 등기명

455) 개정 2011. 10. 12 등기예규 제1415호(농지의 소유권이전등기에 관한 사무처리지침).

456) 부동산 거래신고 등에 관한 법률 제11조제4항.

457) 개정 2000. 8. 23, 등기예규 제1001호(판결 등에 의한 등기신청시 주소를 증명하는 서면의 제출)는 개정 2011. 10. 11 등기예규 제1383호(판결 등 집행권원에 의한 등기의 신청에 관한 업무처리지침)에 의해 폐지 대체됨.

의인 단독으로 신청할 수 있다(동법 제23조제5항, 제35조, 제39조, 제41조, 제43조) 권리의 변동과 관계없는 사실상의 변동내용을 반영하는 것이기 때문이다.

셋째, 등기의무자의 행방불명으로 인하여 등기권리자와 공동으로 등기의 말소를 신청할 수 없을 때에는 제권판결[458] 등본(除權判決 謄本)을 첨부하여 등기의 말소를 신청하는 경우에는 등기권리자 단독으로 신청할 수 있다(동법 제56조제2항). 등기의무자가 사망한 것이 제권판결 등본에 의해 입증되어 등기의 진정성이 보장되기 때문이다.

넷째, 멸실한 등기부의 회복등기는 등기권리자 단독으로 신청할 수 있다.[459] 권리변동을 목적으로 하는 것이 아니라 종전의 등기사항을 그대로 재현하는 것이기 때문이다.

다섯째, 미등기부동산의 소유권보존등기는 등기권리자만으로 이를 신청할 수 있다(동법 제23조제2항). 이미 취득한 소유권을 등기부에 그대로 공시하는 보존행위에 불과하기 때문이다.[460]

---

458) 공시최고절차를 거쳐 유가증권의 실효를 선고하고 상실자에게 자격을 회복시켜 주는 판결을 말한다.
민사소송법 제487조 (제권판결) ① 법원은 신청인이 진술을 한 뒤에 제권판결신청에 정당한 이유가 없다고 인정할 때에는 결정으로 신청을 각하하여야 하며, 이유가 있다고 인정할 때에는 제권판결을 선고하여야 한다.
② 법원은 제1항의 재판에 앞서 직권으로 사실을 탐지할 수 있다.
제권판결에 관하여는 본서 제9장 등기절차에 관한 특칙 3. 말소등기 참조.

459) 규칙 부칙 제3조(멸실된 등기부에 관한 경과조치) 종이형태로 작성된 등기부의 전부 또는 일부가 폐쇄되지 아니한 상태에서 멸실되었으나 이 규칙 시행 당시까지 종전의 규정에 따른 멸실회복등기절차가 이루어지지 아니한 경우의 그 회복에 관한 절차는 종전의 규정에 따른다. 종전의 부동산등기규칙(대법원규칙 제2356호, 2011. 9. 28) 제79조를 의미함.

460) 이와 같은 취지에서 이전등기와 보존등기를 용이하게 하는 주요 특별조치법으로 「부동산소유권이전등기 등에 관한 특별조치법」(제정 1977. 12. 31 법률 제3094호), 「수복지역내 소유자미복구토지의 복구등록과 보존등기 등에 관한 특별조치법」(제정 1982. 12. 31 법률 제3627호(한시법으로 1988. 12. 31까지였으나, 그 후 1991. 12. 31까지 연장), 「부동산소유권이전등기 등에 관한 특별조치법」(제정 1992. 11. 30 법률 제4502호(한시법 1994. 12. 31)) 등이 제정된 바 있다. 그밖에 「부동산소유권 이전등기 등에 관한 특별조치법」(제정 2005. 5. 26 법률 제7500호(한시법 2007. 12. 31)등이 있다(등기예규 제1117호(제정 2005. 12. 26, 부동산소유권 이전등기 등에 관한 특별조치법 시행에 따른 등기업무처리지침)는 등기예규 제1252호(제정 2008. 6.

여섯째, 상속으로 인한 등기는 등기권리자 단독으로 신청할 수 있다(동법 제23조제3항). 사망으로 인하여 등기한 권리가 소멸한 경우(동법 제55조)에는 등기권리자만으로 그 등기의 말소를 신청할 수 있다. 피상속인의 사망으로 발생한 상속인의 부동산에 관한 권리를 보존하는 행위에 불과하므로 단독신청을 해도 등기의 진정성을 보장할 수 있기 때문이다. 유증의 경우도 마찬가지이다.

일곱째, 토지수용으로 인한 소유권이전등기는 등기권리자가 단독으로 신청할 수 있다(동법 제99조제1항). 「공익사업을 위한 토지 등의 취득 및 보상에 관한 법률」 등이 정하는 엄격한 절차를 거치는 것이기 때문에 등기의 진정성이 보장되고, 한편으로는 신속한 수용절차를 위한 필요성 때문에 수용주체인 등기권리자의 단독신청을 인정하고 있다.

여덟째, 판결에 의한 등기는 승소한 등기권리자 또는 등기의무자 단독으로 신청할 수 있다(동법 제23조제4항). 여기서 판결은 이행판결[461]을 의미한다. 예를 들어 '매매목적부동산에 대한 소유권이전등기절차를 이행'하라는 민사소송을 제기하여, '매매를 원인으로 하는 소유권이전등기절차를 이행'하라는 원고승소의 판결을 받고 판결문을 법원으로부터 송달받은 후, 그 재판이 이루어진 법원으로부터 판결의 확정증명을 받아 단독으로 관할법원 또는 등기소에 부동산소유권이전등기를 신청하면 된다.[462][463]

(3) 서면신청의 원칙

서면신청의 원칙(書面申請의 原則)이란 등기의 신청은 반드시 서면에 의하여야 하며 구술신청을 허용하지 아니하는 것을 말한다. 등기

13, 부동산소유권 이전등기 등에 관한 특별조치법 시행에 따른 등기업무처리지침 폐지예규)에 의하여 폐지되었다.

461) 부동산물권변동에 있어서 등기없이도 효력이 발생하는 것은 형성판결임을 주의하여야 한다.

462) 경락허가결정에 의한 경우에는 법원이 등기촉탁을 하게 된다(민사집행법 제144조제1항).

463) 개정 2011. 10. 11 등기예규 제1383호(판결 등 집행권원에 의한 등기의 신청에 관한 업무처리지침).

의 신청은 반드시 서면에 의하여야 하는 요식행위(要式行爲)이다. 이와 같이 요식행위로 한 이유는 개별적·실질적 심사로 인한 시간적 낭비와 개인적 편견을 배제하고, 법정의 서면에 의한 형식적 심사에 국한시켜 등기사무의 신속·원활한 수행을 위한 것이다. 또한 등기에 대한 사후적 평가를 위해서 정형적이고 안정적인 증거를 남겨둘 필요가 있기 때문이다.

우리나라 부동산등기법은 2011. 4. 12 전부개정에 의해 신청인이 제공하여야 하는 신청정보 및 첨부정보를 정하고 있으며(동법 제25조 제2항, 동규칙 제43조, 제46조), 대법원 등기예규로 등기신청서의 용지규격과 양식을 정하고 있다.[464] 법령이 정한 방식의 기재요건을 모두 갖추지 못한 신청서면은 유효한 등기신청으로 볼 수 없다. 이 경우는 등기신청서가 방식에 적합하지 아니한 때에 해당되어 등기관은 신청을 각하하여야 한다(동법 제29조 제5호).

(4) 당사자출석의 원칙

당사자출석의 원칙(當事者出席의 原則)이란 출석의 원칙이라고도 하는데, 등기는 법령에 다른 규정이 있는 경우를 제외하고는 당사자(등기권리자와 등기의무자) 또는 그 대리인이 등기소에 출석하여 이를 신청하여야 하는 것을 말한다.[465]

2011. 4. 12 전부개정전까지는 신청주의와 함께 출석신청주의를 특징으로 하고 있었는데, 개정에 의해 등기신청의 방법이 신청인 또는 그 대리인(代理人)이 등기소에 출석하여 신청정보 및 첨부정보를 적은 서면을 제출하는 방법과 전산정보처리조직을 이용하여 신청정보 및 첨부정보를 보내는 방법(동법 제24조)이 모두 가능하게 되었다.

당사자출석의 원칙의 예외로서 대리인[466]이 변호사 또는 법무사(법무법인(유한), 법무조합 또는 법무사 합동법인을 포함)인 경우에는 대

464) 개정 2014. 10. 21 등기예규 제1531호(부동산등기사무의 양식에 관한 예규).

465) 종전의 부동산등기법 제28조 (등기신청인).

466) 이 때의 대리인은 증명사무를 위임받은 변호사 또는 법무사 자신을 말하나 (대법원 1968. 7. 8, 67마300), 대리인이 변호사 또는 법무사인 경우에는 관

법원규칙으로 정하는 사무원을 등기소에 출석하게 하여 등기를 신청하는 경우(동법 제24조제1항 제1호 단서, 동규칙 제58조),[467] 관공서등이 등기의 촉탁을 우편의 방법에 의하는 경우(동규칙 제155조제1항), 2006년 6월 1일부터 시작된 전자신청에 의한 경우 등을 들 수 있다. 그러나 전자신청에 의한 경우에도 본인 출석에 준하는 정도이 진정성을 확보해야 할 필요가 있으므로, 부동산등기법은 전자신청을 하고자 하는 자는 전자신청을 하기 전에 미리 등기소에 출석하여 자신의 인적사항을 등록하도록 하는 사용자등록제도를 두고 있다(동규칙 제68조제1항).

3) 등기신청행위 및 등기신청능력

(1) 등기신청행위

등기신청행위(登記申請行爲)는 신청인이 국가기관인 등기소에 대하여 등기를 요구하는 행위로서 일정의 방식이 요구되는 행위를 말한다. 등기신청행위는 국가기관인 등기소에 대하여 등기를 요구하는 행위인 점에서 공법상의 행위이지만, 그 목적은 사법상의 법률효과의 발생. 즉 물권변동에 있으므로 사법(私法)상의 관점에서 판단된다.

등기신청능력에 있어서 사법상의 당사자능력 규정이 유추적용된다. 따라서 등기사무는 소송사건이 아닌 비송사건(非訟事件, 법원조직법 제2조제3항)[468]에 해당하므로, 등기신청행위는 비송행위의 일종으로 등기신청행위가 유효하게 성립하기 위해서는 등기신청인의 등기신청능력, 등기신청인의 등기신청의사, 등기신청의 요식성 구비(등기신청

할지방법원장이 허가하는 1인의 사무원을 등기소에 출석시킬 수 있다(동법 제24조제1항 제1호 단서, 동규칙 제58조).

467) 개정 2011. 10. 11 등기예규 제1370호(등기신청서의 제출 및 접수등에 관한 예규); 개정 2012. 11. 28 등기예규 제1477호(전산정보처리조직에 의한 부동산등기신청에 관한 업무처리지침).

468) 소송사건은 대립당사자의 주장에 관한 당부에 대하여 법률을 적용하여 판단하는 것을 말하고, 비송사건은 국가기관인 법원이 사인의 생활관계에 관여하여 후견적 임무를 수행하는 것을 말한다. 법원조직법 제2조 (법원의 권한) ③ 법원은 등기·가족관계등록·공탁·집행관·법무사에 관한 사무를 관장 또는 감독한다.

에 필요한 소정의 절차)의 요건을 갖추어야 한다. 따라서 등기신청인의 등기신청의사에 결함이 있는 경우 즉, 비진의표시(민법 제107조), 또는 통정허위의사표시(민법 제108조)의 경우에는 무효이고, 중요부분의 착오(민법 제109조제1항) 또는 사기·강박에 의한 의사표시(민법 제110조)의 경우에는 취소할 수 있으며, 등기신청의 요식성 또는 방식을 갖추지 않은 경우에는 무효이다.

등기신청과 관련하여 등기청구권과 등기신청권이 있는데 등기청구권(登記請求權)은 등기제도의 원활한 운영을 위하여 등기를 원하는 일방 당사자가 타방 당사자에 대하여 등기신청에 협력할 것을 요구하는 실체법상 권리를 말한다. 등기청구권(登記請求權)은 등기권리자에게만 인정되는 것은 아니고 경우에 따라서는 등기의무자도 행사할 수 있다.[469] 한편 등기신청권은 등기신청인이 등기관이라는 국가기관에 대하여 등기를 신청하는 공법상의 권리를 말한다. 따라서 등기의무자가 존재하지 않는 소유권보존등기, 상속등기, 멸실회복등기 등은 등기청구권은 존재하지 않으나 등기신청권은 존재하게 된다.

(2) 등기신청능력

등기신청행위는 등기를 요구하는 의사표시이므로 의사능력 및 행위능력을 갖추어야 하는데 이때의 의사능력과 행위능력을 등기신청능력이라고 한다. 등기신청능력이 등기를 신청할 수 있는 능력인 점에서 등기명의인이 될 수 있는 자격인 등기신청적격과는 구별된다.

---

469) 등기인수청구권(登記引受請求權)이 그 예이다. 등기인수청구권은 등기의무자가 자기 명의로 있어서는 안 될 등기가 자기 명의로 있음으로 인하여 사회생활상 또는 법상 불이익을 입을 우려가 있는 경우에는 소의 방법으로 등기권리자를 상대로 등기를 인수받아 갈 것을 구하고 그 판결을 받아 등기를 강제로 실현할 수 있도록 한 것이다(대법원 2001. 2. 9, 2000다60708). 부동산매도인(등기의무자)이 원고가 되어 매수인(등기권리자)을 상대로 소유권이전등기를 해가라는 소송(등기인수청구소송)을 제기하여 승소한 후, 승소한 등기의무자가 등기권리자 앞으로 소유권이전등기신청을 한 경우가 이에 해당한다(동법 제23조, 제50조). 부동산등기법 제23조가 규정하는 ‘승소한 등기의무자’란, 등기를 하지 아니하고 방치하는 등기권리자를 상대로 등기를 넘겨가도록 하는 재판을 하여 승소판결을 받은 등기의무자를 말한다(2000. 3. 4. 등기 3402-147 질의회답).

법령에 특별한 규정이 없으므로 민법 제4조 이하의 무능력에 관한 규정이 준용되느냐에 관하여 등기신청권(登記申請權)은 국민의 국가에 대한 공권으로서 등기신청행위도 일종의 공법상의 행위이기 때문에 형식적으로는 민법의 능력에 관한 규정이 일응 적용되지 않을 것이나, 그 목적하는 바는 사법상의 재산적 권리관계를 확보함에 있으므로 등기신청행위에도 민법 제4조 이하의 무능력에 관한 규정을 준용하여야 할 것이다. 등기법상 권리를 취득하게 되는 신청인(등기권리자)은 법률상 이익을 얻을 뿐이므로 의사능력을 갖는 것으로 충분하나, 등기법상 권리를 잃게 되는 신청인(등기의무자)은 등기로 권리를 상실하게 되므로 행위능력을 필요로 한다고 해석하는 것이 타당하다.[470]

※ 권리능력(權利能力, 법인격) : 정적인 권리・의무의 주체가 될 수 있는 법률상의 자격을 말한다. 사람은 누구나 권리능력을 가지고 있으나, 반드시 행위능력을 가지고 있다고는 할 수 없다.
의사능력(意思能力) : 자기행위의 성질이나 결과를 판단할 수 있는 정신능력을 말한다. 민법은 의사무능력을 판단할 수 있는 기준을 구체적으로 정하고 있지는 않다. 불법행위, 범죄의 경우에는 책임능력이 된다. 일반인이 가지는 정상적인 판단능력이다(의사무능력자: 유아, 만취자(滿醉者), 백치자(白痴者)).
행위능력(行爲能力) : 확정적으로 유효한 법률행위를 할 수 있는 능력을 말한다. 동적 활동능력으로 의사능력이 없는 자는 전혀 행위능력이 없다(제한능력자: 미성년자, 피성년후견인, 피한정후견인).

등기신청행위는 등기를 요구하는 의사표시이므로 의사능력이 요구된다. 유아나 심신상실의 상태에 있는 만취자와 같이 의사무능력자에 의한 등기신청은 각하사유(부동산등기법 제29조 제3호)에 해당된다. 미성년자, 피성년후견인, 피한정후견인과 같이 행위무능력자에 의한 등기신청은 취소할 수 있는 일반적 법률행위(민법 제5조, 제10조, 제13조)와는 다르게 다루어진다. 즉, 권리변동에 영향이 없는 등기, 상속등기, 보존등기와 같은 경우는 행위능력이 요구되지 않는다. 그러

470) 곽윤직, 전게서, 144면.

나 등기의무자의 지위에 서는 등기와 같은 경우에는 행위능력이 요구된다(통설). 이 경우 행위능력이 없음에도 등기를 신청한 경우에는 각하사유에 해당되어 각하된다. 하지만 이를 간과하여 등기가 이루어졌다면 실체관계에 부합하는 한, 무효는 아니다.

2. 등기신청적격 및 등기신청인

1) 등기신청적격

(1) 의의

등기신청적격(登記申請適格)이란 등기절차에 있어서 당사자로 될 수 있는 지위 또는 자격을 말한다. 일반적으로 그 이름으로 등기권리자나 등기의무자 또는 등기명의인이 될 수 있는 자격을 말하는데, 이를 등기신청의 당사자능력 또는 등기명의인능력이라고도 한다. 등기신청적격이 등기명의인이 될 수 있는 자격인 점에서 등기를 신청할 수 있는 능력인 등기신청능력과는 구별된다.

등기절차상 등기권리자(登記權利者)와 등기의무자(登記義務者)로 등기신청인이 될 수 있는 자격이 등기법적 측면으로 반영된 것[471]으로 구체적인 등기신청을 누가 할 것인가의 문제인 등기신청인의 개념과는 구별하여야 한다.

(2) 자연인

자연인의 경우 일정한 등기신청적격이 요구된다. 사람은 살아있는 동안 권리와 의무의 주체가 된다(민법 제3조).

---

471) 등기권리자와 등기의무자는 절차법적인 개념이며, 등기청구권자는 '등기신청의 협력을 구할 수 있는 사법상의 채권적 또는 물권적 청구권에 관한 등기청구권을 가진 자'로 실체법적인 개념이다. 등기권리자・등기의무자는 많은 경우에 등기청구권자・그 상대방과 일치하지만 반드시 일치하는 것만은 아니다(사법연수원, 전게서, 21-22면).

※ 출생의 시기 : 전부노출설이 통설(민법), 진통설(형법)
※ 사망의 시기 : 맥박호흡종지설이 통설(민법), 맥박종지설(형법), 뇌사설(독일), 심폐기능설(의학)

유아나 심신상실 상태의 만취자와 같은 의사무능력자이든 미성년자, 피성년후견인, 피한정후견인과 같은 제한능력자도 등기신청의 당사자능력이 인정되고, 등기권리자나 등기의무자가 되지만, 등기신청능력은 행위능력이 있는 경우에만 인정된다. 다만 권리취득의 경우는 예외적으로 행위능력이 없어도 등기신청능력이 인정된다.

태아는 상속과 유증에 관해서 출생한 것으로 간주되지만(민법 제1000조제3항, 제1064조), 등기신청적격은 인정되지 않는다. 판례는 정지조건설에 입각하여 태아의 상속등기신청적격을 부인하고 있다. 태아출생시에는 상속등기경정(相續登記更正)이 가능하다고 한다.[472] 외국인도 원칙적으로는 법령 또는 조약에 의한 제한을 제외하고는 우리나라 국민과 동일한 권리능력을 가진다(헌법 제6조제2항).

※ 태아의 등기(상속등기) 신청능력 여부
태아가 손해배상청구권에 관하여는 이미 태어난 것으로 본다는 법 취지는 태아가 살아서 출생할 때에 출생시기가 문제의 사건의 시기까지 소급하여 그 때에 태아가 출생한 것과 같이 법률상 보아주는 것이라고 해석함이 상당하다.[473]

※ 정지조건설(停止條件說) : 태아로 있는 동안에는 권리능력을 취득하지는 못하지만 살아서 출생한 때에는 그의 권리능력의 취득의 효과가 문제의 사건(불법행위시 또는 상속개시시)이 발생한 때로 소급해서 생긴다고 보는 설로 거래안전에 치중한 학설이다(소수설과 판례의 입장).

※ 해제조건설(解除條件說) : 태아는 이미 출생한 것으로 보는 각 경우에 그 개별적 사항의 범위내에서 문제된 사실이 발생한 때로부터 제한적인 권리능력을 갖지만, 후일 사산한 경우에는 그 권리능력의 취득의 효과가 문제

472) 제정 1976. 9. 14 등기예규 제284호(태아의 등기(상속등기) 신청능력 여부)는 폐지 : 2011. 10. 11 등기예규 제1337호에 의하여 폐지(이 예규는 대법원 1976. 9. 14. 76다1365 판결 요지를 그대로 예규에 반영하여 제정된 것으로서 등기업무처리절차에 관한 것이 아니므로 이를 폐지함).

473) 대법원 1976. 9. 14, 76다1365.

의 사건(불법행위시 또는 상속개시시)이 발생시에 소급해서 소멸한다고 보는 설로 태아의 보호에 치중한 학설이다(다수설의 입장).

(3) 법인

법률에 의하여 권리능력이 인정되는 인적 또는 물적 구성체인 법인은 등기신청능력이 인정된다. 법인은 단체 명의로 등기신청의 권리자나 의무자가 될 수 있다.[474] 교육기본법 제11조에 의해 설립된 학교는 등기신청적격이 없으므로 설립사 명의로 등기신청을 하여야 하고, 학교가 등기권리자가 되어 등기를 신청할 수는 없다.[475][476]

법인대표자의 행위에 의한 효과를 법인행위로 귀속하게 된다. 등기신청적격에는 공법인과 사법인(私法人)을 구별하지 않으므로 등기소에 있는 법인등기부에 등재된 법인, 즉 상법상 회사, 민법과 「공익법인의 설립·운영에 관한 법률」[477]에 의해 설립되는 각종 사단법인과 재단법인, 특별법에 의해 설립되는 공법인은 등기신청적격이 인정된다.

지방자치단체중에서 법인격이 인정되는 특별시, 광역시, 도, 시, 군, 구(지방자치법 제3조, 제2조)는 등기명의인이 될 수 있으나, 법인격이 인정되지 않는 읍, 면, 동은 지방자치단체가 아니므로 등기명의인이 될 수 없다.

민법상 조합은 등기신청적격이 없으므로 조합원 전원의 합유로 등기하여야 한다. 권리능력없는 사단 또는 재단이란 종중, 교회처럼 다수의 인적 조직으로 단체를 이루고 있어 법인과 같은 실체를 가졌으나 법원 또는 등기소에 설립등기를 하지 않은 단체를 말한다. 이들 권리능력없는 사단 또는 재단도 등기신청적격이 인정된다(부동산등기법 제26조).[478][479]

---

474) 개정 2011. 9. 28, 대법원규칙 제2356-9호(법인 및 재외국민의 부동산등기용 등록번호 부여에 관한 규칙).

475) 대법원 1975, 11. 25, 75다1695.

476) 법인 아닌 사단·재단 및 외국인의 부동산등기용 등록번호 부여절차에 관한 규정(일부개정 2014. 3. 5 대통령령 제25225호); 개정 2011. 10. 12 등기예규 제1435호(법인 아닌 사단의 등기신청에 관한 업무처리지침).

477) 제정 1975. 12. 31 법률 2814호; 일부개정 2016. 5. 29 법률 제14171호.

※ 문중 또는 종중의 등기능력여부

문중 또는 종중과 같이 사실상 사회생활상의 하나의 단위를 이루는 경우에는 법률상 특수한 사회적 작용을 담당하는 독자적 존재가 될 수 있다고 할 것이므로, 이러한 법인 아닌 사단 내지 재단이 권리능력의 주체는 될 수 없다고 하여도 민사소송상의 당사자능력이나 등기능력은 있다.[480)]

<표 Ⅵ-1> 등기신청적격자

등기신청적격자인 경우	등기신청적격자가 아닌 경우
자연인과 법인	민법상의 조합[1)]과 학교[2)]
권리능력없는 사단과 재단	권리능력없는 사단과 재단의 대표자 또는 관리인
특별시・광역시・도・시・군・구	읍・면・동

주 : 1) 조합은 자연인인 조합원 전원의 명의로 등기.
2) 학교는 국립학교의 경우에는 국가명의로(소유자: 국 관리청 교육인적자원부 재산관리관 서울대학교), 공립학교는 지방자치단체의 명의로(소유자: 서울특별시 관리청 서울특별시 교육감), 사립학교는 학교법인 또는 설립자의 명의로 등기.

2) 등기신청인

(1) 의의

등기신청인(登記申請人)이란 부동산등기를 법원 또는 등기소에 신청할 수 있는 권한 또는 자격을 가진 자를 말한다. 등기는 등기권리

---

478) 부동산등기법 제26조(법인 아닌 사단 등의 등기신청) ① 종중(宗中), 문중(門中), 그 밖에 대표자나 관리인이 있는 법인 아닌 사단(社團)이나 재단(財團)에 속하는 부동산의 등기에 관하여는 그 사단이나 재단을 등기권리자 또는 등기의무자로 한다.
② 제1항의 등기는 그 사단이나 재단의 명의로 그 대표자나 관리인이 신청한다.

479) 교회의 부동산등기신청에 있어서 첨부할 서면(제정 1989. 3. 29. [등기선례 제2-36호]): 법인 아닌 사단이나 재단인 교회가 부동산을 취득하거나 처분하고 그 등기신청을 하는 경우에는 부동산등기법시행규칙 제56조 의 규정에 의한 서면을 첨부하면 족하고 별도로 주무관청의 허가서 등을 첨부할 필요는 없다(1989. 3. 29 등기 제621호).

480) 대법원 1970. 2. 10, 69다2013.

자와 등기의무자 또는 그 대리인이 신청하여야 하며(동법 제24조), 그 외의 자는 등기신청인이 되지 못하는 것이 원칙이다. 그러나 민법 제404조의 규정에 의하여 채권자는 채무자가 가지는 등기신청권을 대위할 수 있다. 즉 채권자는 그 채무자의 대리인으로서가 아니라 자기의 이름으로 채무자명의의 등기를 신청할 수 있다(부동산등기법 제28조).

※ 채권자대위권(債權者代位權) : 채권자가 자신의 권리를 보전하기 위하여 채무자의 권리를 행사할 수 있는 것을 말한다. 채권자대위권을 행사하는데 있어서는 원칙적으로 채무자의 무자력을 그 요건으로 하며, 무자력인지의 여부는 사실심의 변론종결 당시를 표준으로 하여 결정되어야 하고 그 입증책임은 채권자가 진다. 채권자대위권을 행사하기 위해서는 원칙적으로 채권이 이행기에 있어야 하는데 법원의 허가가 있거나 보존행위에 대해서는 채권의 기한이 도래하기 전이라도 대위권을 행사할 수 있다(민법 제404조).

<그림 Ⅵ-4> 채권자대위권에 의한 등기신청

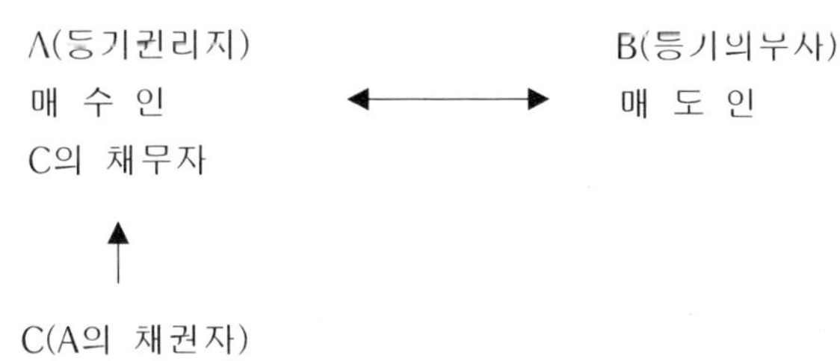

(2) 등기권리자와 등기의무자

등기권리자(登記權利者)는 등기법상 공동신청이 요구되는 경우에 일반적으로 등기함으로써 등기부상 권리를 취득하거나 또는 그 권리가 증대되는 자를 말한다. 예를 들면 부동산의 매수인, 저당권자는 매매를 원인으로 한 소유권이전등기, 저당권설정을 원인으로 한 저당권설정등기의 등기권리자이다. 등기권리자는 등기의무자에 대하여 등기청구권을 가진다. 등기권리자가 2인 이상인 때에는 신청서에 그 지분을 기재하여야 하며, 이 경우 등기할 권리가 합유인 때에는 신청서에 그 뜻을 기재하여야 한다(동법 제48조제4항).

등기의무자(登記義務者)는 등기가 행하여짐으로써 실체적 권리관계에 있어 권리의 상실 또는 불이익을 받는 자라는 것이 등기부상 형식적으로 표시되는 자(등기명의인이거나 그 포괄승계인)를 말한다.[481] 예를 들면 부동산의 매도인, 저당권설정자는 매매를 원인으로 한 소유권이전등기, 저당권설정을 원인으로 한 저당권설정등기의 등기의무자이다.

등기절차상의 등기권리자와 등기의무자는 동시에 실체법상의 등기권리자, 등기의무자이어야 한다. 실체법상의 등기권리자, 등기의무자는 실체법상의 사권(私權)인 등기청구권(등기신청에 협력할 것을 요구할 수 있는 권리)의 당사자를 가리키는 말이다. 즉, 등기청구권을 가지는 자가 등기권리자이고, 등기청구권에 대응하는 의무자 즉 등기신청에 협력할 의무를 부담하는 자가 등기의무자이다.[482] 등기를 신청한 당사자는 그 등기가 실행됨으로써 종전의 등기만이 있을 때 보다는 유리한 위치에 서거나 또는 불리한 위치에 서게 된다는 것이 등기부상 현실적으로 나타나는 자이어야 한다.

절차법상의 등기권리자는 신청된 등기가 실행됨으로써 새로 등기명의인이 되는 자이고, 절차법상 등기의무자는 신청된 등기가 실행되기전 현재까지의 등기에 있어서 등기명의인으로서 표시되어 있는 자이어야 한다. 절차법상 등기권리자, 등기의무자는 실체법상의 등기권리자, 등기의무자와 일치하는 것이 원칙이지만 반드시 일치되는 것은 아니다. 예를 들어 저당권설정등기, 지상권설정등기, 전세권설정등기 등의 말소등기 신청에 있어서는 일치하지 않게 된다.

481) 대법원 1979. 7. 24, 79다345; 대법원 1980. 10. 27, 79다1857; 대법원 1992. 7. 28, 92다10173.

482) 곽윤직, 전게서, 151면.

<표 Ⅵ-2> 등기권리자와 등기의무자

구 분	등기 권리자	등기 의무자	비고
유형 Ⅰ: A소유 부동산소유권을 B에게 이전하는 등기를 신청하는 경우	B	A	
유형 Ⅱ: A소유 부동산에 설정된 B의 저당권에 대해 말소등기를 신청하는 경우	A	B	
유형 Ⅲ: A소유 부동산에 설정된 B의 저당권에 대해 피담보채권의 이율변경등기 신청의 경우	B	A	
유형 Ⅳ: A → B → C로 소유권이 매매되었으나 등기는 아직 A에게 있는 경우	C	B	실체법
위 경우 B로 이전등기가 행해질 때까지	B	A	절차법
위 경우 B로 이전등기가 행해진 다음	C	B	절차법
유형 Ⅴ: A 부동산 위에 B의 1번 저당권과 C의 2번 저당권이 설정되어 있을 때 B의 1번 저당권이 변제로 소멸한 경우의 말소등기	A C	B	실체법
	A	B	절차법

주 : 곽윤직, 전게서, 151-152면을 정리함.

(3) 대리인에 의한 등기신청

등기는 등기권리자와 등기의무자 또는 대리인이 등기소에 출석하여 이를 신청하여야 한다(부동산등기법 제24조). 이 때 대리인이라 함은 임의대리인과 법정대리인을 의미하며, 임의대리인은 제한이 없으나 행정서사, 공인중개사,[483] 회사직원[484]이 업으로 등기신청을 대리하는 것은 허용되지 않으며,[485] 지배인[486]의 경우에는 등기신청의 대리가 허용된다. 대리인에 의하여 등기를 신청하는 때에는 그 권한을 증명하는 서면을 첨부하여 한다(동법 제46조제1항 제5호). 즉 임의대리인은 위임장을 첨부하여야 하며, 일반인이 등기신청을 대리하는 경우에는 확인서 및 인감증명을 첨부하여야 한다. 법정대리인은 가족관계등록사항별 증

483) 등기선례 5-20(공인중개사가 등기신청을 대리할 수 있는지 여부).

484) 등기선례 5-18(회사 직원이 소속회사와 거래 대리점 대표의 위임을 받아 등기신청 업무를 할 수 있는지 여부).

485) 개정 2007. 12. 11 등기예규 제1221호(법무사 아닌 자의 등기신청 등에 관한 업무처리지침).

486) 등기선례 5-25(법인 등기부등본의 유효기간 및 상업등기와 부동산등기신청에 있어서 지배인이 대리할 수 있는지 여부).

명서, 법인등기부등초본 등을 첨부하여야 한다.

등기신청에 있어서는 자기계약 또는 쌍방대리가 허용된다.[487] 따라서 등기신청은 그 권리자 또는 의무자가 상대방의 대리인이 되거나 쌍방이 동일인에게 위임하여 할 수 있으므로 등기권리자는 등기의무자로부터 등기신청을 위임받아 등기신청을 할 수 있다.[488]

<그림 Ⅵ-5> 등기신청의 자기계약 및 쌍방대리

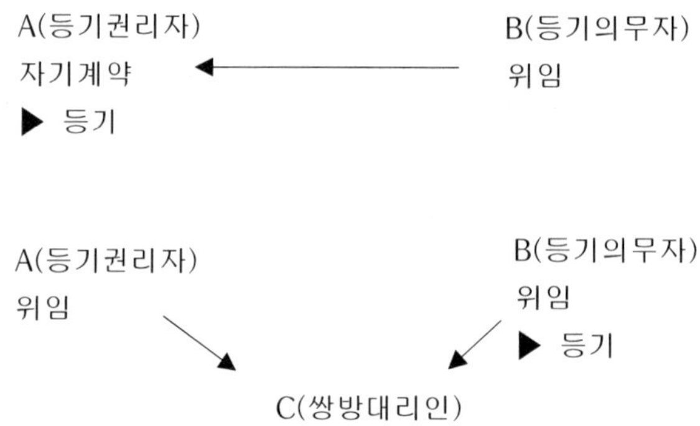

민법 제124조에서는 법률행위의 대리에 있어서 자기계약 또는 쌍방대리를 금지하고 있으나, 등기신청은 채무의 이행에 준하는 것으로 해석하고 있으므로 허용되는 것이다.

변호사 또는 법무사 아닌 자는 법원에 제출하는 서류의 작성이나 그 서류의 제출의 대행을 업으로 할 수 없다.[489] 따라서 등기관은 업으로 하지 않는다는 사유를 확인한 다음 등기신청을 수리한다.[490] 일반인이 등기신청인의 위임을 받아 대리인으로서 등기를 신청하는 경

---

487) 개정 2007. 12. 11 등기예규 제1221호(법무사 아닌 자의 등기신청 등에 관한 업무처리지침).

488) 등기선례 4-25(등기권리자 또는 등기의무자가 상대방의 등기신청대리 가부).

489) 개정 2007. 12. 11 등기예규 제1221호(법무사 아닌 자의 등기신청 등에 관한 업무처리지침).

490) 법무사법 제3조 (법무사가 아닌 자에 대한 금지) ① 법무사가 아닌 자는 제2조에 따른 사무를 업으로 하지 못한다.

우에는 신청인과 대리인과의 관계를 밝혀 보수를 받고 하지 않는다는 사실을 소명하여야 한다. 이 때 소명방법으로는 신청인이 작성한 확인서 및 인감증명 첨부하도록 하고 있다.[491)]

법정대리인인 친권자가 자신과 자 사이에 또는 그 친권에 복종하는 수인의 자 사이에 이해상반행위(利害相反行爲)를 하는 때에는 그 자 또는 그 자 일방의 특별대리인의 선임을 청구하여야 한다(민법 제921조). 후견인에 대해서도 유추적용된다.

※ 친권자(親權者) : 친권(부모가 미성년자인 자를 위하여 갖는 신분상 재산상의 보호교양을 내용으로 하는 권리의무의 총칭)친권을 행사할 권리 의무를 가지는 자를 말한다. 미성년자는 부모의 친권에 복종하여야 하는데, 친권은 부모가 혼인 중인 때에는 부모가 공동으로 행사하지만 부모의 일방이 친권을 행사할 수 없을 때에는 다른 일방이 이를 행사하고, 혼인외의 자가 인지된 경우와 부모가 이혼한 경우에는 부모의 협의로 친권을 행사할 자를 정한다(민법 제909조).

※ 후견인(後見人) : 법률상 무능력자인 미성년자, 피성년후견인, 피한전후견인을 보호하기 위하여 그들을 대리하여 법률행위를 하고 보호하는 사람을 말한다(민법 제928조 내지 제959조).

대리권은 신청행위 종료까지, 즉 등기관이 그 신청을 접수하는 때에 있는 것으로 충분하고, 등기관이 등기를 완료하는 시기까지 존속하고 있어야 하는 것은 아니다. 따라서 대리인에 의하여 등기를 신청하였으나, 그 등기신청후 등기가 완료되기 전에 본인이나 대리인이

법무사법 제74조 (법무사가 아닌 자의 행위) ① 법무사가 아닌 자가 다음 각 호의 어느 하나에 해당하면 3년 이하의 징역 또는 500만원 이하의 벌금에 처한다.

1. 제3조를 위반하여 제2조에 규정된 사무를 업으로 하거나 법무사 또는 이와 비슷한 명칭을 사용한 경우
2. 이익을 얻을 목적으로 문서, 도화, 시설물 등에 법무사 업무를 취급한다는 뜻을 표시하거나 기재한 경우

② 상습적으로 제1항의 죄를 범한 자는 5년 이하의 징역에 처한다.

491) 등기선례 4-28(일반인에게 등기신청대리권이 있는지의 여부), 등기선례 4-29(일반인이 등기신청인의 위임을 받아 대리인으로서 등기를 신청하는 경우에 신청인과 대리인의 관계를 밝혀 보수를 받고 하지 않는다는 사실의 소명방법).

사망하여도 그 등기는 유효하다.[492] 또한 대리권의 흠결이 있는 경우에는 각하하여야 하지만, 대리권이 없는 경우에 등기가 이루어졌다면 그것이 실체관계와 부합하는 경우에는 유효한 것으로 보고 있다.

3. 등기신청의무 및 등기신청취하

1) 등기신청의무

우리나라는 등기강제주의를 취하고 있지 않기 때문에 등기는 당사자의 자유로운 신청에 의해 등기가 실행되는 것을 원칙으로 하지만 예외적으로 등기신청의무가 있는 경우가 있다. 즉 부동산등기법에서는 토지의 변경사유가 발생한 경우, 건물의 변경사유가 발생한 경우에는 등기를 강제하고 있으며, 「부동산등기특별조치법」[493]에서 소유권이전의 경우에 등기신청을 의무화하고 있다.

토지의 분합, 멸실, 면적의 증감 또는 지목의 변경이 있을 때에는 그 토지의 소유권의 등기명의인은 1월 이내에 그 등기를 신청하도록 하고 있다(부동산등기법 제35조, 제39조). 이를 위반하였더라도 과태료 등의 제재는 없다. 건물의 분합, 번호・종류 또는 구조의 변경, 그 멸실, 그 면적의 증감 또는 부속건물의 신축이 있는 때에는 그 건물의 소유권의 등기명의인은 1월 이내에 등기를 신청하여야 한다(동법 제41조, 제43조). 이러한 등기신청의무를 해태한 경우에는 50만원 이하의 과태료를 부과하도록 하고 있다(동법 제112조).

한편, 부동산의 소유권이전을 내용으로 하는 계약을 체결한 자는 계약의 당사자가 서로 대가적인 채무를 부담하는 경우(쌍무계약 : 매매, 교환 등)에는 반대급부의 이행이 완료된 날, 계약당사자의 일방만이 채무를 부담하는 경우(편무계약 : 증여)에는 그 계약의 효력이

---

492) 곽윤직, 전게서, 175면.

493) 제정 1990. 8. 1 법률 제4244호; 일부개정 2014. 11. 19 법률 제12844호.

발생한 날부터 60일 이내에 소유권이전등기를 신청하여야 한다(부동산등기특별조치법 제2조제1항). 또한 소유권보존등기가 되어 있지 아니한 부동산에 대하여 소유권이전을 내용으로 하는 계약을 체결한 자는 부동산등기법 제65조에 의하여 소유권보존등기를 신청할 수 있음에도 이를 하지 아니한 채 계약을 체결한 경우에는 그 계약을 체결한 날, 계약을 체결한 후에 부동산등기법 제65조에 의하여 소유권보존등기를 신청할 수 있게 된 경우에는 소유권보존등기를 신청할 수 있게 된 날부터 60일이내에 소유권보존등기를 신청하여야 한다(동조제5항). 이와 같은 등기신청의무를 등기권리자가 상당한 사유없이 해태한 때에는 그 해태한 날 당시의 그 부동산에 대한 등록세액(등록세가 비과세·면제·감경되는 경우에는 지방세법의 규정에 의한 부동산가액에 부동산등기세율을 곱한 금액)의 5배 이하에 상당하는 금액의 과태료에 처한다(동법 제11조).[494] 그리고 조세부과를 면하려 하거나 다른 시점간의 가격변동에 따른 이득을 얻으려 하거나 소유권등 권리변동을 규제하는 법령의 제한을 회피할 목적으로 중간생략등기를 한 경우에는 3년 이하 징역이나 1억원 이하의 벌금에 처한다(동법 제8조).

부동산등기법에서는 미등기 토지 또는 미등기 건물에 대해서는 보존등기를 강제하지 않고(동법 제65조), 「부동산등기특별조치법」에 의한 등기의무는 소유권이전의 경우에 한정하기 때문에 2003년 3월말 현재 32,204,706필지의 토지중 738,309필지가 미등기인 상태로 남아 있다.

494) 2006년 6월 1일부터 당사자가 실제로 거래한 금액을 등기부에 공시함으로써 거래의 투명성을 확보하고, 적정한 세금을 부과하는 등 부동산투기를 방지하기 위하여 실제로 거래한 금액이 기재된 부동산거래계약신고필증의 제출을 의무화하고 있다. 이를 위반하여 부동산거래의 신고를 거짓으로 한 자는 해당 부동산등의 취득가액의 100분의 5 이하에 상당하는 금액의 과태료를 부과한다(부동산 거래신고 등에 관한 법률 제28조제3항).

2) 등기신청취하

등기신청인이 등기가 완료되기 전에 스스로 철회하는 것을 말한다.[495] 등기신청을 취하할 수 있는 자는 등기신청인 또는 그 대리인이다. 다만, 등기신청대리인이 등기신청을 취하하는 경우에는 취하(取下)에 대한 특별수권(特別授權)이 있어야 한다. 등기신청이 등기권리자와 등기의무자의 공동신청에 의하거나 등기권리자 및 등기의무자 쌍방으로부터 위임받은 대리인에 의한 경우에는, 그 등기신청의 취하도 등기권리자와 등기의무자가 공동으로 하거나 등기권리자 및 등기의무자 쌍방으로부터 취하에 대한 특별수권을 받은 대리인이 이를 할 수 있고, 등기권리자 또는 등기의무자 어느 일방만에 의하여 그 등기신청을 취하할 수는 없다.

취하는 등기관이 등기를 마치기 전까지 할 수 있다(동규칙 제51조 제1항). 취하는 방문신청과 전자신청에 따른 방법으로 하여야 한다(동조제2항). 방문신청에 의한 방법은 신청인 또는 그 대리인이 등기소에 출석하여 취하서를 제출하는 방법에 의하고, 전자신청에 의한 방법은 전산정보처리조직을 이용하여 취하정보를 전자문서로 등기소에 송신하는 방법에 의한다.

취하가 있게 되면 등기관은 그 취하서의 좌측하단 여백에 접수인을 찍고 접수번호를 기재한 다음 기타문서접수장에 등재한다. 부동산등기신청서접수장에는 비고란에 「취하」 라고 주서하고, 등기신청서에 기재한 접수인을 주말하여 그 등기신청서와 그 부속서류를 신청인 또는 그 대리인에게 환부하며, 취하서는 신청서기타부속서류편철장의 취하된 등기신청서를 편철하였어야 할 곳에 편철한다. 일괄신청의 경우에는 그 일부만에 대해서도 취하가 가능하다. 따라서 이러한

---

495) 종전의 부동산등기법상 명문규정은 없으나 실무상 인정되고 있었던 것을 규정화하였다. 2011. 9. 28 전부개정된 부동산등기규칙은 제19조(신청정보 등의 보존), 제20조(신탁원부 등의 보존기간), 제23조(신청서 기타 부속서류 편철장), 제51조(등기신청의 취하), 제162조(가등기 또는 부기등기의 말소) 등을 규정하고 있다. 개정 2011. 10. 11 등기예규 제1362호(서면에 의한 등기신청(e-form 신청 포함)의 취하에 관한 예규).

취하에 있어서는 수개의 부동산에 관한 등기신청을 일괄하여 동일한 신청서에 의하여 한 경우 그 중 일부의 부동산에 대하여만 등기신청을 취하한 때에는, 부동산등기신청서접수장의 비고란에 「일부 취하」라고 주서하고, 등기신청서의 부동산표시란 중 취하되는 부동산의 표시 좌측에 「취하」라고 주서한 다음 취하서를 등기신청서에 합철하여야 한다. 이 경우 등기신청서 및 부속서류의 기재사항중 취하된 부동산에 관련된 사항은 이를 정정, 보정케 하여야 한다.

※ 무효, 취소, 철회, 해제, 해지의 구별

무효(無效) : 특정인의 주장을 필요로 하지 않으며, 처음부터 당연히 효력이 없다. 시간의 경과에 의하여 효력의 변동이 없다.

취소(取消) : 특정인(취소권자)의 주장(취소)이 있어야 비로서 효력이 없게 되고 취소하기 전까지는 효력이 있다. 일정한 시간이 경과하면 취소권은 소멸하게 된다. 취소되면 처음부터 효력이 없다.

철회(撤回) : 법률행위의 효과가 발생하기 이전에 그 효과의 발생을 방지하는 행위이다.

해제(解除) : 일단 유효하게 성립한 계약의 효력을 소급적으로 소멸하게 하는 행위이다.

해지(解止) : 계속적 계약관계를 당사자의 일방적 의사표시에 의하여 장래에 대하여 소멸시키는 행위이다.

제 7 장

등기신청에 필요한 서면

1. 총설

등기신청은 신청인 또는 그 대리인(代理人)이 등기소에 출석하여 신청정보 및 첨부정보를 적은 서면을 제출하는 방법과 전산정보처리조직을 이용하여 신청정보 및 첨부정보를 보내는 방법(부동산등기법 제24조)이 가능하지만, 두 방법 모두 구술에 의한 신청은 인정하지 않으며 일정한 방식을 요구하므로 등기신청행위는 요식행위라고 할 수 있다. 등기의 신청은 1건당 1개의 부동산에 관한 신청정보를 제공하는 방법으로 하여야 한다(동법 제25조, 동규칙 제46조).

부동산등기를 하고자 하는 자는 대법원예규에 의하여 등기종류별로 규정된 소정양식의 등기신청서에 등기하고자 하는 내용을 부동산등기법이 정하는 바에 따라 작성하고, 이에 따른 부수의무를 이행한 다음 등기소에 제출하여야 한다. 관공서의 촉탁에 의한 경우에도 등기촉탁서에 의하여야 한다(동규칙 제155조). 서면신청을 위하여 대법원예규로 양식을 규정하고 있으며,[496][497] 등기신청양식은 대법원 인

496) 개정 2013. 4. 10 등기예규 제1489호(부동산 등기신청서의 양식에 관한 예규).

497) 서면신청의 경우에는 신청서를 제출하기 전에 대법원예규가 정하는 바에 따라 방문신청을 하고자 하는 신청인은 신청서를 등기소에 제출하기 전에

터넷 홈페이지를 통해 출력받아 사용할 수도 있고, 전국 각 지방법원 등기과(계) 및 등기소에서 무상으로 교부받을 수 있다.

이와 같이 엄격한 서면주의 또는 요식행위를 취하고 있는 것은 등기관에게는 실질적 심사권한이 주어져 있지 않기 때문에, 서면 또는 일정한 방식을 통해 등기신청의 적법성을 심사할 수 있도록 하기 위한 것이다. 또한 이로써 등기사무 처리의 신속성과 정확성을 도모하기 위한 것이다.

한편, 등기신청서 기타의 첨부서면 또는 정보 등기의 기재에 있어서와 같이 엄격성이 요구된다. 부동산등기법에서는 문자기재 등의 방식에 대하여 등기를 하거나 신청서 기타 등기에 관한 서면의 작성에는 자획(字劃)을 분명히 하도록 하고(동규칙 제57조제1항), 문자는 이를 변경(變更)할 수 없도록 하며, 만일 정정, 삽입 또는 삭제를 한 때에는 그 글자 수(數)를 난외(欄外)에 적으며 문자의 앞뒤에 괄호를 붙이고 이에 날인하도록 하고 있다. 또한 삭제한 문자는 해독(解讀)할 수 있게 글자 체(體)를 남겨두도록 하고 있다(동조 제2항).[498] 등기를 하기 위한 기초자료이기 때문에 기재의 문자나 그의 정정(訂正)등에 관하여는 엄격성을 요구하는 것이다.

등기신청시에 첨부할 서면 또는 정보에 대한 일반규정으로는 다음과 같은 것이 있다. 같은 등기소에 동시에 여러 건의 등기신청을 하

전산정보처리조직에 신청정보를 입력하고, 그 입력한 신청정보를 서면으로 출력하여 등기소에 제출하는 방법으로 할 수 있다(동규칙 제64조). 이는 전자표준양식에 의한 등기신청(e-Form신청)에 관한 규정으로서 당사자에게는 신청서 작성의 편의를 제공하고, 등기업무담당자에게는 접수나 기입업무의 경감을 꾀하기 위해 도입된 제도로서 등기시스템에 접속하여 신청서를 작성한 후, 그 신청서에 필요서면을 첨부하여 등기신청을 하는 것을 말한다. 신청인이 직접 등기소를 방문하여야 하는 점에서 서면신청과 동일하나, 신청서 작성시 입력한 정보가 별도의 조치없이 등기전산정보처리조직에 저장된다는 점에서는 전자신청과 유사하다(사법연수원, 전게서, 32면).

498) 원래 부동산등기법 제88조에는 숫자의 과오나 개찬(改竄)을 피하기 위해서 제2항으로 「금전 기타 물건의 수량, 연월일과 지번(地番)의 기재에는 일(壹), 이(貳) ,삼(,參), 십(拾)의 문자를 사용하여야 한다」는 규정을 두었으나(일부개정 1985. 9. 14 법률 제3789호), 현재는 숫자를 기재함에 있어서 다획문자(多劃文字)에 갈음하여 산용숫자(算用數字, 아라비아 숫자)가 사용되고 있다.

는 경우에 첨부정보의 내용이 같은 것이 있을 때에는 먼저 접수되는 신청에만 그 첨부정보를 제공하고, 다른 신청에는 먼저 접수된 신청에 그 첨부정보를 제공하였다는 뜻을 신청정보의 내용으로 등기소에 제공하는 것으로 그 첨부정보의 제공을 갈음할 수 있다(동규칙 제47조제2항). 등기소에 제공하여야 하는 첨부정보 중 법원행정처장이 지정하는 첨부정보는 「전자정부법」 제36조제1항에 따른 행정정보 공동이용을 통하여 등기관이 확인하고 신청인에게는 그 제공을 면제한다. 다만, 그 첨부정보가 개인정보를 포함하고 있는 경우에는 그 정보주체의 동의가 있음을 증명하는 정보를 등기소에 제공한 경우에만 그 제공을 면제한다(동규칙 제46조제6항). 관청의 허가서와 같이 원본이 1통뿐이어서 구하기 어려운 경우에는 등본을 첨부할 수 있다. 즉 신청서에 첨부한 서류의 원본 환부(原本換付)를 청구하는 경우에는 신청인은 그 원본과 같다는 취지를 기재한 등본을 첨부하여야 한다. 등기관이 서류의 원본을 환부할 때에 그 등본에 원본 환부의 취지를 기재하고, 날인하여야 한다(동규칙 제59조제1항).

2. 등기신청서

1) 등기신청서의 기재방법

(1) 1건 1신청주의 원칙과 예외

등기는 1개의 부동산에 관하여 1개의 등기원인마다 하나의 신청서를 작성하는 것이 원칙이다(동법 제25조 본문). 그러나 일정한 경우 예외가 인정되고 있다. 즉 등기목적과 등기원인이 동일하거나 그 밖에 대법원규칙으로 정하는 경우에는 같은 등기소의 관할 내에 있는 여러 개의 부동산에 관한 신청정보를 일괄하여 제공하는 방법으로 할 수 있다(동조 단서). 등기권리자가 2인 이상인 경우에 관할이 동일하다면 부동산의 소유권을 수인의 공유자가 취득하여 소유권이전등기를 신청하는 경우에도 각자의 지분을 신청정보의 내용으로 일괄신청할 수 있으며(동규칙 제105조제1항), 등기할 권리가 합유인 때에는 신청정보의 내용으로 그 뜻을 기재하여야 한다(동조제2항).

(2) 등기신청서 기재문자

등기신청서 기재문자에 대하여는 「등기부의 기재문자에 대한 사무처리지침」[499]에서 구체적으로 설명하고 있다. 이를 살펴보면 다음과 같다.

등기신청서 기타 서면의 작성에 사용되는 문자는 한글과 아라비아 숫자로 한다. 외국인의 성명을 기재할 때에는 미합중국인 헨리키신저와 같이 국적을 함께 기재한다. 상업·법인등기에 있어서 상호 및 명칭이 한자인 경우에는 이를 한자로 기재한다.

등기부에 외국의 국호, 지명과 외국인의 성명, 명칭, 상호를 한글로 표기함에 있어서는 문화체육관광부가 고시하는 외래어표기법[500]에 의함을 원칙으로 한다. 표시번호, 순위번호 및 사항번호의 표시는 1, 2, 3, 4로 표시하며 「번」자의 기재를 생략한다. 표시란 또는 사항란에서 표시번호 또는 순위번호를 적시할 때에는 1번, 2번, 3번, 4번과 같이 기재한다.

부동산 소재지 표시와 등기명의인, 법인의 본점, 지점 및 임원의 주소 표시는, 행정구역 명칭 그대로 전부 기재하여야 하며, “서울특별시”, “부산광역시” 등을 “서울”, “부산” 등으로, “경기도”, “충청남도” 등을 “경기”, “충남” 등으로 약기하여서는 아니된다. 다만, 지번의 경우에는 "번지" 라는 문자를 사용함이 없이 108, 또는 108-1과 같이 기재한다.

계량법에 의한 면적의 표시는 평방미터의 약호인 ㎡를 사용하고 소숫점 이하의 면적의 표시는 67.07㎡과 같이 기재한다.

---

499) 전부개정 2007. 5. 3 등기예규 제1187호(등기부의 기재문자에 대한 사무처리지침).

500) 고시 85-11호, 국립국어원(http://www.korean.go.kr) 참조.

금액의 표시는 아라비아숫자로 하되, 그 표시를 내국화폐로 하는 경우에는 "금10,000,000원"과 같이 기재하고, 외국화폐로 하는 경우에는 "미화 금10,000,000달러", "일화 금10,000,000엔", "홍콩화 금10,000,000달러"와 같이 그 외국화폐를 통칭하는 명칭을 함께 기재한다.

연월일의 표시는 서기연대로 기재하며 서기라는 연호[501)]를 생략하고, 2007년 5월 1일과 같이 기재한다.

이와 같은 기재방법은 등기신청서 기타 등기에 관한 서면의 작성에 이를 준용한다. 그러나 등기의무자의 성명, 상호 및 명칭이 등기부에 한자로 기재되어 있는 경우에는 등기신청서의 등기의무자란에 한글 외에 한자를 함께 기재한다. 기재용구에 관하여는 특별한 규정이 없으며, 등기전산화사업 이후 2006년 6월 1일부터는 컴퓨터에 의한 등기신청이 시작되었다.

(3) 등기신청인의 기명날인 및 간인

방문신청을 하는 경우에는 등기신청서에 신청정보의 내용으로 등기소에 제공하여야 하는 정보를 적고 신청인 또는 그 대리인이 기명날인(記名捺印)하거나 서명(署名)하여야 한다(동규칙 제56조제1항).[502)] 전자신청을 하는 경우에는 신청정보의 내용으로 등기소에 제공하여야 하는 정보를 전자문서로 등기소에 송신하여야 한다. 이 경우 사용자등록번호도 함께 송신하여야 한다(동규칙 제67조제2항).

신청서가 여러 장일 때에는 신청인은 간인(間印)을 하여야 한다. 그러나 등기권리자 또는 등기의무자가 다수인 때에는 그중 1인이 간인하는 방법으로 한다(동규칙 제56조제2항). 간인이란 문서사이에 도장을 찍어서 문서의 연속성을 표시하는 것을 말하는데, 현재 재판서 등

501) 연호에 관한 법률(개정 2014. 1. 7, 법률 제12209호).

502) 개정 부동산등기법(2006. 5. 10 공포, 2006. 6. 1 시행)은 제41조제1항을 개정하여 기명날인 또는 서명을 할 수 있도록 하여 신청인의 편의를 도모하였다. 기명날인이나 서명은 문서의 작성자가 해당 문서 성립의 진정을 인정하는 표시라는 점에서 별반 차이가 없고, 오늘날에는 기명날인보다 서명이 더 일반화된 의사표시의 방식이라 할 수 있다(법원행정처, 개정 부동산등기법 해설, 2006, 7면).

의 정본, 등본 또는 초본과 같이 대부분 공문서의 경우에는 천공기로 구멍을 뚫어서 표시하고 있다.503)

※ 간인

간인(間印)이란 문서사이에 도장을 찍어서 문서의 연속성을 표시하는 것을 말한다. 그러나 등기관련서류에는 매문서에 간인하기가 복잡하고 번거로우므로 대부분 공문서의 경우에는 천공기로 구멍을 뚫어서 표시하고 있다(2002. 6. 27 재판예규 제871-13(천공기의 사용에 의한 재판서 등의 정본, 등본 또는 초본의 작성에 관한 사무처리요령(재일 92-1)). 최근에는 재판서 정본 등에는 직인날인에 갈음하여 전자이미지직인을 사용할 수 있도록 하고 있으며, 이러한 경우나 위·변조방지조치를 할 경우 그 출력물의 색상은 컬러 또는 흑백으로 할 수 있도록 하고 있다.

2) 등기신청서의 기재사항

(1) 필요적 기재사항과 임의적 기재사항

등기종류와 관계없이 일반적으로 등기신청서에 기재하는 일반적 기재사항과 등기의 종류에 따라 기재하여야 할 특수한 기재사항으로 구분되는데 본서는 일반적 기재사항을 중심으로 설명하고자 한다.

등기신청서에 기재하는 사항은 필요적 기재사항과 임의적 기재사항으로도 구분된다. 필요적 기재사항은 신청서가 유효하기 위하여 반드시 기재되어야 할 사항으로, 그러한 기재가 없으면 부동산등기법 제29조 제5호의 '신청서가 방식에 의하지 않은 경우'에 해당하므로 각하사유가 되는 사항을 말한다.

임의적 기재사항은 신청서의 기재가 법률의 규정에 의하여 허용되어 있는 경우에 신청인의 자유의사에 따라 이를 기재함으로써 등기의 효력이 인정되는 경우를 말한다. 임의적 기재사항을 등기부에 기재하면 제3자에 대한 대항력이 인정된다. 이와 같은 임의적 기재사항의 예로는 권리소멸의 약정(부동산등기법 제54조)과 임차권, 환매특

---

503) 개정 2002. 6. 27 재판예규 제871-13(천공기의 사용에 의한 재판서 등의 정본, 등본 또는 초본의 작성에 관한 사무처리요령(재일 92-1)); 개정 2008. 5. 28 재판예규 제1220호(재판서 정본 등의 작성에 관한 예규(재일 2006-3)).

약, 공유물분할금지특약, 지상권 및 전세권의 존속기간, 저당권의 이자 등이 해당된다.

(2) 토지의 기재사항

등기신청서에는 부동산의 소재와 지번을 기재하여야 하는데(부동산등기규칙 제43조제1항 제1호 가목), 「부동산의 소재지」 중 「행정구역표시」는 그 명칭대로 기재하되 서울특별시→서울시, ○○광역시→○○(부산·대구 등)로 약기하여서는 안된다. 「지번」의 「번지」라는 문자를 사용함이 없이 108 또는 108-1과 같이 기재한다. 지번은 본번과 부번으로 구분하되 본번과 부번은 「—」로 표시 구분되며, 임야대장에 등록하는 토지의 지번은 숫자 앞에 「산」자를 붙여서 표기한다(공간정보법 시행령 제56조 참조).

지목과 면적(부동산등기법 제34조 제4호, 제5호)은 다음에 따라 작성한다. 지목은 토지의 주된 용도에 따라 토지의 종류를 구분하여 지적공부에 등록한 것으로 28종으로 구분되는데, 이와 같은 지적공부의 지목에 따른다(공간정보법 제2조 제24호, 동법 시행령 제58조). 면적은 지적공부에 등록한 필지의 수평면상 넓이로(공간정보법 제2조 제27호, 동법 시행령 제60조), 면적의 표시는 평방미터의 약호인 ㎡를 사용하고 소숫점 이하의 면적의 표시는 67.07㎡와 같이 기재한다.[504][505][506]

504) 계량에 관한 법률 제4조; 동법시행령 제8조; 국가표준기본법 제10조; 전부개정 2007. 5. 3, 등기예규 제1187호(등기부의 기재문자에 대한 사무처리지침).

505) 1975년까지는 면적의 단위를 평(坪)으로 사용하였으나 1975년 12월 31일 지적법이 개정(법률 제2801호)됨에 따라 미터법에 의한 ㎡(제곱미터) 단위로 사용하게 되었다.

506) 평(坪)은 4각으로 나뉘어진 장소하는 의미로서 척관법(尺貫法)상의 기본적인 단위이다. 흔히 가로세로 6자(尺)을 의미한다. 고종황제가 1905년에 제정한 대한제국의 법률 제1호인 조선도량형법을 제정공포하자 일본 육군성은 우리나라 침략을 목적으로 육지측량부대를 동원하여 일본의 경위도(經緯度) 원점에서 우리나라 부산의 영도(影島)와 거제도의 산 정상에 두 개의 일등 삼각점을 옮겨 그 점을 기준으로 한 삼각측량으로 우리나라 국토를 측량하였다는데 이때 사용한 면적단위가 우리나라의 결부속파법(結負束把

한글전용에 따라 각종 등기부의 등기사항을 기재할 경우 그 용어의 발음은 다음 예시대로 용어를 통일하여 기재하도록 되어 있다. 이것은 신청서 작성에도 준용하여야 한다.[507]

<표 Ⅶ-1> 용어일람표

면적단위 표시[주)]		이자 표시		기타의 표시	
町	정	割	할	更新	갱신(다시갱)
段	단	分	푼	更正	경정(고칠경)
畝	무				
步	보				
合	홉				
才	재				

주 : 1) 畝를 묘로 쓰는 경우가 있으나 이는 착오이다.
2) 정(町)은 3000평, 단(段)은 300평, 무(畝)는 30평에 해당함.
자료 : 제정 1970. 2. 5, 등기예규 제147호(한글 전용에 따른 각종등기사항의 용어통일). 2011. 10. 11 등기예규 제1337호에 의하여 폐지.

신청인의 성명 또는 명칭과 주소(부동산등기규칙 제43조제1항 제2호)는 다음에 따라 작성한다. 신청인, 법인의 본점(주사무소), 지점(분사무소) 및 임원의 「주소」는 서울특별시→서울, ○○광역시→○○(부산·대구 등)으로 약기하고 그 외 다른 시는 행정구역 명칭대로 기재한다(예 : 춘천시). 「번지」라는 문자는 생략한다. 등기권리자의 성명 또는 명칭을 기재함에 있어서는 등기권리자의 주민등록번호[508]를 함께 적어야 하며, 주민등록번호가 없는 때에는 부동산등기용등록번호를 함께 적어야 한다(동법 제48조제2항). 종중, 문중 그 밖에 대표자나 관리인이 있는 법인 아닌 사단이나 재단에 속하는 부동산의

法)이 아니라 일본의 지적법(地積法)을 사용하였다(산업자원부, 한국계량측정협회, 단위이야기, 2006. 12, 41-42면).

지적법이 개정(1975. 12. 31, 법률 제2801호)됨에 따라 미터법에 의한 ㎡(제곱미터) 단위로 사용하게 되었다.

507) 제정 1970. 2. 5 등기예규 제147호(한글 전용에 따른 각종등기사항의 용어통일); 2011. 10. 11 등기예규 제1337호에 의하여 폐지.

508) 개정 2014. 11. 21 등기예규 제1528호(부동산등기기록의 주민등록번호 등 공시제한에 따른 업무처리지침).

등기에 관하여서는 그 사단 또는 재단을 등기권리자 또는 등기의무자로 하며(동법 제26조제1항), 등기는 그 사단 또는 재단의 명의로 그 대표자나 관리인이 신청한다(동조제2항).[509] 법인 아닌 사단이나 재단이 등기를 신청함에 있어서는 법인 아닌 사단 또는 재단의 대표자나 관리인의 성명과 주소를 적는 것 외에 그의 주민등록번호를 함께 적어여야 한다(동법 제48조제3항). 외국인의 성명, 명칭, 상호는 이를 한글로 기재한다. 그러나 상업등기, 법인등기에 있어서 등기신청서에 외국인의 성명 등을 한자로 기재해 온 경우에는 한자로 둔다. 다만, 그 상호 또는 명칭을 변경하는 경우 변경 후의 상호 또는 명칭은 한글로 기재하여야 한다.

등기의무자 성명, 상호 및 명칭이 등기부에 한자로 기재되어 있는 경우에는 등기신청서의 등기의무자란에 한글 외에 한자를 함께 기재한다.[510] 대리인에 의하여 등기를 신청할 때에는 그 성명, 주소를 기재한다(동규칙 제43조제1항 제4호)

등기원인과 그 연월일(동규칙 제43조제1항 제5호)은 다음에 따라 작성한다. 등기원인은 매매, 교환, 전세권설정계약과 같이 등기를 하는 것을 정당하게 하는 법률상의 원인, 즉 권원(權原)을 말한다. 등기원인이 무엇이냐에 대하여는 물권행위의 무인성을 인정하느냐(다수설) 또는 유인성을 인정하느냐(소수설, 판례)에 따라 달라진다. 무인성을 인정하면 법률행위에 의한 물권변동에 있어서는 바로 물권행위가 그러한 등기원인이 된다. 유인성을 인정하는 경우에는 등기원인은 등기함으로써 일어나게 될 물권변동의 원인, 즉 그 물권행위를 하게 된 원인, 이른바 원인행위 또는 그의 무효·취소·해제 등이 등기원인이 된다. 현재 판례는 유인성을 취하고 있으며, 다수설은 무인성을

---

509) 법인 아닌 사단·재단 및 외국인의 부동산등기용 등록번호 부여절차에 관한 규정(일부개정 2008. 2. 29, 대통령령 제20722호); 법인 아닌 사단·재단 및 외국인의 부동산등기용 등록번호 부여절차에 관한 규정 시행규칙(일부개정 2011. 1. 17, 법무부령 제730호).

510) 전부개정 2007. 5. 3 등기예규 제1187호(등기부의 기재문자에 대한 사무처리지침).

취하고 있다. 이와 같은 등기원인은 매우 다양하며 법률행위에 한하지 않고, 그 밖의 법률사실 내지 법률요건, 즉 상속・경매・취득시효・변제・토지의 분합・건물의 증축 등이 되기도 한다.

※ 법률요건과 법률사실
법률요건(法律要件) : 권리변동의 원인인 사실을 말한다. 예를 들어 계약은 청약이라는 법률사실과 승낙이라는 법률사실이 결합된 것이다.
법률사실(法律事實) : 법률요건의 요소인 사실을 말한다. 예를 들어 유언과 출생처럼 법적인 의미가 부여되는 사실이다.

등기원인의 성립을 증명하는 서면은 등기원인을 증명하는 서면으로, 등기를 신청할 때에는 첨부가 요구된다(동규칙 제43조 제5호). 등기원인과 그 연월일이 모든 등기를 신청할 때 필요한 것은 아니다. 예를 들면 소유권보존등기신청서에는 등기원인과 연월일은 적지 않고 신청근거조항을 적는다(동법 제64조).

등기의 목적(동규칙 제43조제1항 제6호)은 등기를 신청하는 사항을 적는다. 예를 들면 소유권보존, 소유권이전, 저당권설정, 소유권이전청구권가등기, ○번 소유권말소예고등기, 멸실회복, 강제경매신청 등이 이에 해당한다.

등기필정보(동규칙 제43조제1항 제7호)는 공동신청 또는 승소한 등기의무자의 단독신청에 의하여 권리에 관한 등기를 신청하는 경우로 한정한다.

등기소의 표시(동규칙 제43조제1항 제8호)는 등기할 권리의 목적인 부동산의 소재지를 관할하는 지방법원 동지원 또는 등기소(동법 제7조제1항)를 적는다.

등기신청연월일(동규칙 제43조제1항 제9호)은 등기신청서를 작성하는 날이 아니라 등기소에 실제로 제출하는 당일의 연・월・일을 기재한다. 등기촉탁서를 우송하는 경우에는 그 송부일자를 기재한다.

매매를 원인으로 한 소유권이전등기를 신청하는 경우에는 등기신청서에 거래신고필증에 기재된 거래가액(동법 제68조)[511)][512)]은 신청서에 기재된 거래가액을 부동산등기부 갑구의 권리자 및 기타 사항란에 기재하여 부동산 거래의 투명성을 확보하기 위한 것이다. 거래가액이라 함은 「부동산 거래신고 등에 관한 법률」 제3조에 의하여 신고한 금액을 말한다(동규칙 제124조제1항). 계약을 등기원인으로 하는 소유권이전등기를 신청하는 경우에는 거래가액을 신청정보의 내용으로 등기소에 제공하고, 시장·군수 또는 구청장으로부터 제공받은 거래계약신고필증정보를 첨부정보로서 등기소에 제공하여야 한다. 이 경우 거래부동산이 2개 이상인 경우 또는 거래부동산이 1개라 하더라도 여러 명의 매도인과 여러 명의 매수인 사이의 매매계약인 경우에는 매매목록도 첨부정보로서 등기소에 제공하여야 한다(동규칙 제124조제2항).

등기를 신청하는 경우에는 취득세나 등록면허세 등 등기와 관련하여 납부하여야 할 세액 및 과세표준액을 신청정보의 내용으로 등기소에 제공하여야 한다(동규칙 제44조제1항).[513)514)] 등기를 신청할 때에는 다른 법률에 의하여 부과된 의무사항이 있는 때에는 이를 기재하여야 한다(동규칙 제44조제2항). 예를 들어 국민주택 채권매입총액, 등기신청 수수료액이 이에 해당한다.

※ 시가표준액(부동산 과세시가표준액) : 부동산을 취득할 때 납부해야 하는 취득세, 등록세, 교육세 등의 기준이 되는 것으로 과세 당국에서 인정하는 부동산의 최저 가격을 말한다. 국민주택채권은 시가표준액을 기준으로 매입해야 한다.

---

511) 개정 2005. 12. 29 법률 제7764호, 시행 2006. 6. 1.
512) 개정 2011. 10. 11 등기예규 제1395호(거래가액 등기에 관한 업무처리지침).
513) 개정 2014. 4. 9 등기예규 제1511호(등기신청에 대한 민원사무안내 등에 관한 사무처리지침).
514) 전자신청의 경우 지방세포털사이트(http://www.wetax.go.kr)에서 인터넷으로 등록세 신고 및 납부가 가능한 지역에 대하여는 인터넷으로 납부하거나 자격자대리인이 신청할 때에는 종이고지서로 납부후 스캔하여 첨부가 가능하다(법원공무원교육원, 부동산등기실무-보조자료-, 2008, 3면).

(3) 건물의 기재사항

등기할 권리의 목적이 건물인 경우에는 신청서에 부동산의 소재와 지번 그 종류, 구조, 면적을 기재하고, 1필지 또는 수 필지상에 수개의 건물이 있는 때에는 그 번호를 기재하여야 하며 부속건물이 있는 때에는 그 종류, 구조, 면적을 기재하여야 한다(부동산등기규칙 제43조제1항 제1호 나목).

기존등기부의 종전 용어는 표시변경등기(면적단위 환산, 지붕 바꿈(즙환(葺換), 분할, 합병, 구분 등)시에 한글화된 용어로 고쳐 표기하고, 그 외 다른 등기(갑구, 을구, 등기)를 할 때는 직권으로 한글화된 용어로 표시변경등기를 하며, 구등기부를 카드화를 함에 있어서는 종전 용어를 한글화된 용어로 고쳐 이기한다.[515]

<표 Ⅶ-2> 건물등기부 용어의 한글화

순위	종전용어	한글화용어
1	즙(葺)	지붕
2	초즙(草葺)	초가지붕
3	와즙(瓦葺)	기와지붕
4	즙환(葺換)	지붕바꿈
5	도단즙(同丹葺)	함석지붕
6	평옥개(平屋蓋)	슬래브지붕
	육옥근(陸屋根)	
	스라브즙	
7	물치(物置)	광
	납옥(納屋)	
	납가(納家)	
8	연와(煉瓦)	벽돌
9	시멘트 블럭	시멘트 블록
	시멘트 브러크	
	시멘트 부록	

자료 : 제정 1984. 4. 6 등기예규 제516호(건물 등기부 용어의 한글화지침).

515) 제정 1984. 4. 6 등기예규 제516호(건물 등기부 용어의 한글화지침)는 제정 2011. 10. 11 등기예규 제1337호(국세체납처분으로 압류된 부동산에 대한 경매신청의 가부 등 대법원 등기예규 폐지예규)에 의해 폐지됨(건물 등기부의 한글화를 위하여 1984. 4. 6 제정한 예규로서 그동안 한글화가 완료되었으므로 이를 폐지함).

구분건물의 경우에는 1동의 건물의 표시로서 소재지번·건물명칭 및 번호·구조·종류·면적, 전유부분의 건물의 표시로서 건물번호·구조·면적, 대지권이 있는 경우 그 권리의 표시. 다만, 1동의 건물의 구조·종류·면적은 건물의 표시에 관한 등기나 소유권보존등기를 신청하는 경우로 한정한다(부동산등기규칙 제43조제1항 제1호 다목).

대지권은 대지사용권[516]이라고도 하는데, 구분소유자가 전유부분을 소유하기 위하여 건물의 대지에 대하여 가지는 권리[517]로서 건물과 분리하여 처분할 수 없는 것을 말한다(집합건물의 소유 및 관리에 관한 법률 제2조 제6호, 제20조). 즉 전유부분과 일체성을 가지는 것이다. 소유권이외에도 지상권, 전세권, 임차권 등에 의한 대지사용권도 인정된다. 대지권이 있을 때에는 신청서에 그 권리의 표시를 적어야 한다(부동산등기법 제42조제4항).

---

516) 대지권은 전유부분과 일체성을 갖고 분리하여 처분할 수 없는 점에서 대지사용권과 구별된다.

517) 소유권은 물론이고 소유권 이외의 용익권 즉 지상권, 전세권, 임차권, 사용차권(使用借權) 기타 무명의 권리도 대지사용권이 될 수 있으며, 반드시 등기된 것이나(임차권이나 미등기토지에 대한 소유권은 등기없이도 대지사용권이 될 수 있다) 등기능력있는 것을 요하지 않는다(사법연수원, 전게서, 136면).

3. 등기원인을 증명하는 정보

1) 의의 및 필요성

(1) 의의

등기를 신청할 때에는 등기원인을 증명하는 정보를 제공하여야 하는데(부동산등기규칙 제46조제1항 제1호),[518] 등기원인을 증명하는 정보라 함은 권리변동의 원인인 법률행위의 성립 또는 법률사실의 성립을 증명하는 정보를 말한다. '등기원인을 증명하는 정보'는 2011. 4. 12 개정전 등기법체제하에서 '등기원인을 증명하는 서면'이었다. 이는 등기완료 후에 등기필증(현재 등기필정보)을 만들어야 하기 때문에 그 서면에는 부동산의 표시, 등기할 사항, 당사자의 표시와 날인이 있어야 한다는 것이 일반적인 해석이었다. 그러므로 종전 해석에 의하면 부동산의 표시, 등기할 사항, 당사자의 표시와 날인 등이 있는 매매계약서, 근저당권설정계약서 등은 등기원인을 증명하는 서면에 해당하지만, 부동산의 표시나 등기할 사항 혹은 당사자의 표시와 날인이 일부 누락된 토지대장등본, 주민등록표등초본, 가족관계증명서 등은 등기원인을 증명하는 서면으로 볼 수는 없었다. 그러나 개정 등기법 체제에서는 등기완료 후에 등기필증을 만드는 것도 아니기 때문에 전통적인 의미의 '등기원인을 증명하는 서면'의 개념에는 수정을 요하게 되었다. 즉 개정법 하에서는 그 서면이 법률행위의 성립 또는 법률사실의 성립을 증명하는 정보라면 '부동산의 표시, 등기할 사항, 당사자의 표시와 날인' 등이 일부 누락된 경우에도 이를 '등기원인을 증명하는 정보'로 볼 수 있다. 이러한 해석하에서는 부동산의 표시변경사실이 기록되어 있는 대장등본, 주소변경사실 등이 기록되어 있는 주민등록표등초본, 상속개시사실이 기록되어 있는 가족관계

518) 2011. 4. 12 부동산등기법(법률 제10580호) 전부개정에 의해 '등기원인을 증명하는 서면(종전의 부동산등기법 제40조제1항 제2호)'에서 '등기원인을 증명하는 정보'로 변경하였다.

증명서 등도 이를 '등기원인을 증명하는 정보'로 볼 수 있으며 개정법도 이러한 입장이다.[519)]

개정법상 '등기원인을 증명하는 정보'에는 등기원인을 증명하는 서면외에 등기신청에 필요한 첨부정보가 모두 직·간접적으로 포함한다고 생각되지만, 등기신청에 필요한 첨부정보에서 '등기원인을 증명하는 정보'외에 개별적으로 열거하고 있다(동규칙 제46조제1항). 따라서 본서에서는 종전과 같이 등기원인을 증명하는 서면, 검인계약서, 등기필정보, 제3자의 허가, 동의 또는 승낙을 증명하는 서면, 대리권한을 증명하는 서면, 신청인의 주소를 증명하는 서면, 법인등기등·초본 또는 부동산등기기용등록번호를 증명하는 서면, 소유권이전등기신청시 부동산의 표시를 증명하는 서면, 인감증명서, 거래신고필증과 매매목록, 기타 첨부하여야 할 서면순으로 살펴보고자 한다.

(2) 필요성

개정전에 '등기원인을 증명하는 서면'을 제출하도록 한 것은 형식적인 심사권밖에 없는 등기관으로 하여금 등기원인의 성립을 심사하게 하고, 등기의 진정성을 보장하고 등기원인증서에 등기필의 취지를 기재하여 등기필증(현재 등기필정보)으로 작성·교부하기 위한 것이다. 이제는 등기필정보로 대체하고 있으므로 제도적 취지가 약해졌다고 할 수 있다. 신청정보와 등기원인을 증명하는 정보가 일치하지 아니한 경우에 등기신청은 각하하도록 하고 있다(동법 제29조 제8호).

2) 등기원인증서

등기원인을 증명하는 서면을 등기원인서면(登記原因書面) 또는 등기원인증서(登記原因證書)라고 한다. 등기원인서면은 등기할 물권변동의 원인인 법률행위 또는 법률사실을 기재한 서면을 말한다. 예를 들면 매매를 원인으로 소유권이 이전되는 경우에는 매매계약서, 전세권

519) 유석주, 전게서, 271-272면.

설정등기에서는 전세권설정계약서, 저당권설정등기신청에서는 저당권 설정계약서, 판결에 의한 경우에는 판결정본 등이 이에 해당한다.

등기원인서면에는 등기신청에 기재할 사항인 부동산의 소재와 지번, 지목과 면적, 신청인의 성명(또는 명칭)과 주소, 등기원인과 그 연월일 등이 기재되어 있어야 한다. 등기원인서면은 그 원본(계약서 등) 또는 정본(판결, 조서)을 첨부하여야 하며, 사본을 첨부할 수 없다.520)

※ 소유권이전등기의 절차이행을 명하는 확정판결에 의하여 소유권이전등기를 신청하는 경우, 신청서에 첨부하여야 할 등기원인증서는 판결정본 그 자체이지 판결정본의 사본은 아니므로, 서로 다른 4개의 종중이 수십명의 종중원을 상대로 하여 수필의 토지에 대하여 명의신탁해지에 의한 소유권이전등기절차의 이행을 명하는 1개의 확정판결을 받아 이 판결에 따른 등기를 신청함에 있어, 판결의 목적인 수필의 토지를 필지별로 나누어 따로따로 등기를 신청할 수밖에 없는 경우라고 하더라도, 등기원인증서로서 판결정본의 사본을 첨부할 수는 없고 각 신청서별로 판결정본을 첨부하여야 할 것이다.521)

등기원인증서에는 등기의 목적인 부동산의 표시가 기재되어 있어야 하며, 그 표시는 신청서에 기재한 표시와 같아야 한다. 그러므로 피상속인의 사망사실이 기재된 가족관계등록사항별 증명서, 상속재산의 분할협의서등은 상속등기에 있어서 등기원인증서가 되지 못하며, 유증 또는 사인증여로 인한 권리이전등기에 있어서 유언증서 또는 사인증여증서도 등기원인증서가 되지 못한다. 왜냐하면 이러한 서면에는 신청에 기재할 사항의 일부(부동산의 표시 또는 등기원인일자)가 기재되어 있지 않기 때문이다.522) 상속의 경우에는 피상속인의 사

---

520) 2011. 4. 12 개정전까지는 등기원인서면이 없는 경우에는 신청서 부본을 제출하도록 하여 등기필증작성의 편의를 도모하고, 등기필통지에 갈음하였으나(종전의 부동산등기법 제45조), 해당 조항은 삭제되었다.

521) 1998. 3. 9 등기 3402-197 질의회답, 등기선례 5-46(수인이 수인을 상대로 수필의 토지에 대해 1개의 소유권이전등기절차이행을 명하는 판결을 받아 필지별로 그 등기신청을 하는 경우, 판결문 사본을 등기원인증서로 첨부할 수 있는지 여부); 등기선례 1-186(판결에 의한 등기신청과 판결정본의 첨부).

망으로 피상속인이 가졌던 권리의무가 포괄적으로 이전하여 법률상 당연히 권리변동이 생기는 것이므로 이를 증명하는 서면은 처음부터 의미가 없어졌다고 할 수 있다.[523] 등기원인증서에 기재한 수 개의 부동산중 일부의 부동산에 대한 등기신청도 가능하다.

등기원인증서에는 등기원인과 그 연월일 및 등기할 사항이 기재되어 있어야 한다. 신청서에 기재된 등기사항은 등기원인증서에 기재된 사항에 부합하여야 한다. 매매예약을 증명하는 서면(매매예약서)은 소유권이전청구보전가등기의 원인증서는 될 수 있으나, 소유권이전등기의 원인증서가 될 수는 없다.

등기원인증서에 저당채권의 이자약정 등 임의적인 기재사항이 있음에도 불구하고, 등기신청서에 이를 기재하지 않은 경우에는 각하사유에 해당된다(부동산등기법 제29조 제5호). 등기신청서에 적힌 등기사항이 등기원인증서와 일치하지 아니한 경우에는 각하사유에 해당된다(동조 제8호).

등기원인을 증명하는 서면에는 당사자의 표시와 날인이 있어야 한다. 등기권리자와 등기의무자의 표시가 있어야 하는데, 등기의무자는 등기부상 등기명의인과 부합하여야 한다. 날인은 인감일 필요는 없다.

등기원인을 증명하는 서면인 계약서등의 계약당사자의 표시가 신청서의 그것과 엄격하게 일치하지 아니하더라도(주소가 변경된 경우 포함) 다른 제출서면에 의하여 양자 사이의 동질성을 인정할 수 있으면 그 등기신청을 수리하여도 무방하다.[524] 「등기부의 기재문자에 대한 사무처리지침」은 등기원인증서에 적용되지 않는다.

---

522) 법원공무원교육원, 전게서, 97면.

523) 2011. 4. 12 개정전까지는 이러한 서면은 첨부서면일 뿐이며 등기신청시에는 신청서의 부본을 제출하도록 하고 있었으나(종전의 부동산등기법 제45조), 해당 조항은 삭제되었다.

524) 개정 2011. 10. 12 등기예규 제1419호(부동산등기특별조치법 및 동법에 따른 대법원규칙의 시행에 관한 등기사무처리지침).

※ 미합중국 소유부동산을 매도하여 소유권이전등기를 신청하는 경우에도, 등기원인을 증명하는 서류를 반드시 첨부하여야 하며 그 원인증서에는 주한미합중국 대사의 서명이 되어 있으면 된다. 또한 등기의무자의 권리에 관한 등기필증도 첨부하여야 한다. 그러나 등기신청서상의 주한미합중국 대사의 서명에 대한 인증서나 주한미합중국 대사임을 증명하는 미합중국의 서면은 이를 첨부할 필요가 없다.[525]

3) 검인계약서

검인계약서의 입법화가 최초로 발표된 것은 부동산 투기가 극심하고 그것을 근절하기 위하여 1978년 8월 8일에 발표된 소위 「8 · 8조치」에서 였다. 그 때는 관인계약서(官認契約書)라고 하였다. 백지매도증서(白紙賣渡證書)에 의한 중간생략등기가 부동산 투기를 위한 합법적 방법으로 이용되었으므로 이를 방지하기 위해서 매도증서의 사용을 폐지하고 매매계약서에 관인(官認)을 받도록 하여 그것을 등기원인증서로 제출하도록 하고자 하였다. 「8 · 8조치」는 1978년 「부동산등기법」[526]의 개정으로 입법화되어, 동법 제40조제2항에서 매매와 교환으로 인한 소유권이전등기신청시에는 검인계약서를 등기원인서면으로 제출하도록 하였다.

그러나 그 구체적 시행은 대통령령으로 정하도록 부칙에서 규정하였다. 이와 같이 검인계약서를 입법은 하였으나, 그 구체적 시행은 입법한지 10년이 지나서 다시 부동산 투기가 재연됨으로써 이루어졌다. 그래서 1988년 「부동산등기법 제40조제2항 및 제45조의 적용에 관한 규정」[527]을 제정하여 1988년 10월 1일부터 시행하게 되었다. 그 후 1990년 제정된 「부동산등기특별조치법」[528]에서는 검인(檢認)을 다시 검인(檢印)으로 바꾸고, 검인계약서의 제출범위를 매매와 교환에서 부동산의 소유권이전을 목적으로 하는 계약으로 확대하였다

---

525) 재외공관용재산의취득 · 관리 등에 관한 특례법 제2조제1항; 1997. 11. 5. 등기 3402-839 질의회답.
526) 일부개정 1978. 12. 6 법률 제3158호.
527) 제정 1988. 9. 30 대통령령 제12527호.
528) 제정 1990. 8. 1 법률 제4244호.

(동법 제3조제1항).

계약을 원인으로 소유권이전등기를 신청할 때에는 「부동산등기특별조치법」 제3조1항 각호의 사항이 기재된 계약서(계약의 일자 및 종류를 불문한다)[529]에 검인신청인을 표시하여 부동산소재지를 관할하는 시장 등의 검인을 받아 관할등기소에 이를 제출하여야 한다(동법 제3조제1항). 등기원인을 증명하는 서면이 집행력 있는 판결서(조서)인 때에는 판결서에 검인을 받아 제출하여야 한다(동조제2항). 계약을 등기원인으로 하여 1990. 9. 2. 이후 소유권이전등기를 신청할 때에는 계약의 일자 및 종류를 불문하고 검인을 받은 계약서 원본(검인계약서) 또는 검인을 받은 판결서(화해·인낙·조정조서 포함) 정본을 등기원인증서로 제출하여야 한다.

검인계약서의 기재사항으로는 당사자, 목적부동산, 계약연월일, 대금 및 그 지급일자 등 지급에 관한 사항 또는 평가액 및 그 차액의 정산에 관한 사항, 부동산중개업자가 있을 때에는 부동산중개업자, 계약의 조건이나 기한이 있을 때에는 그 조건 또는 기한 등이 있다(부동산등기특별조치법 제3조).[530]

부동산의 소유권을 이전받을 것을 내용으로 계약을 체결한 자는 그 부동산에 대하여 다시 제3자와 소유권이전을 내용으로 하는 계약이나 제3자에게 계약당사자의 지위를 이전하는 계약을 체결하고자 할 때에는 먼저 체결된 계약의 계약서에 검인을 받아야 한다(동법 제4조). 이를 위반할 경우에는 1년 이하의 징역이나 3천만원 이하의 벌금에 처한다(동법 제9조).

이와 같은 검인계약서는 2006년 6월 1일부터 부동산거래계약신고필증을 교부받은 경우에는 「부동산등기특별조치법」 상의 검인을 받은

---

529) 개정 2011. 10. 12 등기예규 제1419호(부동산등기특별조치법 및 동법에 따른 대법원규칙의 시행에 관한 등기사무처리지침).

530) 검인계약서의 부동산표시와 당사자의 표시가 신청서의 그것과 엄격히 일치하지 아니하더라도 양자 사이에 동일성을 인정할 수 있으면 그 등기신청을 수리하여도 무방하다(개정 2011. 10. 12 등기예규 제1419호(부동산등기특별조치법 및 동법에 따른 대법원규칙의 시행에 관한 등기사무처리지침)).

것으로 의제하고 있다(부동산 거래신고 등에 관한 법률 제3조제5항, 제20조제2항). 따라서 계약을 원인으로 소유권이전등기를 신청하는 경우에는 검인계약서 대신에 부동산거래계약신고필증으로 대체된다.

4. 등기의무자의 권리에 관한 등기필정보

1) 의의 및 제출이유

(1) 의의

등기관이 새로운 권리에 관한 등기를 마쳤을 때에는 등기필정보를 작성하여 등기권리자에게 통지하여야 한다(부동산등기법 제50조제1항). 등기필정보는 등기를 신청하는 경우 등기신청서의 내용으로 등기의무자의 등기필정보를 제공하여야 한다(동규칙 제43조제1항 제7호). 등기필정보는 기존 등기필증의 용도를 대체[531]한 것으로 소유권이전의 경우 「등기권리증」의 표지 다음에 「등기필정보 및 등기완료통지」가 편철된다. 등기완료통지서는 등기를 완료하였다는 통지서이며, 기존 등기필증의 용도는 아닌 점에서 등기필정보와 구별된다.

등기필정보는 아라비아 숫자와 기타 부호의 조합으로 이루어진 일련번호(예: VCME-H8X3-FSXO)와 비밀번호(예: 01-3170)로 구성되며,

531) 그러나 등기필증과 등기필정보는 발급범위와 기능면에서 상당한 차이가 있다. 등기필증은 모든 등기신청에 있어서 교부되는 것으로, 신청인이 신청한 대로 등기가 완료되었다는 사실을 통지하는 서면으로서의 기능, 나중의 등기신청에 있어서 등기의무자 본인임을 확인하는 기능, 거래상대방에게 자기가 등기명의인이라는 사실을 확인해 주는 기능 및 신청한 바와 달리 등기된 경우에는 경정등기의 근거로서의 기능을 하였다. 반면 등기필정보는 등기부에 새로운 권리자가 등기되었을 때에만 등기권리자에게 통지되는 것으로, 종전의 등기필증 기능 중에서 특정인이 특정부동산에 대한 권리자임을 확인하는 기능만 수행한다. 따라서 등기필정보가 등기필증을 완전히 대신하는 것은 아니므로 2011. 4. 12 부동산등기법(법률 제10580호)에서는 등기필정보에 관한 정의규정을 신설하였다(법무부, 부동산등기법 전부개정안 설명자료, 2009. 5, 12면).

부동산 및 등기명의인이 된 신청인 별로 정한다. 등기필정보는 등기명의인이 나중의 등기신청에 있어서 부동산과 당사자를 식별하는 기능을 하는 것으로 등기필증과는 그 역할에 있어서 약간의 차이가 있다. 즉, 등기필증이 본인의 진정성을 증명하기 위해 등기소에 제출해야 하는 서면이라면 등기필정보는 신청서에 기재하여야 하는 정보이다. 또한 등기필증의 경우에는 소지하고 있는 자가 외부에 공개해도 다른 사람에 의해 유용될 위험이 없으나, 등기필정보가 노출된 때에는 그 정보를 이용한 등기신청의 위험성이 있다.[532]

등기필정보는 2006년 6월 이후부터 등기필증 제도를 폐지하면서 대체된 것이다. 당초 전국 등기소에서 동시에 시행할 예정이었으나, 등기소 업무의 혼란을 우려하여 전자신청 등기소에서 먼저 시행한 후 확산하였다.[533][534] 제도의 보완을 위해 기존의 등기필증을 정보의 형태로 작성한 등기필 정보제도를 시행하였다.[535][536]

2011. 4. 12 부동산등기법(법률 제10580호) 시행 전에 권리취득의 등기를 한 후 종전의 제67조제1항에 따라 등기필증을 발급받거나 종전의 등기완료의 통지를 받은 자는 등기필정보의 제공을 갈음하여 신청서에 종전의 등기필증 또는 종전의 등기완료통지서를 첨부할 수 있다(동법 부칙 제02조).

(2) 제출이유

등기필정보를 제출하게 하는 이유는 신청자가 진정한 등기의무자인지의 여부를 등기관이 확인할 수 있게 함으로써 부실·무효등기의 등기신청을 예방하여 등기의 진정성을 보장하려는 데 있다.

532) 사법연수원, 전게서, 38면.
533) 2006. 5. 24, 법원행정처 부동산등기과-1346.
534) 개정 2014. 10. 21 등기예규 제1529호(등기필정보의 작성 및 통지 등에 관한 업무처리지침).
535) 등기필정보에 대한 안내문(2006. 6. 30, http://www.scourt.go.kr).
536) 개정 2014. 10. 21 등기예규 제1529호(등기필정보의 작성 및 통지 등에 관한 업무처리지침).

등기필정보를 제공하는 것 외에도 등기의 진정성을 확보하기 위한 제도로서 등기신청절차에서의 공동신청주의, 인감증명 기타 첨부정보를 제공하는 것 등을 들 수 있다.[537]

2) 종전의 등기필증

등기필증(登記畢證)이라 함은 등기관이 등기를 마쳤을 때 등기원인을 증명하는 서면 또는 신청서의 부본에 신청서의 접수 연월일, 접수번호, 순위번호와 등기완료의 뜻을 기재하고 등기소인을 찍어 등기권리자에게 발급하는 등기완료의 증명서를 말한다(종전의 부동산등기법 제67조). 예를 들면 매매로 인한 소유권이전등기신청 당시에 등기원인증서로 매매계약서를 제출한 경우 등기완료후, 그 매매계약서에 등기완료의 뜻을 기재하여 등기소로부터 교부받은 등기완료의 증명이다.[538] 이를 흔히 등기권리증 또는 권리증이라고 한다. 등기필증은 어떠한 경우에도 재교부되지 않는다(종전의 부동산등기법 제49조).[539] 특별한 사정이 없는 한, 등기의무자가 소지하는 것이 보통이기 때문이다.

3) 등기필정보 또는 종전의 등기필증의 제출이 불필요한 경우

등기의무자가 없거나 등기의 진정성이 보장되는 경우에는 등기필정보 또는 종전의 등기필증의 제출을 요하지 않는다. 등기권리자가 단독으로 등기신청을 할 수 있는 다음과 같은 경우에는 등기필정보 또는 종전의 등기필증의 제출을 요하지 아니한다. 등기의무자가 없으므로 등기필정보 또는 종전의 등기필증도 없고 제출할 수도 없다. 첫째, 판결, 상속으로 인한 등기의 신청의 경우이다(동법 제23조제3항, 제4항, 제50조제1항 제3호, 동규칙 제109조제2항 제3호). 등기원인을

537) 유석주, 전게서, 280면.

538) 개정 2014. 10. 21 등기예규 제1530호(등기완료통지서의 작성 등에 관한 업무처리지침). 개정 2012. 4. 24 등기예규 제1449호(부동산등기신청사건 처리지침); 전면개정 1997. 4. 10 등기예규 제869호(인증기고유부호 부여등).

539) 등기선례 1-213(등기필증을 재교부해줄 수 있는지 여부).

증명하는 서면이 집행력있는 판결인 때에는 등기의무자의 권리에 관한 등기필정보 또는 종전의 등기필증을 제출할 필요가 없다(동규칙 제43조제1항 제7호). 판결에 의한 등기라도 승소한 등기의무자가 단독신청하는 경우에는 등기필정보 또는 종전의 등기필증을 제출해야 한다(동항 단서). 상속에 의한 등기는 등기필정보 또는 종전의 등기필증을 제출할 필요가 없다. 왜냐하면 상속으로 인한 등기는 등기의무자가 없고 등기권리자만으로 신청할 뿐만 아니라(부동산등기법 제23조제3항), 가족관계등록사항별 증명서의 제출로 등기의 진정성이 보장되기 때문이다.[540] 유증에 의한 등기의 경우에는 등기필정보 또는 종전의 등기필증을 제출하여야 한다. 둘째, 등기명의인표시의 변경 또는 경정의 등기의 경우이다(동법 제23조제5항). 셋째, 소유권보존등기의 경우이다(동법 제23조제2항, 동규칙 제109조제2항 제5호). 등기의무자가 존재하지 않는 경우라고 하더라도 멸실회복등기의 신청에는 등기필정보 또는 종전의 등기필증의 제출이 요구된다. 등기필증을 기초로 하여 멸실한 등기부를 회복할 수 있기 때문이다.

관공서가 등기의무자로서 등기권리자의 청구에 의하여 등기를 촉탁하거나, 부동산에 관한 권리를 취득하여 등기권리자로서 그 등기를 촉탁하는 경우에는 촉탁서와 등기원인을 증명하는 서면, 등기의무자의 승낙서를 첨부하고 등기의무자의 권리에 관한 등기필정보 또는 종전의 등기필증은 첨부할 필요가 없다. 이 경우 관공서가 촉탁에 의하지 아니하고 법무사 또는 변호사에게 위임하여 등기를 신청하는 경우에도 동일하다(동법 제50조제1항 제2호, 제51조).[541]

토지수용을 원인으로 한 소유권이전등기신청은 공공사업주체(기업자)인 등기권리자만으로 신청할 수 있으며, 그 신청서에는 일반적인 첨부서면(동규칙 제46조제1항) 이외에 재결서등본(재결에 의한 수용의 경우) 또는 협의성립확인서(협의성립의 경우) 보상금수령증 원본

540) 법원공무원교육원, 전게서, 105면.
541) 개정 2014. 4. 24 등기예규 제1517호(관공서의 촉탁등기에 관한 예규).

또는 공탁서 원본을 첨부하여야 하나 등기의무자의 등기필정보 또는 종전의 등기필증은 제출을 요하지 아니한다(동규칙 제156조제2항).[542]

경매에 의한 등기촉탁시에도 등기필정보 또는 종전의 등기필증을 제출하지 않아도 된다(민사집행법 제144조제1항 제1호).[543]

가등기는 일시적이고 예비적인 것이므로 당사자의 공동신청에 의하든 가등기권리자의 단독신청에 의하든 등기필증(현재 등기필정보)의 제출을 요하지 않는다. 가등기는 신청서에 가등기의무자의 승낙서 또는 가처분명령의 정본을 첨부하여 가등기권리자가 이를 신청할 수 있다(부동산등기법 제89조).[544] 그러나 가등기에 기한 본등기를 실행하는 경우에는 등기필정보 또는 종전의 등기필증을 제출하여야 한다.

4) 등기완료의 통지서로 대신하는 경우

다음의 경우에는 등기필정보 또는 종전의 등기필증에 갈음하여 등기완료의 통지서를 제출하여야 한다(동법 제50조제1항 제3호, 동규칙 제109조제2항, 제53조제1항). 절차상의 등기권리자와 등기신청의 당사자가 다르기 때문이다. 첫째, 승소한 등기의무자의 등기신청의 경우이다(동규칙 제109조제2항 제3호, 제53조제1항 제1호). 부동산매도인(등기의무자)이 원고가 되어 매수인(등기권리자)을 상대로 소유권이전등기를 해가라는 소송(등기인수청구소송)을 제기하여 승소한 후, 등기

---

542) 개정 2011. 10. 11 등기예규 제1388호(공익사업을 위한 토지등의 취득 및 보상에 관한 법률에 의한 등기사무처리지침).

543) 민사집행법 제144조 (매각대금 지급 뒤의 조치) ① 매각대금이 지급되면 법원사무관등은 매각허가결정의 등본을 붙여 다음 각 호의 등기를 촉탁하여야 한다.
1. 매수인 앞으로 소유권을 이전하는 등기
2. 매수인이 인수하지 아니한 부동산의 부담에 관한 기입을 말소하는 등기
3. 제94조 및 제139조제1항의 규정에 따른 경매개시결정등기를 말소하는 등기
② 제1항의 등기에 드는 비용은 매수인이 부담한다.

544) 실무상으로는 가등기권리자와 가등기의무자가 가등기를 공동신청하는 형식으로 경료되듯이 가등시신청시에 가등기의무자의 등기필정보 또는 등기필증을 첨부하는 것이 일반적인 관행이고 법원행정처의 견해도 그러하다(유석주, 전게서, 285면).

의무자가 등기권리자 앞으로 소유권이전등기신청을 한 경우가 이에 해당한다.[545] 둘째, 대위채권자의 등기신청의 경우이다(동규칙 제109조제2항 제4호, 제53조제1항 제2호).[546] 셋째, 소유권의 처분제한의 등기촉탁의 경우이다(동규칙 제109조제2항 제5호, 제53조제1항 제4호). 소유권의 처분제한시에는 직권에 의한 소유권보존등기가 이루어지는데 이는 미등기부동산에 대하여 집행법원의 가압류 또는 가처분 등기, 강제경매개시결정 등의 촉탁으로 등기관이 부동산등기법 제134조의 규정에 의하여 직권으로 보존등기를 하는 것을 말한다.[547]

위의 경우에 등기권리자는 등기필증 대신에 등기소에서 등기를 종료한 후 발송하는 등기완료통지서를 받게 된다. 이 등기완료통지서는 등기필증에 갈음하는 등기의무자의 권리에 관한 서면으로 인정된다(동법 제50조제1항 제3호).

<표 Ⅷ-3> 등기완료(등기필)의 통지유형

등기완료(등기필)통지유형	등기신청자	절차상 등기권리자
승소한 등기의무자의 등기신청	승소한 등기의무자	패소한 등기권리자
대위채권자의 등기신청	대위채권자와 등기의무자	피대위채무자
소유권의 처분제한의 등기촉탁	관공서	미등기부동산 소유자

545) 종전의 부동산등기법 제29조가 규정하는 '승소한 등기의무자'란, 등기를 하지 아니하고 방치하는 등기권리자를 상대로 등기를 넘겨가도록 하는 재판을 하여 승소판결을 받은 등기의무자를 말하므로, 원고가 청구한 공사대금 대신 피고가 소유하는 건물의 일부로써 대물변제하는 것을 주요 내용으로 하는 조정조서와 송달증명서를 가지고는 건물소유자인 등기의무자 단독으로 등기를 신청할 수 없을 것이다(2000. 3. 4. 등기 3402-147 질의회답).

546) 개정 2014. 10. 21 등기예규 제1530호(등기완료통지서의 작성 등에 관한 업무처리지침); 개정 2014. 10. 21 등기예규 제1531호(부동산등기사무의 양식에 관한 예규).

547) 최돈호, 전게서, 129면.

5) 등기필정보 또는 종전의 등기필증 멸실

등기의무자의 권리에 관한 등기필정보 또는 종전의 등기필증을 멸실한 경우에는 다음 3가지중 하나의 절차를 거쳐 등기신청을 할 수 있다(부동산등기법 제51조, 동규칙 제111조).[548] 등기관이 다음의 절차에 의하여 공증서면의 부본 또는 확인조서의 등본에 등기필의 뜻을 기재하고 등기소인을 찍어 이를 등기의무자에게 반환 또는 교부하여야 한다.

첫째, 등기의무자 또는 그 법정대리인의 등기소 출석과 등기관의 확인조서 작성에 의한 방법이다. 등기의무자의 권리에 관한 등기필정보 또는 종전의 등기필증이 멸실된 때에는 등기의무자 또는 그 법정대리인이 등기소에 출석하고 등기관은 주민등록증, 외국인등록증, 국내거소신고증, 여권 또는 자동차운전면허증 등의 증명서에 의하여 그가 등기의무자 본인 여부를 확인하는 확인조서를 작성한다(동법 제51조 전단, 동규칙 제111조제1항). 확인조서는 신청서 기타 부속서류 편철장에 편철하여야 한다(동규칙 제21조제1항). 등기관이 확인조서를 작성할 때에는 특기사항란에 신체적 특징 등을 반드시 기재하여야 하며, 등기의무자의 법정대리인이 출석한 경우에는 등기의무자란을 기재함에 있어 「등기의무자」를 「등기의무자의 법정대리인」으로 기재하고, 「등기의무자 본인임을 확인하고」를 「등기의무자의 법정대리인 본인임을 확인하고」로 기재하여 조서를 작성하며, 법인의 경우에는 대표권을 가진 임원 또는 사원의, 법인 아닌 사단 또는 재단의 경우에는 그 대표자 또는 관리인의 본인여부를 확인하여야 한다.

둘째, 등기신청대리인의 확인서면의 작성 제출에 의한 방법이다. 등기신청대리인(변호사 또는 법무사인 경우에 한함[549])이 신청서상의 등기의무자 또는 그 법정대리인으로부터 위임받았음을 확인하는 서

548) 개정 2011. 10. 11 등기예규 제1360호(등기필정보 멸실의 경우 확인조서 등에 관한 예규).

549) 확인서면을 법무사가 아닌 법무사의 사무원이 작성할 수는 없다(대법원 2010. 5. 27, 2009다12603).

면(확인서면) 2통을 신청서에 첨부하여 제출하는 방법으로 대신할 수 있다(동법 제49조제1항 후단, 제2항). 대리인은 주민등록증, 여권, 자동차운전면허증 등에 의하여 등기의무자 또는 법정대리인 여부를 확인하고 확인서면에 기명날인하여야 한다. 이 확인서면은 그 성질상 반드시 대리인 자신이 등기의무자가 본인인지의 여부를 직접 확인하고 그 스스로 이를 작성하여야 하며 사무원 등으로 하여금 작성케 할 수 없다. 확인서면에는 등기의무자의 우무인을 찍고 증명서의 사본을 첨부하여야 한다. 등기신청서에 첨부한 확인서면 2통중 1통은 신청서와 함께 신청서 기타 부속서류 편철장에 편철하여야 한다(동법 제51조 후단, 동규칙 제111조제2항).

셋째, 공증부본을 등기신청서에 첨부하는 방법이다. 등기신청서(위임에 의한 대리인에 의하여 신청하는 경우에는 그 권한을 증명하는 서면인 위임장)중 「등기의무자의 작성부분」에 관하여 공증을 받고, 그 부본 1통을 신청서에 첨부하는 방법으로 대신할 수 있다(동법 제51조 후단).

※ 공증의 개념과 효력
공증(公證)은 개인과 개인이 작성한 사문서를 공증인이 일정한 방식에 따라 증서를 작성하여 기명날인한 문서이다. 이같은 공증의 효력은 개인과 개인간의 다툼을 방지하고 강력한 증거자료의 역할을 할 수 있다(공증문서는 공증사무실에서 25년간 보관). 금전 채권의 경우 강제집행을 당해도 좋다는 문언이 기재되므로 공증을 해놓으면 지급 날짜가 도래하는 즉시 강제집행을 할 수 있다.

재외국민 또는 외국인이 국내부동산을 처분하고 등기신청을 할 경우에 등기필정보 또는 종전의 등기필증이 멸실된 때에는 그 처분권 한일체를 수여하는 내용의 위임장(재외국민의 경우에는 그 위임장에 인감도 찍어야 한다)에 「등기필증을 분실하였다」는 등의 등기필증 멸실의 뜻도 기재하여 공증인의 공증(재외국민의 경우에는 재외공관의 공증도 가능)을 받고, 등기필정보 또는 종전의 등기필증 대신 그 위임장 부본 1통을 제출하여야 한다.

5. 제3자의 허가, 동의 또는 승낙을 증명하는 정보

등기원인에 대하여 제3자의 허가, 동의, 승낙이 필요한 경우에는 이러한 허가 등이 있었음을 증명하는 정보를 제출하여야 한다(부동산등기규칙 제46조제1항 제2호).[550][551] 제3자의 허가, 동의 등을 유효요건으로 하는 법률행위로 인한 권리변동은 그 허가 등이 없는 한, 그 효력을 발생할 수 없으므로 허가 등이 없이 등기를 한다는 것은 실체관계에 부합되지 않는 권리를 공시하는 것이 되기 때문이다.

제3자의 허가, 동의 등이 효력발생요건이어서 그것이 없으면 등기원인인 법률행위가 무효가 되거나 취소사유가 되거나 제3자에 대한 대항요건이어서 대항력을 잃기 때문이다. 등기원인에 대한 유효요건 아니라 단속법규에 불과한 때에는 여기서 말하는 허가 등에 포함되지 않는다.

제3자의 허가, 동의, 승낙이 필요한 경우에는 허가 등이 있었음을 증명하는 정보에는 토지거래계약허가구역내의 토지거래에 대한 허가서,[552] 농지의 취득에 관한 농지소재지관서의 농지취득자격증명,[553]

550) 전자정부법(「전자정부구현을 위한 행정업무 등의 전자화 촉진에 관한 법률」(구법률명), 개정 2007. 1. 3 법률 제8171호, 시행일 2007. 7. 4) 제11조(행정정보공동이용의 원칙) 행정기관은 수집·보유하고 있는 행정정보를 필요로 하는 다른 행정기관과 공동이용하여야 하며, 다른 행정기관으로부터 신뢰할 수 있는 행정정보를 제공받을 수 있는 경우에는 동일한 내용의 정보를 따로 수집하여서는 아니된다.

551) 개정 2008. 7. 14 등기예규 제1257호(등기원인에 대하여 행정관청의 허가 등을 요하는 경우의 업무처리 예규).

552) 부동산 거래신고 등에 관한 법률 제11조 (토지거래계약에 관한 허가) ① 허가구역에 있는 토지에 관한 소유권·지상권(소유권·지상권의 취득을 목적으로 하는 권리를 포함한다)을 이전하거나 설정(대가를 받고 이전하거나 설정하는 경우만 해당한다)하는 계약(예약을 포함한다)을 체결하려는 당사자는 공동으로 대통령령으로 정하는 바에 따라 시장·군수 또는 구청장의 허

학교법인의 기본재산의 매도, 증여 등의 처분에 따른 관할청의 허가서,[554] 전통사찰 부동산의 양도 등에 대한 관할청의 허가서,[555] 향교재산의 처분에 대한 관할청의 허가,[556] 외국인의 토지취득에 관한 신고 또는 허가,[557] 민법상 사단법인 또는 재단법인이나 학교법인이 부동산을 매매, 증여 그 밖의 처분행위를 원인으로 소유권이전등기를 신청하는 경우의 주무관청의 허가를 증명하는 서면,[558] 북한이탈주민

가를 받아야 한다. 허가받은 사항을 변경하려는 경우에도 또한 같다. (동법 시행규칙 제12조 [별지 제12호서식]).

553) 농지법 제8조 ① 농지를 취득하려는 자는 농지 소재지를 관할하는 시장(구를 두지 아니한 시의 시장을 말하며, 도농 복합 형태의 시는 농지 소재지가 동지역인 경우만을 말한다), 구청장(도농 복합 형태의 시의 구에서는 농지 소재지가 동지역인 경우만을 말한다), 읍장 또는 면장에게서 농지취득자격증명을 발급받아야 한다. 다만, 다음 각 호의 어느 하나에 해당하면 농지취득자격증명을 발급받지 아니하고 농지를 취득할 수 있다.
동법 시행규칙 제7조 [별지 제5호 서식]).

554) 사립학교법 제28조 (재산의 관리 및 보호) ① 학교법인이 그 기본재산을 매도·증여·교환 또는 용도변경하거나 담보에 제공하고자 할 때 또는 의무의 부담이나 권리의 포기를 하고자 할 때에는 관할청의 허가를 받아야 한다.

555) 전통사찰의 보존 및 지원에 관한 법률 제9조(허가사항) ① 전통사찰의 주지는 동산이나 부동산(해당 전통사찰의 경내지에 있는 그 사찰 소유 또는 사찰 소속 대표단체 소유의 부동산을 말한다)을 양도하려면 소속 대표단체 대표자의 승인서를 첨부(사찰이 속한 단체가 없는 경우에는 제외한다)하여 문화체육관광부장관의 허가를 받아야 한다. 전통사찰 등의 등기신청에 관한 등기사무처리지침(제정 2013. 3. 27. 등기예규 제1484호).

556) 향교재산법 제8조 (허가사항) ① 향교재단은 다음 각 호의 어느 하나에 해당하는 때에는 대통령령으로 정하는 바에 따라 특별시장·광역시장·도지사 또는 특별자치도지사의 허가를 받아야 한다. 다만, 제3호부터 제5호까지의 규정 중 어느 하나에 해당하는 경우로서 「문화재보호법」 제34조제3호에 따른 현상변경 허가를 받은 때에는 허가를 받지 아니하여도 된다.
1. 향교재산 중 동산이나 부동산을 처분하거나 담보로 제공하려는 때
2~5.(생략)

557) 부동산 거래신고 등에 관한 법률 제8조(외국인등의 부동산 취득·보유 신고) ① 외국인등이 대한민국 안의 부동산등을 취득하는 계약(제3조제1항 각 호에 따른 계약은 제외한다)을 체결하였을 때에는 계약체결일부터 60일 이내에 대통령령으로 정하는 바에 따라 신고관청에 신고하여야 한다.
제9조(외국인등의 토지거래 허가) ① 제3조 및 제8조에도 불구하고 외국인등이 취득하려는 토지가 다음 각 호의 어느 하나에 해당하는 구역·지역 등에 있으면 토지를 취득하는 계약을 체결하기 전에 대통령령으로 정하는 바에 따라 신고관청으로부터 토지취득의 허가를 받아야 한다. 다만, 제11조에 따라 토지거래계약에 관한 허가를 받은 경우에는 그러하지 아니하다. 1~4.(생략)

558) 제정 1997. 9. 11 등기예규 제886호(민법상 법인의 부동산 취득과 처분등에

의 보호 및 정착지원을 위한 소유권이전에 관한 통일부장관의 허가[559] 등이다.

6. 등기상 이해관계 있는 제3자의 승낙을 증명하는 정보

등기상 이해관계 있는 제3자의 승낙이 필요한 경우에는 이를 증명하는 정보 또는 이에 대항할 수 있는 재판이 있음을 증명하는 정보를 제출하여야 한다(부동산등기규칙 제46조제1항 제3호). 등기기록상 각종의 권리자로 기록된 자로서 원칙적으로 부동산등기법상으로는 당해 등기절차에서 등기권리자, 등기의무자의 지위에 서는 자는 아니나 이해관계가 있기 때문에 타인의 등기신청과정에서 참여권이 보장되는 자를 말한다. 등기상 이해관계인은 등기신청시 등기소에 출석하는 자가 아니기 때문에 그 등기상 이해관계인의 의사를 확인하는 것은 실체관계에 부합하는 등기를 하기 위하여 매우 중요하다.[560]

등기상 이해관계인이 있는 경우에 이를 증명하는 정보 또는 서면에는 사법상의 동의서, 승낙서, 제한능력자가 등기의무자로 신청하는 등기에 대한 법정대리인의 동의서, 저당권의 목적인 전세권, 지상권의 말소등기시 저당권자의 승낙서, 임차권의 양도, 전대에 대한 등기신청시 임대인의 동의서 등이 이에 해당된다.

따른 등기예규); 개정 2008. 7. 14 등기예규 제1255호(학교법인의 부동산 취득 또는 처분등에 따른 등기예규).

559) 북한이탈주민의 보호 및 정착지원에관한법률 제20조 (주거지원등) ① 통일부장관은 보호대상자에게 대통령령이 정하는 바에 의하여 주거지원을 할 수 있다.
② 제1항의 규정에 의하여 주거지원을 받는 보호대상자는 그 주민등록전입신고일부터 2년간 통일부장관의 허가를 받지 아니하고는 그 주거지원에 따라 취득하게 된 소유권 전세권 또는 임차권을 양도하거나 저당권을 설정할 수 없다.
③ 제2항의 규정에 의한 소유권 등의 등기신청은 보호대상자를 대리하여 통일부장관이 이를 행한다. 이 경우 소유권 등은 양도나 저당권의 설정이 금지된다는 뜻을 그 등기신청서에 기재하여야 한다.

560) 유석주, 전게서, 389면.

7. 대리권한을 증명하는 정보

대리인에 의하여 등기를 신청하는 때에는 그 권한을 증명하는 정보를 첨부하여야 한다(부동산등기규칙 제46조제1항 제5호). 대리인이라 함은 임의대리인과 법정대리인을 뜻한다. 임의대리인인 경우에는 위임장을 첨부하여야 하고, 법정대리인인 경우에는 가족관계등록사항별 증명서, 법인등기부등·초본 등을 첨부하여야 한다. 법인인 경우에는 등기를 신청하고자 하는 대표자가 기재된 법인등기부의 등초본을 첨부하여야 한다. 법인 아닌 사단 또는 재단인 경우에는 정관 기타 규약 또는 의사록, 대표자 또는 관리인임을 증명하는 서면을 첨부하여야 한다. 위임장[561]에는 부동산의 표시, 등기원인과 그 연월일, 등기의 목적, 위임자 및 수임자의 표시, 위임사항, 위임 연월일을 기재하고 위임인이 기명·날인하여야 한다.

8. 신청인의 주소를 증명하는 정보

소유권의 보존 또는 이전의 등기를 신청하는 경우에 신청인(등기권리자 및 등기의무자)의 주소를 증명하는 정보를 제공하여야 한다(동규칙 제46조제1항 제6호). 신청인의 주소를 증명하는 서면은 등기신청의 부실방지 및 과세자료를 위한 것일 뿐만 아니라 등기의무자의 동일성 여부를 판단하기 위한 것이다.

신청인의 주소를 증명하는 서면이란 자연인의 경우에는 주민등록등초본, 법인의 경우에는 법인등기부등초본, 법인 아닌 사단이나 재단인 경우에는 대표자 또는 관리인의 주민등록표등본을 말한다(동규

---

561) 개정 2013. 4. 10 등기예규 제1489호(부동산 등기신청서의 양식에 관한 예규) 별표 양식 제20호.

칙 제43조 제2항). 주민등록등초본의 유효기간은 발행일로부터 3월이다. 등기의무자가 동 부동산을 취득할 당시부터 소유권보존 및 이전등기신청시까지 연결되는 주민등록표 등·초본을 첨부하여야 한다. 따라서 매도인의 인감증명이나 매수인의 주민등록증의 대조로서 위 주소를 증명하는 서면의 제출에 갈음할 수는 없다.562)

법인이 등기권리자인 경우에는 법인등기부등·초본, 법인 아닌 사단이나 재단(외국법인으로서 국내에서 법인등기를 필하지 아니한 사단이나 재단을 포함) 또는 외국인이 등기권리자인 경우에는 부동산등기용등록번호를 증명하는 서면을 제출하여야 한다(동규칙 제43조제1항 제6호).

등기신청서에 첨부하여야 하는 법인등기부등·초본 또는 부동산등기용등록번호를 증명하는 서면은 법인, 법인 아닌 사단, 재단, 외국법인 또는 외국인이 등기권리자인 경우에만 그 제출을 요하며 등기의무자인 경우에는 제출을 요하지 않는다.

법인 등에 대한 등록번호 부여절차는 다음과 같다.563) 국가, 지방자치단체, 국제기관, 외국정부의 등록번호를 국토교통부장관이 지정·고시한다. 주민등록번호가 없는 재외국민은 대법원소재지 관할등기소의 등기관이 부여한다. 법인 아닌 사단 및 재단은 부동산소재지의 관할시장·군수·구청장이 부여한다. 외국인에 대하여는 체류지(국내에 체류지가 없는 경우에는 대법원소재지)를 관할하는 출입국관리소장 또는 출장소장이 부여한다. 이 경우 대법원소재지를 관할하는 출입국

---

562) 등기선례 4-149(소유권보존 또는 이전등기신청시 첨부하는 주소를 증명하는 서면); 등기선례 2-91(소유권 보존 또는 이전의 등기를 신청함에 있어서 주소를 증명하는 서면의 제출을 생략할 수 있는지 여부 등).

563) 법인 등에 대한 등록번호의 부여절차는 부동산등기법 제49조, 법인및재외국민의부동산등기용등록번호부여에관한규칙(개정 2016. 8. 1 대법원규칙 제2672호), 법인 아닌 사단·재단및외국인의부동산등기용등록번호부여절차에관한규정(개정 2014. 3. 5 대통령령 제25225호), 법인 아닌 사단·재단및외국인의부동산등기용등록번호부여절차에관한규정시행규칙(개정 2014. 3. 5 법무부령 제814호)에 규정되어 있으며, 등록번호에 오류가 있는 경우의 정정절차에 관하여는 개정 2011. 10. 11 등기예규 제1357호(법인 및 재외국민의 부동산등기용등록번호의 정정에 관한 사무처리지침) 참조.

관리소는 서울출입국관리소이다.

9. 소유권이전등기 신청시 부동산의 표시를 증명하는 정보

소유권이전의 등기를 신청하는 경우에 대장(토지, 임야, 건축물) 등본 기타 부동산의 표시를 증명하는 서면을 첨부하도록 한 것은 등기부와 대장의 일치여부 및 과세표준액의 산출 등을 위한 것이다(부동산등기규칙 제46조제1항 제7호).

토지 또는 건물의 소유권보존등기를 신청할 때에는 대장의 기재사항을 기초로 등기용지가 개설된다(동법 제65조, 동규칙 제121조). 소유권이전등기신청을 할 때에도 목적부동산의 토지대장, 임야대장, 건축물대장의 등본 기타 부동산의 표시를 증명하는 서면을 첨부하여야 한다(동규칙 제46조제1항 제7호).

토지의 분합, 멸실, 면적의 증감, 지목의 변경의 등기, 건물의 분합, 번호·종류 또는 구조의 변경, 그 멸실, 면적의 증감, 부속건물의 신축, 건물대지의 지번의 변경 또는 대지권의 변경이나 소멸의 등기, 토지의 소유권보존등기, 건물의 소유권보존등기를 신청하는 경우에는 신청서에 대장(토지, 건축물)등본을 첨부하여야 하며 그 신청서에 기재한 사항이 대장(토지, 임야, 건축물)과 부합하지 아니한 때(단, 건물번호의 변경등기와 멸실등기의 경우에는 건축물대장등본을 신청서에 첨부하지 않음)에는 그 신청을 각하하여야 한다(동법 제29조 제7호).

10. 인감증명서

인감증명서(印鑑證明書)는 인영이 증명청에 신고된 인감과 같다는 것을 증명하는 서면을 말하며, 본인 또는 그 대리인이 직접 증명청에 신청하여 교부받는다(인감증명법 제12조).[564] 인감증명은 부동산 거래시의 등기, 공정증서작성시 등에 제출된다.[565]

부동산등기법은 신청서, 대리권을 증명하는 서면, 등기원인을 증명하는 서면 등에 날인한 당사자의 인감이 진정한 것인가를 확인하기 위하여 등기신청시에는 부동산등기규칙 제46조제1항 이외의 규정에 의한 등기신청에 필요한 서면으로서 등기의무자의 인감증명서의 제출을 요구하고 있다. 등기의무자의 진정한 의사를 확인하여 허위의 등기를 막기 위한 것이다.[566]

부동산등기신청시 인감증명의 제출을 요하는 경우는 다음과 같다. 첫째, 소유권의 등기명의인이 등기의무자로서 등기를 신청하는 경우이다(동규칙 제60조제1항 제1호). 근저당권자가 등기의무자로서 근저당권이전등기를 신청하는 경우에는 부동산의 소유자의 인감증명은 물론 근저당권자의 인감증명도 첨부할 필요가 없다. 저당권의 말소등기도 마찬가지이다. 둘째, 소유권에 관한 가등기명의인이 가등기말소를 신청하는 경우이다(동조동항 제2호). 셋째, 소유권 이외의 권리의 등기명의인이 등기의무자로서 등기필증을 멸실한 경우 확인서면 또는 공증부본을 첨부하여 등기를 신청할 때이다(동조동항 제3호). 넷째, 토지소유자들의 확인서를 첨부하여 토지합필등기를 신청하는 경

564) 인감증명법 제12조 (인감증명의 발급) ① 인감증명서를 발급받으려면 본인 또는 그 대리인이 대통령령으로 정하는 바에 따라 특별자치시장·특별자치도지사·시장·군수 또는 구청장(자치구가 아닌 구의 구청장을 포함한다)이나 읍장·면장·동장 또는 출장소장(인감증명서발급기관)에게 신청하여야 한다. 다만, 미성년자는 법정대리인의 동의를 받아 신청하여야 하고, 피한정후견인은 인감증명서의 용도가 한정후견인의 동의가 필요한 사항인 경우에는 한정후견인의 동의를 받아 신청하여야 하며, 피성년후견인은 성년후견인이 신청하여야 한다.
② 제1항에 따라 인감증명서의 발급신청을 받은 인감증명서발급기관은 전산정보처리조직을 이용하여 대통령령으로 정하는 바에 따라 인감증명서를 발급할 수 있다.
③ 대리인이 인감증명서를 발급받으려는 경우에는 대통령령으로 정하는 바에 따라 자신의 무인을 하여야 한다.

565) 2003년 3월 21일부터 인감증명서의 전국 온라인 발급시스템이 완성되어 주소지가 아닌 지역의 읍·면·동사무소에서도 인감증명서 발급이 가능하다.

566) 개정 2010. 4. 13 등기예규 제1308호(인감증명서 심사에 관한 예규).

우이다(동조동항 제4호). 다섯째, 1필의 토지의 일부에 지상권, 전세권, 임차권, 승역지에 관하여 하는 지역권의 등기가 있는 경우에 그 토지의 분필등기를 신청하는 때이다(동조동항 제5호). 이 경우 신청서에 권리가 존속할 토지를 기재하고, 이를 증명하는 권리자의 서면을 첨부하여야 한다. 여섯째, 협의분할에 의한 상속등기신청의 경우이다(동조동항 제6호). 이 경우 분할협의서에 날인한 상속인 전원의 인감증명을 제출하여야 한다. 일곱째, 제3자의 동의 또는 승낙을 증명하는 서면을 제출하는 경우이다(동조 제7호).

법인 또는 외국회사의 대표자의 인감증명을 제출하여야 하는 경우는 다음과 같다. 법인 또는 외국회사가 등기의무자로서 또는 가등기말소를 신청하는 경우, 등기의무자로서 등기필증을 멸실하여 확인서면 또는 공증부본을 첨부하여 등기신청을 하는 경우, 토지분할등기를 신청하는 경우, 등기신청서에 제3자의 허가서 등을 증명하는 서면을 첨부하여 등기신청을 하는 경우 등에는 등기소의 증명을 얻은 그 대표자의 인감증명을 제출하여야 한다. 법인 아닌 사단 또는 재단의 경우는 등기소의 증명을 얻은 그 대표자 또는 관리인의 인감증명을 제출하여야 한다(동규칙 제61조제1항).

법정대리인이 등기의무자로서 또는 가등기말소등기를 신청하거나 소유권 이외의 권리의 등기의무자로서 등기필증을 멸실하여 확인서면 또는 공증부본을 첨부하여 등기신청을 하거나 토지분할등기신청 또는 협의분할에 의한 상속등기, 제3자의 동의 또는 승낙을 증명하는 서면을 첨부하여 등기를 신청하는 경우에도 법정대리인의 인감증명을 제출하여야 한다(동규칙 제61조제2항).

부동산등기신청시 인감증명 제출에 대한 특례가 인정된다. 즉 관공서의 경우에는 제출이 면제되고(동규칙 제60조제2항), 외국인의 경우에는 인감증명법에 의한 인감증명 또는 본국의 관공서가 발행한 인감증명을 제출하여야 한다. 이때 본국에 인감증명제도가 없고, 또한 인감증명법에 의한 인감증명을 받을 수 없는 자는 위임장이나 서면에 한 서명에 관하여 본인이 직접 작성하였다는 취지의 본국 관공서의 증명이나 이에 관한 공정증서를 제출하여야 한다(동규칙 제61조제3항).[567] 재외국민이 국내 부동산을 처분하는 경우에는 우리나라의 인감증명을 제출하여야 하는데, 대한민국 내에 그 주소가 없는 것이 분명한 경우에 한하여 그가 대한민국에 주소를 가진 일이 있으면 그 최종주소를 관할한 증명청에, 그 최종주소를 관할한 증명청이 불명할 때에는 등록기준지를 관할하는 증명청에 그 인감을 신고할 수 있다(인감증명법 제3조제2항).

부동산등기신청시 인감증명의 제출을 요하지 아니하는 경우는 다음과 같다. 건물의 멸실등기신청서에는 건물소유자의 인감증명을 첨부할 필요가 없다(부동산등기법 제102조).[568] 판결 또는 인낙조서에 의한 소유권이전등기는 등기권리자가 단독으로 신청할 수 있고, 그 등기를 신청할 때에는 판결(판결확정증명의 첨부를 요함) 또는 조서의 정본을 제출하면 족하며 별도로 등기원인을 증명하는 서면이나 등기의무자의 인감증명을 제출할 필요가 없다.[569] 토지의 분필등기신청서, 상속분할협의서, 제3자의 동의 또는 승낙을 증명하는 서면(동규칙 제60조제1항 제4호 내지 제7호)이 공정증서인 경우에는 별도로 인감증명의 제출을 요하지 아니한다(동규칙 제60조제3항). 토지수용을 원인으로 한 소유권이전등기(동법 제99조)는 기업자인 등기권리자만으로 신청할 수 있으며 관공서가 기업자인 경우에는 관공서가 소유권이전등기를 촉탁하여야 한다. 이때의 등기신청서에는 재결서등본 또는 토지수용위원회의 협의성립확인서, 보상을 증명하는 서면(보상금수령증원본 또는 공탁서원본)을 첨부하여야 하나 보상금수령인의 인감증명은 첨부할 필요가 없다.[570]

---

567) 개정 2011. 10. 11 등기예규 제1393호(외국인 및 재외국민의 국내 부동산 처분 등에 따른 등기신청절차).
568) 등기선례 1-143(멸실등기신청과 인감증명서의 제출 여부).
569) 등기선례 2-318(인낙조서에 의한 소유권이전등기신청과 등기의무자의 인감증명서 제출 여부).
570) 개정 2011. 10. 11 등기예규 제1388호(공익사업을 위한 토지등의 취득 및 보상에 관한 법률에 의한 등기사무처리지침).

인감증명법 시행령상의 유효기간은 폐지되었으나, 매매를 원인으로 하는 부동산소유권이전등기를 신청할 때에는 그 유효기간은 발행초일부터 기산하여 3월 이내의 것이어야 한다(부동산등기규칙 제62조). 부동산매도용으로 인감증명을 발급받고자 하는 때에는 부동산매수자란에 매수자의 성명·주소(법인인 경우에는 법인명과 주된 사무소의 소재지) 및 주민등록번호를 기재하여야 한다(인감증명법 시행령 제13조제1항).

11. 거래신고필증과 매매목록

매매계약서를 등기원인증서로 하여 소유권이전등기를 신청하는 경우에는 대법원규칙이 정하는 부동산거래신고필증과 매매목록을 첨부하도록 하고 있다(부동산등기법 제68조, 동규칙 제124조, 제125조).[571][572] 2006년 6월 1일부터는 매매에 관한 거래계약서를 등기원인증서로 하여 소유권이전등기를 신청하는 경우 등기부에 거래가액을 등기하기 위해서 신청인이 추가로 첨부해야 하는 규정이다. 거래가액을 등기하는 취지는 당사자가 실제로 거래한 금액을 등기부에 공시함으로써 거래의 투명성을 확보하고, 적정한 세금을 부과하는 등 부동산투기를 방지하는데 있다. 그동안 거래당사자들은 취득세나 등록면허세 기타 부동산거래에 따른 각종 공과금을 줄이고자 매매계약서에 실제로 거래한 금액보다 낮은 금액을 매매대금으로 기재하는 것이 일반적 관행이었다. 따라서 단순히 매매계약서에 기재된 거래금액을 등기하는 것으로서는 거래가액의 등기의 취지를 충분히 살리지 못할 수가 있다.

그래서 부동산등기규칙은 「부동산 거래신고 등에 관한 법률」제3조에 의한 부동산거래신고필증[573]을 등기신청서에 첨부하도록 하고,

571) 법원행정처, 개정 부동산등기법 해설, 2006, 5-6면.
572) 개정 2011. 10. 11 등기예규 제1395호(거래가액 등기에 관한 업무처리지침).
573) 부동산투기 및 탈세의 원인이 되고 있는 이중계약서 작성을 금지하고 실거

그 신고필증에 기재된 금액을 거래가액으로 등기하도록 하였다(부동산등기규칙 제124조, 제125조). 위 규정들에 의해서 당사자는 실거래가액을 신고하여야 하기 때문이다.

이와 함께 개정법에서는 대법원규칙이 정하는 경우 매매목록을 등기신청서에 첨부하도록 하였는데, 이는 공시의 적정성 때문이다. 예컨대 1개의 계약서에 의해 2개 이상의 부동산을 거래하고 1개의 신고필증을 교부받은 경우, 그 신고필증에 기재된 거래 총액을 각각의 부동산등기부에 그대로 기록하게 되면 거래총액을 개별 부동산에 대한 거래가액으로 오인할 수가 있다. 이때에는 신청인이 거래가액과 목적 부동산이 기재된 매매목록을 제출하고 등기관은 그 매매목록을 전자적으로 작성하여 등기한다(동규칙 제125조 제2호). 그 밖에 거래되는 부동산이 1개라 하더라도 여러 사람의 매도인과 여러 사람의 매수인 사이의 매매계약인 경우에는 매매목록을 작성한다(동규칙 제124조제2항).

래가격에 기초하여 과세가 이루어지도록 하기 위해 2006년 1월 1일부터 부동산실거래가의 등기를 위해 검인계약서 대신에 부동산거래신고필증을 첨부서면으로 하고 있다(2005년 12월 29일 부동산등기법(제7764호)의 개정으로 2006년 6월 1일 이후 최초로 등기를 신청하는 분부터 시행하고 있다).

부동산 거래신고 등에 관한 법률 제3조(부동산 거래의 신고) ① 거래당사자는 다음 각 호의 어느 하나에 해당하는 계약을 체결한 경우 그 실제 거래가격 등 대통령령으로 정하는 사항을 거래계약의 체결일부터 60일 이내에 그 권리의 대상인 부동산등(권리에 관한 계약의 경우에는 그 권리의 대상인 부동산을 말한다)의 소재지를 관할하는 시장(구가 설치되지 아니한 시의 시장 및 특별자치시장과 특별자치도 행정시의 시장을 말한다)·군수 또는 구청장(신고관청)에게 공동으로 신고하여야 한다. 다만, 거래당사자 중 일방이 국가, 지방자치단체, 대통령령으로 정하는 자의 경우에는 국가등이 신고를 하여야 한다. 1. 부동산의 매매계약 2. 「택지개발촉진법」, 「주택법」 등 대통령령으로 정하는 법률에 따른 부동산에 대한 공급계약 3. 다음 각 목의 어느 하나에 해당하는 지위의 매매계약 가. 제2호에 따른 계약을 통하여 부동산을 공급받는 자로 선정된 지위 나. 「도시 및 주거환경정비법」 제48조에 따른 관리처분계획의 인가로 취득한 입주자로 선정된 지위 ②~⑥ (생략).

<그림 Ⅶ-1> 매매목록 사례
(1개의 신고필증에 여러 개의 부동산이 기재되어 있는 경우)

매 매 목 록	
거래가액	금 500,000,000 원
일련번호	부 동 산 의 표 시
1	〔토지〕 서울특별시 강남구 신사동 153
2	〔건물〕 서울특별시 강남구 신사동 153

주 : 1) 여러 개의 부동산 중 1개에 대한 등기신청이 있는 경우에도 매매목록을 작성한다.
2) 지분이 매매의 목적인 경우 그 지분은 표시하지 아니한다.
자료: 등기예규 제1395호(거래가액 등기에 관한 업무처리지침).

12. 기타 첨부하여야 할 정보

신청하는 등기의 내용에 따라 다음과 같은 정보의 제공이 요구된다. 상속등기의 경우에는 가족관계등록에 관한 정보, 채권자대위신청의 경우에는 대위원인을 증명하는 서면, 소유권보존 또는 이전등기(가등기) 신청의 경우에는 과세자료의 제공이 요구된다(부동산등기법 제63조, 동규칙 제44조, 제49조, 제50조, 제120조).

등기를 신청하는 경우에는 취득세나 등록면허세 등 등기와 관련하여 납부하여야 할 세액 및 과세표준액을 신청정보의 내용으로 등기소에 제공하여야 한다(동규칙 제44조). 취득세[574]는 부동산, 차량, 기계장비, 항공기, 선박, 입목, 광업권, 어업권, 골프회원권, 승마회원권, 콘도미니엄 회원권 또는 종합체육시설 이용회원권 또는 요트회원권을 취득한 자에게 부과한다(지방세법 제7조제1항). 등록면허세는 재산권과 그 밖의 권리의 설정·변경 또는 소멸에 관한 사항을 공부에 등기하는 경우에 부과하는 것을 말한다(동법 제23조제1항). 부동산취득에 대한 취득세의 납세의무자와 등록면허세의 납세의무자는 지방교육세의 납부의무로 등록세액의 100분의 20을 지방교육세로 납부하여

574) 2010. 12. 27 지방세법(법률 제10416호) 일부개정에 의해 취득세와 등록세가 취득세로 통합되었다(시행 2011. 1. 1).

야 한다(지방세법 제150조, 제151조). 주택도시기금법에 의한 국민주택채권의 매입의무로 국가 또는 지방자치단체로부터 면허·허가·인가를 받거나 등기·등록을 신청하는 자는 국민주택채권을 매입하여야 한다(주택도시기금법 제8조제1항). 인지세법에 의한 인지납부의무로 국내에서 재산에 관한 권리 등의 창설·이전 또는 변경에 관한 계약서 기타 이를 증명하는 문서를 작성하는 자는 당해 문서를 작성할 때에 이 법에 의하여 해당 문서에 대한 인지세를 납부할 의무가 있다(인지세법 제1조). 등기를 하려는 자는 대법원규칙이 정하는 바에 따라 수수료를 내야 한다(부동산등기법 제22조제3항).

규약 또는 공정증서를 첨부하는 경우가 있다. 대지권의 목적인 토지(정원, 어린이놀이터, 테니스장, 부속건물의 대지 등)가 규약상 대지일 경우, 구분소유자가 2개 이상의 전유부분을 소유하는 경우, 각 구분소유자가 가지는 대지권의 비율을 전유부분의 면적비율과 다르게 정한 경우, 건물의 소유자가 대지사용권을 전유부분과 분리하여 처분할 수 있는 것으로 정한 때 또는 이 규약을 폐지하여 대지권변경등기를 신청하는 때가 그것이다(동규칙 제46조제2항). 또한 규약상 공용부분인 뜻의 등기를 하는 경우와 그 등기의 말소등기를 하는 경우(동규칙 제104조), 대지권의 변경·경정 또는 소멸의 등기를 신청하는 경우(동규칙 제86조제2항)에도 규약 또는 공정증서를 첨부하여야 한다.

건물이나 토지의 지적도면을 첨부하는 경우가 있다. 1동의 건물의 소재도 및 평면도 및 구분한 건물의 평면도를 첨부정보로서 등기소에 제공하여야 한다(동규칙 제121조제4항). 건물대지상에 여러 개의 건물이 있는 경우에는 신청서에 그 대지상 건물의 소재도를 첨부정보로서 등기소에 제공하여야 한다(동조제3항). 또한 1필의 토지의 일부에 대한 지상권과 지역권의 설정시와 부동산의 일부분에 대한 전세권의 설정하는 경우에도 건물의 도면이나 토지의 지적도를 첨부정보로서 등기소에 제공하여야 한다(동규칙 제126조, 제127조, 제128조).

제 8 장

등기신청에 대한 등기관의 처분

1. 등기신청의 접수

1) 접수장의 기재

(1) 기재사항

등기관이 신청서를 받았을 때에는 접수번호의 순서에 따라 등기사무를 처리하여야 한다(부동산등기법 제11조제3항). 등기신청서를 받은 접수담당자는 당사자나 그 대리인 본인 또는 허가받은 법무사 등의 사무원의 출석여부를 확인한 후, 등기신청서 전면여백에 출석여부의 표시인을 찍고 해당란에 날인하여야 하며, 본인여부의 확인은 주민등록증 또는 운전면허증 기타 이에 준하는 신분증에 의하되 허가받은 법무사 등의 사무원의 본인여부확인은 등기소출입증에 의한다(동규칙 제58조제1항).[575] 등기관은 접수장에 접수연월일과 접수번호, 등기의 목적, 신청인의 성명 또는 명칭, 부동산의 개수, 등기신청수수료, 취득세 또는 등록면허세와 국민주택채권매입금액을 적어야 한다(동규칙 제22조제1항, 제65조제1항).

---

575) 개정 2011. 10. 11 등기예규 제1370호(등기신청서의 제출 및 접수등에 관한 예규); 개정 2007. 12. 11 등기예규 제1221호(법무사 아닌 자의 등기신청 등에 관한 업무처리지침).

등기신청사건의 접수를 완료한 때에는 등기전산시스템에 의하여 부동산등기신청서접수장을 조제하여 접수창구에 비치하여야 한다. 다만, 수령인의 전자서명을 받고 등기필정보통지서를 교부하거나 등기원인증서를 반환하는 등기소[576]에서는 부동산등기신청서접수장을 접수창구에 비치하지 아니한다.[577]

※ 등기신청의 수리
접수와 비슷한 개념으로 접수한 신청서를 심사하여 이를 등기할 것으로 판정하는 행위

같은 부동산에 관하여 동시에 여러 개의 등기신청이 있는 경우에는 같은 접수번호를 부여하여야 한다(동규칙 제65조제2항). 여러 개의 등기신청이 동시신청된 경우 그 내용에 있어서 모순되고 양립할 수 없는 경우에는 모두 접수하여 모두 각하하여야 한다. 동일한 범위에 대한 지상권설정등기신청이 동시에 접수된 경우에는 모두 접수후 모두 각하한다.

(2) 등기의 순위와 접수번호

등기관은 접수번호의 순서에 따라 등기를 하여야 한다(동법 제11조제3항). 동일부동산에 관한 권리의 순위는 등기의 전후에 따라 결정된다. 등기신청서의 접수순위는 등기관이 등기신청서를 받았을 때를 기준으로 한다. 등기신청은 대법원규칙으로 정하는 등기신청정보가 전산정보처리조직에 저장된 때에 등기신청서가 접수된 것으로 본다(동법 제6조제1항).[578][579] 동일한 부동산에 관하여 동시에 수개의 등

576) 개정 2014. 10. 21 등기예규 제1529호(등기필정보의 작성 및 통지 등에 관한 업무처리지침).

577) 개정 2012. 4. 24 등기예규 제1449호(부동산등기신청사건 처리지침).

578) 개정 2008. 3. 20 등기예규 제1241호(전산정보처리조직에 의한 부동산등기신청에 관한 업무처리지침)는 전자신청의 경우 접수번호는 전산정보처리조직에 의하여 자동적으로 생성된 접수번호를 부여하고, 전자신청 사건의 접수가 완료된 경우에는 접수장에 전자신청이라는 취지를 기록하도록 하고

기신청이 있는 때에는 동일한 접수번호를 기재하여 동일순위로 등기하여야 하므로(동규칙 제65조제2항), 처분금지가처분신청이 가압류신청보다 신청법원에 먼저 접수되었다 할지라도 법원으로부터 동 가처분등기촉탁서와 가압류등기촉탁서를 등기관이 동시에 받았다면 양 등기는 동시 접수처리하여야 하고, 그 등기의 순위는 동일순위의 등기이다.[580]

등기사무의 일반적인 접수사무처리절차는 접수사무의 처리, 기입사무의 처리, 조사·교합업무, 교합완료 후의 조치로 이루어진다.[581] 한편, 등기사무를 전산정보처리조직에 의하여 처리하는 경우의 접수사무처리절차는 「전산정보처리조직에 의한 부동산등기신청에 관한 업무처리지침」[582]에 의해 전자신청(대법원 인터넷등기소 접속, 사용자인증, 신청정보의 입력, 필수정보의 첨부, 승인, 등기신청수수료의 납부, 신청정보의 송신), 전자신청의 접수(접수번호의 자동 부여, 접수장기록), 기입사무의 처리,조사, 교합업무, 교합완료 후의 조치(등기필정보의 송신 및 등기완료사실의 통지)로 이루어진다.

1동의 건물에 속하는 구분건물중의 일부만에 관하여 소유권보존등기를 신청하는 경우에는 그 나머지 구분건물에 관하여는 표시에 관한 등기를 동시에 신청하여야 한다(동법 제46조제1항). 건물의 신축으로 인하여 구분건물이 아닌 건물이 구분건물로 된 경우에 그 신축건

있다. 동 예규는 개정 2012. 11. 28 등기예규 제1477호(전산정보처리조직에 의한 부동산등기신청에 관한 업무처리지침)로 개정됨.

579) 제정 1977. 10. 31 등기예규 제303호(등기신청의 접수효과발생 및 등기완성시기)는 제정 2011. 10. 11 등기예규 제1337호(국세체납처분으로 압류된 부동산에 대한 경매신청의 가부 등 대법원 등기예규 폐지예규)에 의해 폐지됨(이 예규는 대법원 1977. 10. 31, 77마262 결정 요지를 그대로 예규에 반영하여 제정되었으나, 등기신청의 접수효과는 등기신청정보가 전산정보처리조직에 저장된 때 발생하는 것으로 개정「부동산등기법」 제6조1항에서 규정하고 있고, 전산정보처리조직에 의하여 등기사무를 처리하는 경우 등기관의 날인이 누락되는 문제는 없으므로 이를 폐지함).

580) 개정 2011. 10. 11 등기예규 제1348호(등기신청의 동시접수).

581) 개정 2012. 4. 24 등기예규 제1449호(부동산등기신청사건 처리지침).

582) 개정 2012. 11. 28 등기예규 제1477호(전산정보처리조직에 의한 부동산등기신청에 관한 업무처리지침).

물의 소유권보존등기는 다른 건물의 표시에 관한 등기 또는 표시변경등기와 동시에 신청하여야 한다(동조제3항).

※ 기존 건축물대장에 소유자를 달리하여 등재된 증축건물의 등기방법[583]
건축물대장은 건축물 1동을 단위로 하여 각 건축물마다 작성하여야 하고 부동산등기법도 1부동산 1등기용지주의를 취하고 있으므로, 1개의 건축물대장에 등재된 수동의 건물이 대장상 기재 자체로 보아 각각 별개의 독립된 건물로 판단될 뿐만 아니라 그 소유자를 각각 달리하고 있다면, 그러한 건축물대장을 첨부하여 증축으로 인한 건물표시변경등기 또는 소유권보존등기를 신청할 수는 없을 것이므로, 위 대장상에 증축 등재된 건물에 관하여 소유권보존등기를 신청하기 위해서는 먼저 건축물대장을 구분하여야 할 것이다(1977. 3. 18. 등기 3402-198, 8. 1. 등기 3402-600 각 질의회답).

2) 접수증의 발급

등기관이 신청서를 접수하였을 때에는 신청인의 청구에 따라 그 신청서의 접수증을 발급하여야 한다(동규칙 제65조제3항). 사실상 현재는 등기완료후에 등기필정보를 교부할 때에는 부동산등기신청서접수장에 수령인의 날인을 받는 것으로 족하기 때문에 접수증은 큰 의미가 없다고 할 수 있다.[584]

<그림 Ⅷ-1> 등기신청의 접수 및 심사흐름

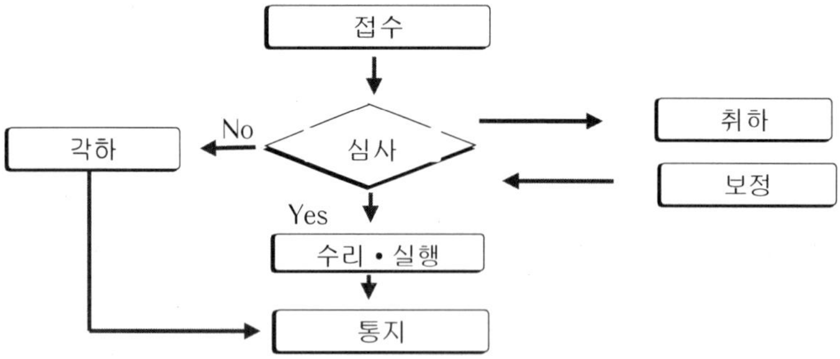

583) 등기선례 5-251(기존 건축물대장에 소유자를 달리하여 등재된 증축건물의 등기방법).

584) 유석주, 전게서, 519면.

2. 등기신청에 대한 심사

1) 등기관의 심사권에 대한 입법주의

(1) 서

등기신청이 있으면 등기관은 지체없이 조사하여 등기를 실행할 것인지 또는 신청을 각하할 것인지를 결정하게 된다. 등기관의 심사권한의 범위를 어느 정도로 할 것인가에 대하여 실질적 심사주의와 형식적 심사주의로 구분된다.

부동산등기법에는 등기관의 심사권한에 관한 일반적 규정이 없고, 각하사유를 제한적으로 열거한 규정(동법 제29조)이 있을 뿐인데, 이 규정에 관하여 대법원은 '등기관은 등기신청에 대하여 실체법상의 권리관계와 일치 여부를 심사할 권한은 없고, 오직 신청서류와 등기부에 의하여 등기요건에 합당한지 여부를 심사할 권한밖에 없다'라고 판시하여 우리 법이 형식적 심사주의를 채택하고 있다고 본다.[585]

(2) 실질적 심시주의

실질적 심사주의는 등기절차상의 적법성 이외에 등기원인의 존부와 그 효력, 즉 등기신청의 실질적 이유 내지 원인까지도 심사하는 것을 말한다. 등기관에게 실체법상의 권리관계에 합치하는지 여부에 대해 심사할 수 있는 권한을 주는 주의로 등기의 확실을 기하는 장점이 있는 반면에 등기절차의 지연이라는 단점이 있다. 등기관은 사법상의 법률행위에 대해서도 심사하여 무효인 경우에는 그 등기신청을 각하하게 된다.

(3) 형식적 심사주의

형식적 심사주의는 오로지 등기절차상의 적법성 여부만을 심사하는 것을 말한다. 등기의 실질은 심사하지 않고, 등기절차상 요건구비

585) 대법원 1995. 5. 12, 95다9471; 대법원 2005. 2. 25, 2003다13048(사법연수원, 전게서, 50면).

만을 등기관이 심사할 권한을 가지는 주의이다. 등기신청이 있을 때 등기관의 심사범위는 등기의 적법성여부만을 심사하는 것에 한정된다. 등기절차의 신속을 도모할 수 있다는 장점이 있는 반면에, 등기의 확실을 기하기 어렵다는 단점이 있다.

우리나라 부동산등기법은 등기관의 심사권한에 관하여 형식적 심사권한만을 주고 있다. 등기관이 등기신청을 부적법한 것으로서 각하하여야 할 경우를 한정적으로 규정하고 있을 뿐만 아니라 그 방법은 서면심사를 원칙으로 하고 있다(동법 제29조).

우리나라 부동산등기법은 2011. 4. 12 전부개정 전까지는 1동의 건물을 구분한 건물에 관한 등기신청이 있는 경우, 구분건물의 표시사항에 관하여서는 등기관에게 조사권을 인정하여, 예외적으로 실질적 심사주의를 인정하고 있었다.[586] 등기관이 신청서를 받은 때에는 지체없이 신청에 관한 모든 사항을 조사하여야 하여야 하고, 조사를 하기 위하여 필요한 경우에는 전문지식을 가진 자의 보조를 받을 수 있도록 규정하고 있었다.[587] 1동의 건물을 구분한 건물에 관한 등기신청이 소관청에 의해 등록이 거부된 경우(집합건물법 제61조제1항)[588]에는 등기관은 그 건물의 표시에 관한 사항을 조사하도록 하였다. 이는 구분건물의 특성상 이해관계인이 다수 존재하고, 전유부분, 공유부분 등의 이해관계가 밀접하게 관련되기 때문에 인정되는 것이

---

586) 종전의 부동산등기법 제56조의2 (등기관의 조사권) ① 등기관은 1동의 건물을 구분한 건물에 관한 등기신청을 받은 경우에 필요하면 그 건물의 표시에 관한 사항을 조사할 수 있다. ② 제1항의 조사를 할 때 필요하면 그 건물을 조사하고 건물의 소유자나 그밖의 관계인에게 문서의 제시요구와 질문을 할 수 있다. 이 경우에 해당 공무원은 그 권한을 표시하는 증표를 지니고 이를 관계인에게 내보여야 한다.

587) 종전의 부동산등기규칙 제73조(신청서의 심사), 제73조의2(구분건물의 실질심사), 제73조의3(구분건물의 실질심사), 제73조의4(조사서의 작성 등).

588) 2011. 4. 12 부동산등기법(법률 제10580호) 전부개정에 의해 삭제된 집합건물의 소유 및 관리에 관한 법률 제61조 (등록거부시의 등기신청) ①소관청이 이 법에 의한 대장의 등록을 거부한 때에는 그 신청인은 제60조제2항의 통지를 받은 날로부터 14일 이내에 그 서면을 첨부하여 관할등기소에 등기의 신청을 할 수 있다.
② 부동산등기법 제55조제10호 및 제56조제1항·제2항의 규정은 제1항의 등기신청에는 이를 적용하지 아니한다.

었다. 이러한 예외적인 실질적 심사주의를 부동산등기법의 개정을 통해 삭제한 것은 우리나라 등기제도의 후퇴를 가져오게 될 것이다.[589]

2) 형식적 서면심리의 원칙과 등기신청의 보정 및 취하

(1) 형식적 서면심리의 원칙

등기관은 등기신청인이 등기신청시에 제출한 신청서 및 그 첨부서면에 의한 등기의 신청이 부동산등기법상 신청각하사유에 해당하는가 여부에 대해 심사권한을 가지며, 원칙적으로 실질적 조사권은 인정하고 있지 않다. 따라서 등기관은 등기신청이 실체법상의 권리관계와 일치하는지를 조사할 권한도 의무도 없다. 즉, 등기관은 실체법상의 사항에 관하여 신청인에게 증명을 요구할 수 없으며 신청인도 이에 응할 의무가 없다. 다만 형식적 사항에 관하여 등기관은 신청인에게 그 증명을 요구하여 불응한 때에는 그 신청을 각하하게 된다.

서면심리의 결과, 등기신청에 흠결이 있는 경우에는 흠결보정(보완수정)이 가능한가의 여부에 따라 보정이나 취하를 권고할 수 있다.

(2) 등기신청의 보정

등기관이 신청서를 받은 때에는 지체없이 신청에 관한 모든 사항을 접수번호의 순서에 따라 조사, 처리하여야 한다(동법 제11조제3항).[590] 신청의 잘못된 부분이 보정(補正)될 수 있는 경우[591]로서 신청인이 등기관이 보정을 명한 날의 다음 날까지 그 잘못된 부분을

589) 졸고, “등기관의 등기심사권에 관한 비교법적 고찰”, 토지법학 제25-2호, 2009, 55-78면.

590) 개정 2012. 4. 24 등기예규 제1449호(부동산등기신청사건 처리지침).

591) 부동산등기신청에 있어서 보정될 수 있는 경우는 국민주택채권의 경우 발행번호 미기재 또는 상이, 금액 상이/ 근저당권 설정등기의 경우 소유자주소 상이/ 개인인감 상이/ 상속등기의 경우 말소된 호적, 제적등본 미첨부/ 매매목록 미첨부/ 등기필정보 미기재, 등기필증 미첨부/ 등기신청수수료의 경우 영수증 미첨부, 금액 상이, 전자납부시 유효기간 경과(1주일)등이다.

보정하였을 때에는 각하하지 않고 보정에 의해 등기가 실행될 수 있도록 한다(동법 제29조 단서).

조사결과, 신청에 흠결이 있으나 당일 보정이 가능한 경우에는 보정하도록 권고하는 것이 경제적으로 바람직하다. 여기서 당일이란 등기신청에 대한 조사가 완료되어 보정할 사항이 명확하게 된 날이다.[592]라고 해석함이 상당하다. 흠결사항에 대한 보정이 없으면, 그 등기신청을 각하할 수밖에 없는 경우에만 보정통지를 하여야 하며 보정통지후에는 이에 관한 보정이 없으면 사건을 처리할 수 없다.[593]

등기관은 등기신청서류에 흠결을 발견하였을 경우 보정통지를 할 의무가 없고 당일 보정되지 않는 한, 각하하여야 한다.[594] 등기관은 흠결사항에 대한 보정이 없으면 그 등기신청을 각하할 수밖에 없는 경우에만 그 사유를 등록한 후 보정명령을 할 수 있으며, 등기소장은 보정명령의 적정 여부에 관하여 철저히 감독을 하여야 한다. 등기관이 등기신청에 대하여 보정을 명하는 경우에는 보정할 사항을 구체적으로 적시하고 그 근거법령이나 예규, 보정기간 등을 제시하여 매건 조사 완료 후 즉시 구두 또는 전화나 모사전송의 방법에 의하여 등기신청인에게 통지하여야 한다. 보정은 반드시 등기관의 면전에서 하여야 하며 보정을 위하여 신청서 또는 그 부속서류를 신청인에게 반환할 수 없다. 보정된 사건은 처리가 지연되지 않도록 즉시 처리하여야 한다.[595]

등기신청의 흠결에 대한 보정은 당사자 또는 그 대리인 본인이 등기소에 출석하여 하여야 하고 법무사 등의 사무원(허가받은 사무원 포함)도 이를 할 수 있다.[596] 등기관은 보정 결과의 구체적 내용을

---

592) 대법원 2000. 9. 29, 2000다29240.

593) 개정 2012. 4. 24 등기예규 제1449호(부동산등기신청사건 처리지침).

594) 대법원 1969. 3. 4 67마216; 제정 1968. 7. 8 등기예규 제124호(각하결정 고지 전의 흠결보정의 효력).

595) 개정 2012. 4. 24 등기예규 제1449호(부동산등기신청사건 처리지침).

596) 개정 2011. 10. 11 등기예규 제1370호(등기신청서의 제출 및 접수 등에 관한 예규); 개정 2012. 2. 15 등기예규 제1443호(부동산등기사항증명서 발급처리지침).

그 등기신청서에 첨부하여 소장에게 보고하고, 보정통지대장에 그 확인을 받아야 하며, 보정된 사건은 처리가 지연되지 않도록 보정된 순서에 따라 처리하여야 한다.[597)]

※ 상속인 및 상속분의 인정과 등기관의 심사권
상속을 증명하는 시, 구, 읍, 면의 장의 서면 또는 이를 증명함에 족한 서면과 관계 법령에 기한 상속인의 범위 및 상속지분의 인정은 등기관의 형식적 심사권한의 범위 내라고 할 것이므로, 위와 같은 서면과 관계법령에 의하여 인정되는 정당한 상속인의 범위 및 상속지분과 다른 내용으로 상속등기를 신청하였을 경우 등기관으로서는 신청 내용이 확정된 판결의 내용과 동일하다고 하더라도 위 등기신청을 각하하여야 한다.[598)]

(3) 등기신청의 취하

등기신청인이나 대리인은 등기관이 등기를 마치기 전(등기완료전 또는 신청각하전)까지 등기신청을 취하할 수 있다(동규칙 제51조). 등기신청의 취하는 등기신청인이 등기가 만료되기 전에 스스로 철회하는 것을 말하는데, 등기신청이 취하된 경우 그 취하정보는 보조기억장치에 저장하여 보존하여야 한다(동규칙 제19조제2항).[599)]

취하는 등기신청인 또는 대리인이 할 수 있으며, 공동으로 신청한 등기는 공동으로 취하하여야 한다. 취하는 서면으로 하여야 하고, 등기완료전(등기관의 날인) 또는 신청각하전까지 할 수 있다. 대리인이 취하하는 경우에도 본인으로부터 취하에 대한 별도의 수권행위(授權行爲)가 필요하다.

방문신청은 신청인 또는 그 대리인이 등기소에 출석하여 취하서를 제출하는 방법에 의해서 하고, 전자신청은 전산정보처리조직을 이용하여 취하정보를 전자문서로 등기소에 송신하는 방법에 의해서 한다

597) 개정 2012. 4. 24 등기예규 제1449호; 제정 1968. 7. 8 등기예규 제124호(각하결정 고지 전의 흠결보정의 효력).

598) 대법원 1995. 2. 22, 94마2116.

599) 개정 2011. 10. 11 등기예규 제1362호(서면에 의한 등기신청(e-form 신청포함)의 취하에 관한 예규). 종전에는 명문의 규정이 없었으나 실무상 인정되고 있었던 것을 2011. 4. 12 개정에 의해 명문화 함.

(동규칙 제19조제2항).

일괄신청의 경우(동법 제25조 후단, 동규칙 제47조)에는 그 일부만에 대해서도 취하가 가능하다. 즉 수개의 부동산에 관한 등기신청을 일괄하여 동일한 신청서에 의하여 한 경우 그 중 일부 부동산에 대하여만 등기신청을 취하할 수 있다.

취하가 있게 되면 등기관은 신청서와 기타 부속서류편철장[600]에 취하서를 편철하고 신청서와 부속서류일체를 신청인에게 환부하여야 한다(동규칙 제23조).

3. 등기의 각하

1) 각하의 의의

등기신청이 있으면 등기관은 이를 반드시 접수하여 모든 사항을 조사하여야 하며, 조사결과 흠결이 있는 때 보정된 경우를 제외하고는 등기신청에 대해 이유를 기재한 결정으로써 신청을 각하하여야 한다(동법 제29조).[601]

각하(却下)는 국가기관에 대한 행정상 또는 소송법상의 신청을 배척하는 처분을 말한다. 특히 소송법상 법원이 당사자 그밖의 관계인의 소송상의 신청을 배척하는 재판을 말하는 경우에 쓰인다. 소송상의 청구 그 자체에 대하여 본안판결을 하지 않고, 배척하는 소송판결을 말한다. 실무에서는 일단 등기신청을 취하할 것을 권고하고, 불응한 때에 각하를 하고 있다.

※ 기각

기각(棄却)은 법원에서 수리한 소송의 심리결과 원고의 청구를 이유(타당성)없다고 하여 물리치는 것을 말한다. 기각도 법관의 심리에 의한 판결이지만 피고와 소송내용에 대해 다투고 난 뒤에 나온 것이 아니라 다툼을

---

600) 개정 2014. 10. 21 등기예규 제1531호(부동산등기사무의 양식에 관한 예규) 별지 18호.

601) 개정 2011. 10. 12 등기예규 제1417호(등기신청의 각하절차에 대한 예규).

위한 청구 그 자체의 타당성에 관한 것이다(민사소송법 제414조). 예를 들어 2004. 5. 14 대통령탄핵심판청구기각결정은 '탄핵결정에 필요한 재판관 수의 찬성을 얻지 못함'을 이유로 하고 있다(2004. 5. 14. 2004헌나1 전원재판부).

2) 등기신청의 각하사유

(1) 사건이 그 등기소의 관할이 아닌 경우

등기할 권리의 목적인 부동산의 소재지를 관할하는 지방법원, 동지원 또는 등기소를 관할등기소로 하며, 부동산이 여러 개의 등기소의 관할 구역에 걸쳐있는 때에는 신청을 받아 그 각 등기소를 관할하는 상급법원의 장이 관할등기소를 지정한다(동법 제7조).

각 지방법원과 지원(사무국을 둔 지원에 한함) 관내에 설치할 등기소와 그 명칭 및 관할구역과 각 지방법원 및 지원의 등기과·계의 관할구역은 「등기소의 설치와 관할구역에 관한 규칙」[602]에 규정되어 있는데, 동규칙 소정의 관할등기소 이외에 신청한 등기는 부동산등기법 제29조 제1호에 의하여 각하하여야 한다.

본호 위반의 등기는 실체관계와의 부합여부에 관계없이 당연무효이다(형식적 유효요건의 흠결). 이는 현행 부동산 등기제도가 물적편성주의를 취하고 있으며, 이송제도(移訟制度)가 없기 때문이다. 이를 간과하고 처리한 등기는 등기관이 직권으로 말소해야 하고(동법 제58조), 이해관계인은 관할지방법원에 이의를 신청할 수 있다(동조제3항, 제4항). 부동산등기법 제58조에 의하여 이의를 신청할 수 있는 사유는 본법 제29조 제1호, 제2호의 경우에 한정된다.[603]

(2) 사건이 등기할 것이 아닌 경우

사건이 등기할 것이 아닌 경우라 함은 등기신청이 그 신청취지 자

602) 1989. 6. 21, 대법원규칙 제1075호; 개정 2016. 10. 4, 대법원규칙 제2685호.
603) 대법원 1964. 7. 22, 63그63; 대법원 1969. 2. 28, 68마1528.

체에 의하여 법률상 허용할 수 없음이 명백한 경우를 말한다.[604] 등기할 수 없는 사건이나 권리 또는 등기할 수 없는 법률관계에 관한 사항에 대한 등기를 신청하는 경우를 말한다.

등기관이 등기신청인의 신청에 따라 그 등기절차를 완료한 적극적인 처분을 하였을 때에는 비록 그 처분이 부당한 것이었다 하더라도 부동산등기법 제29조제1호, 제2호에 해당하지 아니하는 한 소송으로 그 등기의 효력을 다루는 것은 별론으로 하고, 부동산등기법 제100조에 의한 이의의 방법으로는 그 말소를 구할 수 없다.

부동산등기법 제29조 제2호 위반의 등기는 설사 그것이 실체관계와 부합한다 하더라도 당연무효의 등기이다(형식적 유효요건의 흠결). 이를 간과하고 처리한 등기는 등기관이 직권으로 말소해야 하고(동법 제58조), 이해관계인은 부동산등기법 제29조 제1호 위반의 경우와 같이 관할지방법원에 이의를 신청할 수 있다(동법 제58조).

사건이 등기할 것이 아닌 때에 해당하는 사례는 다음과 같다.

① 등기능력이 없는 물건의 경우, 즉 구분건물의 구조상 공동부분, 방수문 잠관 등의 농지개량시설의 공작물, 방조제부대시설물인 배수갑문, 권양기, 양수기 등에 대한 등기는 신청할 수 없다.[605]

② 등기할 권리가 아닌 경우, 즉 점유권, 유치권 및 공유지분에 대한 지상권・지역권・전세권의 설정등기(동법 제69조, 제70조, 제72조, 동규칙 제126조 내지 제128조 참조)는 허용되지 않는다. 하지만 부동산의 일부에 대하여는 전세권 등을 설정할 수 있다.

③ 공동상속인중 일부가 자기의 상속지분만에 관하여 상속으로 인한 소유권이전등기신청을 한 경우에 허용되지 않는다.[606]

④ 동일한 부동산에 관하여 이중으로 등기가 되었을 경우, 후에 된 등기는 본호 제2호에 해당하여 이를 직권말소할 수 있으나, 후

604) 대법원 1996. 3. 4, 95마1700; 대법원 2000. 9. 29, 2000다29240; 제정 1987. 2. 9, 등기예규 제622호(사건이 등기할 것이 아닌 때의 의의).

605) 제정 2004. 10. 1 등기예규 제1086호(등기능력 있는 물건 여부의 판단에 관한 업무처리지침).

606) 등기선례 1-307(공동상속인중 일부의 상속지분만에 관한 상속등기의 가부).

에 된 등기를 기초로 하여 새로운 등기가 경료되어 현존하는 이상 등기관은 후에 된 등기와 그에 터전을 잡아 이루어진 각 현존등기를 직권말소할 수 없다.[607] 이는 공시의 혼란을 방지하기 위한 것이다.

⑤ 토지의 소유권이 대지권인 경우, 대지권인 취지의 등기를 한 토지에 대한 소유권이전등기 또는 대지권을 등기한 건물만에 관한 소유권이전등기는 할 수 없다(동법 제61조제4항).[608] 구분소유자는 그가 가지는 전유부분과 분리해서는 대지사용권을 처분할 수 없기 때문이다.[609]

⑥ 대지권인 취지의 등기를 한 토지의 등기용지에는 대지권을 목적으로 하는 저당권설정등기는 이를 하지 못하며, 대지권을 등기한 건물의 등기용지에는 그 건물만을 목적으로 하는 저당권설정등기는 이를 하지 못한다(동법 제61조제3항).

⑦ 지상권 또는 임차권이 대지권인 경우 그 토지 또는 건물만에 관한 소유권이전등기는 이를 하지 못한다(동법 제61조제5항).

⑧ 다음과 같이 동시에 신청하여야 할 등기를 동시에 신청하지 아

---

607) 대법원 1969. 6. 10, 68마1302; 대법원 1981. 7. 7, 80다3042.

608) 부동산등기법 제61조(구분건물의 등기기록에 대지권등기가 되어 있는 경우)
① 대지권을 등기한 후에 한 건물의 권리에 관한 등기는 대지권에 대하여 동일한 등기로서 효력이 있다. 다만, 그 등기에 건물만에 관한 것이라는 뜻의 부기가 되어 있을 때에는 그러하지 아니하다.
② 제1항에 따라 대지권에 대한 등기로서의 효력이 있는 등기와 대지권의 목적인 토지의 등기기록 중 해당 구에 한 등기의 순서는 접수번호에 따른다.
③ 대지권이 등기된 구분건물의 등기기록에는 건물만에 관한 소유권이전등기 또는 저당권설정등기, 그 밖에 이와 관련이 있는 등기를 할 수 없다.
④ 토지의 소유권이 대지권인 경우에 대지권이라는 뜻의 등기가 되어 있는 토지의 등기기록에는 소유권이전등기, 저당권설정등기, 그 밖에 이와 관련이 있는 등기를 할 수 없다.
⑤ 지상권, 전세권 또는 임차권이 대지권인 경우에는 제4항을 준용한다.

609) 집합건물의 소유 및 관리에 관한 법률 제20조 (전유부분과 대지사용권의 일체성) ① 구분소유자의 대지사용권은 그가 가지는 전유부분의 처분에 따른다.
② 구분소유자는 그가 가지는 전유부분과 분리하여 대지사용권을 처분할 수 없다. 다만, 규약으로써 달리 정한 때에는 그러하지 아니하다.
③ ~ ④ (생략).

니한 때에는 허용되지 않는다. i) 매매등기와 동시에 신청하여야 하는 환매특약의 등기(민법 제592조,[610] 부동산등기법 제52조, 제53조), ii) 신탁으로 인한 부동산소유권이전등기 신청과 동시에 신청하여야 하는 신탁의 등기(동법 제82조제1항), iii) 소유권이전등기의 신청과 동시에 신청하여야 하는 신탁등기의 말소(동법 제87조제1항), iv) 구분건물중의 일부만에 관한 소유권보존등기신청과 그 나머지 구분건물의 표시에 관한 등기(동법 제46조제1항, 제2항), v) 종전 건물의 표시에 관한 등기 또는 표시변경등기와 동시에 신청하여야 하는 건물의 신축으로 인하여 구분건물이 아닌 건물이 구분건물로 된 경우에 그 신축건물의 소유권보존등기(동법 제46조제3항)등이 이에 해당한다.

⑨ 그밖에 사건이 등기할 것이 아닌 때에 해당하는 사례로는 i) 등기명의인 2인을 그중 1인만으로 경정하는 등기명의인표시 경정등기 신청,[611] ii) 실명등기의 유예기간 경과 후의 기존 명의신탁약정에 의한 명의신탁해지로 인한 소유권이전등기의 신청,[612] iii) 소유권에 종기(終期)를 부한 등기, iv) 예고등기의 원인이 된 판결의 확정시 그 판결에 의한 등기의 말소등기 신청을 하지 아니하고 예고등기만의 말소신청을 한 경우,[613][614] v) 토지합필의 제한(동법 제37조), vi) 건물합병의 제한(동법 제42

610) 민법 제592조 (환매등기) 매매의 목적물이 부동산인 경우에 매매등기와 동시에 환매권의 보류를 등기한 때에는 제삼자에 대하여 그 효력이 있다.

611) 대법원 1981. 11. 6, 80마592; 대법원 1996. 4. 12, 95다33214; 대법원 1997. 4. 8, 95다34521.

612) 대법원 1997. 5. 1, 97마384; 대법원 1999. 1. 26, 98다1027; 유예기간이 경과한 날 이후부터 명의신탁약정은 무효가 되며, 명의신탁약정에 따라 행하여진 등기에 의한 물권변동도 무효가 되므로, 유예기간이 경과한 후 명의신탁약정의 해지를 원인으로 한 명의신탁자의 소유권이전등기신청은 그 신청취지 자체에 의하여 법률상 허용될 수 없음이 명백하기 때문이다(사법연수원, 전게서, 51면)

613) 대법원 1987. 3. 20, 87마카3.

614) 종전의 부동산등기법 제170조2 (예고등기의 말소) 등기관은 등기원인의 무효나 취소로 인하여 등기의 말소 또는 회복의 등기를 하였을 때에는 예고등기를 말소하여야 한다.

조제1항) 규정에 위반한 등기의 신청, vii) 환지처분공고후 환지등기 경료 전에 종전 토지에 관한 등기신청을 하는 경우[615][616]등이 있다.

(3) 신청할 권한이 없는 자가 신청한 경우

등기는 신청인 또는 그 대리인이 등기소에 출석하여 신청정보 및 첨부정보를 제출하는 방법에 의하거나 전산정보처리조직을 이용하여 신청정보 및 첨부정보를 보내는 방법에 의하여 하여야 하는데, 신청할 권한이 없는 경우에 신청한 경우에는 그 등기신청을 각하해야 한다(부동산등기법 제29조 제3호).

등기가 적법하게 경료되기 위하여는 등기신청인에게 등기당사자적격(등기신청적격)이 있어야 하기 때문에, ① 등기권리자·등기의무자가 아닌 제3자 혹은 ② 대리인이 아닌 제3자 혹은 ③ 대표권이 없는 자 등이 등기를 신청한 경우에는 이에 해당하여 각하한다. 등기당사자적격이 있다는 것은 정당한 등기권리자와 등기의무자가 등기를 신청하여야 한다는 것을 의미한다. 예를 들어 근저당권자와 근저당권설정자가 공동신청하여야 하는 근저당권설정등기를 채무자가 신청한 경우, 승소한 등기권리자 혹은 승소한 등기의무자가 단독신청할 수 있는 판결에 기한 등기를 패소한 상대방이 신청한 경우 이에 해당하여 각하하여야 한다.[617] 등기를 신청할 권한이 없는 자를 등기에서 원천적으로 배제시킴으로써 등기의 진정성을 보장하기 위한 것이다.

---

615) 대법원 1983. 12. 27, 81다1039; 대법원 1996. 9. 24, 96누3968; 대법원 1998. 2. 13, 97다49459.

616) 도시개발법 제43조 (등기) ① 시행자는 제40조제5항에 따라 환지처분이 공고되면 공고 후 14일 이내에 관할 등기소에 이를 알리고 토지와 건축물에 관한 등기를 촉탁하거나 신청하여야 한다.
② 제1항의 등기에 관하여는 대법원규칙으로 정하는 바에 따른다.
③ 제40조제5항에 따라 환지처분이 공고된 날부터 제1항에 따른 등기가 있는 때까지는 다른 등기를 할 수 없다. 다만, 등기신청인이 확정일자가 있는 서류로 환지처분의 공고일 전에 등기원인이 생긴 것임을 증명하면 다른 등기를 할 수 있다.

617) 유석주, 전게서, 548면.

(4) 당사자 또는 그 대리인이 출석하지 아니한 경우

방문신청의 경우 당사자 또는 그 대리인 등이 등기소에 출석하지 아니한 경우에는 그 등기신청을 각하해야 한다(부동산등기법 제29조 제4호). 등기신청에 당사자 또는 그 대리인 등의 출석을 요하는 것은 등기관이 출석자의 당사자 또는 그 대리인의 본인여부, 신청의사 등을 확인함으로서 등기의 진정을 보장할 수 있을 뿐만 아니라 신청인에게 흠결을 보정할 기회를 주어 신청인을 보호하고자 함이다. 의사능력이 없는 경우, 즉 유아, 만취자, 백치 등 자기 행위의 결과를 인식·판단하여 정상적인 의사결정을 할 수 있는 능력을 갖추지 못한 경우에는 출석하지 않은 것으로 본다.

등기는 당사자출석주의원칙에 의하여 등기권리자와 등기의무자 또는 대리인이 등기소에 출석하여 이를 신청하여야 한다. 단독신청이나 대위신청의 경우에도 적용된다. 다만 대리인이 변호사 또는 법무사인 경우에는 대법원규칙이 정하는 사무원을 등기소에 출석하게 하여 이를 신청할 수 있다(동법 제24조제1항 제1호, 동규칙 제58조).[618] 전자신청시, 출석을 요하지 아니하므로 본호의 적용을 받지 아니한다.

---

618) 부동산등기법 제24조(등기신청의 방법) ① 등기는 다음 각 호의 어느 하나에 해당하는 방법으로 신청한다.
1. 신청인 또는 그 대리인(代理人)이 등기소에 출석하여 신청정보 및 첨부정보를 적은 서면을 제출하는 방법. 다만, 대리인이 변호사[법무법인, 법무법인(유한) 및 법무조합을 포함한다]나 법무사(법무사합동법인을 포함한다)인 경우에는 대법원규칙으로 정하는 사무원을 등기소에 출석하게 하여 그 서면을 제출할 수 있다.
2. 대법원규칙으로 정하는 바에 따라 전산정보처리조직을 이용하여 신청정보 및 첨부정보를 보내는 방법(법원행정처장이 지정하는 등기유형으로 한정한다)
② 신청인이 제공하여야 하는 신청정보 및 첨부정보는 대법원규칙으로 정한다.
부동산등기규칙 제58조(등기소에 출석하여 등기신청서를 제출할 수 있는 자격자대리인의 사무원) ① 법 제24조제1항제1호 단서에 따라 등기소에 출석하여 등기신청서를 제출할 수 있는 변호사나 법무사[법무법인·법무법인(유한)·법무조합 또는 법무사합동법인을 포함한다]의 사무원은 자격자대리인의 사무소 소재지를 관할하는 지방법원장이 허가하는 1명으로 한다. 다만, 법무법인·법무법인(유한)·법무조합 또는 법무사합동법인의 경우에는 그 구성원 및 구성원이 아닌 변호사나 법무사 수만큼의 사무원을 허가할 수 있다.
② ~ ④ (생략).

동법 제29조 제4호 이하의 사유로 각하하여야 할 등기가 일단 경료된 경우에는 등기관이 직권으로 그 등기를 말소하거나 이해관계인이 등기관의 처분에 대한 이의신청을 할 수 없고, 통상 소송으로 다투어야 한다.[619)]

(5) 신청정보의 제공이 방식에 맞지 아니한 경우

등기신청은 반드시 서면에 의하여야 하는 요식행위이므로 등기신청에는 부동산등기규칙 제43조 각호의 사항을 기재하고 신청인이 이에 기명날인하거나 서명하여야 한다. 또한 부동산에 관한 각종 등기신청서의 양식과 용지규격 등을 규정하고 있다.[620)]

이와 같이 등기법령이 규정한 기재요건 등을 갖추지 못한 신청은 유효한 신청으로 볼 수 없으며, 이 경우에는 신청서가 방식에 적합하지 아니한 때에 해당하여 등기관은 이를 각하하게 된다(부동산등기법 제29조 제5호). 본호의 취지는 신청서의 방식, 기재사항 등을 법정하여 그 방식에 적합한 경우에 한하여 등기를 함으로써 신청의사와 그 내용을 명확히 하여 등기사무처리의 확실을 기하기 위한 것이다.

등기원인증서에 저당채권의 이자약정 등 임의적인 기재사항이 표시되어 있음에도 불구하고 신청서에 이를 기재하지 않았을 경우 이 규정에 의하여 각하할 것이 아니라 이를 보정케 하여 수리해야 할 것이다.[621)] 보정을 하지 않는 경우에는 각하됨이 물론이다. 이는 신청서가 방식에 적합하지 아니한 때를 지칭하는 것이지, 그 신청서에 첨부된 부속서류가 방식에 적합하지 아니한 경우는 이에 해당되지 아니한다.[622)]

---

619) 대법원 1968. 8. 23, 68마823; 대법원 1969. 2. 28, 68마1528; 대법원 1970. 2. 21, 69마1023.
620) 개정 2014. 10. 21 등기예규 제1531호(부동산등기사무의 양식에 관한 예규).
621) 제정 1976. 9. 2 등기예규 제283호(등기신청서의 특약사항 누락).
622) 개정 2011. 10. 11 등기예규 제1350호(부동산 등기법 제29조 제5호 신청서의 의미).

(6) 신청정보의 부동산 또는 등기의 목적인 권리의 표시가 등기기록과 일치하지 아니한 경우

등기신청정보의 부동산 또는 등기의 목적인 권리의 표시가 등기부와의 일치를 요구하는 것은 부실등기를 예방하기 위한 것으로 그 등기신청이 어떤 부동산 또는 어떤 권리에 대한 것인가를 명백히 하기 위한 것이다(부동산등기법 제29조 제6호).

등기신청정보의 부동산의 표시는 토지의 소재, 지번, 지목, 면적, 건물의 소재, 지번, 종류, 구조, 면적 등을 말한다. 권리의 표시는 부동산등기법 제3조의 등기할 사항인 소유권, 지상권, 지역권, 전세권, 저당권, 권리질권, 임차권 등을 말한다. 저촉의 의미는 내용적으로 불일치하더라도 동일성 또는 유사성이 있으면 저촉되지 않는 것이다.

등기신청정보의 부동산의 표시 또는 등기의 목적인 권리의 표시가 등기부상의 표시와 어느 정도 부합해야 하느냐에 대하여는 그 동일성만 확인할 수 있을 정도로 부합하면 될 것이다. 그 동일성 확인의 기준이 어려운 문제이므로 형식적으로 보아 신청서와 등기부 사이에 그에 관한 표시가 완전히 일치할 것을 요구하고 있는 것이 등기실무의 예이다. 또한 등기신청서에 「대지」라고 기재하고, 첨부서면인 토지대장의 지목은 「잡종지」인 경우, 즉 지목이 잡종지에서 대지로 된 경우에는 신청정보의 기재사항과 부동산등기부가 일치하지 않게 되어 각하되므로 토지변경등기가 선행되어야 한다.

(7) 신청정보의 등기의무자 표시가 등기기록과 일치하지 아니한 경우

신청정보와 등기기록상 등기의무자의 표시의 일치를 요구하는 것(부동산등기법 제29조 제7호)은 양자에 표시된 등기의무자의 진정여부를 확인하여 부실등기를 방지하기 위함에 그 목적이 있다.

등기의무자는 등기부상의 형식상 신청하는 그 등기에 의하여 권리를 상실하거나 기타 불이익을 받을 자를 말한다. 신청정보에 기록된 등기의무자의 표시가 등기부와 부합하지 아니한 때라 함은 등기의무

자의 성명, 주소, 주민등록번호, 법인, 회사, 외국회사, 법인 아닌 사단이나 재단 등인 경우에는 명칭, 사무소의 소재지, 부동산등기용등록번호(재외국민, 외국인의 경우도 해당됨)등이 서로 일치하지 아니하는 경우를 말한다,

신청정보에 기록된 등기의무자의 표시가 등기부상의 표시와 부합하여야 하지만 신청인이 등기의무자의 상속인인 때에는 그 신분을 증명하는 서면만을 첨부하면 된다(동법 제29조 제7호 단서). 이 경우 등기의무자는 등기부상 등기명의인인 피상속인이고 등기신청인은 상속인이 된다. 이는 등기연속의 원칙을 요구한 결과이다. 이미 말소된 등기의 등기명의인의 표시변경등기신청은 부동산등기법 제29조 제7호에 의하여 각하하여야 한다.[623)]

매도인의 등기부상 주소가 현재의 주소와 다른 경우에는 그 원인이 무엇인가에 따라 등기명의인 표시의 변경 또는 경정등기를 신청하여 등기부상의 주소를 현재의 주소와 일치시킨 후에 소유권이전등기를 신청하여야 한다. 따라서 저당권설정등기신청서에 기재한 설정자의 성명이 등기부와 부합하지 아니한 때에는 그 등기명의인의 변경 또는 경정등기를 하기 전에는 저당권설정등기신청을 수리할 수 없다.

(8) 신청정보와 등기원인을 증명하는 정보가 일치하지 아니한 경우

신청정보상 사항과 등기원인을 증명하는 정보와 일치를 요구하는 것(부동산등기법 제29조 제8호)은 실체와 부합하지 않는 등기, 즉 부실등기의 발생을 예방함과 동시에 등기원인증서로서 등기필정보(종전의 등기필증)을 작성하기 때문에 등기된 사항과 등기필정보(종전의 등기필증) 기재내용의 부합에 그 취지가 있다.

소유권이전등기 신청서에는 등기원인이 「매매」로 기재되어 있는데 등기원인을 증명하는 서면에는 「증여」로 되어 있거나, 신청서에

623) 대법원 1979. 11. 20, 79마360; 대법원 1988. 2. 24, 87마469.

는 「갑」이 등기권리자로 기재되어 있는데 등기원인을 증명하는 서면에는 「을」이 매수인으로 기재되어 있는 경우, 양서면에 기재된 주소가 상이한 경우 등은 적극적 저촉에 해당하는 본 호 위반의 예에 속한다. 소극적 저촉의 경우, 즉 등기원인증서에 저당채권의 이자약정과 같이 임의적인 기재사항이 표시되어 있음에도 불구하고 신청서에 이를 표시하지 아니한 때에는 신청정보의 제공이 대법원규칙으로 정한 방식에 적합하지 않은 때에 해당한다.[624]

등기원인을 증명하는 정보란 등기원인사실을 증명하는 서류 및 등기신청에 필요한 첨부정보까지 포함하는 개념이다. 즉 주소를 증명하는 주민등록표등본, 상호변경 등을 포함하는 법인등기사항증명서, 상속을 증명하는 기본증명서 및 제적등·초본도 이에 포함된다. 다만, 부동산등기법 제29조에서 별도의 각하사유로 정하고 있는 부동 산 및 권리의 표시에 관한 사항(동조 제6호), 등기명의인의 표시에 간한 사항(동조 제7호), 대장과 신청정보의 불부합(동조 제11호)과 같은 경우에는 본호의 각하사유에 해당하지 않는다.[625]

(9) 등기에 필요한 첨부정보를 제공하지 아니한 경우

부동산등기법 제29조 제9호는 권리에 관한 등기 뿐만 아니라 부동산의 표시에 관한 등기에도 적용된다. 등기신청에 필요한 서면은 부동산등기법 제24조제2항, 동규칙 제46조제1항 각호의 정보인 등기원인을 증명하는 정보, 등기원인에 대하여 제3자의 허가, 동의, 승낙서, 등기상 이해관계있는 제3자의 승낙이 필요한 경우에는 이를 증명하는 정보 또는 이에 대항할 수 있는 재판이 있음을 증명하는 정보, 신청인이 법인인 경우 그 대표자의 가격을 증명하는 정보, 위임장, 주소를 증명하는 서면, 법인등기부등·초본, 부동산등기용등록번호를 증명하는 서면 등을 말한다.

---

624) 제정 1976. 9. 2 등기예규 제283호(등기신청서의 특약사항 누락).
625) 유석주, 전게서, 553-554면.

등기신청에 필요한 도면은 대지상에 여러 개의 건물이 있는 건물의 보존등기신청시에 첨부하는 건물의 소재도, 구분건물의 소유권보존등기와 구분건물의 표시에 관한 등기, 건물의 구분등기를 신청하는 경우의 1동의 건물의 소재도, 각층의 평면도, 구분한 각 건물의 평면도 및 전세권, 지상권, 지역권의 목적이 부동산의 일부인 때의 지적도 또는 건물의 도면을 첨부하는 것을 말한다.

등기명의인과 동일성이 없는 자의 신청에 따라 허위 또는 무효인 서류를 근거로 등기명의인표시변경등기가 이루어진 경우는 부동산등기법 제29조 제9호에 해당할 뿐 제2호에 해당하지 아니한다.[626)]

부동산등기법 제23조(등기신청인)[627)]의 규정에 위배하여 등기명의인이 아닌 자의 등기명의인 표시의 변경등기신청을 받아 들여 경정등기를 한 경우에는 제29조 제9호에 해당된다.[628)] 주소변경의 경우에 등기관이 소유권이전등기를 할 때에 등기명의인의 주소변경으로 신청정보 상의 등기의무자의 표시가 등기기록과 일치하지 아니하는 경우라도 첨부정보로서 제공된 주소를 증명하는 정보에 등기의무자의 등기기록 상의 주소가 신청정보 상의 주소로 변경된 사실이 명백히 나타나면 직권으로 등기명의인표시의 변경등기를 하여야 한다(동규칙 제122조).

3개월의 유효기간이 경과된 인감증명에 의한 소유권이전등기,[629)] 종중총회의 결의서의 첨부없이 경료된 소유권이전등기,[630)] 상속등기신청시에 법정상속분과 다른 비율의 지분이전등기를 신청하면서 그 지분이 법정상속분과 다르게 변동된 사실을 증명하는 서면을 제출하지 아니한 경우,[631)] 등기의 말소를 신청하면서 부동산등기법 제57조

---

626) 대법원 1993. 11. 29, 93마1645; 대법원 1996. 3. 4, 95마1700; 대법원 1996. 4. 12, 95다33214; 대법원 1997. 5. 1, 97마384; 대법원 2000. 1. 7, 99재마4; 대법원 2000. 5. 12, 99다69983; 대법원 2000. 9. 29, 2000다29240.

627) 부동산등기법 제23조(등기신청인) ⑥ 등기명의인표시의 변경이나 경정의 등기는 해당 권리의 등기명의인이 단독으로 신청한다.

628) 대법원 1973. 12. 27, 73마793.

629) 대법원 1986. 6. 10, 80다788.

630) 대법원 1982. 12. 6, 82마736; 대법원 2004. 5. 14, 2004다11896.

제1항 소정의 승낙서 등을 첨부하지 아니한 때 등은 부동산등기법 제29조 제9호의 경우에 해당되어 위의 등기신청은 각하를 면할 수 없다. 그렇지만 일단 등기가 마쳐진 다음에는 등기관은 직권말소할 수 없다.

등기원인에 대하여 행정관청의 허가, 동의 또는 승낙 등을 요하는 경우에 이를 증명하는 서면인 농지취득자격증명(농지법 제8조제1항), 학교법인의 기본재산의 처분에 관한 관할청의 허가서(사립학교법 제28조제1항), 허가구역 안의 토지에 관한 소유권, 지상권의 이전 또는 설정(대가를 받고하는 경우에 한함)하는 계약(예약을 포함)의 체결에 대한 시장 등의 허가증(부동산 거래신고 등에 관한 법률 제11조제1항), 전통사찰의 부동산의 처분에 대한 감독청의 허가증(전통사찰의 보존 및 지원에 관한 제9조제1항), 향교재산의 처분등에 대한 감독청의 허가서(향교재산법 제8조제1항 제1호), 외국인의 토지취득에 관한 신고서 또는 허가서(부동산 거래신고 등에 관한 법률 제8조, 제9조)등이 제출되지 아니한 경우에도 부동산등기법 제29조 제9호에 의하여 그 등기신청은 각하하여야 한다.

(10) 취득세, 등록면허세 또는 수수료를 내지 아니하거나 등기 신청과 관련하여 다른 법률에 따라 부과된 의무를 이행하지 아니한 경우

등기신청에는 일정한 의무가 주어지는데 이를 위반하면 각하하여야 한다(부동산등기법 제29조 제10호). 그러나 실무상으로 각하하는 경우는 거의 없고 보정을 권고하고 있다.

취득세는 부동산 등을 취득한 자에게 부과하며(지방세법 제7조제1항), 등록면허세는 재산권과 그 밖의 권리의 설정·변경 또는 소멸에 관한 사항을 공부에 등기하는 경우에 그 등기 또는 등록을 받는 자에게 부과한다(동법 제23조제1항). 부동산취득에 대한 취득세의 납세

---

631) 대법원 1990. 10. 29, 90마772; 대법원 1994. 9. 8, 94마1374; 대법원 1995. 1. 20, 94마535; 대법원 1995. 2. 22, 94마2116; 대법원 2004. 9. 3, 2004마599; 대법원 2005. 2. 25, 2003다13048.

의무자와 등록면허세의 납세의무자는 지방교육세의 납부의무로 등록세액의 100분의 20을 지방교육세로 납부하여야 한다(지방세법 제150조, 제151조). 국가 또는 지방자치단체로부터 면허·허가·인가를 받거나 등기·등록을 신청하는 자는 국민주택채권을 매입하여야 한다(주택도시기금법 제8조제1항). 국내에서 재산에 관한 권리 등의 창설·이전 또는 변경에 관한 계약서 기타 이를 증명하는 문서를 작성하는 자는 당해 문서를 작성할 때에 인지세를 납부할 의무가 있다(인지세법 제1조). 등기를 하려는 자는 대법원규칙이 정하는 바에 따라 수수료를 내야 한다(부동산등기법 제22조제3항).

대법원규칙으로 대상 등기 및 수수료액을 정하고(등기부등·초본 등 수수료규칙),[632] 수수료 미납시 그 등기신청을 각하하도록 하고 있다.[633] 그러나 수수료가 미달하는 경우에는 보정을 권고하고 실무상으로 각하되는 경우는 거의 없다.

등기신청이 본호의 사유로 각하 또는 취하하는 경우에 취득세(등록면허세, 지방교육세) 영수필확인서, 국민주택채권, 인지, 등기신청수수료는 추후에 다시 등기신청을 사용할 수 있도록 당사자에게 반환하여야 한다. 등기신청이 각하된 경우에는 등기수입증지를 소인하여야 하므로 반환하지 않는다.[634]

(11) 신청정보 또는 등기기록의 부동산의 표시가 토지대장, 임야대장 또는 건축물대장과 일치하지 아니한 경우

부동산등기법 제29조 제11호는 대장과 등기부의 내용을 일치시키기 위한 것이다. 토지의 분합, 멸실, 면적의 증감, 지목의 변경, 건물의 분합, 번호, 종류 또는 구조의 변경, 그 멸실, 면적의 증감, 부속건물의 신축, 건물대지의 지번의 변경 또는 대지권의 변경이나 소멸 등

---

632) 개정 2011. 9. 28 대법원규칙 제2354호(등기사항증명서 등 수수료규칙); 개정 2014. 12. 24 등기예규 제1565호(등기신청수수료 징수에 관한 예규).

633) 개정 2013. 4. 10 등기예규 제1488호(취득세(등록면허세) 등의 납부 확인 및 소인 등에 관한 예규).

634) 유석주, 전게서, 555-558면.

부동산의 표시에 관한 등기와 토지의 보존등기, 건물보존등기 등을 신청할 때에는 토지대장등본, 임야대장등본, 건축물대장등본(단 건물번호의 변경 및 멸실의 등기는 예외)을 첨부하여야 한다(동규칙 제83조, 제102조, 제121조).[635]

대장의 기재가 신청서에 기재할 사항과 부합하지 아니한 때에는 이를 일치시키기 위한 규정이지만 신청서의 기재가 대장등본의 기재와는 일치하나 등기부의 기재와 불일치할 때에는 부동산등기법 제29조 제11호를 적용할 것이 아니라 부동산등기법 제29조 제6호, 즉 신청서에 기재한 부동산 또는 등기의 목적인 권리의 표시가 등기부에 저촉한 때를 적용하여 각하하여야 한다.[636] 관공서가 등기촉탁을 하는 경우에는 등기부와 대장상의 부동산의 표시 또는 소유명의인의 표시가 부합하지 아니하더라도 그 등기촉탁을 수리하여야 한다.[637][638]

---

635) 등기부와 대장이 불일치할 경우 권리관계는 등기부의 기재가, 권리관계 이외의 사항은 대장의 기재가 우선하게 됨이 원칙이다. 따라서 등기부상 어떤 토지중 일부가 분할되고 그 분할된 토지에 대하여 지번과 지적이 부여되어 있어도, 지적공부소관청에 의한 분필절차를 거친 바가 없다면, 그 등기가 표상하는 목적물은 특정되었다고 할 수 없어 분필의 효과가 발생할 수 없고 분할전 토지는 의연히 한 필지의 토지로 존재한다고 보아야 한다(대법원 1984. 3. 27, 83다카1135; 대법원 1990. 12. 7, 90다카25208; 대법원 1995. 6. 16, 94다4615; 대법원 1997. 9. 9, 95다47664(사법연수원, 전게서, 5면).

636) 2011. 4. 12 개정전까지는 종전의 부동산등기법에 의한 등기각하사유중 제55조 제11호는 '등기의 신청이 제56조(종전의 부동산등기법 제56조 (등기부와 대장의 표시의 불일치) ① 등기부에 적힌 부동산의 표시가 토지대장·임야대장 또는 건축물대장과 일치하지 아니하는 경우에는 그 부동산 소유권의 등기명의인은 부동산 표시의 변경등기를 하지 아니하면 그 부동산에 대하여 다른 등기를 신청할 수 없다. ② 등기부에 적힌 등기명의인의 표시가 토지대장·임야대장 또는 건축물대장과 일치하지 아니하는 경우에는 그 등기명의인은 등록명의인 표시의 변경등록을 하지 아니하면 해당 부동산에 대하여 다른 등기를 신청할 수 없다. ③ 제55조제12호의 경우에는 등기관은 그 사유를 지체 없이 건축물대장 소관청에 통지하여야 한다.)를 위반한 경우'라고 규정하였다. 그런데 대장상 소유자표시의 변경은 등기관서의 통지에 의하여 이루어지는데(종전법 제68조의2, 종전법 제62조), 그 통지가 누락되거나 통지가 있었음에도 불구하고 대장에 소유자변경사실이 누락된 경우 종전법 제56조제2항 및 제55조 제11호에 저촉된다는 사유로 등기신청을 각하하는 불이익을 신청인에게 전가하는 것은 불합리하다는 지적이 있었다. 따라서 개정법에서는 이 부분을 삭제하였다. 따라서 대장과 등기기록상 소유자의 표시가 불일치한 경우에는 각하사유에 해당하지 아니한다(유석주, 전게서, 558-559면).

3) 각하결정

등기신청이 각하사유(부동산등기법 제29조 각호)에 해당하거나 그 흠결이 당일 보정되지 않는 한, 이유를 기재한 결정으로 각하하여야 한다(부동산등기법 제29조 후단). 등기신청을 각하하여야 할 경우에는 등기관은 당사자로 하여금 취하를 하도록 권장하고 있다.[639]

등기신청(촉탁 포함)이 부동산등기법 제29조 각호에 해당하는 경우에는 별지1 또는 별지2의 양식에 의하여 이유를 기재한 결정으로 이를 각하한다.[640] 등기신청을 각하한 경우에는 접수장의 비고란 및 등기신청서 표지에 「각하」라고 주서하고, 그 등기신청서는 신청서 기타 부속서류 편철장에 편철한다. 등기관은 각하결정등본을 작성하여 신청인 또는 대리인에게 교부하거나 특별우편송달방법으로 송달하되, 교부의 경우에는 교부받은 자로부터 영수증을 수령하여야 한다.

각하결정등본을 교부하거나 송달할 때에는 신청서 이외의 첨부서류(등록세영수필확인서 및 국민주택채권매입필증 포함)도 함께 교부하거나 송달하여야 한다. 첨부서류 중 각하사유를 증명할 서류는 이를 복사하여 당해 등기신청서에 편철한다. 각하결정등본 및 등기신청서 이외의 서류를 교부 또는 송달한 경우에 그 영수증 또는 송달보고서를 당해 등기신청서에 편철한다. 송달한 각하결정등본, 첨부서류가 송달불능으로 반송된 경우에는 그 송달불능보고서와 함께 당해 등기신청서에 편철한다.

등기신청이 부동산등기법 제29조 제11호에 해당함을 이유로 각하

---

637) 개정 2014. 4. 24 등기예규 제1517호(관공서의 촉탁등기에 관한 예규).

638) 2011. 4. 12 개정에 의해 종전의 부동산등기법에 의한 등기각하사유중 종전의 제55조 제12호의 '1동의 건물을 구분한 건물의 등기신청에서 그 구분소유권의 목적인 건물의 표시에 관한 사항이 등기관의 조사결과, 집합건물법 제1조 또는 제1조의2에 맞지 아니한 경우'라는 규정은 등기관의 실질적 심사권한을 배제함으로써 삭제되었다. 한편 종전의 제55조 제13호의 '등기신청이 제170조(예고등기의 말소) 제4항을 위반한 경우'라는 각하사유는 예고등기를 폐지함으로써 삭제되었다.

639) 법원공무원교육원, 전게서, 170면.

640) 개정 2011. 10. 12 등기예규 제1417호(등기신청의 각하절차에 대한 예규).

한 경우에는 등기관은 그 사유를 지체없이 지적공부소관청 또는 건축물대장소관청에 통지하여야 한다(동법 제37조, 제42조제2항).[641]

4. 등기의 실행

1) 등기실행의 의의

등기관은 신청정보 및 첨부정보가 부동산등기법 등 제반 법령에 부합되는지 여부를 접수번호의 순서대로 조사하여야 한다.[642] 등기신청서를 접수하고 조사한 결과, 그 신청을 적법한 것으로 인정한 때에는 등기관은 그 신청에 기하여 등기를 실행하여야 한다. 등기의 실행이라 함은 등기용지의 소정란에 등기의 종류에 따라 각각 정하여져 있는 사항을 일정한 방법에 따라서 기재 또는 기입하거나 기타의 조치를 취하는 것을 말한다.

2) 등기실행의 순서

등기관은 접수번호의 순서에 따라 조사, 기입, 교합을 하여야 한다(부동산등기법 제11조). 동일한 부동산에 관하여 등기한 권리의 순위는 등기의 전후에 의하기 때문에(동법 제4조제1항) 매우 중요한 의미를 가진다.

등기관은 등기신청에 흠결이 있어 보정통지를 한 경우 또는 등기신청사건이 복잡사건, 집단사건(등기사건이 300건 이상인 경우), 법률적 판단이 어려운 사건 등을 제외하고는 접수 후 늦어도 오전에 제출된

---

641) 개정 2014. 10. 21 등기예규 제1531호(부동산등기사무의 양식에 관한 예규).

642) 제정 1997. 2. 21 등기예규 제864호(등기부의 교합인 날인)는 제정 2011. 10. 11 등기예규 제1337호(국세체납처분으로 압류된 부동산에 대한 경매신청의 가부 등 대법원 등기예규 폐지예규)에 의해 폐지됨(현행 실무는 전산정보처리조직에 의하여 등기사무를 처리하고 있으므로 교합인 날인에 대한 기존 예규를 폐지함); 개정 2012. 11. 28 등기예규 제1477호(전산정보처리조직에 의한 부동산등기신청에 관한 업무처리지침).

사건에 대하여는 다음날 18시까지, 오후에 제출된 사건에 대하여는 다음 다음날 12시까지 등기필정보를 작성하여 교부하여야 한다.[643]

그러나 신속한 처리를 할 필요가 있는 경우(신청인의 주소나 그 대리인의 사무소소재지가 당해 등기소를 관할하는 지방법원이 아닌 다른 지방법원 관할 내에 있는 경우 등)에는 업무처리에 지장이 없는 한 우선하여 처리할 수 있다. 그러나 이때에도 동일부동산에 대한 등기신청사건은 반드시 접수순서에 따라 처리하여야 한다.

3) 등기실행의 방법

등기관은 등기부의 표시란, 사항란에 등기사항을 기재하고 등기사항이 빠짐없이 기재되었는지 여부를 확인한 후 교합인을 날인하여야 한다.[644] 표시란에 등기를 함에 있어서 등기관은 토지 등기기록의 표제부에 표시번호, 접수연월일, 소재와 지번(地番), 지목(地目), 면적, 등기원인을 기록하여야 한다(동법 제34조). 토지표시에 관한 사항을 변경하는 등기를 할 때에는 종전의 표시에 관한 등기를 말소하는 표시를 하여야 한다(동규칙 제73조). 등기관은 건물 등기기록의 표제부에 표시번호, 접수연월일, 소재, 지번 및 건물번호(다만, 같은 지번 위에 1개의 건물만 있는 경우에는 건물번호는 기록하지 아니함), 건물의 종류, 구조와 면적(부속건물이 있는 경우에는 부속건물의 종류, 구조와 면적도 함께 기록함), 등기원인, 도면의 번호(같은 지번 위에 여러 개의 건물이 있는 경우와 「집합건물의 소유 및 관리에 관한 법률」 제2조 제1호의 구분소유권의 목적이 되는 건물인 경우로 한정함)를 기록하여야 한다(부동산등기법 제40조제1항). 등기할 건물이 구분건물(區分建物)인 경우에 등기관은 소재, 지번 및 건물번호 대신 1

643) 개정 2012. 4. 24 등기예규 제1449호(부동산등기신청사건 처리지침).

644) 제정 1997. 2. 21 등기예규 제864호(등기부의 교합인 날인)는 제정 2011. 10. 11 등기예규 제1337호(국세체납처분으로 압류된 부동산에 대한 경매신청의 가부 등 대법원 등기예규 폐지예규)에 의해 폐지됨(현행 실무는 전산정보처리조직에 의하여 등기사무를 처리하고 있으므로 교합인 날인에 대한 기존 예규를 폐지함); 개정 2012. 11. 28 등기예규 제1477호(전산정보처리조직에 의한 부동산등기신청에 관한 업무처리지침).

동 건물의 등기기록의 표제부에는 소재와 지번, 건물명칭 및 번호를 기록하고 전유부분의 등기기록의 표제부에는 건물번호를 기록하여야 한다(동조제2항). 구분건물에 「집합건물의 소유 및 관리에 관한 법률」 제2조제6호의 대지사용권(垈地使用權)으로서 건물과 분리하여 처분할 수 없는 것(대지권(垈地權))이 있는 경우에는 등기관은 1동 건물의 등기기록의 표제부에 대지권의 목적인 토지의 표시에 관한 사항을 기록하고 전유부분의 등기기록의 표제부에는 대지권의 표시에 관한 사항을 기록하여야 한다(부동산등기법 제40조제3항). 등기관이 대지권등기를 하였을 때에는 직권으로 대지권의 목적인 토지의 등기기록에 소유권, 지상권, 전세권 또는 임차권이 대지권이라는 뜻을 기록하여야 한다(동조제4항). 건물표시에 관한 사항을 변경하는 등기를 할 때에는 종전의 표시에 관한 등기를 말소하는 표시를 하여야 한다(동규칙 제87조제1항). 신축건물을 다른 건물의 부속건물로 하는 등기를 할 때에는 주된 건물의 등기기록 중 표제부에 부속건물 신축을 원인으로 한 건물표시변경등기를 하고, 종전의 표시에 관한 등기를 말소하는 표시를 하여야 한다(동조제2항).[645]

사항란에 등기를 함에 있어서 등기관이 갑구 또는 을구에 권리에 관한 등기를 할 때에는 순위번호, 등기목적, 접수연월일 및 접수번호, 등기원인 및 그 연월일, 권리자를 기록하여야 한다(동법 제48조제1항). 권리자에 관한 사항을 기록할 때에는 권리자의 성명 또는 명칭 외에 주민등록번호 또는 부동산등기용등록번호와 주소 또는 사무소 소재지를 함께 기록하여야 한다(동조제2항). 법인 아닌 사단이나 재단 명의의 등기를 할 때에는 그 대표자나 관리인의 성명, 주소 및 주민등록번호를 함께 기록하여야 한다(동법 제26조, 제48조제3항). 권리자가 2인 이상인 경우에는 권리자별 지분을 기록하여야 하고 등기할

645) 등기사항의 기재가 있는 이상 등기관의 날인이 누락되었다고 하여 그 등기가 무효로 되는 것은 아니다(대법원 1977. 10. 31, 77마262). 반면 등기관이 등기신청을 수리하고 등기필증까지 교부하였더라도 착오로 그 기재를 누락시켰다면 등기가 있다고 할 수 없다(사법연수원, 전게서, 1면).

권리가 합유(合有)인 때에는 그 뜻을 기록하여야 한다(동법 제48조제4항). 채권자대위권에 의한 등기신청이 있는 경우에 등기를 함에는 사항란에 추가로 채권자의 성명 또는 명칭, 주소 또는 사무소와 대위원인을 기록하여야 한다(동법 제28조제2항). 등기관이 「부동산 거래신고 등에 관한 법률」 제3조제1항에서 정하는 계약을 등기원인으로 한 소유권이전등기를 하는 경우에는 대법원규칙으로 정하는 바에 따라 거래가액을 기록한다(부동산등기법 제68조). 등기관이 거래가액을 등기할 때, 매매목록의 제공이 필요 없는 경우에는 등기기록 중 갑구의 권리자 및 기타사항란에 거래가액을 기록하는 방법에 의하고, 매매목록이 제공된 경우에는 거래가액과 부동산의 표시를 기록한 매매목록을 전자적으로 작성하여 번호를 부여하고 등기기록 중 갑구의 권리자 및 기타사항란에 그 매매목록의 번호를 기록하는 방법에 의한다(동규칙 제125조).[646]

등기관이 등기를 마친 경우 그 등기는 접수한 때부터 효력을 발생하는데(동법 제6조제2항) "등기관이 등기를 마친 경우"란 등기사무를 처리한 등기관이 누구인지 알 수 있는 조치를 하였을 때를 말한다(동법 제11조제4항, 동규칙제4조).[647] 교합(交合)은 이러한 조치를 말한다. 등기관은 신청정보 및 첨부정보가 부동산등기법 등 제반 법령에 부합되는지 여부를 조사한 후 접수번호의 순서대로 교합처리하여야 하며, 지연처리 사건이나 보정을 명한 사건 이외에는 24시간 이내에 등기필정보의 송신 및 등기완료사실의 통지를 하여야 한다.[648]

교합은 지방법원장으로부터 발급받은 등기관카드를 사용하여 등기관의 식별부호를 등기전산시스템에 기록하는 방법으로 하되 식별부호는 지방법원장으로부터 부여받은 사용자번호로 한다.[649] 현재는 전산정보처리조직에서 '교합'이라고 표시된 부분을 마우스로 누르는 방

646) 개정 2011. 10. 11 등기예규 제1395호(거래가액 등기에 관한 업무처리지침).
647) 개정 2012. 4. 24 등기예규 제1449호(부동산등기신청사건 처리지침).
648) 개정 2012. 11. 28 등기예규 제1477호(전산정보처리조직에 의한 부동산등기신청에 관한 업무처리지침).
649) 개정 2012. 4. 24 등기예규 제1449호(부동산등기신청사건 처리지침).

법으로 한다. 이와 같이 등기관이 자기를 확인할 수 있는 조치를 취하게 되면 그 정보가 등기전산정보처리조직에 저장되어 등기부와 함께 영구히 남게 된다. 교합후에는 등기신청을 취하할 수 없고, 기록에 착오나 빠진 부분이 있다하더라도 자구정정의 방법에 의하여 정정할 수는 없다. 등기관을 나타내는 조치에 의하여 그 등기는 당해 등기관의 권한과 책임하에 처리한 것이 된다.[650]

등기기록에 기록된 사항이 많아 취급하기에 불편하게 되는 등 합리적 사유로 등기기록을 옮겨 기록할 필요가 있는 경우에 등기관은 현재 효력이 있는 등기만을 새로운 등기기록에 옮겨 기록할 수 있다(동법 제33조). 등기관이 등기를 새로운 등기기록에 옮겨 기록한 경우에는 옮겨 기록한 등기의 끝부분에 같은 규정에 따라 등기를 옮겨 기록한 뜻과 그 연월일을 기록하고, 종전 등기기록을 폐쇄하여야 한다(동규칙 제55조제1항). 등기기록을 폐쇄할 때에는 표제부의 등기를 말소하는 표시를 하고, 등기원인 및 기타사항란에 폐쇄의 뜻과 그 연월일을 기록하여야 한다(동조제2항). 전산이기되지 아니한 등기용지에 대하여는 종전의 규정에 따라 전산이기하여야 한다(동규칙 부칙 제2조). 여기서 등기의 이기(移記)[651] 또는 전사(轉寫, 옮겨 베낌)라 함은 등기용지의 매수과다로 인하여 취급이 불편하게 된 때(동규칙 제76조), 토지의 분필등기(동규칙 제76조제1항, 갑지를 분할하여 그 일부를 을지로 한 경우), 토지의 분합필등기(동규칙 제78조제1항, 갑지를 분할하여 그 일부를 을지에 합병한 경우), 토지의 합필(동규칙 제79조제1항, 갑지를 을지에 합병한 경우)등의 경우에 그 등기사항을 새 등기용지에 옮겨 적는 것을 말한다(이기: 매수과다로 인한 이기, 분필이기(표제부), 합필이기), 전사: 분필전사(갑구, 을구)). 이기한 등기는 전 등기용지의 등기와 견련성(牽連性)을 가지지 아니하나, 전사한 등기는 전 등기용지의 등기와 견련성을 가지는 점에 차이가 있으며 등기를 이기한 때에는 전 등기용지를 폐쇄하여야 한다(동규칙 제55조제1항). 등기를 옮겨 적거나

650) 유석주, 전게서, 531면.

651) 개정 2015. 1. 20 등기예규 제1567호(부동산등기부의 전산이기 등에 관한 사무처리지침).

전사하는 경우에는 현재 효력있는 등기만을 옮겨 적거나 전사하여야 한다(동법 제33조 전단).[652] 여기서 현재 효력있는 등기란 이기 또는 전사할 당시에 부동산의 표시에 관한 등기(표제부) 및 갑구와 을구의 등기로서 현재 유효하게 그 효력을 보유하고 있는 등기사항 전부를 의미한다. 따라서 말소등기에 의하여 실효된 등기와 그 말소등기자체는 이기 또는 전사하는 필요가 없다. 순차적 소유권이기등기의 경우에는 최종의 소유권의 등기명의인의 등기만을 이기 또는 전사한다.

그러나 토지의 분필등기의 경우 토지 중 일부에 관한 등기의 말소 또는 회복을 위하여 분필의 등기를 하는 때에는 그 등기의 말소 또는 회복에 필요한 범위 내에서 당해 부분에 관한 소유권 기타의 권리에 관한 등기를 모두 전사하여야 한다(동법 제75조제4항).

4) 등기필정보 및 등기완료의 통지

등기관이 새로운 권리에 관한 등기를 마쳤을 때에는 등기신청할 때에 그 뜻을 신청정보의 내용으로 등기필정보를 작성하여 등기권리자(등기명의인이 된 신청인)에게 통지하여야 한다(부동산등기법 제50조제1항, 동규칙 제108조제2항, 제109조제1항). 법정대리인이 등기를 신청한 경우에는 그 법정대리인에게, 법인의 대표자나 지배인이 신청한 경우에는 그 대표자나 지배인에게, 법인 아닌 사단이나 재단의 대표자나 관리인이 신청한 경우에는 그 대표자나 관리인에게 등기필정보를 통지한다(동규칙 제108조제1항).[653]

등기필정보는 아라비아 숫자와 그 밖의 부호의 조합으로 이루어진 일련번호와 비밀번호로 구성한다(동규칙 제106조제1항). 등기필정보에는 권리자, (주민)등록번호, 부동산고유번호, 부동산소재, 접수일자, 접수번호, 등기목적, 일련번호 및 비밀번호를 기재한다. 등기필정보의 일련번호는 영문 또는 아라비아 숫자를 조합한 12개로 구성하고 비

---

652) 전부개정 2007. 5. 1 등기예규 제1187호(등기부의 기재문자에 대한 사무처리지침)에 의하여 폐지 대체됨.

653) 등기완료통지서는 등기를 완료하였다는 통지서이며, 기존 등기필증의 용도는 아니다. 기존 등기필증의 용도를 대체한 것은 등기필정보이다(http://www.iros.go.kr).

밀번호는 50개를 부여한다.[654] 등기필정보는 부동산 및 등기명의인별로 작성한다. 다만, 대법원예규로 정하는 바에 따라 등기명의인별로 작성할 수 있다(동규칙 제106조제2항). 등기필정보는 방문신청의 경우에는 등기필정보를 적은 서면을 교부하는 방법에 의한다(동규칙 제107조제1항 제1호). 다만, 전자신청의 경우에는 전산정보처리조직을 이용하여 송신하는 방법에 의한다(동규칙 제107조제1항 제2호). 관공서가 등기권리자를 위하여 등기를 촉탁한 경우에는 그 관공서의 신청으로 등기필정보통지서를 그 관공서 또는 등기권리자에게 교부할 수 있다(동규칙 제107조제2항, 제108조제1항 단서). 등기필정보를 통지할 때에는 그 통지를 받아야 할 사람 외의 사람에게 등기필정보가 알려지지 않도록 하여야 한다(동규칙 제107조제3항).

등기관이 새로운 권리에 관한 등기를 마친 경우라고 하더라도 등기권리자가 등기필정보의 통지를 원하지 아니하는 경우와 국가 또는 지방자치단체가 등기권리자인 경우에는 통지하지 아니한다(동법 제50조제1항 단서). 또한 등기필정보를 전산정보처리조직으로 통지받아야 할 자가 수신이 가능한 때부터 3개월 이내에 전산정보처리조직을 이용하여 수신하지 않은 경우, 등기필정보통지서를 수령할 자가 등기를 마친 때부터 3개월 이내에 그 서면을 수령하지 않은 경우, 승소한 등기의무자가 등기신청을 한 경우(동법 제23조제4항), 등기권리자를 대위하여 등기신청을 한 경우(동법 제28조), 등기관이 직권으로 소유권보존등기를 한 경우(동법 제66조제1항)에는 통지하지 아니한다(동법 제50조제1항 단서, 동규칙 제109조제2항).

등기관이 등기권리자의 신청에 의하여 부동산등기법 제3조의 등기할 수 있는 권리로 규정하고 있는 권리를 보존, 설정, 이전하는 등기를 하는 경우, 이러한 권리의 설정 또는 이전청구권 보전을 위한 가등기를 하는 경우, 권리자를 추가하는 경정 또는 변경등기(갑 단독소유를 갑, 을공유로 경정하는 경우나 합유자가 추가되는 합유명의인표

654) 개정 2011. 10. 11 등기예규 제1399호(등기필정보의 작성 및 통지 등에 관한 업무처리지침).

시변경 등기 등)를 하는 경우에는 등기필정보를 작성하여야 한다.

등기관이 등기를 마쳤을 때에는 대법원규칙으로 정하는 바에 따라 신청인 등에게 그 사실을 알려야 한다(동법 제30조). 등기완료통지는 신청인 및 승소한 등기의무자의 등기신청에 있어서 등기권리자(동법 제23조제4항), 대위자의 등기신청에서 피대위자(동법 제28조), 등기신청에서 등기의무자(동법 제51조), 직권 소유권보존등기에서 등기명의인(동법 제66조), 관공서의 촉탁하는 등기에서 그 관공서에 하여야 한다(동규칙 제53조).[655][656]

등기관이 소유권의 보존 또는 이전, 소유권의 등기명의인의 표시의 변경 또는 경정, 소유권의 변경 또는 경정, 소유권의 말소 또는 말소회복에 관한 등기를 완료한 경우에는 지체 없이 그 사실을 토지의 경우에는 지적소관청에, 건물의 경우에는 건축물대장 소관청에 각각 알려야 한다(동법 제62조). 그러나 소유권에 관한 가등기, 처분제한 등기, 멸실회복등기 등은 해당되지 않는다. 소유권변경사실의 통지는 전산정보처리조직을 이용하여 할 수 있다(동규칙 제120조).[657]

등기완료사실을 대장소관청에 알리는 이유는 대장과 등기부가 이원화되어 있는 현행 법령하에서 소유권의 득실변경에 관한 사항(공간

---

655) 개정 부동산등기규칙(2006. 5. 30 공포 대법원규칙 제2025호, 2006. 6. 1 시행)은 제145조의15를 신설함으로써 등기관이 등기를 완료한 경우 등기필정보의 통지 외에 등기완료사실을 통지하도록 하였다. 등기필정보는 등기명의인이 된 신청인에게만 통지한다. 등기필정보의 통지만 하고 등기완료사실 통지를 하지 아니할 경우 등기명의인이 아닌 신청인이나 신청인이 아닌 등기명의인등 절차적으로 등기완료사실을 알아야 할 사람들이 그 사실을 모를 수가 있다. 이에 따라 개정등기규칙에서는 등기완료사실을 통지받아야 할 사람에 관하여 규정한 것이다. 본 규정의 단서에서 공동신청의 경우에 등기의무자에 대한 통지를 원칙으로 하지 않고 신청서에 통지를 원한다는 내용을 기재한 경우에만 통지하도록 한 것은, 통상 등기의무자는 등기완료사실에 무관심할뿐더러 법 제67조제2항에도 불구하고 등기의무자가 제출한 구등기필증에 등기소인을 찍어 교부하는 업무를 거의 하지 않고 있는 현재의 등기실무를 고려한 것이다(법원행정처, 개정 부동산등기법 해설, 2006, 53면).

656) 개정 2014. 10. 21 등기예규 제1530호(등기완료통지서의 작성 등에 관한 업무처리지침).

657) 개정 2011. 10. 11 등기예규 제1372호(등기완료 후 소유권변경사실의 통지 등에 관한 업무처리지침).

정보법 제84조제4항, 제88조,[658] 건축물대장의 기재 및 관리 등에 관한 규칙 제19조제2항[659] 참조)은 등기부를 기초로 하여 대장(토지, 임야, 건축물)을 정리하므로 등기부상 소유권 변동사항을 통지하여 대장과 등기부의 기재내용을 일치시키고자 하는 데에 그 목적이 있다.

5) 과세자료의 송부

등기관이 소유권의 보존 또는 이전의 등기(가등기(假登記)를 포함)를 하였을 때에는 대법원규칙으로 정하는 바에 따라 지체 없이 그 사실을 부동산 소재지 관할 세무서장에게 통지하여야 한다(동법 제63조). 과세자료의 제공은 전산정보처리조직을 이용하여 할 수 있다(동

---

658) 공간정보법 제84조(등록사항의 정정) ① ~ ③ (생략).
④ 지적소관청이 제1항 또는 제2항에 따라 등록사항을 정정할 때 그 정정사항이 토지소유자에 관한 사항인 경우에는 등기필증, 등기완료통지서, 등기사항증명서 또는 등기관서에서 제공한 등기전산정보자료에 따라 정정하여야 한다. 다만, 제1항에 따라 미등기 토지에 대하여 토지소유자의 성명 또는 명칭, 주민등록번호, 주소 등에 관한 사항의 정정을 신청한 경우로서 그 등록사항이 명백히 잘못된 경우에는 가족관계 기록사항에 관한 증명서에 따라 정정하여야 한다.
공간정보법 제88조(토지소유자의 정리) ① 지적공부에 등록된 토지소유자의 변경사항은 등기관서에서 등기한 것을 증명하는 등기필증, 등기완료통지서, 등기사항증명서 또는 등기관서에서 제공한 등기전산정보자료에 따라 정리한다. 다만, 신규등록하는 토지의 소유자는 지적소관청이 직접 조사하여 등록한다. ② ~ ⑤ (생략).

659) 건축물대장의 기재 및 관리등에 관한 규칙 제19조 (건축물대장의 소유자 변경) ① 특별자치도지사 또는 시장·군수·구청장은 등기관서로부터 소유권 변동자료가 통지된 때에는 건축물대장의 소유자에 관한 사항을 정리하여야 한다.
② 건축물의 소유자는 특별자치도지사 또는 시장·군수·구청장에게 별지 제16호서식의 건축물소유자 변경신청서에 등기사항증명서를 첨부(등기필증 제시를 포함한다)하여 건축물대장의 변경을 신청할 수 있다.
③ 건축물의 소유자는 건축물대장이 건축법령에 적합하게 생성되었으나 「부동산등기법」에 따른 등기능력이 없어 소유권보존등기를 할 수 없는 건축물의 경우에는 제2항에 불구하고 소유자가 변경되었음을 증명하는 다음 각 호의 서류를 첨부하여 특별자치도지사 또는 시장·군수·구청장에게 그 건축물과 관련된 행정행위를 위한 기재내용의 변경을 신청할 수 있다.
1. 「부동산등기법」에 따라 등기가 되지 아니함을 증명하는 서류
2. 매매계약서
3. 「공증인법」 제50조에 따른 증서의 등본 또는 동법 제57조에 따른 인증된 사서증서의 등본

규칙 제120조). 과세자료의 정보 전송은 국세청 과세정보연계시스템에 전송하는 방식으로 한다. 과세자료의 정보는 해당 등기의 처리가 완료된 날의 등기소 업무 종료 후 전송한다. 「지방세법시행령」 제36조제4항에 의한 취득세영수필통지서의 송부는 같은 조 제5항에 따라 취득세영수필통지서에 해당하는 정보를 전송함으로써 갈음한다. 취득세영수필통지서에 해당하는 정보의 전송은 「전자정부법」 제36조제1항에 따라 행정정보공유센터에 전송하는 방식으로 한다.[660)]

5. 이의신청

1) 이의신청과 그 관할

등기관의 결정(각하결정) 또는 처분(등기를 실행한 처분)에 이의가 있는 자는 관할지방법원에 이의신청을 할 수 있다(부동산등기법 제100조). 등기관의 부당한 처분 또는 결정에 대한 원상회복적(原狀回復的)인 구제방법이다.[661)] 등기사무가 사법행정사무로서의 특수성을 갖고 있으므로 등기관의 처분이나 결정이 부당한 경우에 행정심판이나 행정소송에 의한 구제를 배제하고, 부동산등기법에 의한 이의신청에 의하여 구제를 받도록 한 것이다. 따라서 등기관의 처분에 대한 이의신청의 방법으로 시정을 구할 수 있는 경우 민사소송이나 행정소송의 방법으로 그 시정을 구할 수는 없다.[662)]

본원 등기과와 관내 등기소에 관한 등기사건에 대한 이의는 지방법원 본원에 이의신청을 하고, 지원 등기과(계)와 사무국을 둔 지원

660) 개정 2011. 10. 11 등기예규 제1372호(등기완료 후 소유권변경사실의 통지 등에 관한 업무처리지침).

661) 이와는 별도로 국가배상법에 의하여 손해배상을 청구할 수도 있다(사법연수원, 전게서, 62면).

662) 대법원 1996. 4. 12, 95다33214; 대법원 1996. 4. 12, 95다2135; 대법원 1997. 4. 8, 95다34521; 대법원 2000. 1. 7, 99재마4; 대법원 2016. 10. 27, 2015다230815.

관내 등기소의 등기사건에 대한 이의는 지방법원 지원에 하여야 한다.[663] 등기권리자, 등기의무자 또는 등기상 이해관계 있는 자로부터 이의신청이 있는 경우에 그 신청서는 기타문서접수장[664]에 접수한다.[665] 전자신청 사건에 관하여 이의신청이 있어 그 사건을 관할지방법원에 송부하여야 할 경우 등기관은 전자문서로 보존되어 있는 신청정보와 첨부정보를 출력하여 인증을 한 후 그 출력물을 송부하여야 한다.[666]

등기관의 처분을 부당하다고 하는 자는 관할 지방법원에 항고하게 되어 있으므로, 고등법원은 항고재판을 할 것이 아님은 물론, 항고장의 수리조차도 거부하여야 할 것이다.[667]

2) 이의신청사유

(1) 등기신청의 각하결정에 대한 이의신청의 경우

등기관의 각하결정이 부당하다는 사유면 족하고 이의사유에 특별한 제한은 없다. 등기관이 등기신청을 각하하는 등 소극적인 부당한 처분을 하였을 때에는 이에 대하여 이의를 할 수 있으나, 일단 등기를 함으로써 형식상 이해관계인이 생긴 후에는 특별히 직권으로 말소할 수 있는 규정이 있는 경우가 아니고서는 이의를 할 수 없다.[668]

(2) 등기신청을 수리하여 등기를 실행한 처분에 대한 이의신청의 경우

등기신청이 각하사유(부동산등기법 제29조 각호)에 해당되어 이를 각하하여야 함에도 등기관이 이를 각하하지 아니하고 등기를 실행한

---

663) 1998. 6. 29 등기 제3402-591호 질의회신.

664) 개정 2014. 10. 21 등기예규 제1531호(부동산등기사무의 양식에 관한 예규) 별지 제15호.

665) 개정 2011. 10. 12 등기예규 제1420호(직권말소절차에 관한 예규).

666) 개정 2012. 11. 28 등기예규 제1477호(전산정보처리조직에 의한 부동산등기신청에 관한 업무처리지침).

667) 대법원 1961. 10. 11, 4294민재항445.

668) 대법원 1965. 4. 13, 64마1099.

경우에는 그 등기가 '사건이 그 등기소의 관할에 속하지 아니한 때', '사건이 등기할 것이 아닌 때'에 해당하는 경우에 한하여 이의신청을 할 수 있고, 동법 제29조 제3호 이하의 사유로는 이의신청의 방법으로 그 말소를 구할 수 없다.[669)]

부동산등기법 제100조의 해석상 동법 제29조 제1호, 제2호에 해당하는 경우에 한하여 등기권리자, 등기의무자와 등기상 이해관계 있는 제3자가 등기관의 처분에 대하여 이의를 할 수 있을 뿐, 동법 제29조 제3호에 해당하는 경우에는 등기관의 처분에 대하여는 이의로서는 다툴 수 없다.[670)]

3개월의 유효기간이 경과한 인감증명을 첨부한 등기신청을 수리한 처분은 이의신청의 대상이 될 수 없다. 인감증명서를 교부한 후 수차 주소변경이 있었음에도 불구하고 그 변경된 주소지로 된 인감증명서 또는 주소변경증명서의 첨부서류가 없는 등기신청서를 수리하여 등기를 한 부당한 처분이 있는 경우, 등기관 처분에 관한 이의방법으로서는 그 시정을 구할 수 없다.[671)] 일단 경료된 등기에 관하여는 등기신청서류의 접수번호의 선후만을 내세워 등기관의 처분에 대하여 이의를 할 수 없고, 후순위신청에 기한 등기도 부동산등기법 제29조 제2호에 해당된다고는 볼 수 없다.[672)]

---

669) 제정 1997. 9. 11 등기예규 제884호(등기공무원의 처분에 대한 이의신청절차 등에 관한 예규)는 제정 2011. 10. 12 등기예규 제1411호(등기관의 처분에 대한 이의신청절차 등에 관한 업무처리지침)에 의해 폐지 대체됨.

670) 대법원 1964. 7. 22, 63그63; 대법원 1970. 2. 21, 69마1023; 대법원 1989. 11. 30, 89마645; 대법원 1996. 3. 4, 95마1700; 대법원 1996. 4. 12, 95다33214; 대법원 1996. 12. 11, 96마1954; 대법원 1997. 5. 1, 97마384; 대법원 2000. 1. 7, 99재마4; 대법원 2000. 9. 29, 2000다29240; 대법원 2012. 2. 9, 2011마1892; 대법원 2012. 5. 10, 2012마180.

671) 대법원 1971. 1. 26, 70마812.

672) 대법원 1971. 3. 24, 71마105. 그러나 지금은 등기부에 대한 전산화 작업이 완료되었으므로, 판례와 같이 수작업등기부에 기재를 누락한 상태에서 등기필증을 교부하는 상황은 상정하기 어렵다(사법연수원, 전게서, 2면).

<표 Ⅷ-1> 이의신청사유별 효력 및 이의신청인

구분	내용	효력	사유	이의신청인	
				당사자	이해관계인
소극적 부당처분	등기신청의 각하	-	-	○	×
	신청한 등기를 해태한 경우	-	-	○	×
적극적 부당처분	각하사유를 간과하고 등기가 실행된 경우	당연무효	제29조 제1호, 제29조 제2호	○	○
		당연무효는 아님	제29조 제3호 이하 사유	×	×

3) 이의신청절차

이의신청은 구술로는 할 수 없고 이의신청서를 당해 등기소에 제출하여야 하며(부동산등기법 제101조), 이의신청서에는 이의신청인의 성명·주소, 이의신청의 대상인 등기관의 결정 또는 처분, 이의신청의 취지와 이유, 신청연월일, 관할지방법원 등의 표시를 기재하고 신청인이 기명날인 또는 서명하여야 한다. 이의신청기간에는 제한이 없으므로 이의의 이익이 있는 한 언제라도 이의신청을 할 수 있다.[673)]

이의신청을 하는 경우에는 그 결정 또는 처분시에 주장되거나 제출되지 아니한 사실이나 증거방법으로서 이의사유를 삼을 수 없다(새로운 사실에 의한 이의금지, 동법 제102조).[674)] 이의는 집행정지의 효력은 없다(집행부정지, 동법 제104조). 따라서 이의의 대상이 된 등기를 기초로 한 다른 등기신청이 있으면 등기관은 이를 수리하여야 한다.[675)]

등기신청의 각하결정에 대하여는 등기신청인인 등기권리자 및 등기의무자에 한하여 이의신청을 할 수 있고 제3자는 이의신청을 할 수 없다. 등기를 실행한 처분에 대하여는 등기이해관계 있는 제3자가 그 처분에 대한 이의신청을 할 수 있다.[676)]

---

673) 제정 1997. 9. 11 등기예규 제884호(등기공무원의 처분에 대한 이의신청절차 등에 관한 예규)는 제정 2011. 10. 12 등기예규 제1411호(등기관의 처분에 대한 이의신청절차 등에 관한 업무처리지침)에 의해 폐지 대체됨.

674) 대법원 1994. 12. 30, 94마2124.

675) 법무부, 부동산등기법 전부개정안 설명자료, 2009. 5, 159면.

4) 이의신청의 처리

등기신청의 각하결정에 대한 이의신청이 있는 경우는 두 가지로 나누어진다. 이의가 이유없다고 인정하는 경우에는 이의신청서가 접수된 날로부터 3일 이내에 의견서를 덧붙여 사건을 관할지방법원에 송부하여야 한다(부동산등기법 제103조제2항). 한편 이의가 이유있다고 인정하는 경우에 그에 해당하는 처분 즉, 등기신청을 각하한 결정이 부당하다고 인정한 때에는 그 등기신청에 의한 등기를 실행한다(동조제1항).

등기신청을 수리하여 완료된 등기에 대한 이의신청이 있는 경우는 두 가지로 나누어진다. 이의가 이유없다고 인정한 경우에는 그 등기에 대하여 이의신청이 있다는 사실을 등기상 이해관계인에게 통지하고, 이의신청서가 접수된 날로부터 3일 이내에 의견서를 첨부하여 사건을 관할지방법원에 송부하여야 한다(동법 제103조제3항, 제1항). 이의가 이유있다고 인정한 경우(이의신청의 대상이 되는 등기가 부동산등기법 제29조 제1호 또는 제2호에 해당하여 이의가 이유있다고 인정한 경우)에는 부동산등기법 제58조의 절차를 거쳐 그 등기를 직권말소한다.[677] 다만, 완료된 등기에 대하여는 부동산등기법 제29조 제3호 이하의 사유를 이의사유로 삼을 수는 없는 것이어서 부동산등기법 제29조 제3호 이하의 사유에 기한 이의신청은 그 사유가 인정된다 하더라도 결국 이의사유가 없는 경우에 해당하므로 이 경우에는 이의가 이유 없다고 인정한 경우의 예에 따라 사건을 관할지방법원에 송부하여야 한다.

<표 Ⅷ-2> 이의신청의 처리

구분	각하결정	완료된 등기
이의신청을 인용한 경우(이유있다)	등기실행	직권말소
이의신청을 기각(각하)한 경우(이유없다)	관할지방법원에 송부	부기등기, 통지, 의견서 첨부 관할지방법원에 송부

676) 제정 2011. 10. 12 등기예규 제1411호(등기관의 처분에 대한 이의신청절차 등에 관한 업무처리지침).

677) 개정 2011. 10. 12 등기예규 제1420호(직권말소절차에 관한 예규).

5) 이의신청에 대한 법원의 조치

관할 지방법원은 이의신청에 대하여 결정하기 전에 등기관에게 가등기 또는 이의가 있다는 뜻의 부기등기를 명령할 수 있다(동법 제106조). 관할지방법원의 부기등기 기록명령에 의한 등기를 하는 때에는 등기원인을 「o년 o월 o일 oo지방법원의 명령」으로 하고 이의신청인의 성명과 주소를 기록하여야 한다.

이의신청서를 받은 관할지방법원은 이의에 대하여 이유를 덧붙여 결정을 하여야 한다.[678] 결정에 대하여는 「비송사건절차법」에 따라 항고할 수 있다(동법 제105조). 첫째, 이의신청을 이유가 있다고 하여 인용한 경우에는 등기관에게 그에 해당하는 처분을 명하고 그 결정등본을 등기관과 이의신청인 및 등기상 이해관계인에게 송달한다(부동산등기법 제105조제1항). 등기관의 처분에 대한 이의신청에 대하여 관할지방법원(항고법원 포함)이 결정전에 가등기 또는 이의가 있다는 취지의 부기등기를 명하거나 이의신청을 인용하여 일정한 등기를 명한 경우 등기관은 그 명령에 따른 등기를 하여야 한다. 이 경우 관할지방법원의 등기명령의 결정등본은 접수연월일과 접수번호를 부여하여 등기사건접수장에 기재하고, 위 결정등본을 신청서 기타부속서류편철장에 편철한다. 관할지방법원의 (가)등기기록명령에 의한 등기를 하는 때에는 「o년 o월 o일 oo지방법원의 명에 의하여 o년 o월 o일 (가)등기」라고 기록하여 명령을 한 법원, 명령의 연월일, 명령에 의하여 등기를 한다는 취지와 등기의 연월일을 기록하여야 한다(동법 제107조). 등기신청의 각하결정에 대한 이의신청에 따라 관할 지방법원이 그 등기의 기록명령을 하였더라도 권리이전등기의 기록명령 등이 있었으나, 그 기록명령에 따른 등기전에 제3자 명의로 권리이전등기가 되어 있는 경우에는 그 기록명령에 따른 등기를 할 수 없으며, 그 뜻을 관할 지방법원과 이의신청인에게 통지하여야 한다. 소유권이

---

678) 제정 2011. 10. 12 등기예규 제1411호(등기관의 처분에 대한 이의신청절차 등에 관한 업무처리지침) 참조.

전등기신청의 각하결정에 대한 이의신청에 기하여 관할지방법원의 소유권이전등기 기록명령이 있기 전에 제3자 명의의 근저당권설정등기가 경료된 때와 같은 경우에는 기록명령에 따른 등기를 함에 장애가 되지 아니하므로, 기록명령에 따른 등기를 하여야 한다. 등기신청을 수리하여 완료된 등기에 대한 이의신청에 기하여 관할법원으로부터 그 등기의 말소명령을 받았다 하더라도 위 등기완료 후 말소명령이 있기 전에 위 등기를 기초로 한 제3자 명의의 등기가 이미 경료된 때에는 말소명령에 따른 등기의 말소를 할 수 없다.

둘째, 이의신청을 기각(각하 포함)한 경우에는 그 결정등본을 등기관과 이의신청인에게 송달한다. 이의신청에 대한 기각결정(각하, 취하를 포함)의 통지를 받은 등기관은 그 통지서에 접수인을 찍고 접수연원일과 접수번호를 기재한 후 해당 가등기나 부기등기를 말소하고, 등기상 이해관계인에게 그 취지를 통지하며, 그 통지서는 신청서 기타 부속서류편철장에 편철한다. 등기신청의 각하에 대한 이의신청에 기하여 관할지방법원으로부터 기록명령을 받았다 하더라도 이미 등기신청서이외의 첨부서류(등록세영수필확인서 및 국민주택채권매입필증 포함)가 환부(還付)된 경우에는 그 기록명령에 의한 등기를 방해하는 사유가 발생한 것이므로, 등기관은 등기신청인에게 환부된 서류의 재제출을 명하고, 이에 응하지 아니할 때에는 그 기재명령에 따른 등기를 할 수 없다. 이 때에도 등기관은 취지를 관할지방법원과 이의신청인에게 통지하여야 한다.

셋째, 이의신청이 취하된 경우에는 취하서 부본을 등기관에게 송달한다.

송달에 대하여는 「민사소송법」을 준용하고, 이의의 비용에 대하여는 「비송사건절차법」을 준용한다(부동산등기법 제108조).

<그림 Ⅷ-2> 법원의 기재명령에 의한 등기(이의신청 인용)

【갑구】 (소유권에 관한 사항)				
순위번호	등기목적	접수	등기원인	권리자 및 기타사항
4	소유권이전	2003년 1월 25일 제3878호	2003년 1월 24일 매매	소유자 홍길동 430303-1022336 서울 중구 예장동 5
				2003년 2월 13일 서울지방법원의 명령에 의하여 2003년 2월 15일 등기

자료: 법원공무원교육원, 부동산등기실무, 2005, 199면.

<그림 Ⅷ-3> 법원의 기재명령에 의한 등기(이의신청 기각)

【갑구】 (소유권에 관한 사항)				
순위번호	등기목적	접수	등기원인	권리자 및 기타사항
3	소유권이전등기청구권가등기	(생략)	(생략)	
	소유권이전	(생략)	(생략)	
4	소유권이전	1997년 5월 25일 제2030호	1997년 5월20일 매매	소유자 김을동 661231-1020125 서울 중구 정동 7
4-1	4번 소유권직권말소통지			2003년 1월 5일
5	4번 소유권이전등기말소			2번 가등기에 기한 본등기로 인하여 2003년 2월 10일 등기
5-1	4번 소유권이전등기말소이의	2003년 2월 17일		이의신청자 김을동 서울 중구 정동 7
6	5-1번 말소	2003년 3월 27일 제3389호	2003년 3월 25일 서울지방법원 이의기각결정	

주: 4번 소유권이전, 4번 부기 1호 소유권직권말소통지, 5번 부기 1호 소유권이전등기말소이의의 등기를 실선을 그어 말소의 취지를 기록한다.
자료: 법원공무원교육원, 부동산등기실무, 2005, 200면.

제 9 장

등기절차에 관한 특칙

1. 변경등기

1) 변경등기의 의의와 종류

(1) 의의

변경등기(變更登記)란 등기의 일부가 실체관계와 불일치하는 경우 이를 실체관계에 부합하도록 시정하는 등기를 말한다. 변경능기는 능기의 일부가 실체관계에 불일치한 것에 불과하므로 이를 시정하여도 변경전과 동일성은 유지된다.

변경등기는 협의의 변경등기와 경정등기로 구분된다. 일반적으로 변경등기라 할 때에는 협의의 변경등기를 의미한다. 변경등기와 경정등기를 하면 종전의 기재사항은 횡선으로 지운다. 협의의 변경등기는 불일치의 원인이 등기완료후에 후발적인 사유로 발생하여 이를 시정하는 등기를 말한다. 광의의 변경등기에 포함되는 경정등기는 등기절차상의 하자, 즉 원시적인 착오(錯誤)·빠진 부분(유루(遺漏))이 발생하여 시정하는 등기를 말한다.

<표 Ⅸ-1> 변경등기의 구분

구분	등기의 대상	등기원인
협의의 변경등기	기존 등기사항의 일부	후발적 변경사유 발생
광의의 변경등기	기존 등기사항의 일부	원시적인 착오·유루
말소등기	기존 등기사항의 전부	실체와 부합하지 않는 사유발생

(2) 종류

협의의 변경등기의 종류에는 표시란의 변경등기와 사항란의 변경등기로 크게 구분되는데, 표시란의 변경등기에는 다시 부동산표시의 변경등기, 부동산의 변경등기, 대지권의 변경등기로 구분된다. 사항란의 변경등기는 권리의 변경등기와 등기명의인 표시의 변경등기로 구분된다.

2) 표시란의 변경등기

(1) 서

부동산의 표시란의 변경등기란 등기부에 기재되어 있는 부동산의 표시가 후발적으로 대장상의 표시와 불일치하는 경우 이를 일치시키기 위하여 하는 등기를 말한다.

부동산의 표시란의 변경등기에는 부동산표시의 변경등기, 부동산의 변경등기, 대지권의 변경등기가 있다.

(2) 부동산표시의 변경등기

부동산의 소재, 지번의 변경과 같이 부동산의 동일성을 나타내는 표시에 관하여 변경이 있는 경우에 하게 되는 변경등기이다. 행정구역 또는 명칭(행정구역 아닌 구획)의 변경으로 인하여 토지의 지번 또는 건물대지의 지번의 변경이 있는 때에는 지적공부소관청 또는 건축물대장소관청은 지체없이 지체 없이 관할 등기관서에 그 등기를 촉탁하여 변경등기를 하여야 한다(공간정보법 제89조제1항, 건축물대장의 기재 및 관리 등에 관한 규칙 제26조제3항).

행정구역 또는 그 명칭의 변경이 있을 때에는 등기부에 기재한 행정구역 또는 그 명칭은 당연히 변경된 것으로 본다. 행정구역 아닌 종전의 구획 또는 그 명칭의 변경이 있을 때에도 같다(부동산등기법 제31조, 동규칙 제54조).[679] 행정구역 또는 그 명칭이 변경된 경우에 등기관은 직권으로 부동산의 표시변경등기 또는 등기명의인의 주소변경등기를 할 수 있다(동규칙 제54조). 이 경우의 부동산표시변경등기는 등기소의 업무사정을 고려하여 순차적으로 행하여야 하나, 다른 등기의 신청이 있는 부동산에 관하여는 즉시 그 변경등기를 하여야 하며, 등기명의인의 주소변경등기는 다른 등기를 실행하는 경우에 이에 부수하여 행하되, 다른 등기에 의하여 효력을 잃게 되는 등기명의인의 주소변경등기는 할 필요가 없다.

명칭(행정구역 아닌 구획)의 변경이란 지방자치단체의 조례 등에 의하여 행정구역은 아니지만, 토지의 지번이나 건물대지의 지번표시의 기준이 되는 구획(행정동)의 경계가 조정되는 경우 등을 의미하는 것이다. 부동산소유자의 의사에 따라 토지를 분합한 결과 토지의 지번이나 건물대지의 지번이 변경된 경우는 해당하지 않는다.

토지표시의 변경에 관한 등기를 할 필요가 있는 경우에는 소관청은 지체없이 관할 등기관서에 그 등기를 촉탁하여야 한다. 이 경우 그 등기촉탁은 국가가 자기를 위하여 하는 등기로 본다(공간정보법 제89조). 토지표시의 변경에 관한 등기를 할 필요가 있는 경우는 지적공부 소관청이 토지이동에 대하여 조사를 결정한 때(공간정보법 제64조제2항 신규등록제외), 지번을 변경한 때(공간정보법 제66조제2

679) 공간정보법 제85조 (행정구역의 명칭변경 등) ① 행정구역의 명칭이 변경되었으면 지적공부에 등록된 토지의 소재는 새로운 행정구역의 명칭으로 변경된 것으로 본다.
② 지번부여지역의 일부가 행정구역의 개편으로 다른 지번부여지역에 속하게 되었으면 지적소관청은 새로 속하게 된 지번부여지역의 지번을 부여하여야 한다.

항), 바다로 된 토지등록말소 통지를 한 때(공간정보법 제82조), 축척변경으로 면적의 증감을 한 때(공간정보법 제83조제2항), 공부등록의 오류를 정정한 때(공간정보법 제84조제2항), 행정구역등의 변경으로 지번을 변경한 때(공간정보법 제85조제2항) 등이다. 지적공부 소관청이 토지의 이동정리를 한 경우, 지번을 변경한 경우, 축척변경을 한 경우 등에는 부동산표시변경등기를 촉탁하여야 한다(부동산등기법 제36조).[680)][681)] 지적공부 소관청으로부터 불부합통지를 받은 경우에는 등기관은 직권으로 변경등기를 하는 경우가 있다.

지적공부 소관청 또는 건축물대장 소관청이 행정구역 등의 변경으로 인하여 지번 또는 건물번호의 변경이 있는 때에 이를 관할등기소

---

680) 부동산등기법 제36조(직권에 의한 표시변경등기) ① 등기관이 지적(地籍)소관청으로부터 「공간정보의 구축 및 관리 등에 관한 법률」 제88조제3항의 통지를 받은 경우에 제35조의 기간 이내에 등기명의인으로부터 등기신청이 없을 때에는 그 통지서의 기재내용에 따른 변경의 등기를 직권으로 하여야 한다.
② 제1항의 등기를 하였을 때에는 등기관은 지체 없이 그 사실을 지적소관청과 소유권의 등기명의인에게 알려야 한다. 다만, 등기명의인이 2인 이상인 경우에는 그 중 1인에게 통지하면 된다.

681) 공간정보법 제88조(토지소유자의 정리) ① 지적공부에 등록된 토지소유자의 변경사항은 등기관서에서 등기한 것을 증명하는 등기필증, 등기완료통지서, 등기사항증명서 또는 등기관서에서 제공한 등기전산정보자료에 따라 정리한다. 다만, 신규등록하는 토지의 소유자는 지적소관청이 직접 조사하여 등록한다.
② 「국유재산법」 제2조제10호에 따른 총괄청이나 같은 조 제11호에 따른 중앙관서의 장이 같은 법 제12조제3항에 따라 소유자 없는 부동산에 대한 소유자 등록을 신청하는 경우 지적소관청은 지적공부에 해당 토지의 소유자가 등록되지 아니한 경우에만 등록할 수 있다.
③ 등기부에 적혀 있는 토지의 표시가 지적공부와 일치하지 아니하면 제1항에 따라 토지소유자를 정리할 수 없다. 이 경우 토지의 표시와 지적공부가 일치하지 아니하다는 사실을 관할 등기관서에 통지하여야 한다.
④ 지적소관청은 필요하다고 인정하는 경우에는 관할 등기관서의 등기부를 열람하여 지적공부와 부동산등기부가 일치하는지 여부를 조사·확인하여야 하며, 일치하지 아니하는 사항을 발견하면 등기사항증명서 또는 등기관서에서 제공한 등기전산정보자료에 따라 지적공부를 직권으로 정리하거나, 토지소유자나 그 밖의 이해관계인에게 그 지적공부와 부동산등기부가 일치하게 하는 데에 필요한 신청 등을 하도록 요구할 수 있다.
⑤ 지적소관청 소속 공무원이 지적공부와 부동산등기부의 부합 여부를 확인하기 위하여 등기부를 열람하거나, 등기사항증명서의 발급을 신청하거나, 등기전산정보자료의 제공을 요청하는 경우 그 수수료는 무료로 한다.

에 통지하는 것은 등기관으로 하여금 그 변경의 직권등기를 할 것을 촉구하는 것이지 등기촉탁을 하는 것은 아니다(부동산등기법 제98조).

(3) 부동산의 변경등기

부동산의 변경등기란 토지·건물등기부의 표시란에 기재하는 등기사항이 변경된 경우에 하는 등기이다. 토지의 분합, 멸실, 면적의 증감, 지목의 변경, 건물의 분합, 번호, 종류, 구조의 변경, 면적의 증감, 멸실, 부속건물의 신축 등 부동산 자체의 물리적 변경을 의미한다.

부동산의 변경이 있을 때에는 그 부동산의 소유권의 등기명의인이 1월 이내에 변경등기를 신청하여야 한다(부동산등기법 제35조, 제41조). 이를 게을리하면 50만원 이하의 과태료 처분을 받는다(동법 제112조).[682)]

부동산의 물리적 변경이 있는 경우에는 대장의 변경등록을 먼저 한 후에 그 대장등본에 의하여 부동산표시의 변경등기를 신청하여야 한다. 등기부의 기재와 대장이 일치하지 않으면 다른 등기를 신청할 수 없다(동법 제29조 제7항). 등기관은 과태료에 처한 사유가 있다고 인정할 때에는 지체없이 과태료에 처할 자의 주소지를 관할하는 지방법원 또는 지원에 통지하여야 한다(동규칙 제164조제1항).

토지의 변경등기란 토지등기부의 표시란에 기재하는 등기사항이 변경되는 경우 즉 토지의 분합·멸실·면적의 증감·지목의 변경이 있을 때 이를 공시하는 등기를 말한다(동법 제35조).

토지의 분합에는 분필, 합필, 분합필(합병)이 있다. 분필은 1필지의 토지(갑지)를 분할하여 수 필지(갑지와 을지)로 하는 분필등기를 하는

---

682) 토지의 분합, 멸실, 면적의 증감, 지목의 변경이 있는 때, 토지의 소유권의 등기명의인이 1월 이내에 변경등기를 신청하여야 하도록 하고 있지만(부동산등기법 제35조), 이를 위반한 경우에 건물의 표시변경시 등기의무(동법 제41조) 위반과 같은 과태료에 의한 제재는 없다(부동산등기법 제112조). 이는 물권변동에 있어서 의사주의를 취했던 구법시대의 잔재, 등기신청주의의 반영, 입법상의 불비 등 여러 원인에 의한 것이라고 생각된다.

것을 말한다. 이 경우에는 을지의 등기용지를 신설하게 된다(동규칙 제74조 내지 제78조).[683]

<그림 Ⅸ-1> 토지분필 사례

토지합필은 수 필지의 토지(갑지와 을지)를 합병하여 1필지의 토지(갑지)로 하는 합필등기를 하는 것을 말한다. 이 경우에는 을지의 등기용지는 폐쇄된다(동규칙 제79조, 제80조).[684] 일정한 경우에는 토지

---

683) 공간정보법 제2조 제31호 "분할"이라 함은 지적공부에 등록된 1필지를 2필지 이상으로 나누어 등록하는 것을 말한다.
공간정보법 제79조 (분할신청) ① 토지소유자는 토지를 분할하려면 대통령령이 정하는 바에 의하여 소관청에 신청하여야 한다.
② 토지소유자는 지적공부에 등록된 1필지의 일부가 형질변경 등으로 용도가 다르게 된 때에는 대통령령이 정하는 바에 의하여 용도가 변경된 날부터 60일 이내에 지적소관청에 토지의 분할을 신청하여야 한다.
공간정보법 시행령 제65조(분할 신청) ① 법 제79조제1항에 따라 분할을 신청할 수 있는 경우는 다음 각 호와 같다.
1. 소유권이전, 매매 등을 위하여 필요한 경우
2. 토지이용상 불합리한 지상 경계를 시정하기 위한 경우
3. 관계 법령에 따라 토지분할이 포함된 개발행위허가 등을 받은 경우
② 토지소유자는 법 제79조에 따라 토지의 분할을 신청할 때에는 분할 사유를 적은 신청서에 국토교통부령으로 정하는 서류를 첨부하여 지적소관청에 제출하여야 한다. 이 경우 법 제79조제2항에 따라 1필지의 일부가 형질변경 등으로 용도가 변경되어 분할을 신청할 때에는 제67조제2항에 따른 지목변경 신청서를 함께 제출하여야 한다.

684) 공간정보법 제2조 제32호 "합병"이라 함은 지적공부에 등록된 2필지 이상을 1필지로 합하여 등록하는 것을 말한다.
공간정보법 제20조 (합병신청) ① 토지소유자는 토지의 합병을 하고자 하는 때에는 대통령령이 정하는 바에 의하여 소관청에 신청하여야 한다.
② 토지소유자는 주택법에 의한 공동주택의 부지와 도로·제방·하천·구거·유지 그 밖에 대통령령이 정하는 토지로서 합병하여야 할 토지가 있는 때에는 그 날부터 60일 이내에 소관청에 신청하여야 한다.
③ 제1항 및 제2항의 경우 합병하고자 하는 토지의 지번부여지역·지목 또는 소유자가 서로 다르거나 그 토지에 관하여 소유권·지상권·전세권·임차권 및 승역지에 관하여 하는 지역권의 등기외의 등기가 있는 경우(합병하고자 하는 토지 전부에 관하여 등기원인 및 그 연월일과 접수번호가 동

합필이 제한되며, 합필제한위반은 사건이 등기할 것이 아닌 때에 해당하여 각하된다(동법 제29조 제2호). 즉 지번부여지역, 지목, 소유자가 상이한 경우에는 그 합필이 제한된다. 합필되는 양토지간에 공유자간의 지분이 다른 경우에도 합필하지 못한다(공간정보법 제80조제3항). 토지의 일부에 성립할 수 있는 지역권의 등기이외의 권리에 관한 등기(예 : 가압류, 가등기, 소유권의 처분제한의 등기, 예고등기,[685] 환매특약의 등기, 저당권 설정의 등기 등)가 존재하는 경우에도 합필하지 못한다(부동산등기법 제37조).[686][687] 그러나 모든 토지에

일한 저당권에 관한 등기가 있는 경우를 제외한다)와 그 밖에 대통령령이 정하는 경우에는 합병신청을 할 수 없다.

공간정보법 시행령 제66조(합병 신청) ① 토지소유자는 법 제80조제1항 및 제2항에 따라 토지의 합병을 신청할 때에는 합병 사유를 적은 신청서를 지적소관청에 제출하여야 한다.

② 법 제80조제2항에서 "대통령령으로 정하는 토지"란 공장용지 · 학교용지 · 철도용지 · 수도용지 · 공원 · 체육용지 등 다른 지목의 토지를 말한다.

③ 법 제80조제3항제3호에서 "합병하려는 토지의 지적도 및 임야도의 축척이 서로 다른 경우 등 대통령령으로 정하는 경우"란 다음 각 호의 경우를 말한다.

1. 합병하려는 토지의 지적도 및 임야도의 축척이 서로 다른 경우
2. 합병하려는 각 필지의 지반이 연속되지 아니한 경우
3. 합병하려는 토지가 등기된 토지와 등기되지 아니한 토지인 경우
4. 합병하려는 각 필지의 지목은 같으나 일부 토지의 용도가 다르게 되어 법 제79조제2항에 따른 분할대상 토지인 경우. 다만, 합병 신청과 동시에 토지의 용도에 따라 분할 신청을 하는 경우는 제외한다.
5. 합병하려는 토지의 소유자별 공유지분이 다르거나 소유자의 주소가 서로 다른 경우
6. 합병하려는 토지가 구획정리, 경지정리 또는 축척변경을 시행하고 있는 지역의 토지와 그 지역 밖의 토지인 경우

685) 예고등기는 2011. 4. 12 부동산등기법(법률 제10580호) 전부개정에 의해 폐지되었다.

686) 부동산등기법 제37조(합필 제한) ① 소유권·지상권·전세권·임차권 및 승역지(승역지: 편익제공지)에 하는 지역권의 등기 외의 권리에 관한 등기가 있는 토지에 대하여는 합필(合筆)의 등기를 할 수 없다. 다만, 모든 토지에 대하여 등기원인 및 그 연월일과 접수번호가 동일한 저당권에 관한 등기가 있는 경우에는 그러하지 아니하다.

② 등기관이 제1항을 위반한 등기의 신청을 각하하면 지체 없이 그 사유를 지적소관청에 알려야 한다.

687) 신탁등기가 경료된 토지에 대하여는 합필의 등기를 신청할 수 없지만, 주택건설촉진법에 의하여 주택건설사업계획의 승인을 얻어 공동주택을 건설하는 경우로서 위탁자 및 신탁목적이 동일한 경우에 한하여 신탁토지 상호간

대하여 등기원인 및 그 연월일과 접수번호가 동일한 저당권에 관한 등기가 있는 경우에는 합필이 가능하다(동조제1항 단서). 토지합필제한에 위반한 등기의 신청을 각하한 때에는 등기관은 지체없이 그 사유를 지적공부소관청에 통지하여야 한다(동조제2항). 이는 지적공부소관청이 합병토지임을 간과하고 대장상 합병하였으므로 이를 원상으로 회복시키도록 하기 위한 것이다.

토지대장상으로는 합병이 되었으나, 그 후 일부의 토지에 관하여 소유권이전등기가 되었거나 또는 합필제한사유에 해당하는 권리에 관한 등기가 마쳐져 합필등기가 제한되는 경우(동법 제37조제1항)에도 소유자 또는 이해관계인의 동의서를 첨부하여 합필등기를 신청한 경우에는 합필등기를 할 수 있다(동법 제38조).[688)]

<그림 Ⅸ-2> 토지합필 사례

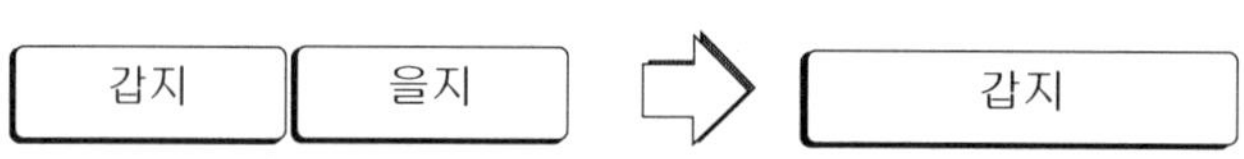

토지분합필은 토지(갑지)의 일부를 분할함과 동시에 다른 토지(을지)에 합병하는 분합필등기를 말한다. 이 경우 등기용지가 신설되거나 폐쇄되지 않는다(동법 제78조).

<그림 Ⅸ-3> 토지분합필 사례

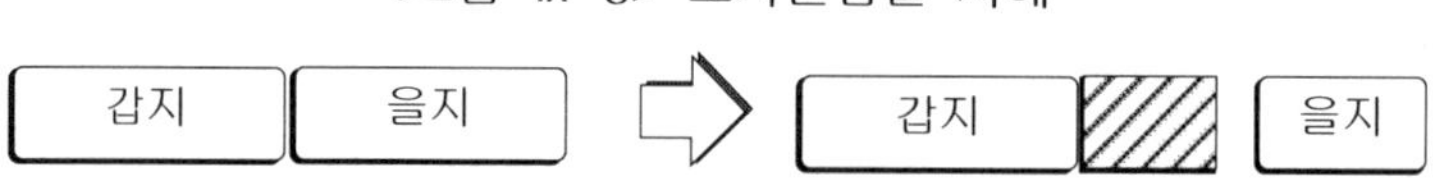

부동산의 변경등기에 있어서 면적의 증감은 토지의 일부가 멸실되거나 토사의 퇴적으로 토사가 생긴 경우처럼 토지 또는 임야의 증감

의 합필등기를 할 수 있는바, 재건축조합원들이 각자의 토지를 재건축조합에 신탁한 때에는 신탁토지의 위탁자가 상이한 경우에 해당하므로 신탁토지 상호간의 합필등기는 할 수 없다(2000. 5. 23. 등기 3402-360 질의회답).

688) 개정 2011. 10. 11 등기예규 제1371호(토지합필의 특례에 따른 등기사무처리지침).

을 말하고(동법 제34조, 제35조, 동규칙 제72조), 지목 또는 지번의 변경은 공간정보법에 의해 토지의 지목 또는 지번이 변경되는 경우를 말한다(동법 제34조, 제35조, 동규칙 제72조).[689] 토지의 전부가 멸실된 경우에는 멸실등기에 의한다(동법 제39조).

토지의 변경등기를 신청하는 경우에는 신청서에 토지의 분합, 증감된 면적, 현재의 면적, 신지목 등 그 토지의 변경 전과 변경 후의 표시에 관한 정보를 신청정보의 내용으로 등기소에 제공하여야 하고, 그 변경을 증명하는 토지대장 정보나 임야대장 정보를 첨부정보로서 등기소에 제공하여야 한다(동규칙 제72조). 1필의 토지의 일부에 지상권·전세권·임차권이나 승역지에 관하여 하는 지역권의 등기가 있는 경우에 그 토지의 분필등기를 신청하는 때에는 분필후의 토지중 어느 부분에 종전의 권리가 존속하는 것을 명백히 함과 아울러 존속하는 권리와 아무 관계도 없는 토지의 등기용지에 그 권리가 전사(轉寫)되는 것을 막을 필요가 있다. 분필등기를 신청할 때에는 권리가 존속할 토지의 표시에 관한 정보를 신청정보의 내용으로 등기소에 제공하고, 이에 관한 권리자의 확인이 있음을 증명하는 정보를 첨부정보로서 등기소에 제공하여야 한다. 이 경우 그 권리가 토지의 일부에 존속할 때에는 그 토지부분에 관한 정보도 신청정보의 내용으로 등기소에 제공하고, 그 부분을 표시한 지적도를 첨부정보로서 등기소에 제공하여야 한다(동규칙 제74조). 갑 토지를 분할하여 그 일부를 을 토지로 한 경우에 등기관이 분필등기를 할 때에는 을 토지에 관하여 등기기록을 개설하고, 그 등기기록 중 표제부에 토지의 표시와 분할로 인하여 갑 토지의 등기기록에서 옮겨 기록한 뜻을 기록하여야 한다(동규칙 제75조제1항). 이 경우에는 을 토지의 등기기록 중 해당 구에 갑 토지의 등기기록에서 소유권과 그 밖의 권리에 관한 등기를 전사(轉寫)하고, 분할로 인하여 갑 토지의 등기기록에서 전사한

689) 공간정보법 제81조 (지목변경신청) 토지소유자는 지목변경을 할 토지가 있으면 대통령령으로 정하는 바에 따라 그 사유가 발생한 날부터 60일 이내에 지적소관청에 지목변경을 신청하여야 한다.

뜻, 신청정보의 접수연월일과 접수번호를 기록하여야 한다. 이 경우 소유권 외의 권리에 관한 등기에는 갑 토지가 함께 그 권리의 목적이라는 뜻도 기록하여야 한다(동규칙 제76조제1항). 첨부하는 권리자의 서면에는 그 서면의 진정성립을 확보하기 위하여 권리자의 인감증명을 첨부하여야 한다(동규칙 제60조제1항 제5호). 위와 같은 권리자의 서면과 도면을 첨부하지 아니한 분필등기의 신청은 이를 수리할 수 없으며, 부동산등기법 제29조 제9호의 사유에 의하여 각하하여야 한다.

건물의 변경등기란 건물등기부의 표시란에 기재하는 등기사항이 변경되는 경우 즉 건물의 분합, 건물의 종류·구조의 변경·면적의 증감·부속건축물의 신축 등의 경우에 이를 공시하는 등기를 말한다(동법 제41조). 건물의 분할은 부속된 건물을 다른 독립된 주건물로 하는 경우(등기부상의 분리 또는 법률적 분할)와 1동의 건물의 중간에 분동공사를 하여 외형상 별개 건물로 하는 것(물리적 분할)이 있다(동규칙 제96조). 전자의 예로는 19세대 이하의 단독주택(다가구)을 공동주택(다세대)으로 구분등기를 하는 것을 들 수 있다. 건물분할의 경우에는 을건물의 등기용지를 신설하게 된다(동법 제96조, 제97조의 2). 건물의 일부에 전세권이나 임차권의 등기가 있는 경우에 그 건물의 분할이나 구분의 등기를 신청할 때에는 토지에 있어서와 같이 분필신청서에 권리가 존속할 건물을 기재하고, 이를 증명하는 권리자의 서면을 첨부하여야 한다. 이 경우 그 권리가 건물의 일부에 존속할 때에는 신청서에 그 건물부분을 적고 그 부분을 표시한 도면을 첨부하여야 한다(동규칙 제95조, 제74조). 첨부하는 권리자의 서면에는 그 서면의 진정성립을 확보하기 위하여 권리자의 인감증명을 첨부하여야 한다(동규칙 제95조, 동규칙 제60조제1항 제5호).

<그림 Ⅸ-4> 건물분할 사례1(법률적 분할)

<그림 Ⅸ-5> 건물분할 사례2(물리적 분할)

건물의 합병은 어느 주건물을 다른 부속건물로 하거나 구분건물중 일부의 합병(등기부상의 합병 또는 법률적 합병) 또는 구분건물 전부를 합병하여 일반건물로 하는 경우(물리적 합병)이 있나. 이 경우에는 을건물의 등기용지는 폐쇄하게 된다(동규칙 제96조, 제76조).

<그림 Ⅸ-6> 건물합병 사례1(법률적 합병)

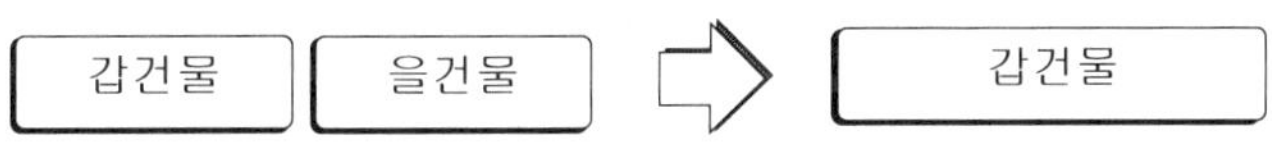

<그림 Ⅸ-7> 건물합병 사례2(물리적 합병)

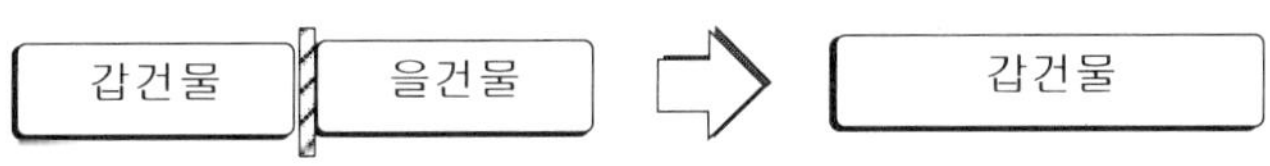

소유권·전세권 및 임차권의 등기 외의 권리에 관한 등기가 있는 건물에 관하여는 합병의 등기를 할 수 없다. 다만, 모든 건물에 대하여 등기원인 및 그 연월일과 접수번호가 동일한 저당권에 관한 등기가 있는 경우에는 그러하지 아니하다(동법 제42조제1항). 등기관이 합병 제한을 위반한 등기의 신청을 각하하면 지체 없이 그 사유를 건축물대장 소관청에 알려야 한다(동법 제42조제2항).

건물의 분할・합병은 갑건물로부터 부속건물을 분할하여 을건물에 부속하는 것을 말한다(동규칙 제98조). 건물의 구분은 일반 건물인 1동의 건물이 구조상, 이용상 독립성이 있는 경우에 인정된다(동규칙 제97조). 이 경우에는 등기용지가 신설되거나 폐쇄되지 않으며, 옮겨 적은 사실을 적어야 한다(동규칙 제98조).

<그림 Ⅸ-8> 건물분할・합병 사례

건물의 구분・합병은 어느 건물을 구분하여 그 구분한 부분을 다른 건물부분에 합병하는 것을 말한다(동규칙 제99조). 토지의 합필이 제한되는 것과 마찬가지로 건물의 경우에도 그 일부에 권리가 성립할 수 있는 권리, 즉 전세권 및 임차권의 등기 이외의 권리에 관한 등기가 있는 건물에 관하여는 합병등기를 할 수 없다(동법 제42조). 그 이유, 신청의 각하 및 건축물대장소관청에의 통지 등의 내용은 토지합필의 제한과 같다.

부동산의 변경이 있는 때에는 그 토지나 건물의 소유권의 등기명의인은 1개월 이내에 변경등기를 신청하여야 한다(동법 제35조, 제41조). 특히 건물의 경우에는 이 신청의무를 해태하면 50만원 이하 과태료의 제재를 받는다(동법 제41조, 제43조, 제112조). 신청서에 토지대장・임야대장・건축물대장 정보를 첨부정보로서 등기소에 제공하여야 한다(동규칙 제72조제2항, 제86조제3항). 또 일정한 경우 용익물권자의 승낙서나 도면, 규약 등을 첨부하여야 한다.

토지의 분할등기나 건물의 분할등기의 경우에는 1부동산 1등기기록의 원칙에 따라 새로운 필지나 건물을 위한 등기용지를 개설하고 필요한 사항을 기재하여야 한다. 토지의 합필등기나 건물의 합병등기의 경우에는 등기폐쇄가 있게 된다. 지목 또는 지번의 변경등기의 경우에는 종전의 표시와 지번을 주말하게 된다.

대지권의 변경등기란 구분건물에 관한 등기를 한 후 대지권이 발생하여 새로이 대지권등기를 하는 경우 또는 대지권이었던 권리가 대지권이 아닌 권리로 된 경우 대지권의 표시를 변경하는 등기를 말한다(동규칙 제88조 내지 제94조). 대지권의 변경등기는 ⅰ) 대지권이 생겨 새로이 대지권등기를 하는 경우(건물이 소재하는 토지이외의 토지를 건물의 대지로 하는 규약을 설정하여 일체성을 표시하는 때),

ii) 대지권이었던 권리가 대지권이 아닌 것으로 된 경우(규약상 대지에 관한 규약을 폐지하거나, 분리처분을 인정하는 규약을 설정한 때), iii) 대지권의 목적인 토지에 변경이 생긴 경우(토지가 분필되거나 합필된 때), iv) 대지권으로 등기된 권리자체가 소멸한 경우(대지권이었던 지상권, 전세권, 임차권이 존속기간의 만료 또는 해지로 소멸하는 때)에 행해진다.

건물의 대지권에 변경이나 소멸(지상권, 임차권 등의 소멸)이 있는 때에는 소유권의 등기명의인은 1월 이내에 등기를 신청하여야 한다(동법 제41조). 등기신청을 해태한 때에는 50만원 이하의 과태료처분을 받는다(동법 제112조).

대지권의 표시에 관한 건물의 표시변경등기(대지권의 변경등기)는 구분소유자 전원이 신청하거나 또는 일부의 자가 다른 구분소유자를 대위하여(동법 제41조제3항) 일괄신청하여야 한다. 구분소유자가 개별적으로 하는 등기신청은 허용되지 않는다. 신청서에는 변경후의 대지권 또는 소멸한 대지권을 기재하여야 한다(동규칙 제103조제2항, 제93조). 대지권의 변경 또는 소멸의 등기를 신청하는 경우에는 건축물대장등본을 첨부하여야 하고, 변경, 경정 또는 소멸에 관한 규약이나 공정증서 또는 이를 증명하는 서면을 첨부하여야 한다. 이 경우 대지권의 목적인 토지가 다른 등기소의 관할에 속하는 것인 때에는 그 등기부의 등본도 첨부하여야 한다(동규칙 제86조).

대지권의 변경·경정·소멸의 등기를 하는 경우에는 등기용지중 표시란에 변경·경정·소멸의 원인을 기재하고, 종전의 표시와 그 번호를 말소하는 표시를 하여야 한다(동규칙 제91조제1항, 제87조). 이에 부수하여 그 대지권의 목적인 토지의 등기용지 해당구 사항란에 대지권이라는 뜻의 등기를 하거나 말소하여야 한다.

대지권이 새로이 생긴 경우에는 건물의 등기용지에는 대지권의 등기를 하고, 대지권의 목적인 토지의 등기용지에는 대지권이라는 뜻의 등기를 하여야 한다(동규칙 제91조제2항, 제89조, 제90조).

대지권이 대지권이 아닌 것으로 된 경우에 건물 등기용지에는 대지권등기의 말소등기를 하고, 대지권의 목적인 토지의 등기용지에는 대지권이라는 뜻의 등기를 말소하여야 한다(동규칙 제91조제3항).

3) 사항란의 변경등기

(1) 권리의 변경등기

권리의 변경등기란 이미 등기된 권리의 내용이 후발적으로 변경이 된 경우에 하게 되는 등기를 말한다. 예를 들어 권리의 존속기간, 채권액, 전세권의 변경, 저당권의 이자율의 변경 등이 생긴 경우에 하는 등기를 의미한다. 권리자의 변경은 권리주체의 변경으로 이전등기의 대상이지만, 권리객체(부동산)의 변경은 부동산의 표시변경등기의 대상이다.

권리의 변경등기도 일반원칙에 따라 당사자의 공동신청에 의한다. 전세권의 존속기간변경에는 전세권설정자와 전세권자가 공동으로 신청하여야 한다. 권리의 변경등기는 부기등기로 하는 것이 원칙이다(동법 제52조). 독립등기를 하게 되면 변경등기를 하기 전에 행하여진 다른 등기에 의하여 우선당하기 때문이다. 권리의 변경등기를 한 때에는 변경전의 등기사항을 말소하는 표시를 하여야 한다(동규칙 제112조제1항). 등기상 이해관계인이 존재하는 경우 그의 승낙서나 재판등본을 첨부하지 못하면 주등기에 의한다. 이 때 등기상 이해관계 있는 자란 등기의 기재형식상 일반적으로 손해를 입을 염려가 있느냐의 여부에 따라 판단한다. 이 경우에는 변경전의 등기사항을 말소하는 표시를 해서는 안된다.

(2) 등기명의인의 표시변경등기

등기명의인의 표시변경등기란 자연인인 경우에는 등기명의인의 이름을 개명하거나 주소의 변경이 있는 때에, 법인이나 비법인단체라면

주사무소의 소재지가 변경되거나 명칭의 변경이 있는 때에 이를 실체관계에 부합하게 시정하는 등기를 말한다.

등기명의인 표시의 변경등기는 그 변경등기를 하더라도 동일성이 유지되고, 그 등기에 이해관계있는 제3자가 존재하지 않으므로 등기명의인이 단독으로 신청할 수 있다(부동산등기법 제23조제6항). 표시의 변경을 증명하는 시 · 구 · 읍 · 면의 장의 서면(가족관계등록사항별증명서, 주민등록등본)이나 이를 증명함에 족한 서면(동리인 보증서)을 첨부하여야 한다. 등기의무자의 등기필증(현재 등기필정보), 인감증명, 이해관계인의 승낙서는 첨부할 필요가 없다. 이는 단독신청으로 이해관계인이 존재하지 않기 때문이다.

등기명의인 표시의 변경등기는 언제나 부기등기에 의한다(동법 제52조 제1호). 등기관이 부기등기를 할 때에는 그 부기등기가 어느 등기에 기초한 것인지 알 수 있도록 주등기 또는 부기등기의 순위번호에 가지번호를 붙여서 하여야 한다(동규칙 제2조). 등기명의인의 표시변경등기를 한 때에는 변경전의 등기사항을 말소하는 표시를 하여야 한다(동규칙 제112조제2항). 등기명의인 표시의 변경이 행정구역 또는 그 명칭의 변경으로 생긴 때, 소유권이전등기를 신청함에 있어서 등기의무자의 주소변경사실이 명백한 경우에는 등기관이 직권으로 등기명의인 표시의 변경등기를 할 수 있다(규칙 제54조, 제122조).

2. 경정등기

1) 경정등기의 의의와 종류

(1) 의의

경정등기(更正登記)란 등기가 완료된 후, 등기의 일부가 등기절차상의 착오, 빠진 부분(유루(遺漏))에 의해 원시적으로 실체관계와 불일치가 있는 경우 이를 실체관계에 부합하도록 시정하는 등기를 말한다(동법 제32조). 불일치의 사유가 신청당사자의 귀책사유로 인한 것인지 등기관의 과오에 의한 것이든 묻지 않는다.

경정등기는 등기완료전에 불일치를 시정하는 자구정정과 구별되고(동법 제57조제2항), 경정전후에 동일성이 존재하므로 그 불일치는 등기의 일부에 관한 것이라는 점에서 말소등기나 회복등기와 다르고, 등기 당시부터 불일치의 원인인 존재한다는 점에서 변경등기와 구분된다.

(2) 경정등기의 종류

경정등기는 그 대상에 따라 표시란(부동산)의 경정과 사항란(권리)의 경정으로 구분되고, 표시란의 경정에는 등기명의인의 표시경정과 부동산의 표시경정이 있다.

※ 부동산표시 경정등기절차

토지대장에는 그 면적이 142평으로 등재되어 있으나, 1954. 6. 1. 토지에 대한 멸실회복등기가 경료되는 과정에서 143평으로 등기된 경우, 만약 그 토지의 소재와 지번이 서로 동일하고, 지적도 등에 의하여 토지대장상의 토지와 등기부상의 토지가 동일하다고 인정되며, 또한 위 토지에 관하여 따로 중복등기가 존재하지 아니하고, 그 밖에 등기의 형식상으로 보아 예측할 수 없는 손해를 미칠 우려가 있는 이해관계인이 없는 경우라면, 그 토지에 대한 소유권의 등기명의인은 신청착오를 등기원인으로 하여 등기부상의 토지면적을 토지대장상의 토지면적으로 경정하는 내용의 부동산표시경정등기를 신청할 수 있다(2001. 7. 31. 등기 3402-523 질의회답).[690]

2) 경정등기의 요건

(1) 등기완료후에 착오 또는 빠진 부분(유루(遺漏))을 발견하였을 것

등기완료전(등기관의 날인)에 착오, 빠진 부분을 발견한 경우에는 자구정정의 방법으로 고칠 수 있으므로, 경정등기의 대상이 아니다. 등기가 완료된 후에는 등기관이 정정의 방법으로는 이를 시정할 수 없고, 경정의 절차에 의하여 바로 잡아야 한다.

(2) 등기에 대하여 등기사항의 착오 또는 빠진 부분(유루(遺漏))을 발견하였을 것

경정의 대상이 되는 것은 등기사항에 관한 것이므로 등기사항이 아닌 부분의 시정은 정정으로 할 수 있다. 등기부의 기재라고 해서 모두 등기는 아니다. 등기사항은 부동산의 표시, 등기명의인의 표시, 권리내용, 순위번호, 대지권의 표시에 관한 것을 말한다. 등기번호,[691] 표시번호[692]는 잘못 기재한 경우라도 경정등기의 대상이 아니다. 이 경우 자구정정으로 가능하다. 순위번호는 등기한 권리의 순위를 결정하는 중요한 기재이므로 경정등기의 대상이 되는 등기라 할 것이다(반대설[693] 있음).

(3) 등기사항 일부에 대하여 착오 또는 빠진 부분이 있을 것

착오(錯誤)는 「답(沓)」을 「전(田)」으로 오인한 경우와 같이 기입한 등기가 실체관계와 적극적으로 저촉하는 것을 말한다. 빠진 부분(유루(遺漏))은 지목이나 권리의 존속기간의 기재를 빠뜨린 경우와 같이 등기할 사항이 누락됨으로서 등기가 실체관계와 소극적으로 저촉하는 것을 말한다.

---

690) 등기선례 6-388(부동산표시변경(경정)등기절차).
691) 등기용지의 검색의 편의를 위한 것이다.
692) 표시란에 기재한 등기내용으로부터 당연히 생기는 귀결을 다만 보기 쉽게 하기 위한 절차적 기재이다.
693) 곽윤직, 전게서, 261면.

착오와 빠뜨린 원인은 등기관의 착오이든 당사자의 과오에 의한 것이든 묻지 않는다. 경정등기는 경정전과 후의 등기사항에 동일성이 존재하여야 하므로, 등기사항의 전부를 경정하는 것은 허용되지 않는다. 전부인 경우에는 말소등기를 하여야 한다. 지상권설정등기를 할 것을 착오로 임차권등기를 한 것은 등기사항 전부에 대한 착오이므로 경정등기를 할 수 없으며 말소등기를 하여야 한다.

※ 소유권이전등기 절차이행을 명하는 확정판결에 기하여 소유권이전등기신청을 하였으나 등기관의 착오로 인하여 그 일부 토지에 관하여 소유권이전등기가 경료되지 아니하였다면, 부동산등기법 제72조 소정의 경정등기 절차에 의하여 이를 할 수 있다.[694]

등기사항의 일부에 대한 착오와 빠뜨린 경우에도 이를 시정함으로써 전혀 다른 내용의 등기가 되는 경우라면 경정등기의 대상이 아니다. 그러나 판례는 동일성, 유사성을 인정할 수 없는 착오 또는 빠뜨린 경우라도 그 부동산에 대하여 별도의 보존등기가 존재하지 아니하거나 등기상의 이해관계인이 없는 경우에는 당해 오류있는 등기의 경정을 허용하여 그 경정된 등기를 유효하다고 볼 것으로 보아 경정등기의 범위를 확대하고 있다.[695]

3) 경정등기의 신청과 실행

표시란과 사항란의 경정은 원칙적으로 부기등기에 의한다(동법 제52조). 기존 등기를 처음에 소급해서 이를 정정·변경함으로써 등기의 동일성을 유지하려는 것이기 때문이다.

부동산표시에 관한 경정등기는 등기명의인(등기명의인이 여러 명인 경우에는 그 중 1인도 가능하다)이 대장 등 경정사유를 소명하는 서

---

694) 대법원 1980. 10. 14, 80다1385; 개정 2011. 10. 12 등기예규 제1421호(경정등기절차에 관한 업무처리지침).

695) 대법원 1975. 4. 22, 74다2188; 개정 2011. 10. 12 등기예규 제1421호(경정등기절차에 관한 업무처리지침).

면을 첨부하여 단독으로 신청하며 판결서나 제3자의 허가서 등은 제출할 필요가 없다.696)

등기명의인 표시경정등기는 언제나 부기등기에 의하지만 권리의 경정등기에서 등기상 이해관계인이 존재하는 경우, 그의 승낙서나 재판등본이 없으면 부기등기로 경정할 수 없고 주등기로 경정하여야 한다.697) 등기명의인의 표시경정등기는 등기명의인의 동일성이 인정되는 경우에 한하여 허용된다.698)

<표 Ⅸ-2> 경정등기의 내용

구분	권리경정	등기명의인 표시경정	부동산 표시경정
신청	공동신청	단독신청	단독신청
등기부상 이해관계인	있는 경우 승낙서나 재판등본첨부	이해관계인 없음	이해관계인 없음
등기부의 기재	부기등기 또는 주등기	부기등기	독립(주)등기
기재하는 곳	사항란	사항란	표시란
가등기의 가부	가능	불가능	불가능

자료 ; 이영규, 전게서, 178면.

4) 직권에 의한 경정등기의 실행

등기관이 등기를 마친 후 그 등기에 착오(錯誤)나 빠진 (유루)부분이 있음을 발견하였을 때에는 지체 없이 그 사실을 등기권리자와 등기의무자에게 알려야 하고, 등기권리자와 등기의무자가 없는 경우에는 등기명의인에게 알려야 한다(동법 제32조제1항). 다만, 등기권리자, 등기의무자 또는 등기명의인이 각 2인 이상인 경우에는 그 중 1인에게 통지하면 된다(동항단서).

696) 대법원 1992. 2. 28, 91다34967; 대법원 1995. 12. 5, 94다44835; 대법원 1995. 12. 5, 94다44989; 대법원 1997. 2. 25, 96다51561.

697) 개정 2011. 10. 12 등기예규 제1421호(경정등기절차에 관한 업무처리지침).

698) 대법원 1981. 11. 6, 80마592; 대법원 1996. 4. 12, 95다33214; 대법원 1997. 4. 8, 95다34521.

등기의 착오 또는 유루가 등기관의 잘못으로 인한 것임을 발견한 경우에는 등기상 이해관계인이 없는 때에는 등기관은 지체없이 이를 경정하여야 한다(동법 제32조제2항). 다만, 등기상 이해관계 있는 제3자가 있는 경우에는 제3자의 승낙이 있어야 한다(동항단서). 등기관이 경정등기를 하였을 때에는 그 사실을 등기권리자, 등기의무자 또는 등기명의인에게 알려야 한다(동조제3항).[699][700]

3. 말소등기

1) 말소등기의 의의

말소등기(抹消登記)란 기존의 등기사항의 전부가 원시적 또는 후발적 사유에 의하여 실체관계와 부합하지 아니하게 된 경우에, 당해 기존등기의 전부를 소멸시킬 목적으로 하는 등기를 말한다. 말소등기는 단순히 기존등기를 주말하는 절차가 아니고, 독립된 순위번호를 붙여서 하는 독립등기이다. 말소의 대상이 되는 등기의 종류에는 제한이 없으나, 말소등기를 소멸시키기 위한 말소등기는 허용되지 않는다. 이 경우에는 말소회복등기를 하여야 한다.

2) 말소등기의 요건

(1) 등기사항의 전부가 부적법할 것

부적법하게 된 원인은 원시적(원인무효)이든 후발적(채무변제로 인한 저당권 소멸)이든 불문하고, 실체적(원인무효나 취소)인 것이든 절차적(중복등기[701])인 것이든 불문한다. 등기사항의 전부가 부적법하여

---

699) 통지는 채권자대위권에 의하여 등기가 마쳐진 때에는 그 채권자에게도 하여야 한다(부동산등기법 제32조제4항).

700) 2011. 4. 12 개정전까지는 종전의 부동산등기법 제72조제2항에서 등기관이 경정등기를 한 때에는 지방법원장에게 보고하도록 규정하였고, 지방법원장의 사전허가는 필요없다고 해석하였으나, 개정법에서는 보고의무를 삭제하였다.

701) 중복등기는 동일한 부동산에 관하여 중복하여 마쳐진 등기인 점에서 투기

야 하므로 등기사항의 일부가 부적합한 경우에는 말소등기의 대상이 되는 것이 아니고, 변경등기나 경정등기에 의하여야 한다. 부동산의 일부가 멸실한 경우에는 변경등기의 대상이 된다.

(2) 이해관계인의 승낙서 등을 첨부할 것

말소에 관하여 등기상 이해관계 있는 제3자가 있을 때에는 그의 승낙서 또는 이에 대항할 수 있는 재판의 등본을 첨부하여야 한다(동법 제57조).[702] 등기상 이해관계 있는 제3자인가 여부는 말소등기에 의하여 등기의 형식상으로 보아 일반적으로 손해를 입을 염려가 있는지 여부에 의하여 판단하여야 한다.[703]

3) 말소등기의 신청과 실행

(1) 공동신청의 원칙

말소등기에 의해 등기된 권리가 소멸하므로 등기권리자와 등기의무자가 공동으로 신청하여야 한다(동법 제23조). 말소대상인 등기(예: 저당권설정등기)와 말소등기(예: 저당권말소등기)에서 등기권리자와 등기의무자는 반대가 된다.

(2) 단독신청이 허용되는 경우

등기원인에 권리의 소멸에 관한 약정이 있을 경우 신청인은 그 약정에 관한 등기를 신청할 수 있다(동법 제54조). 등기명의인인 사람의 사망 또는 법인의 해산으로 권리가 소멸한다는 약정이 등기되어 있는 경우에 사람의 사망 또는 법인의 해산으로 그 권리가 소멸하였

의 목적으로 매매계약은 당장 체결하되 입주 직후 원계약자(매도자)명의로 등기했다가 곧바로 매수자 명의로 등기를 바꾸는 복등기와는 구별된다.

702) 개정 2011. 10. 11 등기예규 제1343호(등기상 이해관계있는 제3자가 있는 경우의 매매계약해제로 인한 소유권이전등기의 말소).

703) 사법연수원, 전게서, 95면.

을 때에는, 등기권리자는 그 사실을 증명하여 단독으로 해당 등기의 말소를 신청할 수 있다(동법 제55조).[704]

등기권리자가 등기의무자의 소재불명으로 인하여 공동으로 등기의 말소를 신청할 수 없을 때에는 「민사소송법」[705]에 따라 공시최고(公示催告)를 신청할 수 있고, 제권판결(除權判決)이 있으면 등기권리자가 그 사실을 증명하여 단독으로 등기의 말소를 신청할 수 있다(동법 제56조). 등기의무자의 행방불명으로 전세권 또는 저당권에 관한 등기의 말소를 신청함에 있어서는 신청서에 전세계약서와 전세금 반환증서 또는 채권증서와 채권 및 최후 1년분의 이자의 영수증을 첨부해서 등기권리자가 단독으로 신청할 수 있다(동법 제56조). 이는 서류의 제출로 전세권 또는 채권의 소멸이 쉽게 추정되기 때문이다.

가등기의 말소는 가등기명의인 단독으로 말소신청을 할 수 있다(동법 제93조제1항). 이는 가등기가 잠정적인 권리이고, 가등기의 말소는 가등기권리자의 이익을 위해서만 이루어지고, 가등기명의인이 스스로 자기의 이익을 포기하려는 의사가 있는 이상 말소를 못하게 할 이유가 없기 때문에 인정되는 것이다. 단독신청의 경우라도 소유권에 관한 가등기인 경우에는 가등기명의인의 인감증명서를 첨부하여야 한다. 위조등기를 방지하고 진정등기를 보장하기 위한 것이다. 등기상

---

704) 2011. 4. 12 개정전까지는 종전의 부동산등기법 제166조에서는 '등기한 권리가 어느 사람의 사망으로 인하여 소멸한 경우'라고 규정되어 있어서 등기한 권리가 어느 사람의 사망으로 인하여 소멸하기만 하면 모든 등기신청에 등기권리자가 단독으로 해당 등기에 관한 말소등기를 신청하는 것으로 오인되는 경우가 있었다. 이에 개정법에서는 사람의 사망 등으로 권리가 소멸한다는 뜻이 등기된 경우에만 단독으로 해당 등기의 말소를 신청할 수 있다. 구법에서는 '사망'이라고 표현하였으나 개정법에서는 '법인의 해산'도 단독으로 말소신청할 수 있는 사유에 포함된다(유석주, 전게서, 1093면).

705) 민사소송법 제475조 (공시최고의 적용범위) 공시최고는 권리 또는 청구의 신고를 하지 아니하면 그 권리를 잃게 될 것을 법률로 정한 경우에만 할 수 있다.
민사소송법 제487조 (제권판결) ① 법원은 신청인의 진술있은 후 제권판결의 신청이 이유없다고 인정한 때에는 결정으로 신청을 각하하여야 하며 이유있다고 인정한 때에는 제권판결을 선고하여야 한다.

이해관계인은 가등기명의인의 승낙서를 첨부하여 단독으로 말소등기를 신청을 할 수 있다(동법 제93조제2항).

(3) 등기관의 직권에 의한 말소등기

등기가 관할위반의 등기이거나(동법 제29조 제1호), 사건이 등기할 사항이 아닌 때(동조 제2호)에 해당되는 것을 간과하여 등기가 이루어진 경우 무효가 되므로 등기관이 이를 발견한 때에는 이를 직권으로 말소하여야 한다(동법 제58조).

등기관은 등기권리자, 등기의무자와 등기상 이해관계 있는 제3자에게 1개월 이내의 기간을 정하여 그 기간에 이의를 진술하지 아니하면 등기를 말소한다는 뜻을 통지하여야 한다(동법 제58조제1항). 통지에 따라 이의를 진술한 자가 있으면 등기관은 그 이의에 대하여 결정을 하여야 한다(동조제3항). 이의가 있으면 인용결정을 하고, 이유 없으면 이의를 각하하고 직권으로 말소하여야 한다. 또 이의를 진술하는 자가 없는 경우에도 등기관은 직권으로 당해 등기를 말소하여야 한다(동조제4항). 등기관의 직권말소에 대해서는 관할지방법원에 이의신청을 할 수 있다(동법 제100조).

가등기에 기한 본등기가 이루어진 경우에 있어서 가등기와 본등기 사이에 제3자 앞으로 이루어진 등기는 등기관이 직권으로 말소한다. 그러나 예고등기[706]와 처분금지가처분등기는 직권말소대상이 아니다.

「민사집행법」 제305조제3항[707]에 따라 권리의 이전, 말소 또는 설정등기청구권을 보전하기 위한 처분금지가처분등기가 된 후 가처분채권자가 가처분채무자를 등기의무자로 하여 권리의 이전, 말소 또

706) 예고등기는 2011. 4. 12 부동산등기법(법률 제10580호) 전부개정에 의해 폐지되었다.

707) 민사집행법 제305조(가처분의 방법) ① 법원은 신청목적을 이루는 데 필요한 처분을 직권으로 정한다.
② 가처분으로 보관인을 정하거나, 상대방에게 어떠한 행위를 하거나 하지 말도록, 또는 급여를 지급하도록 명할 수 있다.
③ 가처분으로 부동산의 양도나 저당을 금지한 때에는 법원은 제293조의 규정을 준용하여 등기부에 그 금지한 사실을 기입하게 하여야 한다.

는 설정의 등기를 신청하는 경우에는, 그 가처분등기 이후에 된 등기로서 가처분채권자의 권리를 침해하는 등기의 말소를 단독으로 신청할 수 있다(동법 제93조제1항, 동규칙 제152조, 제153조). 등기관이 신청에 따라 가처분등기 이후의 등기를 말소할 때에는 직권으로 그 가처분등기도 말소하여야 한다(동법 제93조제2항). 등기관이 신청에 따라 가처분등기 이후의 등기를 말소하였을 때에는 지체 없이 그 사실을 말소된 권리의 등기명의인에게 통지하여야 한다(동조제3항).

토지수용에 의한 소유권이전등기의 신청이나 촉탁이 있는 경우에 그 부동산의 등기용지에 소유권 또는 소유권 이외의 권리에 관한 등기가 있으면 직권으로 그 등기를 말소하여야 한다(동법 제99조제4항 본문). 다만, 그 부동산을 위하여 존재하는 지역권의 등기 또는 토지수용위원회의 재결로써 존속이 인정된 권리의 등기는 그러하지 아니하다(동항 단서). 등기관이 직권으로 등기를 말소하였을 때에는 수용으로 인한 등기말소통지서에 부동산의 표시, 말소한 등기의 표시, 등기명의인, 수용으로 인하여 말소한 뜻을 적어 등기명의인에게 통지하여야 한다(동규칙 제157조제1항). 말소의 대상이 되는 등기가 채권자의 대위신청에 따라 이루어진 경우 그 채권자에게도 통지를 하여야 한다(동조제2항).

4) 말소등기실행에 관한 특칙

말소등기는 독립된 순위번호를 사용하여 말소하고, 말소의 등기를 한 후 해당 등기를 말소하는 표시를 하여야 한다(동법 제116조제1항). 말소할 권리를 목적으로 하는 제3자의 권리에 관한 등기가 있을 때에는 등기기록 중 해당 구에 그 제3자의 권리의 표시를 하고 어느 권리의 등기를 말소함으로 인하여 말소한다는 뜻을 기록하여야 한다(동조제2항).

4. 멸실등기

1) 멸실등기의 의의

부동산의 멸실등기(滅失登記)란 토지의 함몰(陷沒)이나 포락(浦落) 또는 건물의 소실(燒失)이나 붕괴(崩壞)등으로 인하여 1개의 부동산 전체가 물리적으로 멸실한 경우에 이를 공시하는 등기를 말한다. 부동산의 멸실등기는 일부가 멸실되었을 때에 하는 변경등기, 부동산에 관한 절차상의 형식적인 처분인 부동산의 분합과 구별된다.[708]

2) 멸실등기의 신청

토지, 건물의 전부가 멸실된 때에는 소유권의 등기명의인이 멸실등기를 1월 이내에 신청하여야 한다(부동산등기법 제39조, 제43조제1항). 토지의 경우 토지멸실등기를 신청하는 경우에는 그 멸실을 증명하는 토지대장 정보나 임야대장 정보를 첨부정보로서 등기소에 제공하여야 한다(동규칙 제83조).

건물이 멸실된 경우에는 그 건물 소유권의 등기명의인은 그 사실이 있는 때부터 1개월 이내에 그 등기를 신청하여야 한다(동법 제43조제1항). 건물멸실등기를 신청하는 경우에는 그 멸실이나 부존재를 증명하는 건축물대장 정보나 그 밖의 정보를 첨부정보로서 등기소에 제공하여야 한다(동규칙 제102조).

---

708) 공간정보법 제82조(바다로 된 토지의 등록말소 신청) ① 제82조(바다로 된 토지의 등록말소 신청) ① 지적소관청은 지적공부에 등록된 토지가 지형의 변화 등으로 바다로 된 경우로서 원상(原狀)으로 회복될 수 없거나 다른 지목의 토지로 될 가능성이 없는 경우에는 지적공부에 등록된 토지소유자에게 지적공부의 등록말소 신청을 하도록 통지하여야 한다.
② 지적소관청은 제1항에 따른 토지소유자가 통지를 받은 날부터 90일 이내에 등록말소 신청을 하지 아니하면 대통령령으로 정하는 바에 따라 등록을 말소한다.
③ 지적소관청은 제2항에 따라 말소한 토지가 지형의 변화 등으로 다시 토지가 된 경우에는 대통령령으로 정하는 바에 따라 토지로 회복등록을 할 수 있다.

건물의 소유자와 대지소유자가 다른 경우에 건물의 소유자가 등기신청기간내에 그 멸실등기를 신청하지 아니하면 대지의 소유자가 대위하여 멸실등기를 신청할 수 있다(동법 제43조제2항). 구분건물로서 그 건물이 속하는 1동 전부가 멸실된 경우에는 그 구분건물의 소유권의 등기명의인은 1동의 건물에 속하는 다른 구분건물의 소유권의 등기명의인을 대위하여 1동 전부에 대한 멸실등기를 신청할 수 있다(동조제3항). 존재하지 아니하는 건물에 대한 멸실등기도 이와 같다(동법 제44조).[709]

소유권 외의 권리가 등기되어 있는 건물에 대한 멸실등기의 신청이 있는 경우에 등기관은 그 권리의 등기명의인에게 1개월 이내의 기간을 정하여 그 기간까지 이의(異議)를 진술하지 아니하면 멸실등기를 한다는 뜻을 알려야 한다. 다만, 건축물대장에 건물멸실의 뜻이 기록되어 있거나 소유권 외의 권리의 등기명의인이 멸실등기에 동의한 경우에는 그러하지 아니하다(동법 제45조제1항). 멸실에 관하여 이의를 진술한 자가 있으면 등기관은 그 이의에 대하여 결정을 하여야 하고, 이의를 진술한 자가 없는 경우 또는 이의를 각하한 경우에는 등기관은 직권으로 멸실등기를 하여야 한다(동법 제45조제2항에 의한 직권에 의한 등기의 말소규정(제58조제2항부터 제4항까지)의 준용).

3) 멸실등기의 실행

등기관이 토지의 멸실등기를 할 때에는 등기기록 중 표제부에 멸실의 뜻과 그 원인을 기록하고 표제부의 등기를 말소하는 표시를 한 후 그 등기기록을 폐쇄하여야 한다(동규칙 제84조제1항). 멸실등기한 토지가 다른 부동산과 함께 소유권 외의 권리의 목적일 때에는 그 다른 부동산의 등기기록 중 해당 구에 멸실등기한 토지의 표시를 하고, 그

709) 건물의 부존재란 처음부터 건물이 존재하지 않는 경우를 말한다. 이러한 점에서 건물의 부존재는 건물이 존재하였다가 나중에 소실, 파괴 등으로 소멸되는 건물멸실과 구별된다(법무부, 부동산등기법 전부개정안 설명자료, 2009. 5, 81면).

토지가 멸실인 뜻을 기록하며, 그 토지와 함께 소유권 외의 권리의 목적이라는 뜻을 기록한 등기 중 멸실등기한 토지의 표시에 관한 사항을 말소하는 표시를 하여야 한다(동조제2항). 이 경우 등기는 공동전세목록이나 공동담보목록이 있는 경우에는 그 목록에 하여야 한다(동조제3항). 다른 부동산의 소재지가 다른 등기소 관할일 때에는 등기관은 지체없이 그 등기소에 부동산 및 멸실등기한 토지의 표시와 신청정보의 접수연월일을 통지하여야 한다(동조제4항). 통지를 받은 등기소의 등기관은 지체없이 멸실등기 절차를 마쳐야 한다(동조제5항).

등기관이 건물의 멸실등기를 할 때에는 등기기록 중 표제부에 멸실의 뜻과 그 원인 또는 부존재의 뜻을 기록하고 표제부의 등기를 말소하는 표시를 한 후 그 등기기록을 폐쇄하여야 한다. 다만, 멸실한 건물이 구분건물인 경우에는 그 등기기록을 폐쇄하지 아니한다(동규칙 제103조제1항).[710] 대지권을 등기한 건물의 멸실등기로 인하여 그 등기기록을 폐쇄한 경우에는 대지권의 변경 등에 관한 규정(동규칙 제93조)을 준용한다(동규칙 제103조제2항). 멸실등기한 건물이 다른 부동산과 함께 소유권 외의 권리의 목적일 때에는 그 다른 부동산의 등기기록 중 해당 구에 멸실등기한 건물의 표시를 하고, 그 건물이 멸실인 뜻을 기록하며, 그 건물과 함께 소유권 외의 권리의 목적이라는 뜻을 기록한 등기 중 멸실등기한 건물의 표시에 관한 사항을 말소하는 표시를 하여야 한다(동규칙 제103조제3항에 의한 제84조제2항의 준용). 이 경우 등기는 공동전세목록이나 공동담보목록이 있는 경우에는 그 목록에 하여야 한다(동규칙 제103조제3항, 제84조제3항). 다른 부동산의 소재지가 다른 등기소 관할일 때에는 등기관은 지체없이 그 등기소에 부동산 및 멸실등기한 건물의 표시와 신청정보의 접수연월일을 통지하여야 한다(동규칙 제103조제3항, 제84조제4항). 통지를 받은 등기소의 등기관은 지체없이 멸실등기 절차를 마쳐야 한다(동규칙 제103조제3항, 제84조제4항).

710) 개정 2011. 10. 12 등기예규 제1428호(건물멸실등기 통지 등에 관한 예규).

※ 토지대장에 등재사실이 없는 경우 그 토지에 관한 멸실등기 신청 가부
어느 토지에 대하여 소유권보존등기가 경료되어 있는 경우에 특별한 사정이 없는 한, 그 원인과 절차에 있어서 적법하게 경료된 것으로 추정되므로, 지적공부 소관청에는 이에 대한 토지대장이 비치되어 있었다고 보아야 할 것이다.
그러나 국가는 지적법이 정하는 바에 의하여 모든 토지를 필지마다 지번, 지목, 경계 또는 좌표와 면적을 정하여 지적공부에 등록하여야 하는바, 토지는 특별한 사정이 없는 한 위와 같이 지적공부의 등록으로써 특정되므로 지적공부에 등록되지 않은 토지(지적공부 멸실로 인한 미복구된 토지는 제외)는 토지로서 존재하지 않거나 특정되지 않은 것으로서 그와 같은 토지에 관한 소유권보존등기는 등기로써 아무런 효력이 없는 것이라고 할 것이므로, 등기명의인은 어느 토지가 토지조사령에 의한 토지조사부 및 그 이후부터 현재까지의 지적공부에 등록된 사실이 없다는 지적공부 소관청의 확인서면과 등기명의인의 인감증명을 첨부하여 당해 토지에 관한 멸실등기의 신청을 할 수 있다.[711]

건물의 일부가 멸실되었으나 건축물대장에 건물이 전부멸실된 것으로 기재되어 건물멸실등기가 경료되고 그에 따라 건물에 대한 등기용지가 폐쇄된 경우(동규칙 제103조제1항), 폐쇄등기부상의 소유권의 등기명의인은 위 대장의 기재가 착오에 의한 것임을 소명하는 자료를 첨부하여 폐쇄된 등기용지의 부활을 신청할 수 있으며, 위 신청에 의하여 폐쇄된 등기용지가 부활되면 그 등기부에 건물의 일부멸실에 따른 등기를 할 수 있다.[712]

기존건물이 멸실된 후 그곳에 새로이 건축한 건물의 물권변동에 관한 등기를 멸실된 건물의 등기부에 하여도 양 건물은 재료, 위치, 구조에 관계없이 동일건물이 아니므로 이는 진실에 부합하지 아니하는 것이고 비록 당사자가 멸실건물의 등기로서 신축된 건물의 등기에 갈음할 의사를 가졌다하여도 그 등기는 무효이니 이미 멸실된 건물에 대한 근저당권설정등기에 의하여 신축된 건물에 대한 근저

711) 등기선례 5-505(토지대장에 등재사실이 없는 경우 그 토지에 관한 멸실등기 신청 가부).

712) 등기선례 6-387(건물일부멸실등기의 신청을 하여야 할 것을 전부멸실등기로 신청하여 건물등기부가 폐쇄된 경우, 일부멸실에 따른 등기신청절차).

당권이 설정되었다고는 할 수 없으며 그 등기에 기하여 진행된 경매에서 신축된 건물을 평가하여 경락받았다 하더라도 그로써 소유권취득을 내세울 수는 없다.[713]

5. 말소회복등기

1) 말소회복등기의 의의

말소회복등기(抹消回復登記)란 등기사항의 전부 또는 일부가 부적법하게 말소된 경우에 그 말소된 등기를 회복함으로써 처음부터 그러한 말소가 없었던 것과 같은 효력을 갖게 할 목적으로 행하여지는 등기이다(부동산등기법 제59조, 동규칙 제118조).[714] 말소회복등기를 하면 말소된 종전의 등기와 동일한 효력과 순위가 보유하게 된다.[715] 말소회복등기는 법률적 소멸을 회복시키는 등기라는 점에서 물리적 소멸을 회복시키는 멸실회복등기와 구별된다. 멸실회복등기는 등기부가 등기소의 화재등으로 전부 또는 일부 멸실한 경우에 그 멸실된 등기의 복구를 목적으로 행하는 회복등기이다.

2) 말소회복등기의 요건

(1) 등기가 부적법하게 말소되었을 것

말소회복등기는 부적법하게 말소된 등기의 회복을 목적으로 한다. 부적법하다는 것은 말소된 등기에 대응하는 사실관계가 존속함에도 불구하고 그 등기가 말소로 등기부상 소멸되어 있는 것을 의미한다.

---

713) 대법원 1976. 10. 26, 75다2211; 제정 1976. 10. 26 등기예규 제286호(멸실건물에 대한 등기와 신축건물에의 유용가부)는 개정 2011. 10. 11 등기예규 제1374호(건물 중복등기 정리절차에 관한 업무처리지침)에 의해 폐지 대체됨.

714) 대법원 1997. 9. 30, 95다39526; 대법원 2013. 7. 11, 2013다18011; 대법원 2015. 10. 29, 2012다84479.

715) 대법원 1968. 8. 30, 68다1187; 사법연수원, 전게서, 101면.

부적법하게 말소된 이유는 실체적 이유(원인무효)이든 절차적 이유(등기관의 과오)이든 불문하고 말소등기가 무효인 경우는 모두 포함된다. 등기관이 직권말소한 등기가 부적법한 것인 때에는 직권으로써 회복등기를 하여야 한다.716)

당사자가 어떤 사유에 의한 것이든 자발적으로 말소등기를 한 경우에는 그 등기에 의하여 받게 되는 실체법상의 이익을 포기하려는 의사에 기한 적법한 원인에 기한 것이므로 말소회복등기는 허용되지 않으며,717) 이러한 경우에는 새로이 기입등기를 하여야 한다.

(2) 말소된 등기를 회복하는 것일 것

말소등기는 종래에 말소되었던 그 등기사항을 그대로 재현하여 그 효력을 회복시키는 것이다.718) 「갑」에서 「을」로 소유권이 이전된 경우에 말소회복하는 방법은 「을」명의의 등기를 말소하거나, 「갑」명의로 진정명의회복을 원인으로 하는 소유권이전등기를 하여야 하고, 말소등기를 말소하는 방법으로 말소된 등기가 회복되지는 않는다. 말소등기의 말소등기를 할 수 없다. 왜냐하면 말소등기의 말소등기를 하여도 말소등기에 의하여 말소된 등기는 회복되지 않고 주말된 상태로 남아 있게 되기 때문이다. 따라서 이 경우에는 말소회복등기를 하여야 한다.719)

부적법한 말소등기로 인하여 등기용지가 폐쇄되었거나 폐쇄된 등기용지중 부적법하게 말소된 등기가 있는 경우에 이를 회복할 수 있는가에 관하여는 종래의 판례는 이를 부정하였다.720) 폐쇄된 등기기

---

716) 제정 1982. 4. 19, 등기예규 제444호(가등기에 기한 본등기의 말소와 그 본등기시에 직권말소한 등기의 직권회복).

717) 대법원 1990. 6. 26, 89다카5673; 대법원 1993. 3. 9, 92다39877; 대법원 2001. 2. 23, 2000다63974; 대법원 2013. 3. 14, 2012다112350.

718) '말소된 등기'는 주말된 등기를 말하는 것이지, 등기부상 현재 효력을 갖지 않는 등기를 가리키는 것이 아니다. 사실상 주말된 기재라도 그 기재가 등기라고 할 수 없는 것, 즉, 등기번호, 표시번호 등이 부적법하게 말소된 경우에는 단순한 자구수정의 대상(부동산등기법 제88조제3항)이 될 뿐이고 회복등기의 문제가 아니다(사법연수원, 전게서, 103면).

719) 유석주, 전게서, 1112면.

록의 소유권의 등기명의인 또는 등기상 이해관계인은 폐쇄되지 아니한 등기기록의 최종 소유권의 등기명의인과 등기상 이해관계인을 상대로 하여 그 토지가 폐쇄된 등기기록의 소유권의 등기명의인의 소유임을 확정하는 판결(판결과 동일한 효력이 있는 조서를 포함한다)이 있음을 증명하는 정보를 등기소에 제공하여 폐쇄된 등기기록의 부활을 신청할 수 있다. 이러한 신청이 있을 때에는 폐쇄된 등기기록을 부활하고 다른 등기기록을 폐쇄하여야 한다(동규칙 제41조).

(3) 제3자에게 불측의 손해를 줄 염려가 없을 것

말소회복등기의 신청은 일반원칙에 따라 공동신청을 하여야 하며, 등기상 이해관계인이 존재하는 경우에는 그의 승낙서를 첨부하지 않으면 말소회복하지 못한다(동법 제59조). 부적법하게 「갑」의 저당권이 말소된 후, 말소회복등기를 신청하기 전에 후순위의 「을」의 저당권설정등기가 경료된 경우 「갑」의 저당권말소회복에 「을」의 승낙서 또는 이에 대항할 수 있는 재판등본을 첨부하여야 한다.

등기상 이해관계 있는 제3자란 말소회복등기가 됨으로써 손해를 입을 우려가 있는 사람으로서 그 손해를 입을 우려가 있다는 것이다. 기존의 등기부 기재에 의하여 형식적으로 인정되는 자를 의미하고,[721] 손해를 입을 우려가 있는지의 여부는 제3자의 권리취득등기시나 말소등기시를 기준으로 할 것이 아니라 회복등기시를 기준으로 판별한다.[722] 소유권이전등기 말소후 저당권·가압류 등의 등기명의인이 된 권리자, 제한물권 등기의 말소후 소유권을 취득한 현등기명의인이 전형적인 예이다.[723]

불법하게 말소된 것을 이유로 한 근저당권 설정등기의 회복등기청

---

720) 상게서, 1112면.

721) 대법원 1997. 9. 30, 95다39526; 대법원 2013. 7. 11, 2013다18011; 대법원 2015. 10. 29, 2012다84479.

722) 대법원 1990. 6. 26, 89다카5673; 대법원 1992. 7. 28, 92다10173; 대법원 1993. 3. 9, 92다39877; 대법원 1996. 5. 31, 94다27205; 대법원 1997. 9. 30, 95다39526; 대법원 2001. 2. 23, 2000다63974; 대법원 2013. 3. 14, 2012다112350.

723) 사법연수원, 전게서, 103면.

구는 그 등기말소당시의 소유자를 상대로 하여야 한다.

3) 말소회복등기의 실행

(1) 등기사항의 전부가 말소된 경우

등기사항의 전부에 대한 말소회복등기는 독립등기로 회복등기를 한 후, 직권으로 말소된 등기와 같은 등기를 하여야 한다(동규칙 제118조 본문). 따라서 순위번호란에는 바로 앞의 순위번호에 이어지는 순위번호를 적게 된다.

회복등기는 등기부의 해당구 사항란에 종전등기순위 다음에 독립등기로 회복등기를 하고, 그 다음에 말소된 종전등기의 순위번호를 기재한 종래 등기와 동일한 등기를 기재하며, 등기의 실행일자를 기재하고, 등기관이 날인하여야 한다.

(2) 등기사항의 일부가 말소된 경우

등기사항의 일부에 대한 말소회복등기는 「부기등기」에 의하여 등기의 목적, 말소된 등기사항을 기재하고, 그 사항의 회복취지와 접수연월일, 접수번호를 기재하고, 등기관이 날인한다(동법 제118조 단서).

(3) 등기관의 착오로 폐쇄된 등기용지 부활

등기용지가 착오로 인하여 폐쇄된 사실이 밝혀진 다음과 같은 경우에는 폐쇄된 등기용지를 부활하여야 한다.[724] 즉 첫째, 부동산의 멸실(해몰포함), 토지의 하천구역 편입을 원인으로 대장의 등록이 말소된 사실이 없음에도 착오로 등기기록이 폐쇄된 경우와 등록이 말소된 대장에 의하여 등기기록이 폐쇄되었으나 후에 대장의 등록말소가 착오임이 밝혀져 대장이 원상회복된 경우이다. 둘째, 대장상 합병된 사실이 없음에도 착오로 합필(합병)등기가 되면서 합병당한 부동산의

724) 전부개정 2007. 9. 27 등기예규 제1207호(멸실 등으로 인하여 폐쇄된 등기기록의 부활에 관한 업무처리지침).

등기용지가 폐쇄된 경우와 대장상 합병된 사실을 원인으로 합필(합병)등기가 되면서 합병당한 부동산의 등기용지가 폐쇄되었으나 후에 대장상의 합병이 착오임이 밝혀져 대장이 원상회복된 경우[725]이다. 셋째, 「도시개발법」 등에 의한 환지등기의 촉탁에 착오가 있어 등기기록이 잘못 폐쇄된 경우와 등기관이 착오로 촉탁되지 않은 토지의 등기기록을 폐쇄한 경우이다. 넷째, 소유권보존등기가 등기관의 착오나 등기명의인의 착오에 기한 말소신청 또는 확정판결의 집행으로 말소됨에 따라 등기기록이 폐쇄된 후 그 말소가 착오에 의한 것임이 밝혀지거나 확정판결이 재심판결에 의하여 취소됨으로써 소유권보존등기를 회복하여야 할 경우[726]이다.

이러한 경우에 있어서 등기기록의 폐쇄가 등기관의 착오에 의한 경우에는 직권으로, 그외의 경우에는 소명자료를 첨부한 폐쇄등기부상의 소유권의 등기명의인의, 도시개발사업의 시행자 또는 말소된 소유권보존등기명의인의 신청에 의하여 등기기록을 부활한다.

4) 직권말소회복등기

등기관의 과오에 의해 등기사항이 부적법하게 직권말소된 경우에는 직권에 의한 등기의 말소규정(부동산등기법 제58조)을 준용하여 직권으로 말소회복등기를 하여야 한다. 즉 등기관은 등기권리자, 등기의무자와 등기상 이해관계인에게 1월 이내의 기간을 정하여 이의를 진술하지 아니하면 등기를 말소회복한다는 뜻을 통지하여야 한다(동법 제58조제1항). 통지에 따라 이의를 진술한 자가 있으면 등기관은 그 이의에 대하여 결정을 하여야 한다(동조제3항). 이의가 있으면 인용결정을 하고, 이유없으면 이의를 각하하고 직권으로 말소회복하여야 한다. 또 이의를 진술하는 자가 없는 경우에도 등기관은 직권으로 당해 등기를 말소회복하여야 한다(동법 제59조). 등기관의 직권말소에 대해서는 관할지방법원에 이의신청을 할 수 있다(동법 제100조).

---

725) 권리에 관한 말소등기의 실행을 위하여 합필 또는 합병된 부동산을 분필 또는 분할하여야 할 경우는 이에 해당하지 아니한다.

726) 이 경우 부활된 등기용지에 소유권보존등기를 회복한다.

가등기에 기한 본등기로 인하여 등기관이 직권말소한 가등기이후의 제3자의 권리에 관한 등기는 가등기에 기한 본등기를 말소하는 경우에는 등기관이 이를 직권으로 회복하여야 한다.[727]

6. 멸실회복등기

1) 멸실회복등기의 의의

멸실회복등기(滅失回復登記)라 함은 사변 기타 재난(화재, 수재 등)으로 인하여 등기부의 전부 또는 일부가 물리적으로 멸실한 경우(소실, 분실)에 그로 말미암아 소멸한 등기의 회복을 목적으로 행하여지는 등기를 의미한다(종전의 부동산등기법 제24조).[728][729][730] 멸실된 원인은 불문한다. 왜냐하면 멸실한 등기를 단순히 회복해서 보존하는 것일 뿐 새로이 등기가 이루어지는 것은 아니다. 멸실회복등기는 오로지 멸실한 등기의 회복을 목적으로 한 것이므로 등기부 멸실 전에도 자기명의로 등기부상에 등재되어 있어야 할 수 있는 것이다.[731]

---

727) 제정 1982. 4. 19 등기예규 제444호(가등기에 기한 본등기의 말소와 그 본등기시에 직권말소한 등기의 직권회복).

728) 부동산등기규칙 부칙 제3조(멸실된 등기부에 관한 경과조치) 종이형태로 작성된 등기부의 전부 또는 일부가 폐쇄되지 아니한 상태에서 멸실되었으나 이 규칙 시행 당시까지 종전의 규정에 따른 멸실회복등기절차가 이루어지지 아니한 경우의 그 회복에 관한 절차는 종전의 규정에 따른다(2014. 8. 19 부동산등기과-2112 질의회답)..

729) 2011. 4. 12 부동산등기법(법률 제10580호) 전부개정에 의해 멸실회복등기에 관한 규정은 전산등기부를 전제로 한 전체 취지에 따라 삭제되었다. 즉 전산등기부는 멸실되더라도 그 부본에 의하여 복구가 가능하기 때문이었는데, 종전 종이형태로 작성된 등기부가 폐쇄되지 아니한 상태에서 멸실된 사실이 최근에야 발견되는 경우가 간혹 있었다. 이러한 경우에는 종전의 멸실회복등기절차에 따라 그 등기부를 회복할 수 밖에 없을 것이므로 종전의 규정이 계속 적용될 수 밖에 없다(유석주, 전게서, 1112면).

730) 개정 2007. 12. 11 등기예규 제1223호(멸실회복등기의 사무처리지침).

731) 대법원 1995. 3. 17, 93다61970; 대법원 1995. 12. 26, 95다28601; 대법원(전원합의체) 1996. 10. 17, 96다12511; 대법원 1997. 9. 9, 95다47664; 대법원 1997. 11. 25, 97다34723.

부동산등기부에 소유권이전의 등기가 경료되어 있는 경우 그 등기명의자는 등기원인에 의하여 적법한 소유권을 취득한 것으로 추정받는 것이고, 이러한 법리는 그 소유권이전의 등기가 등기부 멸실 후의 회복등기절차에 의하여 이루어진 경우에도 다를 바 없다.[732]

멸실회복등기와 말소회복등기는 다같이 종전의 순위를 보유하고 멸실 또는 말소가 없었던 것과 같은 효력을 발생하는 점에서는 동일하다. 멸실회복등기는 등기부의 전부 또는 일부가 물리적 사유로 인하여 멸실한 경우에 멸실전의 상태를 회복하기 위한 등기이다. 말소회복등기는 등기가 부적법하게 말소된 경우(법률적 사유)에 말소전의 상태를 회복하기 위한 등기이다.

2) 등기신청에 관한 특칙

(1) 신청기간

등기부의 전부 또는 일부가 멸실된 때에는 대법원장이나 대법원장의 위임을 받은 지방법원장이 3개월 이상의 멸실회복기간을 고시하고, 이 기간내에 신청하여야 하고, 이 기간이 경과한 후에는 회복등기는 인정되지 않는다(종전의 부동산등기법 제24조). 이 회복등기의 신청기간은 각 지방의 실정에 따라 지방법원장이 이를 고시한다.[733] 이 기간내에 등기의 회복을 신청하는 자는 그 등기부에 있어 종전의 순위를 보유한다는 뜻의 고시를 하여야 한다(종전의 부동산등기법 제24조). 이 기간이 경과한 후에는 회복등기는 인정되지 않으므로 기간경과후에는 미등기부동산으로 처리하고 통상의 절차에 따라 소유권보존등기를 하는 방법으로 하는 수 밖에 없다.[734]

멸실회복기간중의 회복등기신청에는 등록세나 등기신청수수료는

---

732) 대법원 1992. 7. 10, 92다9340; 대법원 1992. 8. 18, 92다8736; 대법원 1994. 2. 25, 93다37298; 대법원 1995. 3. 17, 93다61970; 대법원 1996. 10. 29, 96다19338.

733) 개정 2007. 12. 11, 등기예규 제1223호(멸실회복등기의 사무처리지침).

734) 대법원 1984. 2. 28, 83다카994.

납부하지 않아도 된다(종전의 부동산등기법 제27조제3항의 예외). 회복등기의 신청기간 경과 후에 있어서는 회복등기는 이를 할 수 없으므로 통상절차에 의하여 새로운 등기를 신청하여야 한다. 이 때에는 등록세를 납부하여야 한다.[735] 회복등기기간 경과 후에는 등기필증(현재 등기필정보)이 있다고 하더라도 미등기로 간주하여 등록세를 내고 소유권보존등기를 신청하여야 한다.

(2) 단독신청

멸실한 등기부의 회복등기는 등기권리자 단독으로 등기의 회복을 신청할 수 있다(종전의 부동산등기법 제79조). 즉 멸실회복등기에 있어서는 등기권리자의 단독신청주의를 취하고 있다. 멸실회복등기는 권리변동을 새로 일으키는 등기가 아니라, 멸실전에 이미 유효하게 성립되었던 등기를 등기부에 재현시키는 절차인 보존행위에 불과하므로 그 권리자만의 단독신청에 의하더라도 등기의 진정성을 확보할 수 있기 때문이다. 회복등기의 신청은 등기부 멸실전에 자기 또는 피상속인명의로 등기부상에 기재되어 있는 자가 단독으로 신청할 수 있다. 멸실회복등기는 소유권의 등기명의인이 신청하여야 하나, 소유자가 소유권회복등기를 신청하지 아니하면 저당권자등이 소유자를 대위하여 회복등기를 신청할 수 있다. 등기부 멸실 당시의 소유자가 회복등기 기간내에 회복등기를 하지 않았다고 하여 소유권을 상실하는 것은 아니다.[736]

(3) 신청서 및 첨부서면

신청서에는 종전등기의 순위번호, 신청서접수 연월일, 접수번호를 적고 종전등기의 등기필증을 첨부하여야 한다(종전의 부동산등기법 제80조 후단). 등기명의인의 사망에 의하여 그 상속인이 회복등기를

---

735) 개정 2007. 12. 11 등기예규 제1223호(멸실회복등기의 사무처리지침).

736) 대법원 1994. 11. 11, 94다14933; 대법원 1996. 3. 12, 95다46166; 대법원 1997. 10. 24, 95다33283.

신청하는 경우에는 상속을 증명하는 서면을 첨부하여 직접 상속인의 명의로 회복할 것을 신청할 수 있다(종전의 부동산등기법 제47조).

종전등기의 순위나 접수 연월일 또는 접수번호가 불명인 것은 불명으로 등기하여야 한다. 멸실에 의한 회복등기가 등기부에 기재되었다면 별다른 사정이 없는 한 이는 등기관에 의하여 적법하게 수리되고 처리된 것이라고 일응 추정함이 타당하다.[737] 담보권 등의 회복등기는 종전등기의 순위 여하에 불구하고 신청순서에 따라 등기하여야 한다.

3) 멸실회복기간중 신등기에 관한 절차

(1) 신청서편철부의 편철

멸실회복등기의 신청기간중이라 하여도 새로운 등기의 신청은 허용된다. 그러나 등기실행상의 혼란을 피하기 위하여 다음과 같은 절차를 마련하고 있다.

멸실회복등기의 신청기간중에 회복등기와 별도로 새로운 등기의 신청이 있는 때에는 등기관은 신청의 접수를 거부할 수는 없고, 멸실회복여부를 조사한 후, 신청서를 순서에 따라서 이를 신청서 편철부[738]에 편철하여야 한다(종전의 부동산등기법 제82조제1항). 신청서에 편철하는 때에는 이미 편철한 서면의 끝장과 편철하여야 할 서면의 첫 장을 직인으로서 간인을 하고 각 장의 면수를 기재하여야 한다(종전의 부동산등기규칙 제92조). 신청기간만료 후 지체없이 새로운 등기의 신청내용을 등기부에 옮겨 적어야 한다.[739] 편철이 있는 때에는 등기할 사항에 관하여는 그 편철시에 등기가 있었던 것과 동일한 효력이 있다(종전의 부동산등기법 제82조제2항).

---

737) 대법원 1990. 11. 27, 90다카18637; 대법원 1992. 7. 10, 92다9340; 대법원 1992. 8. 18, 92다8736; 대법원 1996. 10. 29, 96다19338.

738) 신청서 편철부는 2011. 4. 12 부동산등기법(법률 제10580호) 전부개정에 의해 폐지되었다.

739) 개정 2007. 12. 11 등기예규 제1223호(멸실회복등기의 사무처리지침).

(2) 편철필증의 교부

신청서 편철부에 편철을 완료한 경우에는 등기권리자에게 편철필증을 발급하여야 한다(종전의 부동산등기법 제83조제1항, 제67조 내지 제70조 준용). 편철필증도 등기필증과 동일한 효력이 있고, 신청서에 등기필증을 첨부하여야 할 경우에는 편철필증의 첨부로써 이에 갈음할 수 있다(종전의 부동산등기법 제83조제2항).

(3) 회복등기후 새로운 등기의 실행방법

멸실회복기간이 만료되어 멸실회복등기를 한 경우에는 등기관은 지체없이 신청서 편철부에 편철되어 있는 순서에 따라 신청서에 의한 등기사항을 등기부에 적어야 한다(종전의 부동산등기법 제84조제1항). 이 경우에는 표시란과 사항란에 한 등기의 말미에 동항의 서면에 따라서 등기를 한 뜻과 그 연월일을 기재하고 등기관이 날인하여야 한다(동조제2항).

4) 부동산소유권 및 부동산저당권 회복등기의 신청절차

(1) 부동산소유권등기에 대한 회복등기신청의 절차

이 회복등기신청에는 종전등기의 등기필증을 첨부하여야 한다(종전의 부동산등기법 제80조). 그러나 이를 제출하기 불가능한 때에는 멸실직전의 등기부등본이나 초본, 토지, 건축물대장등본 기타 권리를 증명하는 공문서를 첨부할 수 있다.[740] 이 때에는 신청서부본을 제출하여야 한다.

공동소유인 부동산은 공유자 전원명의로 회복등기신청을 하여야 한다. 공유자중의 일부의 지분만에 관한 회복등기신청을 할 수 없다. 공유자중의 1인은 공유자 전원 명의로의 회복등기신청을 할 수 있다.

---

740) 개정 2007. 12. 11 등기예규 제1223호(멸실회복등기의 사무처리지침).

등기명의인의 사망에 인하여 그 상속인이 회복등기를 신청하는 때에는 가족관계등록담당공무원의 상속증명서를 첨부하여 직접 상속인 명의로 등기할 것을 신청할 수 있다. 등기권리자가 사망한 경우의 멸실회복등기는 상속인명의로 할 것이 아니라 피상속인명의로 하여야 한다.[741] 그러나 예외적으로 등기명의인의 사망으로 인하여 그 상속인이 회복등기를 신청하는 때에는 가족관계등록부 담당공무원의 상속증명서를 첨부하여 직접 상속인 명의로 등기할 것을 신청할 수도 있다.[742]

소유자가 토지대장 명의인과 다른 경우에 전등기의 등기필증 또는 등기부등본이나 초본으로 전등기의 소유자임을 증명할 수 없을 때에는 토지대장명의자의 소유권보존등기를 경료한 후에 소유권이전등기를 신청하여야 한다. 그러나 토지대장 소유자가 소유권이전등기절차를 불이행할 때에는 소유자는 소송절차에 의하여야 한다.

6.25 사변 기타 재난으로 인하여 등기부의 전부 또는 일부가 멸실되었으나 회복등기신청 기간 내에 회복등기의 신청을 하지 못하여 그 기간이 경과한 후에는 설시 등기권리자가 전등기의 등기필증을 소유하고 있다고 하여도 회복등기 방법에 의하여는 그 등기를 할 수 없으며, 일반 절차에 따라 새로운 보존등기를 신청하여야 하나(종전의 부동산등기법 제130조), 이 경우 지적공부 역시 멸실된 상태라면 먼저 지적공부를 복구등록(공간정보법 제79조, 동법시행령 제61조, 동법시행규칙 제72조)한 후 그 대장등본을 첨부하여[743] 소유권보존등기를 신청할 수 있다.[744]

---

741) 대법원 1993. 7. 27, 92다50072.

742) 사법연수원, 전게서, 110면; 개정 2007. 12. 11 등기예규 제1223호(멸실회복등기의 사무처리지침).

743) 지적복구시 소유자에 관한 사항이 복구되지 아니하였다면 소송에 의하여 소유권확인판결을 받아 이를 함께 첨부하여야 한다.

744) 제정 1991. 1. 30 등기예규 제716호(등기부의 전부 또는 일부가 멸실된 경우 그 회복등기신청기간이 경과된 후의 등기절차 등).

(2) 부동산저당권등기에 대한 회복등기신청의 절차

저당권회복등기는 부동산 소유권회복등기를 경료한 부동산에 대하여 전등기의 등기필증을 첨부하여야 한다. 그러나 소유권회복등기 전에 이 회복등기신청이 있을 때에는 등기용지 중 표제부의 부동산표시란과 을구란에 회복등기를 하여야 한다. 저당권자는 이 회복등기의 신청기간 내에 있어서는 채무자의 소유권등기필증을 첨부하여 이에 대위하여 소유권의 회복등기를 신청할 수 있다.

※ 제한물권설정등기

제한물권설정등기가 멸실하였을 경우 그 멸실된 등기의 회복등기신청기간 중에도 새로운 등기신청이 허용되며, 이 새로운 등기는 멸실된 등기가 회복기간 내에 회복등기가 되었을 때에는 그 회복등기보다 후순위가 되며 부동산등기법 제24조의 순위보전은 이러한 범위내에서만 실효있는 규정인 것이다.[745]

---

745) 대법원 1970. 3. 10, 70다15.

7. 가등기

1) 가등기의 의의

가등기(假登記)라 함은 부동산물권(소유권·지상권·지역권·전세권·저당권) 및 이에 준하는 권리(권리질권·임차권)의 변동을 일어나게 할 청구권을 가지는 자의 보호를 위한 일시적·예비적 보전수단으로서 인정되는 등기를 말한다.

※ 가압류: 민사소송법상 인정되고 있는 약식절차의 하나로서, 가압류는 금전채권이나 금전으로 환산할 수 있는 채권에 대하여 동산 또는 부동산에 대한 장래의 강제집행을 가능케 하기 위한 제도를 말한다(민사집행법 제276조).[746] 즉 채무명의의 취득후 강제집행의 착수때까지 채무자의 재산은익, 도망 등의 사실발생으로 판결의 집행이 불가능하거나 현저히 곤란하게 될 염려가 있는 경우 일시 채무자의 재산을 확보하여 강제집행을 보전하려는 것이다.

※ 가처분: 금전채권이외의 청구권에 대한 집행을 보전하기 위하여 또는 다투어지고 있는 권리관계에 대해 임시의 지위를 정하기 위해 법원이 행하는 일시적인 명령을 말한다.[747]

---

746) 민사집행법 제276조 (가압류의 목적) ① 가압류는 금전채권이나 금전으로 환산할 수 있는 채권에 대하여 동산 또는 부동산에 대한 강제집행을 보전하기 위하여 할 수 있다.
민사집행법 제277조 (보전의 필요) 가압류는 이를 하지 아니하면 판결을 집행할 수 없거나 판결을 집행하는 것이 매우 곤란할 염려가 있을 경우에 할 수 있다.
민사집행법 제293조 (부동산가압류집행) ① 부동산에 대한 가압류의 집행은 가압류재판에 관한 사항을 등기부에 기입하여야 한다.
② 제1항의 집행법원은 가압류재판을 한 법원으로 한다.
③ 가압류등기는 법원사무관등이 촉탁한다.

747) 민사집행법 제300조 (가처분의 목적) ① 다툼의 대상에 관한 가처분은 현상이 바뀌면 당사자가 권리를 실행하지 못하거나 이를 실행하는 것이 매우 곤란할 염려가 있을 경우에 한다.
② 가처분은 다툼이 있는 권리관계에 대하여 임시의 지위를 정하기 위하여도 할 수 있다. 이 경우 가처분은 특히 계속하는 권리관계에 끼칠 현저한 손해를 피하거나 급박한 위험을 막기 위하여, 또는 그 밖의 필요한 이유가 있을 경우에 하여야 한다.
민사집행법 제305조 (가처분의 방법) ① 법원은 신청목적을 이루는 데 필요한 처분을 직권으로 정한다.
② 가처분으로 보관인을 정하거나, 상대방에게 어떠한 행위를 하거나 하지

<그림 Ⅸ-9> 가압류등기 사례

【갑구】 (소유권에 관한 사항)				
순위번호	등기목적	접수	등기원인	권리자 및 기타사항
3	소유권 이전	2004년 7월 1일 제1234호	2004년 6월 1일 매매	소유자 김갑동 781203-1345667 서울 강남구 청담동 12
4	가압류	2006년 5월 5일 제889호	2006년 5월 2일 서울중앙지방법원의 가압류결정(2006카단234)	청구금액 금5,000,000원 채권자 이을동 430304-1345223 서울 서초구 서초동 34
5	소유권 이전	2006년 5월 9일 제1345호	2006년 4월 7일 매매	소유자 박병동 710306-1435667 서울 강남구 도곡동 56
6	강제경매개시결정(4번 가압류의 본압류로의 이행)	2006년 7월 3일 제2456호	2006년 7월 1일 서울중앙지방법의 경매개시결정(2006타경455)	채권자 이을동 430304-1345223 서울 서초구 서초동 34

자료 : 제정 2007. 1. 8 등기예규 제1160호(가압류의 피보전채권자 또는 피보전채권의 승계인을 등기권리자로 하는 경매개시결정등기에 관한 업무처리지침).

<그림 Ⅸ-10> 가처분등기 사례

(갑구)

순위	사 항 란
3	가 처 분 접 수 1997년 3월 5일 제165호 원 인 1997년 3월 4일 서울지방법원의 가처분결정(97다카1250) 금지사항 양도, 담보권설정 기타 일체의 처분행위의 금지 피보전권리 근저당권설정등기청구권 채권자 이 병 돌 561030-1238901 서울 종로구 원지동 10 (인)

말도록, 또는 급여를 지급하도록 명할 수 있다.
③ 가처분으로 부동산의 양도나 저당을 금지한 때에는 법원은 제293조의 규정을 준용하여 등기부에 그 금지한 사실을 기입하게 하여야 한다.

(을구)

순위	사 항 란
4	근저당권설정 (1997년 3월 5일 접수 제165호 가처분에 기함) 접 수 1997년 7월 5일 제2333호 원 인 1997년 2월 15일 설정계약 채권최고액 금50,000,000원 채무자 김 삼 남 서울 종로구 원서동 5 근저당권자 이 병 돌 561030-1238901 서울 종로구 원지동 10 (인)

자료 : 개정 2002. 11. 1 등기예규 제1062호(소유권 이외의 권리의 설정등기청구권을 보전하기 위한 처분금지가처분등기에 관한 사무처리예규).

1983년 「가등기담보등에 관한 법률」[748]을 제정하여 가등기에 의한 담보에 관하여 실정법적 근거를 마련하였다. 그래서 본래의 부동산물권변동을 목적으로 하는 청구권보전의 가등기와 담보가등기는 그 형식에 있어서는 동일하지만 그 효력에 있어서는 차이가 있다. 즉, 청구권보전의 가등기는 순위보전적 효력이 있는데 비해, 채권담보를 목적으로 경료히는 담보가등기는 형식은 가등기이지만 가등기담보권은 설정등기로서 특수한 실체적 효력을 가진다.

※ 담보가등기

담보가등기(擔保假登記)는 가등기담보라고도 하는데 채권담보의 목적으로 경료된 가등기를 말한다. 즉 가등기담보의 설정을 위한 가등기를 말하며(가등기담보등에 관한 법률 제2조 제3호), 가등기담보권을 공시하는 역할을 한다. 예를 들어 돈을 빌려줄 때 저당권을 설정하는 대신 채무자의 부동산을 사는 것처럼 매매계약을 맺거나 채무자의 부동산으로 대물변제를 받겠다는 계약을 하고, 나중에 빚을 갚지 않으면 그 부동산의 소유권을 이전받기로 하는 일종의 담보계약을 했을 때, 해 두는 가등기로 경매에서는 저당권과 동일한 권리로 취급한다(가등기담보등에 관한 법률 제12조제1항). 담보가등기는 저당권설정등기와는 달리 담보되는 채권에 관하여는 채권액, 채무자 등을 일체 기재하지 않는다. 담보가등기와 보통의 가등기는 등기부상 구별할 수 없으나 실체적 효력이 인정된다(가등기담보등에 관한

748) 제정 1983. 12. 30 법률 제3681호.

법률 제13조). 이에 따라 가등기담보계약을 하고 담보가등기를 갖춘 경우에는 「가등기담보등에 관한 법률」이 적용된다.

가등기는 보전의 목적으로 일정한 청구권을 공시하는 예비등기이다. 즉 본등기를 할 수 있는 실체법적 요건이 구비되지 않을 때 장래에 할 본등기의 준비로서 하는 예비등기를 말한다. 이와 같은 가등기를 하려면, 보전할 유효한 청구권이 존재하고 있어야 한다(동법 제3조). 청구권 보전 목적의 가등기에서 청구권은 채권적 청구권을 의미하는 것으로 소유권보존의 가등기나 물권적 청구권을 보전하기 위한 가등기는 허용되지 않는다.

<그림 Ⅸ-11> 가등기 사례(갑구)

순위	사 항 란
1	소유권이전 접 수 2002년 4월 5일 제1900호 원 인 2002년 4월 3일 매매 소유자 이 갑 동
2	소유권이전청구권가등기 접 수 2002년 5월 5일 제2000호 원 인 2002년 5월 3일 매매예약 가등기권자 박 갑 남, 김 을 동
	소유권일부이전(박갑남 명의로 가등기된 지분) 접 수 2002년 6월 5일 제3500호 원 인 2002년 6월 4일 매매 공유자 지분 2분의1 박 갑 남
	1번 이갑동 지분 전부이전(김을동 명의로 가등기된 지분) 접 수 2002년 7월 5일 제4500호 원 인 2002년 7월 3일 매매 김 을 동

주: 1) 전산정보처리조직에 의해 등기사무를 처리하는 경우에는 그 성질상 가등기의 기재시 아래쪽에 여백을 두는 규정(종전의 부동산등기법 제61조)은 적용하지 아니한다(종전의 부동산등기법 제177조의4).

자료: 제정 2002. 8. 14 등기예규 제1057호(가등기에 관한 업무처리지침)는 폐지(등기예규 제1408호)되었으나, 사례로 인용하였다.

2) 가등기의 유형

(1) 청구권보전의 가등기

가등기는 부동산등기법상 등기할 수 있는 각종의 권리의 이전·변경·소멸의 청구권을 보전하려고 할 때 장차 이루어질 본등기의 순위를 확보하기 위하여 예비적 절차로 실행된다. 가등기는 부동산매수인의 이전청구권과 같이 장차 권리변동을 발생케 할 청구권을 보전하려 할 때, 대물변제의 예약과 같이 청구권이 시기부 또는 정지조건부인 때, 재매매의 예약과 같이 기타 청구권이 장래에 확정될 것인 때에 가등기를 할 수 있다. 단 이 때 가등기의 내용은 장차 행해질 본등기의 내용과 일치하는 것이어야 한다.

청구권의 보전이 목적이 아닌 소유권보존등기나 처분제한등기(압류, 가압류, 가처분, 경매신청등기)는 청구권이 존재하지 않으므로 가등기할 수 없다. 이 밖에 말소등기, 미등기부동산의 제한물권설정청구권, 표제부표시란 등에는 가등기를 할 수 없다.

(2) 가등기의 가등기

가등기에 의해서 보전되는 청구권을 양도하거나 담보가등기(가등기담보등에 관한 법률 제2조제3호)에 있어서 가등기담보권을 양도한 경우에는 가등기에 부기등기를 하여야 하는데, 이 부기등기는 성질에 있어서 가등기라 하여야 할 것이다.[749)]

학설은 가등기된 채권이 양도된 경우 이를 가등기할 수 없게 한다면 채권의 양도를 막는 결과가 되므로 이를 허용해야 한다고 한다. 가등기에 의해서 보전되는 청구권은 특수한 저당권이므로 당연히 양도성이 있는 것이므로 가등기의 가등기는 가능하고 허용되어야 할 것이다.

---

749) 대법원(전원합의체) 1998. 11. 19, 98다24105.

대법원은 종래 가등기의 가등기를 허용하면 등기용지에 가등기가 남용되어 공시작용을 저해할 우려가 있다고 하여 가등기의 가등기를 허용하고 있지 않았으나,[750] 가등기에 의해서 보전되는 청구권은 특수한 저당권이므로 당연히 양도성이 있는 것이므로 가등기의 가등기는 가능하고 허용되어야 할 것이라고 하여 등기실무상으로는 허용되었다. 그 후 대법원 전원합의체 판결[751]이 선고됨에 따라 판례와 실무례가 일치되었다. 나아가 가등기상 권리의 이전등기신청은 가등기된 권리중 일부 지분에 관해서도 할 수 있다.[752]

※ 소유권이전등기

가등기는 원래 순위를 확보하는 데에 그 목적이 있으나, 순위 보전의 대상이 되는 물권변동의 청구권은 그 성질상 양도될 수 있는 재산권일 뿐만 아니라 가등기로 인하여 그 권리가 공시되어 결과적으로 공시방법까지 마련된 셈이므로, 이를 양도한 경우에는 양도인과 양수인의 공동신청으로 그 가등기상의 권리의 이전등기를 가등기에 대한 부기등기의 형식으로 경료할 수 있다고 보아야 한다.[753]

가등기권리자가 장차 본등기를 갖출 것을 전제로 하여 그 가등기권리자를 등기의무자로 한 새로운 소유권이전가등기나 저당권설정가등기 등을 설정할 수 없지만, 가등기 자체를 이전하거나 가등기권리

---

750) 대법원 1972. 6. 2, 72마399(가등기는 후일 본등기를 한 경우에 그 본등기의 효력을 소급시켜 가등기를 한 때에 본등기를 한 것과 같은 순위를 확보케 하는 데에 그 목적이 있을 따름이고 가등기에 의하여 어떤 특별한 권리를 취득케 하는 것이라고는 볼 수 없다).

751) 대법원(전원합의체) 1998. 11. 19, 98다24105(가등기는 원래 순위를 확보하는데 그 목적이 있으나, 순위보전의 대상이 되는 물권변동청구권은 그 성질상 양도될 수 있는 재산권일 뿐만 아니라 가등기로 인하여 그 권리가 공시되어 결과적으로 공시방법까지 마련된 셈이므로, 이를 양도한 경우에는 양도인과 양수인의 공동신청으로 그 가등기상의 권리의 이전등기를 가등기에 대한 부기등기의 형식으로 경료할 수 있다고 보아야 할 것이다).

752) 이 경우 등기신청서와 등기부에는 이전되는 지분을 기재한다(사법연수원, 전게서, 117면); 제정 2002. 8. 14 등기예규 제1057호(가등기에 관한 업무처리지침)는 제정 2011. 10. 12 등기예규 제1408호(가등기에 관한 업무처리지침)에 의해 폐지 대체됨.

753) 대법원(전원합의체) 1998. 11. 19, 98다24105.

자체의 이전청구권가등기 등은 이를 할 수 있고 가등기권리이전가처분등기도 이를 할 수 있다. 그러나 가등기에 기한 본등기를 금지하는 가처분등기는 허용되지 않는다.

3) 가등기의 절차

(1) 가등기의 신청

가등기의 신청도 일반원칙에 따라 가등기권리자와 가등기의무자의 공동신청이 원칙이다(부동산등기법 제23조제1항). 가등기는 물권변동의 효력과 관계없이 예비적 절차로서 이루어지므로 다음과 같은 특칙이 있다. 가등기의무자의 승낙서를 첨부하여 가등기권리자가 단독으로 가등기를 신청하는 것이 허용된다(동법 제89조). 가등기의무자가 이러한 승낙서의 교부를 거부하는 때에는 가등기권리자는 판결을 얻어 단독으로 신청할 수 있다(동법 제90조). 가등기권리자가 당해 부동산의 소재지를 관할하는 지방법원의 가처분명령에 의한 가처분명령정본을 첨부하여 단독으로 가등기를 할 수 있다(동법 제89조, 제90조, 동규칙 제145조제2항).

(2) 가등기의 실행

종전 수작업에 의한 가등기시에 있었던 절차는 전산정보처리조직에 의한 가등기가 행해지고 있는 현재는 의미가 없다.[754] 전산정보처리조직에 의하여 등기사무를 처리하는 현재는 본등기를 하기 위한 구역이 자동적으로 생성되므로 가등기시에 미리 여백을 만들 필요가 없다.[755]

---

754) 가등기는 등기용지 중 해당구 사항란에 이를 기재하고, 아래쪽에 여백을 두어야 한다(종전의 부동산등기법 제61조, 종전의 부동산등기규칙 제75조제2항). 전산정보처리조직에 의해 등기사무를 처리하는 경우에는 그 성질상 가등기의 기재시 아래쪽에 여백을 두는 규정(종전의 부동산등기법 제61조)은 적용하지 아니한다(종전의 부동산등기법 제177조의4 제1항).

755) 유석주, 전게서, 1146면.

가등기는 가등기에 의하여 실행되는 본등기의 형식에 따라 주등기 또는 부기등기로 한다. 소유권이전청구권보전의 가등기와 소유권을 목적으로 하는 저당권설정가등기는 주등기, 소유권 이외의 권리의 이전청구권보전의 가등기와 소유권 이외의 권리(지상권, 전세권)를 목적으로 하는 저당권설정가등기는 모두 부기등기에 의한다(동법 제52조 제2호).

(3) 가등기의 효력

가등기 자체만으로는 실체법상의 효력이 없으므로 가등기가 경료되었다고 하더라도 현재의 등기명의인은 처분할 권리를 잃지 않는다. 다만, 채권담보 목적의 담보가등기는 저당권의 본등기에 준하는 효력이 인정된다(가등기담보에 관한 법률 제12조제1항). 반면에 가처분등기의 처분금지의 효력에 대하여는 처분금지가처분[756]에 위반한 양도 기타의 처분행위는 당연무효가 되는 것은 아니고, 단지 가처분권자에게 대항할 수 없을 뿐이라는 상대적 무효설이 현재의 통설·판례이다.[757] 따라서 처분금지가처분에 위반하는 처분행위를 가처분채무자와 그 상대방 사이에는 완전히 유효하므로 그 처분행위를 원인으로 하는 등기신청은 적법한 것으로 받아들여야 한다. 다만 그 유효를 가지고 가처분채권자에게 주장하지 못할 뿐이다.[758]

가등기의 효력으로는 본등기순위보전의 효력과 청구권보전의 효력이 있다. 가등기의 본등기순위보전의 효력이라 함은 본등기 후의 가등기의 효력으로서, 가등기에 기하여 후에 본등기가 행해지면 본등기의 순위는 가등기의 순위에 따른다(부동산등기법 제91조). 예컨대 갑

---

756) 제정 1997. 9. 11 등기예규 제881호(처분금지가처분등기에 관한 예규).

757) 2008년 제17대 국회에서 폐기된 민법개정안에는 '가등기 이후에 이루어진 목적물에 대한 처분은 그 가등기에 의하여 보전되는 권리를 침해하는 한도에서 효력이 없다'는 규정을 제187조의2로 신설함으로써 가등기의 상대적 효력을 인정하는 실체법적 근거규정을 두어 청구권보전을 위한 가등기 이후에 이루어진 처분행위는 가등기권리자에 대하여 효력이 없다는 점을 명백히 하였다(사법연수원, 전게서, 116면).

758) 유석주, 전게서, 869면.

에게서 을에게로의 소유권이전에 관해 가등기가 행해지고, 이어서 갑에게서 병으로의 소유권이전의 본등기가 있은 후, 을의 가등기에 기해 본등기가 행해지면, 을의 본등기는 비록 병의 본등기보다 늦게 행해진 것이지만 병의 본등기에 우선하게 되며, 병의 소유권취득은 을에 대한 관계에서는 효력을 잃게 된다. 이와 같이 가등기는 본등기의 순위를 보전하는 효력이 있지만, 이것은 물권변동의 시기가 가등기를 한 때로 소급한다는 것을 의미하지는 않는다.

※ 가등기권리자의 소유권이전의 본등기를 한 제3자에의 대항여부
부동산에 대한 소유권이전등기청구권을 보전하기 위한 가등기권자는 가등기가 본등기를 하는 경우에 있어서의 순위를 보전하기 위한 효력만이 있는 것이므로 그 가등기 후에 그 부동산에 대하여 적법한 권원에 의하여 소유권이전의 본등기를 한 제3자에 대하여는 그 가등기만으로서 소유권을 주장할 수 없고 구민법하에 있어서도 가등기만으로는 그 소유권취득을 제3자에게 대항할 수 없다 할 것이다.[759]

가등기의 청구권보전의 효력은 본등기 전의 가등기의 효력을 의미한다. 통설・판례에 의하면 가등기는 본등기가 없는 동안은 아무런 실체법상의 효력이 없는 것이며, 가등기권리자가 본등기를 청구할 수 있는 것은 가등기의 성질상 당연한 것이라고 한다. 따라서 통설・판례에 입각하고 있는 한 견해는, 가등기의 「청구권보전의 효력」으로서 의미있는 것은 불법말소된 가등기의 회복등기청구권이라고 한다. 즉 가등기가 가등기권리자의 의사에 의하지 않고 위법하게 말소된 경우, 그 가등기는 순위보전의 효력을 잃지 않으며 나아가 가등기명의인은 위법하게 말소된 가등기의 회복등기를 청구할 수 있으며, 이것이 가등기가 가등기인 채로 가지는 효력, 즉 본등기 전의 가등기의 효력이라는 것이다.

759) 대법원 1966. 5. 24, 66다485.

4) 가등기에 기한 본등기

(1) 본등기의 신청

가등기에 기한 본등기란 가등기후에 본등기를 할 수 있는 실체법상의 요건이 구비된 경우 본등기사항을 기재하는 것을 말한다. 가등기에 기한 본등기 역시 등기권리자와 등기의무자가 공동으로 신청하여야 한다(동법 제23조). 등기의무자가 등기신청시 협력하지 않으면 판결을 받아 단독으로 신청할 수 있다(동법 제89조). 판결에 의한 본등기를 신청한 경우 판결주문에 매매예약 완결일자가 있으면 그 일자를 등기원인일자로 기재하고, 완결일자가 없으면 등기원인[760]을 확정판결로, 등기원인일자를 확정판결의 선고년월일로 기재한다.[761][762]

가등기가 있은 후 제3자를 위한 본등기가 행해져 있는 경우에 가등기에 기한 본등기를 청구하는데 있어 등기의무자에 대해 판례는 현재의 소유자가 아니라 가등기 당시의 등기명의인을 등기의무자로 하고 있다.[763] 가등기에 기한 본등기 신청시 제3자의 승낙은 필요로 하지 않는다. 가등기에 기한 본등기를 실행하면 가등기이후의 등기사항은 예고등기와 처분금지가처분등기를 제외하고 모두 등기관에 의해 직권말소된다.[764]

가등기에 기한 본등기 절차의 이행을 명하는 판결에 의하여 곧바로 가등기에 기한 본등기가 아닌 일반적인 소유권 이전등기를 신청할 수는 없다.[765][766]

---

760) 본등기가 가등기의 순위보전효력을 유지하기 위해서는 본등기의 등기원인은 가등기의 등기원인과 동일하거나 관련성을 가져야 하므로, 가등기에 기한 본등기절차의 이행을 명한 확정판결의 본등기원인과 가등기의 등기원인이 상이하고 상호관련성이 없는 경우에는 가등기원인을 경정하여 가등기에 기한 본등기를 신청할 수 있다(2006. 8. 25, 부동산등기과-2499 질의회답).

761) 제정 2002. 8. 14 등기예규 제1057호(가등기에 관한 업무처리지침)는 제정 2011. 10. 12 등기예규 제1408호(가등기에 관한 업무처리지침)에 의해 폐지 대체됨.

762) 사법연수원, 전게서, 118면.

763) 대법원 1989. 10. 27, 87다카425; 대법원 1994. 1. 28, 93다31702; 대법원 1994. 4. 12, 93다52853; 대법원 1998. 3. 24, 97다56242; 대법원 2002. 12. 6, 2001다2846.

764) 제정 2011. 10. 12 등기예규 제1408호(가등기에 관한 업무처리지침).

(2) 본등기의 실행

가등기를 한 후 본등기를 할 수 있는 실체법적 요건이 구비된 경우에 가등기를 한 후 본등기의 신청이 있을 때에는 가등기의 순위번호를 사용하여 본등기를 하여야 한다(동규칙 제146조). 가등기를 기초로 하여 본등기를 하면 물권변동의 효력은 가등기 당시로 소급하는 것은 아니며, 다만 본등기의 순위는 가등기 당시의 순위에 의한다(순위보전적 효력).[767]

5) 가등기의 말소등기

(1) 가등기말소등기의 신청인

가등기의 말소도 가등기권리자와 가등기의무자가 공동신청하는 것이 원칙이나 그 성질상 가등기명의인의 단독신청이 인정된다(동법 제93조제1항). 가등기의무자 또는 가등기에 관하여 등기상 이해관계 있는 자는 공동신청규정(동법 제23조제1항)에도 불구하고 가등기명의인의 승낙을 받아 단독으로 가등기의 말소를 신청할 수 있다(동법 제93조제2항).

(2) 소유권에 관한 가등기의 말소신청

소유권에 관한 가등기의 말소신청에 있어서는 가등기명의인의 인감증명을 제출하여야 한다(동규칙 제60조제1항 제2호).

(3) 가등기의 직권말소

가등기이전의 부기등기는 기존의 주등기인 가등기에 종속되어 주

765) 1994. 10. 26 등기 3402-1269.

766) 등기선례 4-582(가등기명의인이 수인인 경우 그 중 1인이 본등기를 신청할 수 있는지 여부 등).

767) 대법원 1982. 6. 22, 81다1298, 1299(법정지상권 취득요건인 토지, 건물 동일소유자 판단에 있어서 가등기는 고려대상이 아니다(사법연수원, 전게서, 116면)); 대법원 1992. 9. 25, 92다21258.

등기와 일체를 이루는 것이어서 피담보채무가 소멸된 경우에는 주등기인 가등기의 말소만 구하면 되고, 그 부기등기는 별도로 말소를 구하지 않더라도 주등기의 말소에 따라 직권으로 말소된다.[768)]

가등기권자는 가등기만으로서 가등기 후의 본등기취득자에게 가등기에 의하여 보전된 물권을 주장하여 제3자의 본등기말소를 청구할 수 없고, 가등기 후에 본등기를 한 제3자는 가등기권자의 본등기취득으로 등기순위와 물권의 배타성에 의하여 실질적으로 등기의 효력을 상실할 것이므로 이와 같은 경우에는 등기관은 본법 소정의 절차에 의하여 가등기 후에 한 제3자의 본등기를 직권으로 말소할 수 있다.

---

768) 대법원 1994. 10. 21, 94다17109; 대법원 1995. 5. 26, 95다7550; 대법원 1995. 11. 14, 95다25923; 대법원 1995. 12. 26, 95누14220; 대법원 1998. 9. 8, 98다19509; 대법원 2000. 4. 11, 2000다5640; 대법원 2006. 1. 26, 2005다37185; 대법원 2008. 9. 11, 2006다50338; 대법원 2009. 1. 15, 2007다51703.

8. 예고등기[769)]

1) 예고등기의 의의 및 효력

(1) 의의

예고등기(豫告登記)란 등기원인의 무효·취소로 인한 등기의 말소 또는 회복의 소가 제기된 경우에 제3자에게 대한 경고의 목적으로 수소법원의 촉탁에 의해 이루어지는 등기를 말한다(종전의 부동산등기법 제4조, 제39조).[770)] 예고등기의 목적은 소가 제기된 사실을 공시함으로써 제3자에게 경고를 주어 계쟁 부동산에 관하여 법률행위를 하고자 하는 선의의 제3자로 하여금 소송의 결과 발생할 수 있는 불측의 손해를 방지하고자 함에 있다.[771)] 예고등기는 독립등기의 방식으로 한다.[772)]

---

769) 예고등기(종전 부동산등기법 제4조, 제170조, 제170조의2)는 1960년부터 등기의 공신력이 인정되지 않는 거래의 안전을 보호하기 위해서 인정되었던 제도였다. 예고등기는, 2011. 4. 12 개정에 의해 「예고등기로 인하여 등기명의인이 거래상 받는 불이익이 크고, 집행방해의 목적으로 소를 제기하여 예고등기가 행해지는 사례가 있는 등 그 폐해가 크므로 이를 폐지한다(입법예고문)」라는 이유로 폐지되었다. 그러나 이에 관하여 학계에서는 아직까지 폐지론과 보완론으로 나뉘고 있고 다음과 같은 이유에서 다시 생각해 볼 이유가 있어서 본서에서는 그대로 설명하고자 한다. 첫째, 폐지론의 근거중의 하나인 「일본 부동산등기법의 개정에서도 같은 사유로 폐지되었다」고는 하나, 일본 부동산등기법상의 예고등기의 효과는 물권변동에서 의사주의를 취하고 있으므로 형식주의를 취하고 있는 우리나라와는 다르다. 둘째, 예고등기의 남용에 대한 법원행정처 사법등기국 자료에 의하면 「2003년 9월까지 예고등기가 말소된 적이 있는 등기부 22,497개를 조사한 결과, 그중 7분의 6 정도인 19,311건은 원고의 주장이 이유가 없었는데도 불구하고 예고등기가 경료된 것으로써 이로 인하여 적어도 상당수의 등기명의인이 권리행사에 제약을 받았다」고 합니다. 이것은 반대로 7분의 1정도인 3,186건은 원고의 주장이 이유가 있었다는 해석이 가능합니다. 실무상 처분금지가처분이라는 보완책이 있다고 하더라도 예고등기의 남용을 방지하기 위하여 수소법원의 판사가 상당성을 판단하여 그 사유가 인정되는 경우에만 촉탁하도록 하는 것이 더욱 바람직하다. 셋째, 종전 예고등기의 남용유형으로 「원고로서는 자기의 비용을 들여 계쟁 부동산에 대해 처분금지가처분등기를 하기 보다는 나중에 청구의 취지를 변경할망정 처음에는 예고등기가 될 수 있는 소송유형을 찾아서 소를 제기하는 방식」을 꼽고 있었는데, 예고등기의 폐지로 수소법원의 부담이 처분금지가처분등기를 구하는 원고의 부담으로 변경하는 것은 불합리하다.

770) 대법원 2001. 3. 14, 99마4849; 대법원 2003. 12. 12, 2003다48037.

<그림 Ⅸ-12> 예고등기 사례

(갑구)

순위	사 항 란
1	소유권보존 (등기사항 기재생략) ㊞
2	소유권이전 (등기사항 기재생략) ㊞
3	소유권이전 (등기사항 기재생략) ㊞
4	1, 2, 3번 소유권말소예고등기 접수 1978년 3월 5일 제 3007호 원인 1978년 3월 4일 서울민사지방법원에 소제기 ㊞
5	1, 2, 3번 소유권말소예고등기 접수 1979년 7월 7일 제 5008호 원인 1978년 7월 6일 서울민사지방법원에 소제기 ㊞
6	1, 2, 3번 소유권말소 접수 1980년 9월 9일 제 7007호 원인 1980년 9월 7일 서울민사지방법원의 확정판결 ㊞
7	4, 5번 예고등기말소 1, 2, 3번 소유권등기말소로 인하여 1980년 9월 9일 등기 ㊞

자료: 제정 1980. 11. 15 등기예규 제370호(예고등기의 목적이 된 등기의 말소 또는 회복과 예고등기의 직권말소).

(2) 효력

예고등기는 오직 소가 제기된 사실을 공시함으로서 제3자에 대한 경고적 효력만이 존재할 뿐이며 소제기의 이유가 되는 등기원인·취소사유의 존재는 추정되지 않는다. 즉, 예고등기는 등기말소소송이

771) 당해 제소 내용상 관련 학설이나 판례가 전무하거나, 서로 엇갈리기 때문에 예고등기 촉탁이 필요한 사안인지에 대하여 부정적인 판단을 한 것에 과실이 있다고 볼 수 없는 경우, 혹은 예고등기가 되어 있었다 하더라도 제3자가 마찬가지의 거래행위를 하였을 것이라고 볼 수 있는 경우 등 특별한 사정이 없는 한, 등기원인의 무효 또는 취소로 인한 등기의 말소 또는 회복의 소가 제기되었음에도 불구하고 담당 공무원이 예고등기의 촉탁을 하지 아니한 탓으로 제3자가 등기명의인으로부터 권리를 취득할 수 있다고 믿고 그 부동산에 관한 거래를 하였다가 그 소송의 결과에 따라 불측의 손해를 입게 되었다면 이는 담당 공무원이 그 직무를 집행함에 당하여 과실로 법령에 위반하여 타인에게 손해를 가한 때에 해당하여 국가는 국가배상법 제2조 제1항에 따라 손해배상책임을 진다(대법원 1998. 9. 22, 98다2631).

772) 사법연수원, 전게서, 124면.

제기된 사실을 경고하는 목적을 가질 뿐 부동산에 대한 처분을 금지하는 효력은 없다.[773]

2) 예고등기의 요건

(1) 등기의 말소 또는 회복의 소의 제기

예고등기는 당사자가 등기원인의 무효·취소로 인한 등기의 말소 또는 회복을 주장하는 소가 제기된 경우에 한다. 예고등기의 대상이 되려면 소장(訴狀)의 청구취지에 특정 등기의 말소 또는 회복등기를 구하는 내용이 기재되어 있어야 한다.[774] 등기의 말소 또는 회복이라고 할 때의 등기는 권리의 등기라는 뜻이며, 표제부 표시란에 하는 사실의 등기는 포함되지 않는다. 권리의 등기이면 되므로 가등기이더라도 상관없다. 즉, 사항란의 등기에 대해 예고등기의 대상이 되는 것이지, 표시란의 등기원인의 사유는 예고등기의 촉탁대상이 아니다.

소가 제기된 경우의 소는 본소이든 반소이든 그리고 예비적 또는 선택적 청구이든 모든 포함된다.[775] 폐쇄된 등기부에 기재된 등기사항에 대해서는 말소나 회복의 소의 제기가 가능하고 따라서 예고등기를 촉탁하여야 한다(종전의 부동산등기규칙 제113조).

(2) 등기원인의 무효 또는 취소를 주장하는 소

등기원인의 무효 또는 취소라 함은 등기부에 기재된 등기원인의 무효·취소에 한하지 않고 널리 등기의 실질적 원인인 법률관계의 무효·취소를 포함하는 것이다. 즉 청구원인으로서 등기원인의 부존재·무효·취소를 주장하는 경우이어야 한다.[776] 등기원인에는 등기

773) 대법원 1994. 9. 13, 94다21740; 대법원 1999. 7. 9, 98다13754, 13761; 대법원 2000. 8. 22, 99두4006; 대법원 2003. 12. 12, 2003다48037.

774) 여기서 회복등기는 말소회복등기를 말하고 멸실회복등기는 포함하지 않는다. 멸실회복등기는 등기원인의 무효·취소를 이유로 하는 것이 아니기 때문이다(사법연수원, 전게서, 125면).

775) 소송 도중 소의 교환적·추가적 변경이 있는 경우 예고등기의 촉탁을 간과하기 쉬우므로 실무상 주의를 요한다(상게서, 126면).

부에 기재되어 있는 등기원인 뿐만 아니라 등기부에 그 원인이 기재되어 있지 않으나, 그 등기가 소급하여 무효가 되는 실질적인 원인도 포함된다. 따라서 등기원인이 존재하지 않는 소유권보존등기에 대해 등기의 무효를 원인으로 한 소가 제기된 경우에도 예고등기를 촉탁한다.

(3) 제3자에게 대항할 수 있는 등기원인의 무효 또는 취소

예고등기의 대상이 되는 소는 그 등기원인의 무효 또는 취소로써 선의의 제3자에게 대항할 수 있는 절대적 무효·취소사유에 한한다(종전의 부동산등기법 제4조). 비진의표시(非眞意表示, 예: 팔의사가 없음에도 팔겠다고 하는 것), 통정허위표시(通情虛僞表示, 상대방과 통모하여 진의아닌 의사표시로 압류를 면하기 위하여 부동산의 소유명의를 이전시키는 것)를 이유로 하는 원인무효소송에 대해서는 예고등기의 촉탁대상이 아니다. 착오·사기·강박·사해 행위의 취소를 원인으로 하는 취소사유에 대해서도 예고등기의 촉탁대상이 아니다.

결국 예고등기의 대상이 될 수 있는 청구원인으로는 i) 등기원인의 부존재 내지 결여를 주장하는 경우(예; 관계서류의 위조 등), ii) 선량한 풍속 기타 사회질서 위반(민법 제103조), 불공정행위(민법 제104조)로서 무효임을 주장하는 경우, iii) 행위제한능력자(미성년자, 피성년후견인, 피한정후견인)의 행위임을 이유로 취소를 주장하는 경우, iv) 각종 특별조치법에 의하여 경료된 소유권이전등기가 허위 또는 위조된 보증서·확인서에 기한 것이라는 등의 사유로 무효임을 주장하는 경우 등을 들 수 있다.[777]

3) 예고등기의 등기절차

(1) 수소법원의 촉탁

예고등기는 등기원인의 무효 또는 취소를 인한 등기의 말소 또는

776) 상게서, 127면.
777) 상게서, 127면.

회복의 소를 수리한 법원이 직권으로써 지체 없이 촉탁서에 소장의 등본이나 초본을 첨부해서 이를 등기소에 촉탁하여야 한다(종전의 부동산등기법 제39조).

소를 수리한 법원은 제1심 법원일 필요는 없으며, 패소한 자가 재심의 소를 제기한 경우에 항소심 법원에서도 예고등기를 촉탁할 수 있다. 그러나 상고심에서는 소장변경이나 반소를 제기할 수 없으므로 예고등기를 촉탁할 수 없다. 당사자의 신청에 의하는 예고등기는 어떠한 경우에도 허용되지 않는다. 따라서 예고등기에는 등기권리자, 등기의무자라는 개념이 요구되지 않는다.

(2) 촉탁서의 기재사항 및 첨부서면

예고등기에는 등기권리자와 등기의무자라는 개념이 없으므로 당사자는 원고와 피고로 표시한다. 촉탁서에 기재하는 부동산의 표시는 등기부상의 표시와 일치하여야한다. 등기원인은 등기의 말소 또는 회복의 소제기이며 그 연월일은 그 소의 제기일, 즉 수소법원의 소장접수일이다.

예고등기촉탁서에는 소장의 등본 또는 초본을 첨부하여야 한다(종전의 부동산등기법 제39조). 반소 또는 소의 변경의 경우에는 반소장 또는 소장변경서등본을 첨부하여야 한다. 이는 등기원인을 증명하는 서면이 아니므로 촉탁서부본도 첨부해야 한다.

4) 예고등기의 말소절차

(1) 소가 원고에 불리하게 끝난 경우

등기의 말소 또는 회복을 구하는 소가 원고의 불이익으로 끝난 경우에는 현존하는 등기는 이제 유효함이 확정되었으므로 제3자에 대해 경고할 필요성이 없게 된다. 따라서 예고등기를 촉탁한 법원은 소를 각하한 재판이 확정된 때, 원고패소의 재판이 확정된 때, 소의 취하가 있는 때, 청구의 포기가 있는 때, 청구의 목적에 관하여 화해가 있는 때(현존등기를 유효한 것으로 인정하는 화해)에는 지체 없이 촉탁서에 재판의 등본이나 초본, 소의 취하서, 청구의 포기 또는 화해를 증명하는 서면을 첨부해서 예고등기의 말소를 촉탁하여야 한다(종전의 부동산등기법 제170조제1항).

(2) 소가 원고에게 유리하게 끝난 경우

등기의 말소 또는 회복을 구하는 소가 원고의 승소의 판결이 확정되거나 청구의 인낙 또는 등기원인의 무효를 확인하는 화해가 성립된 경우에 있어서 예고등기는 등기관이 직권으로 말소하여야 한다(종전의 부동산등기법 제170조의2).

원고의 승소판결 등에 기하여 원고의 신청에 의한 말소 또는 회복의 등기가 실행되면 예고등기는 존재이유를 잃게 되므로 등기관이 직권으로 말소하여야 한다(동조). 예고등기의 대상이 된 등기가 소이외의 방법인 당사자의 신청에 의하여 말소등기, 말소회복등기가 이루어진 경우에도 예고등기는 등기관이 직권으로 말소하고 예고등기의 촉탁법원에 그 취지를 통지한다.

원고가 유리하게 끝난 경우라도 그에 기한 말소, 말소회복등기가 실행되지 않고 있는 동안은 예고등기를 그대로 존치하여야 한다. 이 경우에도 제3자를 보호할 필요가 있기 때문이다.

(3) 예고등기 말소청구의 소

예고등기 말소청구의 소는 허용되지 않는다. 예고등기의 원인이 된 소가 종결되지 않는 한, 예고등기의 말소를 구하는 자에게 그 청구권이 있다고 할 수 없으므로 예고등기는 말소청구의 대상이 아니라는 것이 판례의 태도이다.[778)]

---

778) 대법원 1974. 5. 28, 74다150; 대법원 1976. 6. 9, 76마212; 대법원 1983. 6. 18, 83마200; 대법원 1992. 1. 21, 94다17109; 대법원 2005. 7. 14, 2004다25697.

9. 촉탁에 의한 등기절차

1) 촉탁등기의 의의 및 종류

(1) 의의

등기는 당사자의 신청에 의하는 것이 원칙이지만 법률의 규정에 의하여 관공서의 촉탁에 의해 개시되는 경우도 있다(촉탁등기(囑託登記), 부동산등기법 제22조제1항, 제96조 내지 제98조). 그러나 촉탁에 의한 등기도 관공서의 일방적 행위인 촉탁에 의해 이루어진다는 것 외에는 신청에 의한 등기절차에 관한 규정이 준용되므로(동법 제22조제2항), 신청주의의 범주에 속한다.

(2) 종류

촉탁등기는 관공서가 실체법상의 권리관계의 당사자로서 등기를 촉탁하는 경우와 관공서가 사인의 권리관계의 실현에 공권력행사의 주체로서 간섭, 조력하기 위해 등기를 촉탁하는 경우로 구분된다.

2) 등기권리자로서의 등기의 촉탁

(1) 등기권리자 및 등기의무자로서 촉탁하는 경우

관공서가 부동산에 관한 권리를 취득하였을 때에는 지체없이 등기소에 권리취득의 등기를 촉탁하여야 한다(동법 제98조제1항). 관공서가 촉탁정보 및 첨부정보를 적은 서면을 제출하는 방법으로 등기촉탁을 하는 경우에는 우편으로 그 촉탁서를 제출할 수 있다(동규칙 제155조제1항). 관공서가 등기촉탁을 하는 경우로서 소속 공무원이 직접 등기소에 출석하여 촉탁서를 제출할 때에는 그 소속 공무원임을 확인할 수 있는 신분증명서를 제시하여야 한다(동조제2항).

(2) 본래 단독신청이 가능한 등기의 촉탁

소유권보존등기, 부동산의 표시 또는 등기명의인의 표시의 변경 등의 등기는 원래 단독신청에 의하는 것이나 그것이 국공유인 경우 그 관공서가 등기를 촉탁하여야 한다.

3) 공권력의 주체로서의 등기의 촉탁

(1) 경매에 관한 등기

법원이 경매개시결정을 한 때에는 직권으로 촉탁서에 결정정본을 첨부하여 경매할 부동산의 등기부에 등기하도록 관할 등기소에 촉탁하여야 한다(민사집행법 제94조, 제268조).[779] 경매신청기입등기가 경료된 후에도 소유자가 처분권한을 잃는 것은 아니다.

<그림 Ⅸ-13> 법원의 촉탁등기 사례

【 갑 구 】	(소유권에 관한 사항)			
순위번호	등 기 목 적	접 수	등 기 원 인	권리자 및 기타사항
7	강제 경매 신청	2006년 4월 1일 제978호	2006년 3월 27일 서울중앙지방법원의 경매개시결정 (2006타경555)	채권자 이갑남 000000-000000 서울시 서초구 서초동 96

자료 : 개정 2006. 3. 31 등기예규 제1129호(법원의 촉탁에 의한 경매개시결정 등기입등기시 사건번호 기재에 관한 사무처리지침).

법원은 경락대금의 완납이 있을 때에는 경락인의 소유권이전등기, 경락인이 인수하지 아니한 부동산상 부담의 기입의 말소등기, 경매신청등기의 말소등기를 촉탁하여야 한다(민사집행법 제144조).[780]

---

779) 민사집행법 제94조 (경매개시결정의 등기) ① 법원이 경매개시결정을 하면 법원사무관등은 즉시 그 사유를 등기부에 기입하도록 등기관에게 촉탁하여야 한다.
② 등기관은 제1항의 촉탁에 따라 경매개시결정사유를 기입하여야 한다.
민사집행법 제268조 (준용규정) 부동산을 목적으로 하는 담보권 실행을 위한 경매절차에는 제79조 내지 제162조의 규정을 준용한다.
개정 2006. 3. 31 등기예규 제1129호(법원의 촉탁에 의한 경매개시결정 등기입등기시 사건번호 기재에 관한 사무처리지침).

780) 민사집행법 제144조 (매각대금 지급 뒤의 조치) ① 매각대금이 지급되면 법원사무관등은 매각허가결정의 등본을 붙여 다음 각 호의 등기를 촉탁하여야 한다.
1. 매수인 앞으로 소유권을 이전하는 등기
2. 매수인이 인수하지 아니한 부동산의 부담에 관한 기입을 말소하는 등기
3. 제94조 및 제139조제1항의 규정에 따른 경매개시결정등기를 말소하는 등기
② 제1항의 등기에 드는 비용은 매수인이 부담한다.

경락인이 인수하지 아니한 부동산상의 부담기입의 말소등기란 경락으로 인해 소멸되는 저당권 및 담보가등기는 모두 말소촉탁의 대상이 되며 강제경매에서는 경매에 신청기입등기후에 경료된 모든 권리와 가등기도 말소촉탁의 대상이 되는 것을 말한다. 그러나 예고등기는 말소촉탁의 대상이 아니다.

경락으로 인한 소유권이전등기의 촉탁시기는 강제경매나 임의경매를 불문하고 경락대금을 완납한 때 소유권을 취득하므로 등기의 촉탁도 경락대금의 완납이 있는 때에 하여야 한다(민사집행법 제135조).[781] 경매신청이 경락허가없이 완료된 때에는 경매신청등기의 말소를 촉탁하여야 한다(민사집행법 제141조).[782]

(2) 체납처분에 관한 등기

체납처분으로 인한 압류의 등기를 촉탁하는 경우에는 관공서는 등기명의인 또는 상속인, 그밖의 포괄승계인에 갈음하여 부동산의 표시, 등기명의인의 표시의 변경, 경정 또는 상속으로 인한 권리이선의 등기를 함께 촉탁할 수 있다(부동산등기법 제96조).

체납처분으로 인하여 부동산을 압류할 때에는 압류조서를 첨부하여, 등기소에 압류등기를 촉탁하여야 하고, 이미 그 부동산을 다른 기관이 압류하고 있는 경우에는 참가압류의 등기를 촉탁하여야 한다. 이 경우의 압류의 효력은 압류등기가 완료한 때에 발생한다(국세징수법 제47조제1항).[783] 압류를 해제한 때에는 압류해제조서를 첨부하여 압류의 말소등기를 촉탁하여야 한다.[784]

---

781) 민사집행법 제135조 (소유권의 취득시기) 매수인은 매각대금을 다 낸 때에 매각의 목적인 권리를 취득한다.

782) 민사집행법 제141조 (경매개시결정등기의 말소) 경매신청이 매각허가 없이 마쳐진 때에는 법원사무관등은 제94조와 제139조제1항의 규정에 따른 기입을 말소하도록 등기관에게 촉탁하여야 한다.

783) 국세징수법 제47조 (부동산등의 압류의 효력) ① 제45조 또는 제46조의 규정에 의한 압류의 효력은 그 압류의 등기 또는 등록이 완료된 때에 발생한다. ② 제1항의 규정에 의한 압류는 당해압류재산의 소유권이 이전되기 전에 국세기본법 제35조제1항의 규정에 의한 법정기일이 도래한 국세에 대한 체납액에 대하여도 그 효력이 미친다.

784) 제정 1994. 4. 27 등기예규 제809호(체납처분에 의한 압류등기시 압류부서

미등기부동산을 압류한 때에는 소유권 보존등기를 대위촉탁하여야 한다(국세징수법 제45조제3항).[785] 압류등기의 기재에는 처분청을 표시하여야 하며, 압류등기는 공매처분으로 인한 소유권이전 등기신청 시에 말소등기를 촉탁한다.

관공서가 압류재산을 공매처분한 결과, 등기권리자(낙찰자)의 청구가 있는 때에는 지체없이 촉탁서에 등기원인을 증명하는 서면[786]을 첨부하여 공매처분으로 인한 권리이전 등기, 공매처분으로 인하여 소멸한 권리등기의 말소, 체납처분에 관한 압류등기의 말소를 촉탁하여야 한다(부동산등기법 제97조).

<그림 Ⅸ-14> 압류등기 사례

(갑구)

순위	사　　항　　란
5	압　류 접수　1994년　5월　1일 제 1234호 원인　1994년　4월　30일 압류　(세일1234) 권리자　서울특별시 처분청 관악구청　　(인)

자료 : 제정 1994. 4. 27 등기예규 제809호(체납처분에 의한 압류등기시 압류부서의 문서번호 기재에 관한 사무처리지침).

의 문서번호 기재에 관한 사무처리지침).

785) 국세징수법 제45조 (부동산등의 압류절차) ① 세무서장은 부동산·공장재단·광업재단 또는 선박을 압류할 때에는 압류등기를 소관등기소에 촉탁하여야 한다. 그 변경의 등기에 관하여도 또한 같다.

② 세무서장은 압류하기 위하여 부동산·공장재단 또는 광업재단을 분할하거나 구분할 때에는 분할 또는 구분의 등기를 소관등기소에 촉탁하여야 한다. 그 합병 또는 변경의 등기에 관하여도 또한 같다.

③ 세무서장은 등기되지 아니한 부동산을 압류할 때에는 토지대장 등본, 건축물대장 등본 또는 부동산종합증명서를 갖추어 보존등기를 소관 등기소에 촉탁하여야 한다.

④ 제41조제3항의 규정은 제1항 또는 제3항의 규정에 의하여 압류를 한 경우에 이를 준용한다.

786) 공매부동산의 매수인의 등기청구서와 매각결정통지서(또는 그 등본)나 배분계산서의 등본을 첨부하고 또 말소할 등기가 있는 때에는 이 서면외에 재산압류통지서의 등본을 첨부하고 또 말소할 등기가 있는 때에는 이 서면외에 재산압류서의 등본을 첨부하여야 한다(법원공무원교육원, 전게서, 479면).

(3) 가압류, 가처분에 관한 등기

부동산에 관한 가압류, 가처분에 관한 집행은 등기부에 그 재판이나 금지를 기입해서 집행하는 것으로 대표적인 처분제한등기이다(민사집행법 제293조, 제305조).[787] 가압류기입등기의 촉탁은 가압류 재판을 한 법원, 즉 집행법원이 그 결정정본을 첨부하여 관할등기소에 송부한다.

법원은 직권으로 가처분신청의 목적달성에 필요한 처분을 명하여야 하고, 가처분으로 부동산의 양도나 저당을 금지하는 때에는 등기부에 그 금지를 기입하도록 관할등기소에 가처분등기촉탁을 하여야 한다.

가압류, 가처분집행의 취소결정을 한 경우 가압류, 가처분의 취하 또는 그 집행 취소신청이 있는 때에는 법원은 그 재판서 또는 취하서 등을 첨부하여 처분제한등기를 말소촉탁을 하고 등기관은 이 촉탁에 의하여 그 등기를 말소한다.[788]

처분제한의 등기는 촉탁에 의하여 말소등기를 하는 것이 원칙이지만, 가처분권리자의 신청에 의하여 승소판결에 따라 등기를 실행하는 때에는 가처분의 등기는 말소에 관하여 이익을 갖는 자가 집행법원에 가처분의 목적달성을 이유로 한 가처분등기의 말소촉탁을 신청하여 그 신청에 기한 집행법원의 말소촉탁에 의하여 말소하여야 한다.[789]

---

787) 민사집행법 제293조 (부동산가압류집행) ① 부동산에 대한 가압류의 집행은 가압류재판에 관한 사항을 등기부에 기입하여야 한다.
② 제1항의 집행법원은 가압류재판을 한 법원으로 한다.
③ 가압류등기는 법원사무관등이 촉탁한다.
민사집행법 제305조 (가처분의 방법) ① 법원은 신청목적을 이루는 데 필요한 처분을 직권으로 정한다.
② 가처분으로 보관인을 정하거나, 상대방에게 어떠한 행위를 하거나 하지 말도록, 또는 급여를 지급하도록 명할 수 있다.
③ 가처분으로 부동산의 양도나 저당을 금지한 때에는 법원은 제293조의 규정을 준용하여 등기부에 그 금지한 사실을 기입하게 하여야 한다.

788) 법원공무원교육원, 전게서, 500면.

789) 상게서, 495면.

(4) 기타 촉탁에 관한 등기

부동산등기법에서는 토지수용의 등기 등에 관하여 촉탁에 관한 특칙을 두고 있으며(부동산등기법 제99조,[790]), 공간정보법에서는 토지이동의 경우에 소관청이 관할 등기관서에 그 등기를 촉탁하도록 하고 있다(공간정보법 제89조,[791] 제90조[792]).

---

790) 부동산등기법 제99조(수용으로 인한 등기) ① 수용으로 인한 소유권이전등기는 제23조제1항에도 불구하고 등기권리자가 단독으로 신청할 수 있다.
② 등기권리자는 제1항의 신청을 하는 경우에 등기명의인이나 상속인, 그 밖의 포괄승계인을 갈음하여 부동산의 표시 또는 등기명의인의 표시의 변경, 경정 또는 상속, 그 밖의 포괄승계로 인한 소유권이전의 등기를 신청할 수 있다.
③ 국가 또는 지방자치단체가 제1항의 등기권리자인 경우에는 국가 또는 지방자치단체는 지체 없이 제1항과 제2항의 등기를 등기소에 촉탁하여야 한다.
④ 등기관이 제1항과 제3항에 따라 수용으로 인한 소유권이전등기를 하는 경우 그 부동산의 등기기록 중 소유권, 소유권 외의 권리, 그 밖의 처분제한에 관한 등기가 있으면 그 등기를 직권으로 말소하여야 한다. 다만, 그 부동산을 위하여 존재하는 지역권의 등기 또는 토지수용위원회의 재결(裁決)로써 존속(存續)이 인정된 권리의 등기는 그러하지 아니하다.
⑤ 부동산에 관한 소유권 외의 권리의 수용으로 인한 권리이전등기에 관하여는 제1항부터 제4항까지의 규정을 준용한다.

791) 공간정보법 제89조(등기촉탁) ① 지적소관청은 제64조제2항(신규등록은 제외한다), 제66조제2항, 제82조, 제83조제2항, 제84조제2항 또는 제85조제2항에 따른 사유로 토지의 표시 변경에 관한 등기를 할 필요가 있는 경우에는 지체 없이 관할 등기관서에 그 등기를 촉탁하여야 한다. 이 경우 등기촉탁은 국가가 국가를 위하여 하는 등기로 본다.
② 제1항에 따른 등기촉탁에 필요한 사항은 국토교통부령으로 정한다.

792) 공간정보법 제90조(지적정리 등의 통지) 64조제2항 단서, 제66조제2항, 제74조, 제82조제2항, 제84조제2항, 제85조제2항, 제86조제2항, 제87조 또는 제89조에 따라 지적소관청이 지적공부에 등록하거나 지적공부를 복구 또는 말소하거나 등기촉탁을 하였으면 대통령령으로 정하는 바에 따라 해당 토지소유자에게 통지하여야 한다. 다만, 통지받을 자의 주소나 거소를 알 수 없는 경우에는 국토교통부령으로 정하는 바에 따라 일간신문, 해당 시·군·구의 공보 또는 인터넷홈페이지에 공고하여야 한다.

제 10 장

소유권 · 근저당권에 관한 등기절차

1. 소유권과 등기

1) 소유권의 의의 및 권능

(1) 소유권의 의의

민법 제211조 '소유자는 법률의 범위내에서 그 소유물을 사용 · 수익 · 처분할 수 있다'고 규정하여 소유권을 직접 설명하지 않고, 소유자가 권리를 행사할 수 있는 범위 형태로 규정하고 있다. 즉 소유권은 물건을 포괄적 · 배타적으로 지배하는 완전한 권리를 말한다.

(2) 소유권의 권능

소유권은 물건을 포괄적 · 배타적으로 지배하는 완전한 권리로써 사용 · 수익 · 처분의 권능을 가진다. 여기서 권능은 소유권을 이루는 개개의 기능을 의미한다. 사용은 물건의 용도에 따라 이용하는 것, 수익은 물건으로부터 과실(천연과실, 법정과실)을 수취하는 것, 처분은 물건이 가지는 교환가치를 실현하는 것(물건을 소비하거나 파괴하거나 담보로 제공하거나 또는 포기하는 것)을 말한다.

2) 소유권의 본질 및 제한

(1) 소유권의 본질

대륙법에서는 전통적으로 토지소유권은 토지에 대한 전면적인 지배권이며, 단일소유권체계를 취하고 있어 완전물권은 하나밖에 존재하지 않으며 소유권을 제한하는 제한물권만이 존재한다. 완전물권으로서 소유권의 본질 또는 성질은 다음과 같다.[793] 첫째, 전면성(全面性)이다. 소유권의 내용이 되는 물적 지배의 권능은 물건, 따라서 물건이 가지는 사용가치와 교환가치의 전부에 「전면적」으로 미친다. 이 점에서 일부의 권능을 가지는데 지나지 않는 제한물권과 다르다. 둘째, 혼일성(渾一性)이다. 소유권은 그가 가지는 여러 가지의 권능(사용·수익·처분 등)의 집합이 아니며, 그러한 권능은 혼일한 지배권능에서 흘러나오는 것이다. 소유권과 제한물권이 동일인에게 귀속되면 제한물권이 혼동으로 소멸하는 것은 이 때문이다. 셋째, 탄력성(彈力性)이다. 소유권은 지상권 기타의 제한물권에 의한 제한을 받으면, 그 권능의 행사는 정지되고, 이른바 허유권(虛有權) 또는 공허(空虛)한 소유권(nuda proprietas)이 되어 버리지만, 그러한 제한은 유한이며, 그것이 소멸되면 곧 본래의 원만한 상태로 되돌아 간다. 넷째, 항구성(恒久性)이다. 소유권 자체의 존립에 관하여는 존속기간의 제한이 없으며, 또한 소멸시효에도 걸리지 않는다(민법 제162조제2항).

(2) 소유권의 제한

법률의 범위내에서 사용·수익·처분할 수 있다고 할 때, 법률의 범위내라고 하는 것은 소유권에 대한 제한은 예외적·한정적이란 것이며, 제한된 범위내에서의 소유권이라는 의미는 아니다. 소유권은 물건에 대한 전면적 지배권이지만, 역사를 통해서 살펴보면, 전혀 제

---

793) 곽윤직(외), 민법주해(Ⅴ), 박영사, 2002, 29면.

한이 없는 절대무제약적인 권리는 아니었으며, 예외적·제한적으로 제한을 받았다.

3) 구분소유와 공동소유

(1) 구분소유

1동의 건물을 구분하여 그 각 부분을 별개의 부동산으로 소유하는 것을 구분소유권이라고 한다(민법 제215조).[794] 구분건물이란 1동의 건물이 구분되어 구분된 각 부분이 별개의 부동산으로 취급되는 건물부분을 말하며, 그 구분은 종단적(縱斷的), 즉 수직으로 구분하는 경우(예컨대 1층으로 길게 늘어지는 연립주택)나 횡단적(橫斷的), 즉 수평으로 구분하는 경우(예컨대 빌딩의 계층에 의한 구분)나 양자를 결합한 형태로 구분한 경우 모두 포함한다(예컨대 아파트의 구분).[795]

구분소유권은 민법 제215조에 의해 규율되었으나, 민법 및 부동산등기법의 규정이 부족하여 1984년에는 「집합건물의 소유 및 관리에 관한 법률」[796]을 제정하여 구체적으로 내용을 규정하고 있다. 2003년 7월에는 동법을 개정[797]하여 평면구분소유권으로 확대하였다. 즉, 상가 등 집합건물안의 구분된 점포 등은 독립하여 거래되고 있는 것이 사회적 현실임에도 현행법상 구분소유권의 목적이 되지 아니하고 전체 건물에 대한 지분등기만이 허용되고 있어 집합건물안 점포소유자의 소유권행사 등에 제약요인이 되고 있는 점을 고려하여, 상가 등의 집합건물안의 구분된 점포가 일정한 요건을 갖춘 경우 구분소유권의 대상이 되게 하고, 이를 통하여 부동산등기법에 의한 단독소유형태의 소유권등기가 가능하도록 하였다.[798] 이와 같은 구분소유권에

---

794) 곽윤직(외), 전게서, 267면.
795) 상게서, 268면.
796) 제정 1984. 4. 10 법률 제3725호.
797) 일부개정 2003. 7. 18 법률 제6925호.
798) 이와 함께 상가건물의 구분점포별 경계표지 및 건물번호표지의 제작 및 설치를 위하여 「집합건물의 소유 및 관리에 관한 법률 제1조의2 제1항의 경

의한 지중 또는 공중의 입체적 이용의 필요성과 가능성은 도시생활의 복잡화 내지 과밀화, 시가지 지가의 앙등 등으로 말미암아 확대되고 있다.799)

(2) 공동소유

여러 사람이 한 개의 물건을 공동으로 소유하는 관계를 공동소유라고 한다. 공동소유에는 그 여러 사람의 주체 사이의 법률관계 여하에 따라 공유·합유·총유의 세가지 형태가 있다.

공유(共有)는 공동소유자 사이에는 아무런 인적 결합관계 내지 단체적 통제가 없고, 다만 목적물이 같으므로 부득이 소유의 관계만을 공동으로 하고 있는데 지나지 않는 것을 말한다. 목적물에 대하여 각자 지분을 가지고, 그 지분을 자유로이 처분할 수 있으며, 원칙적으로 언제든지 분할하여 단독소유로 전환할 수 있다. 공유는 개인주의적인 공동소유형태로 부동산을 공동으로 소유하게 되는 경우는 여러 형태가 있을 수 있다. 대표적인 것은 여러 명의 상속인이 법정상속지분대로 상속으로 인한 소유권이전등기를 하는 경우, 본래 지분권을 매수하는 경우, 단독소유자가 그 지분의 일부를 양도하는 경우 등이 있다.

합유(合有)는 공유와 총유의 중간적 성질을 가지는 소유형태로 조합이 재산을 소유하는 형태이다. 조합이란 공동체사업을 위하여 결성하는 것이나 그 단체성이 매우 약하고, 구성원의 개성이 총유처럼 단체속에 전면적으로 흡수되지 않는 정도에는 이르지 않는 경우를 말한다. 합유의 지분은 타인에게 양도하거나 또는 이를 상속의 목적으로 하지 못한다. 실무상 부동산의 소유형태를 합유로 등기하는 경우는 매우 드물다. 예외적으로 종중의 재산이나 일가친척들이 묘자리를

계표지 및 건물번호표지에 관한 규정」(제정 2003. 12. 24 대통령령 제18166호)를 제정하였다.

799) 이에 관한 구체적인 것은 졸고, "공중권의 활성화를 위한 법리적 고찰", 한국법정책학회 법과 정책연구 제5집 제2호, 2005. 12, 955-974면 참조.

공동으로 사용할 목적으로 토지를 취득하는 경우에 합유등기하는 경우가 가끔 있다. 합유의 형태로 등기하기 위해서는 합유자 전원이 부동산의 소유를 합유로 한다는 내용을 담은 약정서에 인감도장을 날인하고, 인감증명을 각각 첨부하여 등기신청서에 첨부하여야 한다.

총유(總有)는 법인이 아닌 사단의 사원이 집합체로서 물건을 소유하는 공동소유형태이다(민법 제275조제1항). 부동산등기와 관련하여 명시적으로 표시되는 것은 공유와 합유만 가능하다. 다만, 종중, 문중 기타 대표자나 관리인이 있는 법인 아닌 사단이나 재단에 속하는 부동산에 대한 총유의 등기에 관하여서는 그 사단 또는 재단을 등기권리자 또는 등기의무자로 하고, 그 대표자 또는 관리인이 이를 신청한다(부동산등기법 제26조제1항, 제2항).

2. 소유권보존등기와 소유권이전등기

1) 소유권보존등기

(1) 소유권보존등기의 의의

미등기의 부동산에 관하여 그 소유자의 신청에 의해 처음으로 행해지는 소유권등기를 말한다. 소유권보존등기는 새로이 등기용지를 개설함으로써 그 부동산을 확정하고 이후는 그에 관한 권리변동은 보존등기를 기초로 하기 때문에 등기가 실체법상의 권리관계와 합치할 것을 보장하는 관문이며 따라서 그 외의 다른 보통등기에 있어서와 같이 당사자간의 상대적 사정만을 기초로 하여 이루어질 수 없고, 물권의 존재자체를 확정하는 절차가 필요하다.[800]

800) 대법원 1987. 5. 26, 86다카2518; 대법원 1992. 7. 24, 92다2622; 대법원 1992. 10. 27, 92다27966; 대법원 1993. 9. 14, 93다15779; 대법원 1996. 6. 28, 96다16247; 대법원 2003. 6. 24, 2001다4705.

우리나라에서는 어떤 부동산에 관하여 그 공시를 위해 새로 등기용지를 개설하려면 보존등기를 해야 한다. 예컨대 건물의 신축으로 부동산소유권을 원시취득한 자가 보존등기를 신청하면, 등기관은 그 부동산을 위한 등기용지를 새로 마련하여 표제부에 표시의 등기(사실의 등기)를 하고, 갑구란에 그 소유권자를 등기하게 된다. 그런데 소유권의 보존등기는 소유권의 이전에 한하지 않고 취득(건물의 신축)한 경우에 하는 것이므로, 시효취득(민법 제245조제1항)에 의한 소유권취득의 경우에는 그 성질상 보존등기를 하여야 하지만 형식상 이전등기를 하고 있다.[801)]

(2) 소유권보존등기의 유형

소유권보존등기는 그 대상에 따라 미등기토지의 소유권보존등기, 미등기건물의 소유권보존등기, 구분건물의 소유권보존등기로 구분할 수 있다. 미등기토지의 소유권보존등기는 미등기 토지에 대하여 처음으로 하는 등기로서, 토지대장, 임야대장 또는 건축물대장에 최초의 소유자로 등록되어 있는 자 또는 그 상속인, 그 밖의 포괄승계인, 확정판결에 의하여 자기의 소유권을 증명하는 자, 수용(收用)으로 인하여 소유권을 취득하였음을 증명하는 자, 특별자치도지사, 시장, 군수 또는 구청장(자치구의 구청장)의 확인에 의하여 자기의 소유권을 증명하는 자(건물의 경우로 한정함) 등이 단독으로 신청한다(부동산등기법 제65조, 제23조제2항).

소유권보존등기를 신청하는 경우에는 등기를 신청한다는 뜻을 신청정보의 내용으로 등기소에 제공하여야 한다(동규칙 제121조제1항). 이 경우 등기원인과 그 연월일은 신청정보의 내용으로 등기소에 제공할 필요가 없다(동항 단서). 토지의 표시를 증명하는 토지대장 정보나 임야대장 정보 또는 건물의 표시를 증명하는 건축물대장 정보나 그 밖의 정보를 첨부정보로서 등기소에 제공하여야 한다(동규칙 제

---

801) 최돈호, 전게서, 542면.

121조제2항). 건물의 소유권보존등기를 신청하는 경우에 그 대지 위에 여러 개의 건물이 있을 때에는 그 대지 위에 있는 건물의 소재도를 첨부정보로서 등기소에 제공하여야 한다. 다만, 건물의 표시를 증명하는 정보로서 건축물대장 정보를 등기소에 제공한 경우에는 그러하지 아니하다(동규칙 제121조제3항).

구분건물의 소유권보존등기는 구분건물을 등기부에 기재하는 최초의 등기로, 1동의 건물전체에 대한 등기와 전유부분(각 부분)에 대한 등기를 함께 하여야 한다(동법 제46조제1항). 1동의 건물에 속하는 구분건물 중의 일부만에 관하여 소유권보존등기를 신청하는 경우에는 그 나머지 구분건물에 관하여 표시에 관한 등기를 동시에 신청하여야 한다. 이는 구분건물의 표시에 관한 사항을 명확히 하여 다툼이 없도록 하기 위한 것이다. 구분건물에 대한 소유권보존등기를 신청하는 경우에는 1동의 건물의 소재도, 각 층의 평면도와 전유부분의 평면도를 첨부정보로서 등기소에 제공하여야 한다(동규칙 제121조제4항 본문). 이 경우 건물의 표시를 증명하는 정보로서 건축물대장 정보를 등기소에 제공한 경우에는 그러하지 아니하다(동항 단서에 의한 동규칙 제121조제3항의 준용)

2) 소유권이전등기

(1) 소유권이전등기의 의의

소유권이전등기라 함은 매매·증여 등의 법률행위나 또는 상속과 같은 사실에 의하여 생기는 권리의 이전에 관한 등기를 말한다(부동산등기법 제3조). 소유자가 갖고 있는 어떤 부동산에 대한 전면적 포괄적인 지배권이 다른 사람에게 전속(轉屬)되는 것이고, 이것은 부동산등기부상 소유자의 교체로 나타난다.

취득시효로 인한 취득과 같이 이론상으로는 권리의 이전이 없는데도 절차상으로는 이전등기에 의하며, 토지수용에 의한 기업자의 권리취득은 원시취득이나 이전등기에 의할 것으로 하고 있다(동법 제99조). 이전등기는 이른바 권리변동의 등기이며, 등기의 내용에 의한 분류상으로는 기입등기에 속한다.

소유권이전등기의 신청결과로 전소유자로부터 새로운 소유자앞으로 부동산등기부상 소유권이전등기가 이루어지는 것이다. 소유권이전등기에 있어서는 등기형식상 전소유자의 권리를 전속받는 것으로서 그 연속성이 요구된다. 소유권의 이전등기가 되면 전소유자의 등기는 현재 효력이 없는 등기가 되고, 이전받은 소유자의 등기가 현재 효력이 있는 등기가 되지만 전소유자의 표시는 그대로 남게 된다.

(2) 소유권이전등기의 유형

소유권이전등기는 그 권원에 따라 상속으로 인한 소유권이전등기, 매매로 인한 소유권이전등기, 증여로 인한 소유권이전등기, 교환으로 인한 소유권이전등기, 판결로 인한 소유권이전등기, 공유물분할로 인한 소유권이전등기로 구분할 수 있다.[802]

상속(相續)으로 인한 소유권이전등기는 피상속인이 사망한 경우에 피상속인의 부동산을 상속을 원인으로 하여 상속인 앞으로 이전하는 것으로, 등기신청은 상속인이 단독으로 신청한다(부동산등기법 제23조 제3항, 제27조). 상속인 그 밖의 포괄승계인이 등기를 신청하는 경우에는 가족관계등록에 관한 정보 또는 법인등기사항에 관한 정보 등 상속 그 밖의 포괄승계가 있었다는 사실을 증명하는 정보를 첨부정보로서 등기소에 제공하여야 한다(동규칙 제49조). 그 밖에 등기신청서에 첨부할 서면으로는 위임장(대리신청의 경우), 신청서부본, 취득세영수필확인서 및 통지서, 토지대장등본, 건축물대장등본, 상속을 증명하는 서면, 주민등록표등(초)본, 피상속인 및 상속인의 주민등록표등(초)본, 협의분할계약서(공동상속인 전원 인감증명을 첨부) 등이 있다.

매매(賣買)로 인한 소유권이전등기는 부동산매매계약에 의하여 소

---

802) 이하 소유권이전등기의 유형 및 첨부서면은 http://www.iros.go.kr 참조.

유권을 이전하는 등기를 말한다. 부동산매매에 있어서 매수인을 등기권리자, 매도인을 등기의무자라고 하고, 매매계약서에 의한 등기신청인 경우에는 매도인과 매수인이 본인임을 확인할 수 있는 주민등록증 등을 가지고 직접 등기소에 출석하여 공동으로 신청함이 원칙이다(동법 제23조제1항). 예외적으로 판결에 의한 등기신청인 경우에는 승소한 등기권리자 또는 등기의무자가 단독으로 신청할 수 있다(동법 제23조제4항). 등기신청서에 첨부할 서면은 위임장(대리신청의 경우), 신청서부본, 등기필증(현재 등기필정보), 매매계약서(검인계약서), 등록세영수필확인서 및 통지서, 토지대장등본, 건축물대장등본, 인감증명서(매도인), 주민등록표등(초)본 등이다.

증여(贈與)로 인한 소유권이전등기는 부동산증여계약에 의하여 소유권을 이전하는 등기로, 이 신청에서는 수증자(受贈者: 증여받는자)를 등기권리자, 증여자(贈與者: 증여하는자)를 등기의무자라고 한다. 등기신청서에 첨부할 서면은 위임장(대리신청의 경우), 신청서부본, 등기필증(현재 등기필정보), 증여계약서(검인계약서), 취득세영수필확인서 및 통지서, 토지대장등본, 건축물대장등본, 인감증명서(증여자), 주민등록표등(초)본 등이다.

유증(遺贈)으로 인한 소유권이전등기는 유증은 유언자가 유언에 의하여 부동산을 수증자(증여받을 자)에게 증여하는 경우에 유언자의 사망시에 유증을 원인으로 하여 그 부동산의 소유권을 이전하는 것을 말한다. 유증으로 인한 소유권이전등기의 등기신청은 유언집행자 또는 유증자의 상속인과 수증자가 본인임을 확인할 수 있는 주민등록증 등을 가지고 직접 등기소에 출석하여 공동으로 신청하는 것이 원칙이다. 예외적으로 판결에 의한 등기신청인 경우에는 승소한 등기권리자 또는 등기의무자가 단독으로 신청할 수 있다(동법 제23조제4항). 등기신청서에 위임장(대리신청의 경우), 신청서부본, 등기필증(현재 등기필정보), 등기원인증서는 아니나 유언집행자의 자격을 증명하는 서면인 유언증서를 첨부한다. 또한 유언검인조서를 첨부하는데,

이는 유언증서나 녹음을 보관한 자 또는 이를 발견한 자는 유언자의 사망 후 지체 없이 가정법원에 제출하여 검인을 청구하여야 하는 서면을 말한다. 가정법원에서 작성한 유언검인조서를 첨부하며, 다만 구수증서인 경우에는 검인신청에 대한 심판서 등본을 첨부한다.[803] 그 밖에 취득세영수필확인서 및 통지서, 토지대장등본, 건축물대장등본, 인감증명서, 가족관계등록사항별 증명서 및 제적등본, 주민등록표등(초)본 등을 첨부한다.

교환(交換)으로 인한 소유권이전등기는 당사자 쌍방이 금전 이외의 재산권을 상호 이전할 것을 약정한 경우에 하는 등기로, 등기를 신청하고자 하는 당해 부동산을 기준으로 소유권취득자를 등기권리자, 소유권상실자를 등기의무자라고 한다. 등기신청서에 첨부할 서면은 위임장, 신청서부본, 등기필증(현재 등기필정보), 교환계약서(검인계약서), 취득세영수필확인서 및 통지서, 토지대장등본, 건축물대장등본, 인감증명서, 주민등록표등(초)본 등이다.

판결(判決)에 의한 소유권이전등기는 등기의무자가 부동산에 관하여 매매 등으로 인한 소유권이전등기신청에 협력하지 아니하여 등기권리자(매수인)가 등기의무자(매도인)를 상대로 소유권이전등기절차이행을 명하는 확정판결을 받아 등기권리자 단독으로 하는 소유권이전등기를 말하며, 또한 등기권리자가 등기신청을 하지 아니할 때에는 등기의무자도 판결에 의하여 단독으로 소유권이전등기를 신청할 수 있다. 등기신청서에 첨부할 서면은 위임장, 신청서부본, 법원으로부터 등기권리자(또는 등기의무자)에게 송달된 판결정본과 법원에서 발급받은 확정증명을 첨부한다. 그 밖에 취득세영수필확인서 및 통지서, 토지대장등본, 건축물대장등본, 주민등록표등(초)본 등을 첨부한다.

공유물분할(公有物分割)로 인한 소유권이전등기는 공유관계를 폐지하여 각자의 소유로 하는 등기로, 이 신청에서는 공유물분할계약에 의하여 다른 공유자의 지분을 취득하는 자를 등기권리자, 자기의 지

803) 개정 2001. 6. 28 등기예규 제1024호(유증으로 인한 소유권이전등기신청절차에 관한 예규).

분을 이전하여 주는 자를 등기의무자라고 한다. 등기신청서에 첨부할 서면은 위임장, 신청서부본, 등기필증(현재 등기필정보), 공유물분할계약서, 취득세영수필확인서 및 통지서, 토지대장등본, 건축물대장등본, 인감증명서, 주민등록표등(초)본 등이다.

3. 매매로 인한 소유권이전등기

1) 소유권이전등기의 신청

(1) 서

매매(賣買)란 당사자의 일방(매도인(賣渡人): 현재 부동산등기부상 소유자로 기재된 사람)이 어떤 재산권을 상대방에게 이전할 것을 약정하고 상대방(매수인(買受人): 부동산을 사고자 하는 사람)은 이에 대하여 그 대금을 지급할 것을 약정함으로써 성립하는 낙성, 쌍무, 불요식의 전형적인 유상계약이다(민법 제563조). 부동산의 매매계약은 부동산중개인의 중개, 분양, 생활정보지 등을 통해 이루어진다.

매매의 가장 중요한 효력은 매도인의 재산권이전의무와 매수인의 대금지급의무이다. 매매의 목적인 권리가 등기와 같은 공시방법을 갖추어야 하는 경우에는 매도인은 등기에 협력하여야 한다. 이러한 매도인의 재산권이전의무는 매수인의 대금지급의무와 원칙적으로 동시이행의 관계에 있다(민법 제568조제2항). 이하에서는 구분건물의 경우에 소유권이전 등기신청에 대하여 살펴보고자 한다.

(2) 등기신청서 기재요령[804)]

등기신청서의 제목은 「매매를 원인으로 하는 소유권이전등기신청(구분건물)」 또는 「매매로 인한 소유권이전등기신청(구분건물)」이

804) 이하의 부동산등기신청서 작성방법은 www.iro.go.kr 참조.

라고 기재한다. 「소유권이전등기신청(구분건물)」이라고 기재하는 것도 무방하다. 등기신청서의 제목을 보다 정확한 표현으로 기재한다면 등기관을 포함한 등기사무를 취급하는 담당자들이 등기신청서의 첫머리에 나타나는 신청서의 제목만을 보고, 그 등기신청서의 원인과 목적을 쉽게 인식할 수 있다.

부동산의 표시는 매매목적물을 기재하되, 등기부상 부동산의 표시와 일치하여야 한다. 1동의 건물의 표시는 1동의 건물 전체의 소재·지번·종류와 구조 및 면적을 기재한다. 다만, 1동의 건물의 번호가 있는 경우(예: 가동, 나동, 다동 등)에 이를 기재한 때에는 1동의 건물의 구조와 면적을 기재하지 않는다. 전유부분의 건물의 표시는 건물의 번호, 구조, 면적을 기재한다. 대지권의 표시는 대지권의 목적인 토지의 표시, 대지권의 종류, 비율을 기재한다. 대지권의 목적인 토지의 표시는 토지의 소재와 지번, 지목, 면적을, 대지권의 종류는 소유권, 지상권, 전세권, 임차권 등 권리의 종류에 따라 기재하며, 대지권의 비율은 대지권의 목적인 토지에 대한 지분비율을 기재한다.

등기원인과 그 연월일란에 있어서 등기원인은 「매매」로, 연월일은 매매계약서상 계약일을 기재한다(예: 2012년 2월 1일 매매). 등기의 목적란은 소유권 전부이전의 경우에는 「소유권이전」으로, 소유권 일부이전의 경우에는 「소유권 일부이전」으로 기재한다.

이전할 지분란은 소유권 일부이전(공유지분으로)의 경우에만 그 지분을 기재한다(예: ○○○지분 전부 또는 ○번 ○○○지분 ○중 일부(○분의 ○).[805]

등기의무자란은 매도인의 성명, 주민등록번호, 주소를 기재하되, 등기부상 소유자 표시와 일치하여야 한다. 그러나 매도인이 법인인 경우에는 상호(명칭), 본점(주사무소 소재지), 등기용등록번호를 기재하고, 비법인 사단이나 재단인 경우에는 상호(명칭), 본점(주사무소 소재지), 등기용등록번호 및 대표자(관리인)의 성명, 주민등록번호, 주소

805) 개정 2010. 7. 9 등기예규 제1313호(공유자의 지분을 이전하는 경우 등기의 목적 및 공유자지분의 기재방법).

를 각 기재한다. 만일 주소의 변동이 있어 등기부상 주소와 현재의 주소가 일치하지 않더라도 매도인의 주민등록초본에 의하여 그 변동 사실이 입증된다면 현주소를 쓰면 된다.

등기권리자란은 매수인을 기재하는 란으로, 그 기재방법은 등기의무자란의 기재요령과 같다.

시가표준액 및 국민주택채권매입금액, 국민주택채권매입총액란의 기재요령은 먼저 부동산별 시가표준액란은 등록세납부서(OCR용지)에 기재된 시가표준액을 기재한다.

※ 과세시가표준액 : 지방세의 과세기초가 된다(기준시가와 다름). 기준시가는 양도세, 상속세, 증여세의 기준이 되는 가격이고 부동산 과세시가 표준은 국민주택채권 및 취득세/등록세의 기준이 되는 가격이다.

부동산 취득단계에서 납부해야 할 지방세는 취득세[806](지방세법 제10조)[807]와 등록면허세(지방세법 제27조)[808]로서, 이때 적용해야할 과세표준은 부동산 취득자가 취득할 때 지급한 가액으로서 신고납부할

806) 2010. 12. 27 지방세법(법률 제10416호) 일부개정에 의해 취득세와 등록세가 취득세로 통합되었다(시행 2011. 1. 1).

807) 지방세법 제10조(과세표준) ① 취득세의 과세표준은 취득 당시의 가액으로 한다. 다만, 연부(年賦)로 취득하는 경우에는 연부금액(매회 사실상 지급되는 금액을 말하며, 취득금액에 포함되는 계약보증금을 포함한다)으로 한다.
② 제1항에 따른 취득 당시의 가액은 취득자가 신고한 가액으로 한다. 다만, 신고 또는 신고가액의 표시가 없거나 그 신고가액이 제4조에서 정하는 시가표준액보다 적을 때에는 그 시가표준액으로 한다.
③ 건축물을 건축(신축과 재축은 제외한다)하거나 개수한 경우와 대통령령으로 정하는 선박, 차량 및 기계장비의 종류를 변경하거나 토지의 지목을 사실상 변경한 경우에는 그로 인하여 증가한 가액을 각각 과세표준으로 한다. 이 경우 제2항의 신고 또는 신고가액의 표시가 없거나 신고가액이 대통령령으로 정하는 시가표준액보다 적을 때에는 그 시가표준액으로 한다.
④ 제7조제5항 본문에 따라 과점주주가 취득한 것으로 보는 해당 법인의 부동산등에 대한 과세표준은 그 부동산등의 총가액을 그 법인의 주식 또는 출자의 총수로 나눈 가액에 과점주주가 취득한 주식 또는 출자의 수를 곱한 금액으로 한다. 이 경우 과점주주는 조례로 정하는 바에 따라 과세표준 및 그 밖에 필요한 사항을 신고하여야 하되, 신고 또는 신고가액의 표시가 없거나 신고가액이 과세표준보다 적을 때에는 지방자치단체의 장이 해당 법인의 결산서 및 그 밖의 장부 등에 따른 취득세 과세대상 자산총액을 기초로 전단의 계산방법으로 산출한 금액을 과세표준으로 한다.

때 신고자가 신고한 가액을 적용하는 것이 원칙이나, 예외적으로 취득자의 신고 또는 신고가액의 표시가 없거나 지방세법 소정의 시가표준액에 미달하는 때에는 시가표준액을 적용하고 있다. 다만, 거래상대방이 법인 또는 지방자치단체이거나 법원의 판결문에 의하여 확인되는 경우는 사실상의 취득가액을 과세표준으로 한다. 토지 시가표준액의 경우는 「부동산가격공시에 관한 법률」에 의하여 고시되는 개별공시지가에 지방자치단체의 장이 결정・고시하는 과세표준액 적용비율을 곱하여 산정하는 가액으로 하는 데, 2002년 1월 1일부터 적

---

⑤ 다음 각 호의 취득(증여·기부, 그 밖의 무상취득 및 「소득세법」 제101조제1항 또는 「법인세법」 제52조제1항에 따른 거래로 인한 취득은 제외한다)에 대하여는 제2항 단서 및 제3항 후단에도 불구하고 사실상의 취득가격 또는 연부금액을 과세표준으로 한다.
1. 국가, 지방자치단체 또는 지방자치단체조합으로부터의 취득
2. 외국으로부터의 수입에 의한 취득
3. 판결문·법인장부 중 대통령령으로 정하는 것에 따라 취득가격이 증명되는 취득
4. 공매방법에 의한 취득
5. 「부동산 거래신고 등에 관한 법률」 제3조에 따른 신고서를 제출하여 같은 법 제5조에 따라 검증이 이루어진 취득

⑥ 법인이 아닌 자가 건축물을 건축하거나 대수선하여 취득하는 경우로서 취득가격 중 100분의 90을 넘는 가격이 법인장부에 따라 입증되는 경우에는 제2항 단서, 제3항 및 제5항에도 불구하고 대통령령으로 정하는 바에 따라 계산한 취득가격을 과세표준으로 한다.
⑦ 제1항부터 제6항까지의 규정에 따른 취득세의 과세표준이 되는 가액, 가격 또는 연부금액의 범위 및 그 적용과 취득시기에 관하여는 대통령령으로 정한다.

808) 지방세법 제27조(과세표준) ① 부동산, 선박, 항공기, 자동차 및 건설기계의 등록에 대한 등록면허세의 과세표준은 등록 당시의 가액으로 한다.
② 제1항에 따른 과세표준은 조례로 정하는 바에 따라 등록자의 신고에 따른다. 다만, 신고가 없거나 신고가액이 제4조에 따른 시가표준액보다 적은 경우에는 시가표준액을 과세표준으로 한다.
③ 제10조제5항 및 제6항에 해당하는 경우에는 제2항에도 불구하고 제10조제5항에 따른 사실상의 취득가격 및 같은 조 제6항에 따라 계산한 취득가격을 과세표준으로 한다. 다만, 등록 당시에 자산재평가 또는 감가상각 등의 사유로 그 가액이 달라진 경우에는 변경된 가액을 과세표준으로 한다.
④ 채권금액으로 과세액을 정하는 경우에 일정한 채권금액이 없을 때에는 채권의 목적이 된 것의 가액 또는 처분의 제한의 목적이 된 금액을 그 채권금액으로 본다.
⑤ 제1항부터 제4항까지의 규정에 따른 과세표준이 되는 가액의 범위 및 그 적용에 필요한 사항은 대통령령으로 정한다.

용비율이 100%가 되었기 때문에 사실상 토지의 시가표준액은 개별공시지가이다. 건물 시가표준액의 경우는 1㎡당 신축건물기준가액(175,000원)에 구조별, 용도별, 위치별 지수와 경과년수별 잔가율을 곱하여 산출한 ㎡당 금액에서 1,000원 미만 숫자를 절사한 금액에 가감산특례 및 면적을 곱하여 시가표준액을 산출한다. 본인의 건물인 경우 전년도 재산세 납부영수증에 보면 건물과세시가표준액이 산출되어 기재되어 있다.[809] 가장 좋은 방법은 토지대장등본, 건축물대장등본, 개별공시지가확인원, 개별주택가격확인서 및 공동주택가격확인서 각 1통과 검인된 매매계약서를 가지고, 시 · 군 · 구청의 세무과에 가서 사전신고하여 취득세의 고지서를 발급받으면 된다. 부동산별 국민주택채권 매입금액란에는 시가표준액의 일정비율에 해당하는 국민주택채권 매입금액를 기재한다. 다음으로 부동산이 2개 이상인 경우에는 각 부동산별로 시가표준액 및 국민주택채권매입금액을 기재한 다음, 국민주택채권 매입총액을 기재한다.[810][811] 각 부동산별 과세표준액에 따른 개별매입액을 계산해서 합산하여야 한다. 과세표준액을 먼저 합산한 다음 그 금액을 기준으로 국민주택채권을 매입하면 본래 매입할 금액보다 더 많은 금액이 산출되게 된다. 국민주택채권 발행번호란에는 국민주택채권 매입시 국민주택채권 사무취급기관(국민은행)에서 고지하는 채권발행번호를 기재하며, 하나의 신청사건에 하나의 채권발행번호를 기재하는 것이 원칙이며, 동일한 채권발행번호를 수 개 신청사건에 중복 기재할 수 없다. 취득세(등록면허세, 지방교육세) 영수필확인서 및 통지서에 기재된 토지의 시가표준액 및 건물의 과세표준액이 각 500만원 이상일 때에 국민주택채권을 매입한다.

---

809) 행정자치부에서 발간하는 자료가 시 · 군 · 구에 비치되어 있으며, 민간출판사에서 부동산시가표준액표를 출판하고 있다. http://nland.kbstar.com 참조.

810) 국민주택채권 매입 및 매도 www.wooribank.com, http://inf.kbstar.com 참조.

811) 개정 2014. 4. 9 등기예규 제1511호(등기신청에 대한 민원사무안내 등에 관한 사무처리지침) 별지 제4호.

등록면허세는 재산권과 그 밖의 권리의 설정·변경 또는 소멸에 관한 사항을 공부에 등기하는 경우에 부과하는 것을 말한다(동법 제23조제1항). 부동산취득에 대한 취득세의 납세의무자와 등록면허세의 납세의무자는 지방교육세의 납부의무로 등록세액의 100분의 20을 지방교육세로 납부하여야 한다(지방세법 제150조, 제151조).

등기신청수수료란에는 전유부분 1개당 9,000원(전자신청의 경우 6,000원)의 등기수입증지금액을 기재한다. 등기수입증지는 등기과(소) 및 지정 금융기관에서 판매하고 있다.

등기의무자의 등기필정보란은 전자신청 지정등기소에서는 신청방법(전자신청, 서면신청)을 불문하고 등기를 완료한 경우 등기필증 대신 등기필정보를 전자적 교부 또는 서면 교부하며 등기신청의 당사자 또는 대리인은 등기필정보 상의 일련번호와 비밀번호를 기재함으로써 등기필증의 제출을 갈음할 수 있다. 작성방법은 교부받은 등기필정보에 기재된 부동산고유번호, 성명, 일련번호, 비밀번호를 각 기재한다.

첨부정보란에는 등기신청서에 첨부한 정보를 각 제공한다. 소유권이전등기의 형태가 다양한 만큼 그 원인에 따라, 당사자의 유형에 따라 거래대상의 부동산에 따라, 법률의 제한 여부에 따라 첨부서면이 다를 수 있다. 매매로 인한 소유권이전등기신청에 첨부하는 기본적인 첨부서면으로는 매매계약서, 등록세영수필확인서 및 통지서, 인감증명서(부동산매도용), 등기필증(등기권리증, 전자등기신청을 한 경우에는 등기필정보통지서), 토지대장등본 및 건축물대장등본(집합건축물대장등본), 주민등록등 · 초본, 부동산거래계약신고필증, 주택거래신고필증, 매매목록(거래신고의 대상이 되는 부동산이 2개 이상인 경우), 위임장(대리인에 의하여 등기신청하는 경우에 한함) 등이 있다. 기타 첨부서면으로 국민주택매입필증(첨부하는 매수를 기재한다),[812] 개별공시지가확인원, 신청서부본[813] 등이 있다. 이와 같은 서면의 유효기간

812) 개정 2013. 4. 10 등기예규 제1488호(취득세(등록면허세) 등의 납부 확인 및 소인 등에 관한 예규).

은 인감증명은 발행일로부터 3개월 이내이고, 법인등기부등 · 초본, 주민등록등 · 초본, 토지대장 및 건축물대장등본 등은 발행일로부터 3개월 이내이다(부동산등기규칙 제62조).

예외적인 첨부정보로 등기원인에 대한 제3자의 허가, 동의 또는 승낙을 요할 때에는 허가서, 동의서, 승낙서 등을 첨부하여야 한다. 토지거래허가구역인 경우에는 토지거래허가증(시 · 군 · 구청 발급), 주택거래신고지역인 경우에는 주택거래신고서(시 · 군 · 구청 발급), 농지취득자격증명(시 · 읍 · 면사무소 발급), 등기권리자나 등기의무자가 법인인 경우에는 법인등기부등본(또는 초본), 교회, 종중, 마을회등과 같이 법인 아닌 사단이나 재단인 경우에는 정관 또는 규약)과 총회의 결의서, 대표자나 관리인임을 증명하는 서면, 대표자나 관리인의 주민등록등본, 등기권리자인 경우에는 부동산등기용등록번호증명서(비법인단체, 외국인등 주민등록이 없는 경우), 외국인등록증 등이 있다.

신청인란에는 신청서를 제출하는 날짜를 기재하고, 신청인등란에는 등기의무자와 등기권리자의 성명 및 전화번호를 기재하고, 각자의 인장을 날인하되 등기의무자는 그의 인감을 날인한다. 그러나 신청인이 법인 또는 비법인 사단이나 재단인 경우에는 상호(명칭)와 대표자(관리인)의 자격 및 성명을 기재하고, 법인이 등기의무자인 때에는 등기소의 증명을 얻은 그 대표자의 인감, 비법인 사단이나 재단인 경우에는 대표자(관리인)의 개인인감을 날인한다. 대리인이 등기신청을 하는 경우에는 그 대리인의 성명 및 전화번호만을 기재하고 그의 인장을 날인한다.

매매로 인한 소유권이전등기신청은 등기권리자와 등기의무자가 신분증을 소지하고 공동으로 등기소에 출석하여 신청하여야 한다. 등기의무자의 인감도장을 날인하도록 하는 것은 매도인의 매도의사의 진

---

813) 제정 2001. 4. 7 등기예규 제1016호(등기원인증서에 기재된 사항 중 그 일부에 대하여 등기를 하는 경우의 등기필증 작성에 관한 업무지침); 개정 2011. 10. 11 등기예규 제1372호(등기완료 후 소유권변경사실의 통지 등에 관한 업무처리지침).

정성을 담보하기 위한 것이다. 날인된 것이 인감도장인지를 확인하기 위하여 부동산매도용 인감증명서를 첨부하도록 한다. 등기권리자의 경우에는 인감도장이 아니어도 가능하다.

법원 또는 등기소의 표시는 당해 부동산의 등기를 취급하는 관할 법원 또는 등기소를 기재하면 된다.[814)]

2) 소유권이전등기의 신청절차

(1) 등기신청서 첨부서면

위임장은 등기신청을 법무사 등 대리인에게 위임하는 경우에 첨부한다. 직접 등기를 하는 경우에 매수인이 등기권리자로 등기신청을 하는 때에는 등기의무자인 매도인으로부터 등기신청을 위임받아, 한편은 당사자(등기권리자)로 다른 한편은 등기의무자의 대리인이 되어 위임장을 첨부하여 등기할 수 있다.

업으로 하는 경우(수수료를 받거나 수수료를 받지 않더라도 반복적·계속적으로 등기신청을 대리하는 경우)에는 처벌의 대상이 된다.[815)]

신청서부본[816)]은 부동산등기신청서를 접수할 때에는 신청서 한 부만이 아니고, 한 세트로 된 등기신청서를 제출하여야 한다. 대장소관청통지용 및 과세자료송부용(등기권리자와 등기의무자의 주민등록표

---

814) 등기소의 설치와 관할구역에 관한 규칙(개정 2016. 10. 4, 대법원규칙 제2685호) 또는 http://www.iros.go.kr 참조하거나 부동산등기부등본을 발급받으면 확인이 가능하다.

815) 법무사법 제74조 (법무사가 아닌 자의 행위) ① 법무사가 아닌 자가 다음 각 호의 어느 하나에 해당하면 3년 이하의 징역 또는 500만원 이하의 벌금에 처한다.
1. 제3조를 위반하여 제2조에 규정된 사무를 업으로 하거나 법무사 또는 이와 비슷한 명칭을 사용한 경우
2. 이익을 얻을 목적으로 문서, 도화(도화), 시설물 등에 법무사 업무를 취급한다는 뜻을 표시하거나 기재한 경우
② 상습적으로 제1항의 죄를 범한 자는 5년 이하의 징역에 처한다.

816) 2011. 4. 12 부동산등기법(법률 제10580호) 전부개정에 의해 신청서부본 제출제도는 폐지되었다.

등본, 토지 · 건축물대장등본의 사본 및 검인계약서의 사본 각 1통 포함)으로 신청서와 같은 내용의 부본을 각 1통씩 첨부한다. 다만, 과세자료송부용은 전산화가 안 된 등기부에 한하여 첨부한다. 신청서 부본은 등기신청서와 동일한 내용을 출력 또는 복사하여 날인한다.[817)]

등기필정보(또는 등기필증)는 등기부에 새로운 권리자가 기록되는 경우에 그 권리자를 확인하기 위하여 등기관이 작성한 정보를 말한다(부동산등기법 제11조). 등기의무자가 소유권취득시 등기소로부터 교부받은 등기필정보(또는 등기필증)를 첨부한다. 다만, 등기필정보(또는 등기필증)를 멸실하여 첨부할 수 없는 경우에는 부동산등기법 제51조에 의하여 확인서면이나 확인조서 또는 공증서면 중 하나를 첨부한다.

매매계약서는 계약으로 인한 소유권이전등기를 신청하는 경우에는 부동산등기특별조치법 제3조가 정하는 바에 따라 부동산소재지를 관할하는 시장, 군수, 구청장 또는 그 권한을 위임받은 검인계약서를 제출하여야 한다. 계약으로 인한 소유권이전등기를 신청하는 경우에는 그 계약서에 기재된 거래금액이 500만원을 초과하는 경우에는 일정액의 정부수입인지를 붙여야 한다.

(2) 등기신청서 일반적 편성방법[818)]

첫째, 등기신청서 편철부에 편철될 등기소 보관용은 등기신청서 4묶음 한 세트중 제일 앞에 올라오는 것으로 이 신청서에는 첨부서면란에서 설명되는 모든 첨부서면의 원본 또는 등본 등이 첨부되는 것으로 등기가 완료된 이후에 등기소에서 등기신청서편철장에 편철하여 보관한다. 등기별 등기신청 내용에 대한 적법성을 판단하기 위한 모든 자

---

817) 종전의 부동산등기규칙 제104조, 제105조의 규정에도 불구하고 등기필의 통지, 과세자료의 송부를 위한 신청서 부본은 제출하지 아니한다(개정 2011. 10. 11 등기예규 제1372호(등기완료 후 소유권변경사실의 통지 등에 관한 업무처리지침).

818) 전자신청의 경우에는 자동으로 편철되고 있으며(http://www.iros.go.kr), 이하의 경우는 종전의 직접 신청의 경우이다.

료가 첨부되어 있으므로 등기관은 이 신청서에 의하여 등기신청의 적법여부를 판단한다.

둘째, 관할 세무서에 대한 과세자료송부용은 두 번째 묶음으로 신청서부본과 신청서의 첨부서면중 토지대장등본과 건축물대장등본 및 공시지가확인원, 부동산거래계약신고필증(검인계약서), 등기권리자와 등기의무자의 주민등록등본과 같이 국세청(부동산소재지를 관할하는 세무서)에서 그 부동산거래와 관련한 양도소득세나 상속세 등을 산정하고 부과하는데 필요한 것들을 복사하여 한 묶음으로 철한 것이다. 등기소에는 등기가 완료된 이후에 이 과세자료송부용신청서부본을 묶음을 관할세무서로 송부하고, 이를 접수받은 세무서는 세금을 부과하기 위한 자료로 참고하게 되는 것이다.

셋째, 대장 소관청에 대한 통지용은 세 번째 묶음으로 신청서의 갑지와 을지만을 복사하여 한 묶음으로 철한 것으로 토지대장이나 건축물대장을 관리하는 대장 소관청(시ㆍ군ㆍ구청)에 소유권이 변동되었다는 사실을 통지하여, 대장소관청이 보관하고 있는 건축물대장과 토지대장의 소유자와 소유자명의인이 표시변경된 것을 반영하기 위한 것이다. 이는 부동산등기와 토지대장 및 건축물대장의 자료를 일치하기 위한 것이다.

넷째, 등기신청인에게 반환할 등기필증 작성용은 네 번째 묶음으로 신청서의 갑지와 을지의 부본과 정부수입인지[819)]가 부착된 부동산거래계약신고필증(검인계약서)의 원본을 등기의무자의 권리에 관한 등기필증과 함께 첨부하여 철한 것이다.

※ 수입인지 : 법령에 의하여 조세, 기타의 국가세입금을 인지로 납부할 때에 사용하여야 하는 것으로 국가에 납부할 수수료ㆍ벌금ㆍ과료ㆍ과태료ㆍ형

---

819) 인지세는 국가 등 공공기관에 의해 공증력ㆍ유통력이 부여되는 재산권관련 문서에 과세하는 세금으로서 재산에 관한 권리 등의 창설ㆍ이전 또는 변경에 관한 계약서 기타 이를 증명하는 문서로서 법률에 규정된 것만 과세대상에 해당된다(http://kipfweb.kipf.re.kr 참조).

사추징금 · 소송비용 및 비송사건의 비용을 수입인지로 납부하게 한다(수입인지에관한법률 제5조).

※ 수입증지 : 지방세 및 세외수입으로서 법령이나 당해지방자치단체의 조례 또는 규칙이 정한 바에 따라 납부하게 한다(지방재정법 시행령 제79조).

등기관이 새로운 권리에 관한 등기를 마쳤을 때에는 등기필정보를 작성하여 등기권리자에게 통지하여야 한다(동법 제50조제1항). 등기관이 등기를 마쳤을 때에는 대법원규칙으로 정하는 바에 따라 신청인 등에게 그 사실을 알려야 한다(동법 제30조). 등기필정보는 방문신청의 경우에 등기필정보를 적은 서면(등기필정보통지서)을 교부하는 방법에 의하고, 전자신청의 경우에 전산정보처리조직을 이용하여 송신하는 방법에 의한다(동규칙 제107조제1항).[820] 등기필정보(또는 등기필증)는 매수인이 후일 다른 등기를 할 경우에 반드시 필요한 서면이 된다. 등기권리자는 최종적으로 등기소로부터 등기필정보(또는 등기필증)를 교부받고 소유자가 변동된 등기부등본을 발급받을 수 있다.

등기신청서류 편철순서는 신청서, 취득세영수필확인서및통지서, 등기수입증지, 국민주택채권매입필증, 위임장, 인감증명서, 주민등록표등(초)본, 대장등본, 신청서부본, 부동산거래계약신고필증(검인계약서), 등기필정보(또는 등기필증) 등의 순으로 편철하면 업무처리에 편리하다.[821] 등기신청서에 기재되는 부동산이 많아서 별지를 사용하는 경우에는 등기신청서 갑지와 그에 첨부된 별지 및 위임장과 그에 첨부된 별지에 각각 신청인 또는 대리인이 간인하여야 하고, 별지가 없는 경우에는 갑지와 을지사이에 간인을 하여야 한다. 간인은 어떤 문서가 연결되어 있다는 것을 의미하는 것이고, 서류를 추가하거나 누락시키는 등의 방식으로 위조를 방지하기 위한 조치이다.

820) 종전에는 등기소에서 등기를 완료한 후에 접수번호와 접수일자를 기재하고 등기필의 취지를 기재한 등기소인(사각의 커다란 도장이 등기소에 비치된 인증기에 의하여 붉게 찍힘)과 철인을 받아서 반환받게 되는데, 이것이 등기가 완료되었다는 표시의 등기필증(등기권리증)인 것이다(개정 2013. 4. 10 등기예규 제1488호(취득세(등록면허세) 등의 납부 확인 및 소인 등에 관한 예규).

821) http://www.iros.go.kr

4. 근저당권에 관한 등기절차

1) 저당권 및 근저당권의 의의

저당권(抵當權)이란 채무자 또는 제3자(물상보증인)가 점유를 이전하지 않고, 관념상으로만 지배하여, 채무의 변제가 없는 경우에는 채무의 담보로 제공한 물건에서 채권자가 우선변제를 받을 수 있는 담보물권이다(민법 제356조). 근대적 저당제도는 18세기 초부터 독일과 스위스의 민법에서 발달하여 왔다. 본래 특정채권의 보장을 중심으로 하여 구성되었던 저당권은 차츰 목적물의 특정의 담보가치를 확실히 파악하는 투자의 수단으로서의 작용을 하게 되었고, 마침내는 인적 신용을 토대로 하는 채권에서 독립된 교환가치의 지배권으로서의 투자의 객체로서 금융시장에 유통하게 되었다.

근저당권(根抵當權)이란 계속적인 거래관계(예, 당좌대월계약이나 상호계산계약)로부터 생기는 불특정다수의 채무를 장래의 결산기에 있어서 일정한 한도액(최고액)까지 담보하기 위하여 현재에 설정하는 저당권을 말한다(민법 제357조).

근저당권은 장래의 채권을 위한 담보의 일종으로서 저당권의 부종성 이론의 완화에 의하여 인정된 제도이지만, 근저당권은 장차 증감변동하는 일단의 불특정의 채권을 담보하는 점에서 단순한 장래의 특정의 채권을 담보하는 저당권과는 다르다. 실무상 근저당권이 아닌 저당권을 설정하는 사례는 거의 없다. 근저당권이 채권자에게 유리하기 때문에 굳이 저당권으로 설정하지 않기 때문이다.

근저당권 설정등기 유형으로는 아파트분양, 일반대출과 같이 금융기관으로부터 담보대출을 받는 경우, 대리점 계약등과 같이 계속적인 물품거래를 하는 경우, 일반 개인간의 사채거래 등이 있다.

2) 근저당권 설정계약과 근저당권 설정등기

근저당권설정계약은 근저당권자(채권자)와 근저당권설정자(채무자 또는 물상보증인)간에 체결된다. 근저당권설정계약에는 담보해야 할 채권최고액과 피담보채권의 범위를 정할 수 있는 기준에 관한 합의가 반드시 있어야 한다. 채권최고액은 근저당권설정계약의 가장 중요한 사항이며, 피담보채권의 범위를 정할 수 있는 기준은 피담보채권이 발생하는 기초가 되는 계속적 거래관계(당좌대월계약, 어음할인계약 등)에서 정하여 진다. 근저당권의 존속기간에 관해서도 설정계약에서 약정할 수 있으나 약정하지 않는다고 하더라도 상관이 없다.

근저당권 설정등기는 근저당권 설정을 위하여 근저당권설정계약을 체결하고 원인행위의 채권자(등기권리자)와 채무자(등기의무자)간에 이루어지는 등기를 말한다. 우리나라에서와 같이 토지와 건물이 별개의 부동산으로 취급되어 각각 부동산등기부가 달리 존재하는 경우에는 대부분 토지와 건물을 동시에 근저당권설정등기의 대상으로 한다.

토지나 건물중 하나만 근저당권을 설정하는 경우에는 후일 담보권 실행을 위한 경매절차에서 담보가치를 충분히 평가받지 못하면 채권 회수가 어렵기 때문이다. 이하에서는 구분건물의 경우에 근저당권설정 등기신청에 대하여 살펴보고자 한다.

3) 근저당권설정 등기신청

(1) 등기신청방법

근저당권설정자(등기의무자)와 근저당권자(등기권리자)가 본인임을 확인할 수 있는 주민등록증 등을 가지고 직접 등기소에 출석하여 공동으로 신청함이 원칙이다(부동산등기법 제23조제1항). 판결에 의한 등기신청인 경우에는 승소한 등기권리자 또는 등기의무자가 단독으로 신청할 수 있다(동조제4항).

등기신청은 반드시 신청인 본인이 하여야 하는 것은 아니고 대리인이 하여도 된다. 등기권리자 또는 등기의무자 일방이 상대방의 대리인이 되거나 쌍방이 제3자에게 위임하여 등기신청을 할 수 있으나, 변호사 또는 법무사가 아닌 자는 신청서의 작성이나 그 서류의 제출대행을 업으로 할 수 없다.

(2) 등기신청서 기재요령[822)]

등기신청서는 한글과 아라비아 숫자로 기재한다. 부동산의 표시란이나 등기의무자란, 등기권리자란 등이 부족할 경우에는 별지를 사용하고, 별지를 포함하여 신청서가 여러 장인 때에는 각 장 사이에 간인을 하여야 한다(동규칙 제56조제2항).[823)]

부동산의 표시란은 근저당권을 설정하는 부동산을 기재하되, 등기부상 부동산 표시와 일치하여야 한다. 1동의 건물의 표시는 1동의 건물의 소재·지번·종류와 구조 및 면적을 기재한다. 다만, 1동의 건물의 번호가 있는 경우(예: 가동, 나동 등)에 이를 기재한 때에는 1동의 건물의 구조와 면적을 기재하지 않는다. 전유부분의 건물의 표시는 건물의 번호, 구조, 면적을 기재한다. 대지권의 표시는 대지권의 목적인 토지의 표시, 대지권의 종류, 비율을 기재한다. 대지권의 목적인 토지의 표시는 토지의 소재와 지번, 지목, 면적을, 대지권의 종류는 소유권, 지상권, 전세권, 임차권 등 권리의 종류에 따라 기재하며, 대지권의 비율은 대지권의 목적인 토지에 대한 지분비율을 기재한다.

등기원인과 그 연월일란에 있어서 등기원인은 「근저당권설정계약」으로, 연월일은 근저당권설정계약의 체결일을 기재한다. 등기의 목적란은 「근저당권설정」이라고 기재한다. 채권최고액란은 아라비아 숫자로 「금○○○원」으로 기재한다. 채무자란 채무자의 성명(명

---

822) 이하의 부동산등기신청서 작성방법은 www.iros.go.kr 및 근저당권에 관한 등기사무처리지침(2012. 6. 29 등기예규 제1471호) 참조.

823) 전부개정 2007. 5. 3 등기예규 제1187호(등기부의 기재문자에 대한 사무처리지침).

칭)과 주소를 기재한다. 근저당권설정자와 채무자가 동일인인 경우에도 채무자의 표시를 반드시 하여야 한다. 설정할 지분란에는 근저당권을 소유권 등의 일부지분에 설정할 경우에만 그 지분을 기재한다. 예를 들면 「○○○지분 전부」, 「○번 ○○○지분 ○분의 ○ 중 일부(○분의 ○)」로 기재한다.

등기의무자란은 근저당권설정자의 성명, 주민등록번호, 주소를 기재하되, 등기부상 소유자 표시와 일치하여야 한다. 그러나 법인인 경우에는 상호(명칭), 본점(주 사무소 소재지), 등기용등록번호를 기재하고, 비법인 사단이나 재단인 경우에는 상호(명칭), 본점(주사무소 소재지), 등기용등록번호 및 대표자(관리인)의 성명, 주민등록번호, 주소를 각 기재한다. 등기권리자란은 근저당권자를 기재하는 란으로, 그 기재방법은 등기의무자란과 동일하다.

등록면허세 · 교육세란, 세액합계란, 등기신청수수료란은 매매로 인한 소유권이전 등기신청의 경우와 동일하다. 국민주택채권 매입금액란은 채권최고액이 2,000만원 이상인 경우에는 채권최고액의 1,000분의 10에 해당하는 국민주택채귀매입금액을 기재한다. 매입금액이 10억원을 초과하는 경우에는 10억원으로 한다. 등기의무자의 등기필정보란은 전자신청 지정등기소에서는 신청방법(전자신청, 서면신청)을 불문하고 등기를 완료한 경우 등기필증 대신 등기필정보를 전자적 교부 또는 서면 교부하며 등기신청의 당사자 또는 대리인은 등기필정보상의 일련번호와 비밀번호를 기재함으로써 등기필증의 제출을 갈음할 수 있다. 작성방법은 교부받은 등기필정보에 기재된 부동산고유번호, 성명, 일련번호, 비밀번호를 각 기재한다. 첨부서면란, 신청인등란, 등기신청서에 첨부할 서면에 있어서도 앞에서 설명한 매매로 인한 소유권이전 등기신청의 경우와 동일하다. 다만 첨부서면에 등기원인을 증명하는 근저당권설정계약서가 추가적으로 첨부된다.

사 항 색 인

판 례 색 인

등기예규 및 등기선례 색인

[저자 소개]

鄭 愚 衡

【약 력】

한양대학교 법과대학 법학과 졸업(법학사)
한양대학교 대학원 법학과 졸업(법학석사 및 법학박사)
국토연구원에서 토지법 및 토지정책 연구
프랑스 Laboratoire Théorie des Mutations Urbaines(department of CNRS)에서 토지 및 도시정책 연구
한국부동산연구원에서 토지법 및 토지정책 연구
명지대학교, 서울시립대학교, 한양대학교, 서울디지털대학교, 연세대학교 강사
지방공무원, 주택관리사 및 공인중개사 시험위원
국민법제관, 지방도시계획위원회 위원, 지적재조사위원회 위원
현 명지전문대학 지적학과 교수

【저 서】

강의노트 부동산공법의 이해, 법원사, 2016
부동산공법의 이해(전정 3판), 법원사, 2013
도시계획 및 환경관리법, 법원사, 2013
부동산등기법(전정 2판), 법우사, 2012
토지법, 법원사, 2004(공저)
부동산학 개론, 법우사, 2004(공저)
독일법률용어 사전, 길안사, 1993(편저)
기타 연구보고서 및 논문 다수

(全訂 3版) 不動産登記法

2004년 3월 15일 초 판 발행
2005년 3월 2일 제2판 발행
2007년 3월 12일 개정판 발행
2009년 3월 2일 전정판 발행
2012년 3월 2일 전정2판 발행
2017년 3월 2일 전정3판 발행

저 자 鄭 愚 衡
발행인 황 영 성
발행처 **법 우 사**
서울 관악구 봉천로 485 삼우빌딩 4층
전화: (02) 876-2261 팩스: (02) 875-2263
신고 2001.4.30. 제301-10-1747호

정가 38,000원

ISBN 978-89-97060-48-1 93360

이 도서의 국립중앙도서관 출판예정도서목록(CIP)은 서지정보유통지원시스템 홈페이지(http://seoji.nl.go.kr)와 국가자료공동목록시스템(http://www.nl.go.kr/kolisnet)에서 이용하실 수 있습니다.(CIP제어번호: CIP2017004962)